한일합방조약 부존재론과
독도의 법적지위

한일합방조약 부존재론과 독도의 법적지위

초판 1쇄 발행 2020년 12월 15일

지은이 ㅣ 김명기
발행인 ㅣ 윤관백
발행처 ㅣ 🔲도서출판선인

등록 ㅣ 제5-77호(1998.11.4)
주소 ㅣ 서울시 마포구 마포대로 4다길 4 곳마루 B/D 1층
전화 ㅣ 02)718-6252 / 6257   팩스 ㅣ 02)718-6253
E-mail ㅣ sunin72@chol.com

정가 47,000원
ISBN 979-11-6068-416-2 94360
ISBN 978-89-5933-602-9 (세트)

· 잘못된 책은 바꿔 드립니다.

영남대학교 독도연구소
독도연구총서 24

한일합방조약 부존재론과
독도의 법적지위

김 명 기

도서출판 선인

1910년 8월 22일 일본 명치정부는 한반도 전역에 군병력을 배치하고, 한국정부에 대한 제3국의 개입에 대비하기 위해 국경선에 경비대를 주둔시켜 대한제국과 이른바 한일합방조약을 체결하였다. 그 후 일본정부는 동 조약에 근거하여 1945년까지 한반도에서 불법 수탈을 자행했다.

1965년 국교정상화 과정에서 일본의 과거사에 대한 과오의 문책을 하기 위해 한일기본관계조약을 체결하여 한일합방조약은 "이미 무효"라고 규정했다. 그러나 일본정부는 "이미 무효"는 1948년 한국정부수립 이후 무효라고 해석하여 동 조약이 일본의 과거사에 대한 과오의 문책이 아니라 오히려 면책의 결과들이라고 주장하고 있다. 결국 한일기본관계조약은 제2의 한일합방조약으로 군림하게 되어 있으므로 동 조약의 폐기 개정 없이 한일간의 어두운 과거의 정리는 사실상 불가능한 것이 되고 말았다.

한편 지금까지 한일합방조약 무효론이 지배적 견해이다. 그것이 우리 정부의 기본입장이기도 하다.

한일합방조약 무효론이 한일합방조약 부존재론과 다음과 같은 점에서 구별된다.

(i) 전자는 기속적 동의가 있어서 동 조약은 조약으로 성립했으나 기속적 동의에 강박이 가해져 무효이고, 후자는 기속적 동의가 없어서 동 조약이 성립하지 아니하여 부존재이다.

(ii) 전자는 상대적 무효이므로 무효의 시기에 관해 논의가 있을 수 있으나, 후자는 절대적 부존재이므로 그 시점에 관해 논의가 있을 수 없다.

(iii) 전자는 한일기본관계 조약을 무효화할 수 있는 근거가 되지 아니하나 후자는 한일기본관계 조약을 무효화할 수 있는 근거가 될 수 있다.

한일간의 과거사 정리를 위해서는 한일기본관계조약의 무효화가 선결되어야 한다.

이 연구는 한국이 일방적으로 동 조약의 무효를 선언할 수 있다는 이론적 실증적 효과를 제공한다. 이 점이 이 연구의 실체적 본질적 효과라 할 수 있다. 이 점에 관해서는 결론에 상술하기로 한다.

이 연구가 한일간의 어두운 과거사를 정리하며, 한국의 주권회복에 미력의 기여를 할 수 있었으면 하는 기대를 가져본다. 또한 이 연구에 이어 심도있고 폭넓은 추후적 연구가 계속되길 기대해 본다.

저자에게 이 연구를 격려해주신 대한국제법학회·동북아역사재단·독도조사연구학회 선후배 동료에게 감사드리고 국립중앙도서관의 여러 선생님께도 감사드린다. 또한 영남대학교 독도연구소 최재목 소장님에게 경의와 감사를 표하고, 연구소의 모든 가족에게 감사하며, 시장성이 별로 없어 보임에도 불구하고 경영상의 수익의 차원을 뛰어 넘어 오직 애국·애족의 숭고한 이념에서 국가적 당위와 민족적 소명을 다하기 위해 졸서의 출간을 결정한 윤관백 사장님께 경의와 감사의 뜻을 표시하는 바이다. 사사로운 일이지만 몸이 불편한 저자의 연구를 인내와 희생으로 헌신적인 도움을 준 아내에 대한 고마움을 잊을 수 없다.

무엇보다 저자의 이 연구의 마지막 정리 단계에 건강이 지탱할 수 없어서 이 연구의 최종 정리를 동북아역사재단 유하영 박사에게 일임했다. 그의 헌신적인 노력 없이는 이 책을 출판할 수 없었음을 여기 밝히어 두기로 한다.

2020년 12월

저자 씀

❚목차❚

서론

110년이 지나간 오늘 1910년에 체결된 "한일합방조약"의 불성립, 무효를 논하는 것은 적어도 한일간의 역사를 정리하는 의미를 가지나 국제법상으로는 별 의미가 없다고 본다. 왜냐하면 1965년 한일국교정상화시 국교정상화 기본조약으로 체결된 "한일기본관계에 관한 조약(이하 "한일기본관계조약"이라 한다)" 제2조는 "1910년 8월 22일 및 그 이전에 대한제국과 대일본제국 간에 체결된 조약 및 협정은 이미 무효임을 확인한다."라고 규정하여 "한일합방조약"이 이미 무효임을 양국이 조약으로 합의하였기 때문이다.

다만, 동 조의 "이미 무효"를 일본정부는 "당초부터 무효"가 아니라 대한민국정부가 수립된 "1948년부터 무효"라고 주장하므로 이 일본정부의 해석을 반박하기 위한 근거 제시의 한도에서 "한일합방조약"의 무효론이 법적 의미를 가질 수 있을 뿐이다. 이 "한일합방조약"의 무효이론에 의해 자동적으로 동 조약은 "1948년부터 무효"라는 즉, 일본정부의 공식적 주장을 "당초부터 무효"라는 주장으로 변경시키는 법적 효과가 발생하는 것이 아니므로 "한일합방조약"의 무효론은 법적으로 별 의미를 가지지 못하고 "한일기본관계조약" 제2조의 "이미 무효"를 "당초부터 무효"로 해석하는 근거로서 법적으로 의미를 갖는 것이다.

그리고 지금까지의 "한일합방조약"의 주된 무효론은 동 조약의 성립을 전제로 한 것이다. 왜냐하면 "조약의 무효"는 "조약의 성립"을 전제로 효력이 없음을 의미하기 때문이다. 이 연구는 동 조약이 '성립요건을 결하여' 조약의 불성립으로 법적 효력이 없다는 법리를 정립하려 시도된 것이다. 조약의 무효의 시점에 관해서는 조약의 체약당사자 간에 이론이 있을 수 있으나, 조약의 불성립의 시점은 역사적 객관적으로 명백하므로 조약의 체약당사자 간에 이론이 있을 수 없기 때문이다. 부연하면 1910년 8월 22일 한일합방의 무효의 시점에 관해서는 이론이 있을 수 있으나, 동 조약의 불성립 시점이 1910년 8월 22일이라는 점에 관해서 한일간에 이론이 있을 수 없기 때문이다.

이를 위해 전권위임장(full powers)의 불성립과 비준(ratification)의 불성립을 중심으로 논하기로 한다. 그러나 이 연구는 종래의 무효론을 배척하거나 부정하려는 것이 아니라 이를 보완하려 기도된 것이다.

이 연구는 "한일합방조약"의 부존재에 관해서는 *lege lata*의 해석론적 접근이고, "한일기본조약"의 개정에 관해서는 *lege ferenda*의 입법론적 접근이다. 그리고 필자는 1910년 8월 22일 한일간에 체결된 합방조약을 '한일합병조약'이라고 명명했으나 이 연구에서는 가장 일반적인 표시에 따라 동 조약의 명칭을 '한일합방조약'이라고 표시하기로 한다.

이하 서론에 이어 제1장 선결적·예비적 과제, 제2장 한일합방조약의 부존재의 검토, 제3장 한일합방과 타조약의 관계, 제4장 유사 한일합방조약 불성립 주장에 대한 비판, 제5장 한일합방조약 부존재의 효과, 제6장 한일합방조약의 부존재와 독도의 법적 지위 그리고 결론에서 정부 당국에 대한 몇 가지 정책대안을 제시하기로 한다.

저자가 한일합방조약에 관해 연구 발표한 것은 지금으로부터 10년 전인 2011년이다("한일합방조약의 부존재에 관한 연구,"「법조」, 제60권 제4호, 통권 655호, 2011). 당시 이에 관해 관심을 가진 학자는 거의 없었다. 일부 사학자에 의해 한일합방조약의 불성립에 관해 연구는 있었으나 한일합방조약의 부존재를 주장하는 일부 이론이 부존재의 근거로 제시하는 사안이 부존재의 근거가 아니라 무효의 근거에 불과한 것으로 이는 본 연구와는 상당히 거리가 있는 것이다. 저자는 당시에 이 연구를 증보 완성하려는 의도를 갖게 되었다. 그러나 독도문제 연구에 심취되어 한일합방조약 연구를 진행할 여력이 없었다. 우연히 독도와 정부수립론에 관한 연구를 하게 되어 이 연구를 재개할 수 있었다. 한일합방조약 체결 당시 양국 정부는 조약의 공식 명칭에 아무런 합의도 언급도 없었다. 명칭이 없는 조약의 하나가 한일합방조약이다.

이 연구의 중점은 한일합방조약의 부존재의 근거를 제시하는 것이며, 연구의 실제적 목표는 한국이 일방적으로 한일기본조약 무효선언을 할 수 있는 법적 근거를 제시하는 데에 둔다.

제1장

선결적 · 예비적 과제

제1절 국제법의 연원

한일합방조약은 국제법의 연원의 하나인 국제조약이므로, 한일합방조약을 이해하기 위해서는 '국제법의 연원'과 '국제조약'의 개념을 이해하는 것이 요구된다. 이 절은 국제법 비전공자인 독자를 위한 단순한 안내에 불과하다.

Ⅰ. 국제법의 연원의 개념

1. 국제법 연원의 다의성

법의 연원(source of law)이란 Rome법의 법의 연원(*fontes juris*)에서 유리하는 용어로 국내법에서와 마찬가지로 국제법에서도 다음과 같이 극히 다의적으로 사용되고 있다.[1]

---

[1] P.E. Corbett, "The Consent of States and the Source of the Law of Nations." *BYIL*., Vol.6, (1925), pp.21~25; GJH. van Hoof, *Rethinking the Source of International Law,* (Deventer: Kluwer Law and Taxation, 1983), pp.7~9; Robert Jennings and Arthur Watts(eds.), *Oppenheim's International Law*, 9th eds., Vol.1, (London: Longman, 1992), p.23; Hans Kelsen, *Principles of International Law*, Robert W. Tucker(ed.), 2nd ed., (New York: Holt, 1966), p.347.

가. 법의 효력의 타당근거

법의 효력의 타당근거란 법이 효력을 가졌다고 하기 위하여서는 타당성과 실효성을 가져야 하는바 법의 타당성의 궁극적인 이유, 즉 법은 어떠한 기초 위에 성립되는가를 의미한다. 신념, 이성, 민족정신, 근본규범, 법적 확신 등은 이런 의미의 법원이다.

나. 법의 인식자료

법의 인식자료란 법의 존재의 인식을 가능케 하는 유형물, 즉 법의 존재를 확증하는 자료를 의미한다. 외교문서, 조약집, 학회의 결의서, 학자의 논문과 저서 등은 이런 의미의 법원이다.

다. 법의 존재형식

법의 존재형식이란 법의 정립·변경·폐기의 양식, 즉 법의 발현형식을 의미한다. '성문법·불문법'은 이런 의미의 법원이다.

2. 일반적 의미의 국제법 연원과 국제사법재판소의 준칙

가. 일반적 의미의 국제법 연원

일반적으로 국제법의 연원이란 법의 존재형식(existence in certain forms)의 의미로[2], 즉 국제법 규칙의 창설방법(methods of creation of international legal rules)의 의미로 사용되며[3] 이를 '전통적 국제법의 법원(traditional source of international law)'이라 한다. 그런 의미의 법원에는 성문법인 국제조약과 불문법인 국제관습법이 있다.[4]

---

2) Alf Ross, *A Textbook of International Law,* (London: Longmans, 1947), p.79.
3) Michael Vially, "The Sources of International Law," in Max Sorensen(ed.), *Manual of Public International Law,* (New York: Macmillan, 1968), p.120.
4) Mark W. Janis, *An Introduction of International Law,* (Boston: Little Brown, 1988), p.4; Ross, *supra* n.2, p.79; Jennings and Watts(eds.), *supra* n.1, p.23.

나. 국제사법재판소의 준칙

국제사법재판소규정 제38조 제1항에 의하면 재판의 준칙으로 (ⅰ) 국제
조약, (ⅱ) 국제 관습법, (ⅲ) 법의 일반원칙, (ⅳ) 판례와 학설을 들고 있
다. 이것은 곧 국제사법재판소의 규정이라는 조약의 당사자가 국제사법재
판소에서 재판을 받을 경우에 국제법의 법원을 표시한 것이다.

따라서 국제사법재판과정의 당사자 아닌 국제법의 주체에 대해서는 법
의 일반원칙, 판례 등은 국제법의 법원이 될 수 없다고 보아야 할 것이다.

Ⅱ. 국제법의 연원

1. 국제조약

가. 의의

조약이란 문서에 의한 국제법주체간 합의를 내용으로 하는 성문국제법
이다.[5]

  (ⅰ) 조약은 명시적인 합의로서 문서(written form)에 의한 합의이며 구
      두에 의한 합의(oral agreement)는 그 자체로는 조약과 같이 법적
      구속력이 있으나 그것을 조약으로 보지 않음이 일반적이다.[6] 그리
      고 문서는 하나의 문서에 서명하는 것이 일반적이나 교환공문, 교
      환각서처럼 별개의 문서에 서명하는 경우도 있다. 이와 같이 문서

---

5) T.O. Elias, *The Modern Law of Treaties,* (Leyden: Sijthoff, 1974), pp.13~14; George
  Schwarzenberger and E.D. Brown, *A Manual of International Law*, 6th ed, (Milton:
  Professional Books, 1976), pp.121~22; Lord McNair, *The Law of Treaties,* (Oxford:
  Clarendon, 1961), pp.3~4.

6) Jennings and Watts(eds.), *supra* n.1, p.1201; Gerhard von Glahn, *Law Among
  Nations*, 4th ed, (New York: Macmillan, 1981), p.503; McNair, *supra* n.5, pp.7~8;
  Vienna Convention, Art, 2,1(a); ICJ., *Reports,* 1952, p.220; ICJ., *Reports,* 1962,
  pp.474~79.

에 의한 합의의 형식은 제한이 없으며 그 형식은 조약당사자가 정한다.7)

(ⅱ) 조약은 국제법 주체간의 합의이나, 수동적 주체에 불과한 개인은 조약을 체결할 당사자능력이 없으며 능동적 주체인 국가 국제기구 교전단체 반도단체 등은 조약당사자능력이 있다.8)

(ⅲ) 국제연합 총회의 결의는 국가의 합의나, 조약은 아니다.9) 이는 가끔 관습국제법의 근거가 되며10) 또는 국제법 발전에 영향을 준다.11) 이와 같이 법적 구속력은 없으나 형성과정에 있는 법을 '연성법(soft law)'이라 한다.12)

나. 명칭

조약의 명칭은 여러 가지가 있으며 어느 것이나 국제법상 조약이며 체약당사자를 구속하는 효력에는 차이가 없다. 조약·협약·협정·약정·결정서·의정서·선언·규정·규약·합의서·각서·교환공문·잠정협약·헌장 등의 명칭을 사용하는 데 관한 국제법상 규정은 전혀 없다.13)

7) Jennings and Watts(eds.), *supra* n.1, p.1208; ICJ., *Reports,* 1961, p.31.
8) Schwarzenberger and Brown, *supra* n.5, p.122.
9) Janis, *supra* n.4, p.43.
10) *Ibid.*; ICJ., *Reports,* 1975, pp.12, 31~37.
11) Janis, *supra* n.4, p.44; United Nations, General Assembly Resolution 3232(xxix), November 12, 1974, Preamble.
12) Mark E, Villiger, *Customary International Law and Treaties,* (Dordrecht: Martinus, 1985), p. xxix.
13) Jennings and Watts(eds.), *supra* n.1, p.1208; McNair, *supra* n.5, pp.30~31; Schwarzenberger and Brown, *supra* n.5, p.121; J.G.Starke, *Introduction to International Law,* 9th ed., (London: Butterworth, 1984), p.417; Glahn, *supra* n.6, p.481; Richard N. Swift, *International Law,* (New York: John Wiley & Sons, 1969), pp.442~43; Kelsen, *supra* n.1, p.455; Gerard J. Mangone, *The Elements of International Law: Casebook*(Homewood: Dorsey, 1963), p.71.

2. 국제관습법

가. 의의와 본질

국제관습법은 국제법으로서 수락된 일반적 관행을 말한다.[14] 그 본질에 관하여는 학설이 나누어져 있다.

(1) 묵시적 합의설

이 설에 의하면 국제관습법은 국제관행에 대한 국제법 주체간의 묵시적 인 합의에 의한 국제불문법이라고 한다.[15]

(2) 법적 확신설

이 설에 의하면 국제관습법은 국제관행에 의하여 국제사회가 그것을 준 수하는 것이 법적 의무라는 확신에 도달한 국제불문법이라고 한다.[16]

전설에 의하면 국제관습법은 묵시적인 합의에 의한 것이라고 하나, 그 것은 의제에 불과하며 묵시적 합의가 있었다는 것을 증명할 수 없으며, 국 제관습의 형성에 참여하지 않았던 국가, 예컨대, 신생국가에도 국제관습 법은 적용되며, 또 '국제사법재판소규정'은 조약에 관하여는 '분쟁당사국 이 명시적으로 일정한 규제를 정립하는 일반 또는 특수조약'이라고 표시 하여 조약은 명시적 합의로 이루어진다는 것을 명백히 하고 있으나 국제 관습법에 관하여는 '법으로서 수락된 일반적 관행의 증거로서의 국제관습' 이라고 표현하여 분쟁당사국에 의하여 승인됨을 필요치 않는 것으로 되어 있으므로 전설은 부당하다.[17] 전설은 일반적으로 국제법의 기초에 관한 자기제한설의 입장에 입각한 것이며, 후설은 법적 확신설의 입장에 입각

---

14) Schwarzenberger and Brown *supra* n.5, p.22.

15) *Ibid.*

16) *Ibid.*

17) *Ibid.*; p122: Arnold D. McNair, "The Functions and Differing Legal Character of Treaties," *BYIL*, Vol.11, 1930, p.105.

한 것이다.

나. 성립요건

(1) 관행의 존재

국제법주체간에 일정한 관행이 있어야 한다. 즉 일정한 사항에 대하여 동일한 내용의 행위가 반복·계속되고 있다는 사실이 존재해야 한다.[18] 이러한 관행은 일정기간 계속되어 형성된다. 그러나 최근에 단시일 안에 여러 국가의 관행이 광범하고 균일적으로 행하여지면 족하고 시간적 요인은 고려하지 아니하는 경향이 있다. 예컨대, 1963년의 '우주공간을 규율하는 법원칙선언', 1970년의 '심해저를 규율하는 원칙선언'과 같은 국제연합의 결의는 국제관습법의 선언이라는 것이다. 이렇게 성립된 관습법을 '즉시관습법' 또는 '속성관습법(instant customary laws, hat cooked law)' 이라 한다.[19]

(2) 법적 확신의 존재

국제관행이 국제사회에 의하여 법으로 준수되는 법적 확신이 있어야 한다.[20] 1950년의 *Columbian-Peruvian Asylum* Case에 관한 국제사법재판소의 판결은 이 점을 명백히 하였으며, 국제사법재판소 규정도 '관습법은 법으로서 수락될 것'을 요건으로 하고 있다. 그러나 법적 확신의 존재를 확인하는 일은 용이하지 않다.

다. 분류

조약의 경우와 달리 국제관습법에 있어서는 (ⅰ) 체약당사자가 없으므

---

18) *Ibid.*; pp.47, 56.
19) Jennings and Watts(eds.), *supra* n.1, p.30; Ross, *supra* n.2, p.27; Hoof, *supra* n.1, p.86; Villiger, *supra* n.12, p.27.
20) *Ibid.*; pp.25~72; Hoof, *supra* n.1, pp.85, 91; D'Amato, *supra* n.17, pp.47, 66.

로 이를 표준으로 한 2 당사자간 국제관습법, 다수당사자간 국제관습법이
라는 분류는 있을 수 없으며, (ii) 국제관습법에 가입이란 생각할 수 없으
므로 개방국제관습법과 폐쇄국제관습법의 구분도 있을 수 없다. (iii) 국제
관습법에 의해 일회적 지급이나 사건의 처리를 목적으로 하는 국제관습법
은 성질상 성립될 수 없으므로 국제관습법은 모두 입법적 성질을 가진 것
이다. 따라서 국제관습법은 적용범위를 표준으로 한 다음의 구별만이 가
능하다.

(1) 보편국제관습법

보편국제관습법(universal international customary law)은 국제사회의 모든
국가를 규율 대상으로 하는 국제관습법이다. 즉, 보편적 국제관습에 의한
국제관습법이다. 보편국제법은 관습법의 형태로만 존재하며 사실상 조약
의 형태로는 존재하기 어렵다.

(2) 일반국제관습법

일반국제관습법(general international customary law)은 국제사회의 대부
분의 국가를 규율대상으로 하는 국제관습법이다. 즉, 일반적 국제관행에
의해 성립되는 국제관습법이다.

(3) 특수국제관습법

특수국제관습법(partial international customary law)은 국제사회의 몇몇
국가만을 규율대상으로 하는 국제관습법이다. 즉, 특수적 국제관행에 의
하여 성립되는 국제관습법이다.[21]

---

21) Villiger, *supra* n.12, pp.33~34; D'Amato, *supra* n.17, p.246.

라. 국제관습법의 법원성

(1) 특수적 국제관습법의 법원성
보편국제관습법이든, 일반국제관습법이든, 특수국제관습법이든 모두 구별 없이 국제법의 법원이 된다.[22]

(2) 국제법의 연원으로서의 지위
(i) 역할: 현 단계의 국제사회에서는 조약보다 국제관습법이 국제법의 연원으로서 더 중요적 역할을 담당하고 있음은 전술한 바다.[23]
(ii) 적용순위: 조약과 국제관습법간에 적용의 순위에 있어서 전혀 우열의 차이가 없다.[24]

3. 법의 일반원칙

가. 의의
'법의 일반원칙(general principles of law)'이란 '문명국에 의하여 인정된 법의 일반원칙(general principles of law recognized civilized nations)'을 말한다. 이는 자연법상의 원칙이라는 견해, 국내법상의 원칙이라는 견해, 국제법과 국내법상의 원칙이라는 견해의 대립이 있다.
'법의 일반원칙'의 예로 '신의성실의 원칙', '금반언의 원칙', '기판력의 원칙' 등을 들 수 있다.
'국제사법재판소 규정' 제38조 제1항 제C호는 '문명국에 의하여 인정된 법의 일반원칙'을 재판의 준칙으로 규정하고 있다.

---

22) *Supra* n.47.
23) *Supra* nn.36~39.
24) Michael Akehurst, "The Hierarchy of the Sources of International Law," *BYIL*, Vol.47, 1974~75, pp.274~75; Villiger, *Supra* n.12, pp.35~36.

나. 법원칙

'법의 일반원칙'이 국제사법재판의 경우 재판의 준칙, 즉 법원이 됨은 '국제사법재판소규정' 제38조 제1항 제C호에 의해 명백하나, '국제사법재판소규정'을 떠나 일반국제법상 법원이 되느냐에 관해서는 긍정설과 부정설의 대립이 있으나 부정설이 타당하다고 본다.

다. 효력순위

'국제사법재판소규정'상 '법의 일반원칙'은 국제조약, 국제관습법 다음의 순위의 효력을 갖는 데 불과하다. 일반국제법상 '법의 일반원칙'의 법원성을 긍정해도 그 효력순위는 국제조약, 국제관습법에 우선할 수 없다.

4. 재판상의 판결과 학설

가. 의의

(1) 재판상의 판결

'재판상의 판결(judicial decisions)'은 국제재판과 국내재판을 포함하며,[25] 국제재판은 국제법원사법재판과 국제중재재판을 구분하지 아니한다.[26] 국제사법재판은 분쟁사건에 대한 재판뿐만 아니라 권고적 의견을 포함한다.[27]

'Judicial decisions'는 '사법적 재판'으로 번역함이 옳으나 '재판상의 판결'로 해석함이 한국 학자의 일반적 관행이므로 여기서도 일반적인 관행에 따라 '재판상의 판결'로 표시하기로 한다.

---

25) Jennings and Watts(eds.), *supra* n.1, pp.41~42; Schwarzenberger and Brown, *supra* n.5, pp.29~30; Isagani A. Cruz, *International Law,* (Quezon: Central Lawbook, 1985), p.24.

26) Ian Brownlie, *Principles of Public International Law*, 3rd ed, (Oxford Clarendon: 1979), p.20.

27) *Ibid.*, pp.22~23.

(2) 학설

'학설(teachings)', 즉 '각 국의 가장 우수한 국제법학자의 학설(the teaching of the most highly qualified publicists of the various nations)'이란 국제법의 여러 문제에 관한 학자·전문가·법관의 견해를 말한다. 우수한 국제법학자의 학설, 국제재판에서 재판관의 반대의견(dissenting opinion)과 별도의견(separate opinion),[28] 국제법위원회에서 공식소견과 다른 개별소견,[29] 국제법관계학회의 결의,[30] 국제사무국의 의견[31] 등이 포함된다.

'국제사법재판소규정' 제38조 제1항 제d호는 재판상의 판결과 학설을 보조적 법원으로 규정하고 있다.

나. 법원성

(1) 국제사법재판소규정

'국제사법재판소규정'상 국제사법재판의 경우 재판상의 판결과 학설은 '국제사법재판소규정'에 따라 보조적 법원으로 인정된다. 판결과 학설이 법원으로 인정되기 위해서는 다음의 요건을 구비하여야 한다.

첫째, '국제사법재판소규정' 제59조의 규정을 따를 것을 조건으로 법원성이 인정된다. 제59조는 "재판소의 판결은 당사국간 및 그 특정사건에 관하여서만 구속력이 있다"고 규정하여 '선례 구속의 원칙(doctrine of stare decisis)'을 부인하고 있다. 따라서 판결은 '선 약속의 원칙'을 따르지 않을 조건으로 법원성이 인정된다.[32]

둘째, 법칙결정의 보조적 수단(subsidiary means)으로서 법원성이 인정된다. 보조적 수단은 '법규칙의 결정(determination of rules of law)', 즉 무엇

---

28) *Ibid.*, p.26; PCIJ., *Series A/B,* No.70, 1937, pp.76~77; ICJ., *Reports,* 1950, P.146; ICJ., *Reports,* 1962, p.39; ICJ., *Reports,* 1959, p.174.

29) Brownlie, *supra* n.26, p.26.

30) *Ibid.*

31) *Ibid.*

32) *Ibid.* p.22.

이 법인가를 결정하는 수단을 뜻한다.[33] 환언하면 존재가 확실하지 아니한 국제법의 규칙을 찾기 위하여 판결과 학설을 수용할 수 있을 뿐이다. 판결과 학설은 성문조약법의 규칙보다 불문관습법의 규칙의 존재 결정에 보조적 수단이 된다.

(2) 일반국제법

'국제사법재판소규정'을 떠나 일반국제법상 판결과 학설이 국제법의 법원이 되느냐에 관해 긍정설과 부정설의 대립이 있으나 부정설이 다수설로 타당하다.[34]

다. 효력순위

판결과 학설은 국제법의 규칙의 존재를 결정하는 수단으로서 법원이 되는 것이므로 그것이 국제법 자체인 조약이나 국제관습법과의 효력순위는 문제되지 아니한다. 즉, 조약과 판결, 학설 또는 국제관습법과 판결, 학설 중 어느 것이 우선하느냐는 문제되지 아니한다.

5. 형평과 선

가. 의의

'형평과 선 (ex aequo et bono)'이란 공평성(fairness), 합리성(reasonableness)을 뜻한다.[35] 또는 공평(fairness), 정의(justice), 신의성실(good faith)을 의미한다고 할 수 있다.[36] 이를 법원의 하나로 긍정하는 입장에서는 이를 자

---

33) Hoof, *supra* n.1, p.170: George Grafton Wilson, *International Law*, Vol.1, 3rd ed., (London: Stevens, 1957), pp.26~28: C. Parry, *The Sources and Evidences of International Law,* (Manchester: Manchester University Press), p.15: Jennings and Watts(eds.), *supra* n.6, p.41.
34) Hoof, *supra* n.1, pp.167, 178: George Grafton Wilson, *International Law*, 9th ed. New York: Silver Burdett, 1935), pp.42~43.
35) Brownlie, *supra* n.26, p.27.

연법이라고 설명한다. 따라서 '형평과 선'은 정의 또는 '자연법'을 뜻하는 것이라 할 수 있다.

'국제사법재판소규정' 제38조 제2항은 "당사자의 합의가 있는 경우에는 재판소가 형평과 선에 의하여 재판을 행할 권한을 해하지 아니한다"라고 규정하여 형평과 선이 재판 준칙이 될 수 있음을 인정하고 있다.

나. 법원성

(1) 국제사법재판소규정

'형평과 선'은 '국제사법재판소규정'상 국제사법재판의 준칙으로 되어 법원이 될 수 있다. '형평과 선'이 법원으로 되기 위하여는 다음의 요건을 구비해야 한다.

첫째, 당사자의 합의가 있어야 한다. 이 합의는 분쟁발생 전의 조약으로 할 수도 있으며, 분쟁발생 후의 개별적 합의로 할 수도 있다. 이러한 합의를 규정한 조항을 '형평재판조항'이라 한다. 당사자의 합의가 없는 경우 법원은 '형평과 선' 그 자체를 준칙으로 재판할 수 없으나 '법의 일반원칙'을 당사자의 동의 없이 준칙으로 하여 재판할 수 있다.[37]

둘째, 재판소가 법원성을 인정해야 한다. 당사자의 합의가 있으면 '형평과 선'은 당연히 법원으로 되는 것이 아니라 재판소가 이에 의하여 재판을 행할 권한(the power of the court to decide)을 가질 뿐이다. 따라서 재판소는 당사자가 합의한 경우에도 '형평과 선'에 의해 재판하지 아니할 수도 있는 것이다.[38]

---

36) Werner Levi, *Contemporary International Law,* (Boulder: Westview, 1979), p.42.
37) M.W. Janis, "Equity in International Law," *EPIL*, Vol.7, 1984, p.75: PCIJ, *Series A/B*, 1937, No.70, p.73.
38) Brownlie, *supra* n.26, p.28.

(2) 일반국제법

'국제사법재판소규정'을 떠나 일반국제법상 '형평과 선'은 국제법의 법원
이 되느냐에 관해 긍정설과 부정설이 대립되어 있으나 후자가 통설이다.[39]

다. 효력순위

'형평과 선'은 당사자가 이에 의해 재판을 받을 것을 합의하고, 재판소가
이에 의해 재판하는 경우에도 '형평과 선'은 조약이나 국제관습법에 우선
하는 법원이 될 수 없음은 물론이다.

6. 국제조직의 결의

가. 의의

국제조직의 결의(resolution of international organizations)는 국제조직의
성립기초에 의해 부여된 권한의 범위 내에서 만들어지는 국제조직에 의한
결정(decision made by an international organization)을 말한다.[40] 그것은 국
제조직을 구성하는 국가의 정부의 행위가 아니라 국제조직 자체의 행위
(acts of organizations themselves)인 것이다.[41] 국제조직의 결의는 그 국제
조직을 구성하는 국가 간 합의의 형식(form of inter-state agreement)은 아
닌 것이다.[42]

'국제사법재판소규정'은 국제조직의 결의를 국제법의 준칙의 하나로 규
정하지 않고 있다.

---

39) *Ibid.*, p.27.
40) Henry G. Schermers, "International Organizations, Resolutions," *EPIL*, Vol.5, 1983,
p.160.
41) *Ibid.*
42) *Ibid.*

나. 법원성

(1) 국제사법재판소규정

'국제사법재판소규정'은 국제조직의 결의를 조약, 국제관습법과 같은 직접적인 재판준칙으로는 물론이고, 판결, 학설과 같은 법칙결정의 보조적 수단으로서 간접적 재판준칙으로도 규정하고 있지 않다. 따라서 '국제사법재판소규정'상 국제조직의 결의는 그 자체로서 재판의 준칙, 즉 법원이 되지 못한다.[43]

(2) 일반국제법

일반국제법상 국제조직의 결의가 그 자체로 국제조약, 국제관습법과 독립된 국제법의 법원이 아님은 물론이다.

국제연합의 결의는 다음과 같이 여러 가지 내용을 표현하게 된다. 따라서 결의의 법원성은 다음과 같이 구분하여 보아야 한다.[44]

（ⅰ）내부규칙(internal rules): 결의의 내용이 내부규칙인 경우 그것은 국제연합헌장에 의거하여 체결된 것일 경우, 예컨대, 제21조에 의거 체결된 '총회의 절차규칙', 제30조에 의거 체결된 '안전보장이사회의 절차규칙' 등은 구속력을 가진 법규칙이다.[45] 이 경우 결의의 법원성은 인정된다.

（ⅱ）권고(recommendations): 결의의 내용이 권고인 경우 권고는 법적 구속력을 가지지 아니한 행위를 단순히 권하는 것을 의미한다.[46] 따라서 이에 따르느냐 아니하느냐는 전적으로 국제연합의 기관이나 가맹국의 자유이다.[47] 그러나 가맹국이 이를 공식적으로 수락한 경우는 수락(acceptance)으로서 법적 구속력을 갖는다.[48] 이 경우도 권고는 그 자체로서 법원이

---

43) *Ibid.*

44) *Ibid.*, Hoof, *supra* n.1, pp.180~81.

45) Henry G. Schermers, "International Organizations, Resolutions," *EPIL*, Vol.5, 1983, p.160.

46) *Ibid.*

47) Hans Kelsen, *The Law of the United Nations*(New York: Praeger, 1951), p.61.

되는 것이 아니다.

(iii) 선언(declaration): 결의의 내용이 선언인 경우가 있다. 선언은 여러 가지 의미로 사용되며 정책의 예비적 성명(preliminary statements of policy)의 의미로 사용된다.[49] 국제연합기관 특히 총회의 선언은 특정 결정의 법적 중요성(legal importance of a particular decision)을 강조하기 위해 행하여진다.[50]

국제연합은 선언과 권고를 임의로 선택할 수 있으며, 선언 그 자체로서는 권고보다 강한 법적 구속력을 가진 것은 아니다.[51] 선언은 때로는 현재 관습국제법이나 현존 법의 일반원칙의 존재를 확인하는 경우도 있다. 이 경우도 선언 그 자체로서 법원이 되는 것이 아니다.[52]

(iv) 협약(conventions): 결의의 내용이 협약인 경우가 있다. 즉 국제연합총회의 결의를 조약문의 형식으로 표현하는 경우가 있다. 이 경우 국가가 이에 비준함으로써 그 결의는 조약으로서 당사국에 대해 법적 구속력을 갖게 된다.[53] 따라서 조약문을 채택하는 결의 그 자체는 법원이 되지 못한다. 다만 국제연합의 주요기관이 조약문을 결의로 채택한 경우 보조기관과 사무직원은 이에 반하는 행위를 할 수 없다는 효과가 인정된다.[54]

(ⅴ) 구속력 있는 결정(binding decisions): 결의의 내용이 법적 구속력 있는 결정인 경우가 있다. 예컨대, 평화에 대한 위협, 평화의 파괴, 침략행위의 경우 안전보장이사회는 국제평화의 유지와 회복을 위해 필요한 조치를 결정할 수 있고(국제연합헌장 제41조, 제42조) 이는 국제연합 회원국에 대해 법적 구속력을 갖는다.[55] 따라서 이 결의는 법원성을 갖는다 할 수 있다.

---

48) Schermers, *supra* n.45, p.160.
49) *Ibid.*
50) D.P.O'Connell, *International Law*, Vol.1, 2nd ed., (London: Stevens, 1970), p.198.
51) Schermers, *supra* n.45, p.160.
52) *Ibid.*
53) *Ibid.*
54) *Ibid.*
55) *Ibid.*: Leland M. Goodrich, Edrard Hambro and Anne Patricia Simons, *Charter of the United Nations*, 3rd ed., (New York: Columbia University Press, 1969),

다. 효력순위

국제조직의 결의가 법적 구속력을 갖게 되어 그의 법원성이 인정되는 경우도 이는 그 국제조직 내부에서의 법원성이 인정되며,56) 이는 국제조직의 기본법인 조약에 의거한 것이므로, 그보다 하위의 효력을 가질 뿐이다. 즉 결의의 법원성이 인정되는 경우도 그 효력은 조약보다 하위의 것에 불과한 것이다.

재론 하거니와 이 절 '국제법의 연원'을 읽게 될 국제법 비전공자의 편의를 제공하기 위한 것일 뿐이다.

---

pp.300~302.
56) G. I. Tunkin, *International Law*(Moscow: Progress, 1986), p.69.

제2절 조약의 무효와 조약의 불성립

Ⅰ. 조약의 무효와 조약의 불성립의 구별

국제법상 조약은 '다변적 법률행위(plurilateral transaction)'로[1] 이는 조약의 '성립요건(condition for establishment of treaties)'과 '효력요건(condition for validity of treaties)'으로 구분하여 논급되어야 할 것이며, 따라서 '성립요건'을 결한 '조약의 부존재(non-existence of treaties)' 또는 '조약의 불성립 (non-establishment of treaties)'과 '효력요건'을 결한 '조약의 무효(invalidity of treaties)'는 구별되어야 할 것이다.[2] 그러나 조약의 '성립요건'과 '효력요건'을 구별하지 아니하고 '성립요건'에 해당되는 것과 '효력요건'에 해당되는 것을 모두 포괄하여 '성립요건' 또는 '효력요건'으로 설명하는 것이 일반적인 견해이다.[3]

---

1) Robert Jennings and Arthur Watts(eds.), *Oppenheim's International Law,* Vol.1, 9th ed., (London: Longman, 1992), p.1181.

2) '성립요건'은 조약의 체결(conclusion)로 구성되어 조약은 존재(existence)하게 되며(Paul Reuter, *Introduction to the Law of Treaties*(London: Pinter, 1989), p.43), '효력요건'은 무효의 원인(grounds of invalidity)의 부존재로 구비되어 조약은 적용(application)되게 된다(*ibid.*, pp.127~28, 134).

3) G. G. Wilson은 조약의 효력요건(conditions essential to validity)으로 (ⅰ) 당사자의 체결능력, (ⅱ) 전권대표의 권한 내의 행위, (ⅲ) 동의의 자유, (ⅳ) 법에 일치를 열거하고 있다(G. G. Wilson, *International Law,* 9th ed., (New York: Silver,

따라서 일반적인 견해에 의하면 '성립요건'을 결한 조약의 효력은 '조약의 불성립'의 효과를 가져오는 경우도 있고 '조약의 무효'의 효과를 가져오는 경우도 있게 된다. 조약이 법적 효력(legal effect)이 없다는 점에서 '조약의 불성립'과 '조약의 무효'는 동일하다.

'조약법에 관한 비엔나 협약(이하 '조약법 협약'이라 한다)'은 제2부 제1절에 '조약의 체결(conclusion of treaties)'에 관해 규정을 두고, 제5부 제2절에 '조약의 무효(invalidity of treaties)'에 관해 규정을 두고 있다.

전자는 조약의 '성립요건'에 관한 규정이고, 후자는 조약의 '효력요건'에 관한 규정이다. 그러므로 동 협약은 조약의 '성립요건'과 '효력요건'을 구분하여 규정하고 있다. 그러나 전자의 요건을 결한 경우의 효과에 관해 '조약의 불성립' 또는 '조약의 부존재'라는 표현을 사용하지 아니하고, '기속적 동의(consent to be bound)'가 발생하지 아니하는 것으로 규정하거나(제11조 -제15조), '발효(enter into force)'하지 아니한다라고 규정하고(제24조) 있다. 그리고 후자의 요건을 결한 경우의 효과에 관해 '무효(void)'라고만 규정하지 아니하고 '무효(void)'라고 규정하기도 하고(제52조, 제53조), '효력을 가지지 아니한다(without legal effect)'라고 규정하기도 하고(제51조), 그 원인을 '원용할 수 있다(may invoke)'라고 규정하고 있기도 하다(제48조, 제49조,

---

1935), p.219). (i)과 (ii)는 '성립요건'이고, (iii)과 (iv)는 '효력요건'이라 할 수 있다.

J. G. Starke는 조약의 유효(validity of treaties) 요건으로 (i) 조약체결능력, (ii) 착오, (iii) 기망, (iv) 부패, (v) 강제, (vi) 강행규범위반을 열거하고 있다(J. G. Starke, *Introduction to International Law,* 9th ed., (London: Butterworth, 1984), p.448). (i)은 '성립요건'이고, (ii)~(iv)은 '효력요건'이라 할 수 있다.

Meinhard Schroder는 조약의 유효요건(conditions to produce legal effect)으로 (i) 조약체결능력, (ii) 당사자의 동의, (iii) 조약의 합법성, (iv) 조약의 등록을 열거하고 있다(Meinhard Schroder, "Treaty, Validity", *EPIL,* Vol.7, 1984 p.511). (i)은 '성립요건', (ii)와 (iii)은 '효력요건', (iv)는 대항요건이라 할 수 있다.

Isagani A. Cruz도 위와 유사한 입장을 표시하고 있으며(Isagan; A. Cruz, *International Law,* (Quezon: Central Lawbook, 1985), p.170), Gerhard von Glahn도 위와 같다(Gerhard von Glahn, *Law Among Nations,* 4th ed., (New York: Macmillan, 1984), pp.498~505).

제50조). 이와 같이 동 협약은 '효력요건'을 명확히 규정하고 있지 못하다.[4] 다수학자들도[5] 그러하다.

II. 조약의 무효와 불성립의 효력의 차이

이 연구에서는 조약법 협약 제2부 제1절의 조약의 체결요건을 결한 경우를 조약의 '성립요건'을 결한 경우로 보고 이 요건을 결한 효과를 '조약의 불성립' 또는 '조약의 부존재'로 표기하기로 하고, 동 협약 제5부 제2절의 '조약의 무효'의 원인이 되는 경우를 조약의 '효력요건'을 결한 경우로 보고 이 요건을 결한 경우의 효과를 '조약의 무효'로 표기하기로 한다. 후자를 '협의의 무효', 전자와 후자를 합쳐 '광의의 무효'라 할 수 있다.

요컨대 '조약의 무효'는 성립된 조약이 하자로 인해 효력이 발생하지 아

---

4) Schroder, *supra* n.5, p.512.
5) Ian Sinclair도 그 외 저서에서 동의(consent)에 의해 조약은 성립(establish)된다고 표시하고 있으나 '성립요건'과 '효력요건'에 관한 논리를 정립하고 있지 아니하고 있으며 (Ian Sinclair, *The Vienna Convention on the Law of Treaties,* 2nd ed., (Manchester: Manchester University Press, 1984), pp.29~44, 159), T. O. Elias도 위와 같다(T. O. Elias, *The Modern Law of Treaties,* (Leiden: Sijthoff, 1974), pp.27~36, 135). H. W. A. Thirlway도 위와 같다(H. W. A. Thirlway, *International Customary Law and Codification,* (Leiden: Sijthoff, 1972), pp.129~30, 133). Shabtai Rosenne도 위와 같다(Shabtai Rosenne, "Treaties, Conclusion and Entry into Force," *EPIL,* Vol.7, 1984, pp.464~67).
  Clive Parry는 조약의 '효력요건(validity)'으로 (ⅰ) 당사자의 능력(capacity of parties), (ⅱ) 목적의 합법성(legality of object), (ⅲ) 동의의 진실성(reality of consent)을 열거하고 있다 (Clive Parry, "The Law of Treaties," in Max Sorensen (ed.), *Manual of Public International Law,* (London: Macmillan, 1968, p.212). '성립요건'으로 당사자, 목적, 동의를 열거하고, 그것들의 각기 '효력요건'으로 능력, 합법성, 현실성을 열거한 것이다.
  Jennings와 Watts 또는 동의(consent)가 없으면 조약은 성립(constitute)되지 아니한다고 하여(Jennings and Watts(eds.), *supra* n.1, p.1224) 동의를 '효력요건'이 아니라 '성립요건'으로 보고 있다.

니하는 것을 의미하고, '조약의 불성립'은 조약 자체가 성립되지 않아서 아무런 법적 효과도 발생하지 아니하는 것이다. 이 연구에서는 한일합방이 조약으로 성립되고, 성립된 조약이 조약의 발효상 하자로 인해 효력이 발생하지 아니하는 것이 아니라 한일합방 자체가 성립되지 아니해서 법적 효력이 없는 것을 의미한다.

제3절 조약의 '성립요건'의 의의

〈목 차〉

Ⅰ. 조약의 성립요건의 의의
Ⅱ. 조약의 성립요건의 내용
Ⅲ. 기타 관련사항

Ⅰ. 조약의 성립요건의 의의

조약은 국제법상 쌍방적인 법률행위이므로 대체로 '성립요건'과 '효력요건'으로 구분하여 설명되어야 할 것이며, 따라서 '성립요건'을 결한 '조약의 부존재'와 '효력요건'을 결한 '조약의 무효'는 구별되어야 할 것이다.[1] 그러나 조약의 '성립요건'과 '효력요건'을 구별하지 않고 일반사법이론상 '성립요건'에 해당되는 것과 '효력요건'에 해당되는 것을 포괄하여 '성립요건'으로 또는 '효력요건'으로 설명하는 것이 일반적인 견해이다.[2]

따라서 일반적인 견해에 의하면 '성립요건'을 결한 조약의 효력은 '조약의 불성립'의 효력을 가져오는 경우도 있겠다. 조약이 효력이 없다는 점에서 '조약의 불성립'과 '조약의 무효'는 동일하다.

---

1) '성립요건'은 체결(conclusion)로 구비되어 조약은 존재(existence)하게 되며(Paul Reuter, *Introduction to the Law of Treaties,* (London: Pinter, 1989), p.43), '효력요건'은 무효의 원인(grounds of invalidity)의 부존재로 구비되어 조약은 적용(application)되게 된다(*ibid*, pp.127~28, 134).

2) George Wilson, *International Law*, 9th ed., (New York: Sliver, 1935), p.219: Isagani A. Cruz, *International Law,* (Quezon: Central Lawbook, 1985), p.170; H.B. Jacobini, *International Law,* (Homewood: Dorsey, 1962), p.126; Gerhard von Glahn, *Law among Nations*, 4th ed, (New york: Macmillan, 1984), pp.498~505.

상술한 의미의 조약의 '성립요건'은 (ⅰ) 조약당사자가 조약을 체결할 능력을 가질 것, (ⅱ)조약을 체결하는 대표자가 조약체결의 정당한 권한을 가질 것, (ⅲ) 대표자 간 하자 없는 의사의 합치가 있을 것, (ⅳ) 조약의 내용이 가능하고 적법할 것, (ⅴ) 조약이 국내법에 위반하지 아니하는 절차에 따라 체결될 것을 내용으로 한다.[3]

Ⅱ. 조약의 성립요건의 내용

1. 당사자의 조약체결능력

가. 조약체결능력의 의의

조약체결능력(treaty-making capacity, capacity to make treaties)이란 국제법상 조약을 체결할 수 있는 능력, 즉 조약의 당사자가 될 수 있는 국제법상 능력을 말한다.[4] 여기서 능력이란, 권리능력을 의미하는 것으로 이해할 수도 있고 행위능력을 의미하는 것으로 이해할 수도 있다.

조약체결능력이 행위능력을 의미한다는 견해는 주권이 제한된 국가는 체결능력은 있으나 행위능력이 없으므로 조약을 체결할 능력이 없다는 점을 합리적으로 설명할 수 있으나, 개인이 조약체결능력이 없다는 점을 개인은 조약을 체결할 권리능력을 의미한다는 견해는 개인이 조약체결능력이 없다는 점을 합리적으로 설명할 수 있으나 주권이 제한된 국가의 조약체결능력을 합리적으로 설명할 수 없다는 단점이 있다. 따라서 조약체결능력은 경우에 따라 권리능력을 의미하기도 하고 행위능력을 의미하기도 한다고 이해함이 타당하다고 본다.

---

3) Wilson, *supra* n.2, p.170; Glahn, *supra* n.2, pp.498~505.
4) Oscar Svarlien, *An Introduction to the Law of Nations,* (New York; McGraw-Hill, 1955), p.263.

나. 조약체결능력자

(1) 국 가

(i) 독립국가

국가라 할지라도 국제법상 주권을 가지는 독립국가만이 완전한 조약체결능력을 가진다.[5]

(ii) 반주권국가

이른바 반주권국가의 조약체결능력은 제한되거나 불완전하며 그 제한 · 불완전의 정도는 경우에 따라 다르다.[6] 피보호국 또는 종속국인 경우에는 보호국 또는 종주국과의 보호조약 또는 헌법상의 규정의 내용에 따라 피보호국 또는 종속국의 조약체결능력은 제한 · 부인된다.[7]

(iii) 연방구성국

연방구성국의 경우는 통상 연방 자체가 조약체결능력을 가지며 지방, 즉 연방구성국은 조약체결능력을 갖지 못한다. 그러나 지방도 극히 제한된 범위 내에서 조약체결능력을 갖는 경우가 있다. 미국은 연방의회의 동의가 있는 경우에 주도 경미한 조약을 체결할 수 있다.[8]

(iv) 영세중립국

영세중립국은 일반적으로 완전한 독립국가로 이해되지만, 동맹조약 · 집단방위조약 등을 체결할 수 없다.[9]

---

5) Robert Jennings and Arthur Watts(eds.), *Oppernheim's International Law*, 9th ed., Vol.1, (London: Longman, 1992). p.1217.

6) *Ibid.*

7) *Ibid.*; Lord McNair, *The Law of Treaties,* (Oxford: Clarendon, 1961), pp.42~43

8) *Ibid.*, p.37.

9) *Ibid.*, p.46.

(v) Vatican 시국

Vatican 시국도 영세중립국에 속하는 국가이므로 동맹조약을 체결할 수 없으나 그 이외의 조약은 체결할 수 있으며 이 국가가 체결하는 종교상의 조약을 Concordat라 한다.10)

(2) 국제조직

국제조직은 그 국제조직이 성립되게 된 기본조약에 의하여 인정되는 범위 내에서 조약체결능력자이며 국가와 같이 일반적 포괄적 조약체결능력자인 것은 아니다.11)

(i) 국제연합

국제연합은 헌장 제104조의 규정에 의하여 조약체결의 일반적 능력을 갖고 있다. 국제연합이 체결하는 조약의 예는 다음과 같다.12) (i) 회원국과 군사적 강제조치를 위한 '특별협정(제43조)', (ii) 전문기관과 각 분야의 국제적 협력을 달성하기 위한 협정(제3항), (iii) 신탁통치기관의 신탁통치를 위한 신탁통치협정(제79조).

(ii) 전문기관

각 전문기관도 그 기본조약에 의하여 국제연합과 조약을 체결하는 것 이외에 그 임무에 관계되는 다른 전문기관 또는 기타 국제조직과의 조약체결능력이 원칙적으로 인정된다.13)

---

10) *Ibid.*, p.37.

11) *Ibid.*, p.50; C. W. Jenks, *The Legal Personality of International Law*, 9th ed., (London: Butterwoth, 1984), p.598.

12) *Ibid.*; Clive Parry, "The Treaty-Making Power of the United Nations," *BYIL.*, Vol.26, 1949, pp.111~18; Jennings and Watts(eds.), *supra* n.5, pp.1219~20; J.G. Starke, *Introduction to International Law*, 9th ed., (London: Butterworth, 1984), p.598.

13) McNair, *supra* n.7, p.52; Svarlien, *supra* n.4, p.217; Clive, *supra* n.12, pp.132~42.

(iii) 기타 지역적 국제조직

지역적 국제조직도 그 기본조약이 인정하는 범위 내에서 조약체결 능력이 있다.14)

(3) 교전단체

교전단체는 국제법의 주체이지만 전쟁의 능력이 인정된 일시적·제한적의 국제법의 주체이므로 국가와 같은 조약체결능력자는 아니나, 본국정부와 휴전협정·포로교환협정 등 교전에 관한 협정과 기타 협정을 체결할 능력을 가지며 제3국과도 일정한 조약을 체결할 능력을 갖는다.15)

(4) 개인

개인은 일정한 경우 국제법의 주체가 되나 이는 국가·국제조직과 같이 국제법을 창설할 수 있는 능동적 주체가 아니라 수동적 주체에 불과하므로 국제법상 조약체결권자는 되지 못한다.

2. 조약체결권자

가. 조약체결권자의 의의

조약체결권자라 함은 조약당사자, 즉 조약체결능력자인 국가·국제조직·교전단체를 대표하여 현실적으로 조약체결의 권한을 가진 기관을 말한다.16)

누가 조약체결권자인가는 각각의 기본조직법에 의하여 결정된다. 국가와 교전단체의 조약체결권자는 국내법 특히 헌법에 의하여 규정되며, 국

---

14) Jennings and Watts(eds.), *supra* n.5, p.1319; Ian Brownlie, *Principles of Public International Law*, 3rd ed., (Oxford: Clarendon, 1979), p.700.

15) *Ibid.*, p.66: Ti-Chang Chen, *The International Law of Recognition,* (London: Stevens, 1951), p.303.

16) Jacobini, *supra* n.2, p.127; Hans Kelsen, *Principles of International Law*, 2nd ed., (New York: Holt,1966), p.460.

제법은 이에 대하여 직접 관여하지 않는다. 국제조직의 조약체결권자는 그 국제조직의 기본조약에 의하여 규정된다.[17]

나. 조약체결권자

(1) 국가·교전단체의 조약체결권자

(가) 국가기관

국가에 있어서 조약체결권자는 원칙적으로 국가원수이나 예외적으로 입법기관이 조약체결권자가 되는 경우도 있다.

예컨대, 스위스의 조약체결권은 연방의회에 있으며 그 권능은 연방평의원회 및 그 의장인 대통령이 행사한다(헌법 제102조 제8항). 터키의 조약체결권도 국민의회에 있다(헌법 제26조).[18]

(나) 국가기관 등의 수임자

국가원수 등의 조약체결권자는 일정한 범위 또는 특정의 권한을 다른 기관에게 위임할 수가 있다. 경미한 기술적·전문적 행정사항에 관한 조약체결권을 위임하는 경우가 그것이다.[19]

(다) 군지휘관

전술한 바와 같이 국가의 조약체결권자는 국내법에 의하여 규정되나 군지휘관의 전시조약체결권은 국제법에 의해 직접 규정된다. 따라서 군지휘관이 전지에서 체결하는 휴전조약·항복조약·포로교환조약 등은 정치적 성질을 갖지 않는 한 그 국가가 그에게 조약체결권을 주지 않았다 해도 국제법상 구속력을 갖는다.[20]

---

17) *Ibid.*
18) *Ibid.*
19) Hesch Larterpacht(ed.), *Oppenheim's International Law*, 8th ed., (London: Longmans, 1955), p.885.

(2) 국제조직의 조약체결권자

(가) 국제조직의 최고기관

국제조직의 조약체결권자는 국제조직의 기본조약으로 정하여지며,[21] 기본조약에 그것이 명시되지 않았을 경우에는 조약의 성질을 고려하여 개별적으로 결정해야 할 것이다.[22] 일반적으로 그 국제조직의 최고기관이 조약체결권자가 된다. 국제연합의 경우 최고기관은 총회이며, 전문기관의 경우도 최고기관은 총회이다.[23]

(나) 국제조직 기타 기관

국제조직의 기본조약이 특별히 최고기관이 아닌 다른 기관에게 조약체결권을 부여하는 특별규정을 둘 경우에 그 기관이 조약체결권자가 된다. 국제연합의 경우 안전보장이사회가 군사적 강제조치를 위한 특별협정의 조약체결권자이며(헌장 제43조 제3항), 전문기관과의 협정은 경제사회이사회가 조약체결권자이나 총회의 동의를 요건으로 한다(동 제63조 제1항). 기타 전문기관 또는 지역적 국제조직의 최고기관 아닌 조약체결권자는 각각 그의 기본조약에 의해 규정된다.[24]

---

20) Morris Greenspan, *The Modern Law of Land Warfare* (Berkeley: California University Press, 1959), p.387; John Westlake, *International Law*, Part 2, (Cambridge: Cambridge University Press, 1913), p.92.

21) Clive Parry, *"The Law of Treaties,"* in Max Sorensen(ed.), *Manual of Public International Law*, (New York: Macmilan, 1968), p.189; Hans Kelsen, *The Law of the United Nations*, (New York: Praeger, 1950), p.329.

22) *Ibid.*; Rosalyn Higgins, *The Development of International Law through the Political Organs of the United Nations*, (London: Oxford University Press, 1963), p.250.

23) *Ibid.*, pp.250~52, 264~67.

24) *Ibid.*, pp.250~53.

3. 하자 없는 합의

가. 하자 없는 합의의 의미

조약이 유효하게 성립하려면 조약체결권자의 의사표시에 하자가 없어야 한다.

여기서 하자 없는 의사표시란 (ⅰ) '조약체결권자'의 의사에 하자가 없는 것을 의미하며 '조약체결당사자' 자신에게 사기·강박을 가한 경우를 의미하지 않는다는 견해가 정통적인 이론이나, 무력행사가 원칙적으로 금지된 오늘에 와서는 특히 강박의 경우 양자가 다 포함되어야 한다는 견해가 일반적이다. (ⅱ) 그리고 여기의 하자는 강박·착오·기망에 의한 '원에 의하지 않은 하자'를 뜻하며 심리유보 등 '원에 의한 하자'는 제외된다.

나. 하자 있는 의사표시

'조약법에 관한 협약'은 하자 있는 의사표시로 다음과 같은 것을 규정하고 있다.

(1) 착오

국가는 조약에 있어서의 착오가 동 조약이 체결된 당시에 존재한 것으로 동 조약의 구속을 받게 하는 자국의 동의의 본질적인 기초된 것에 관련되는 것일 경우에 동 동의를 무효화시키기 위하여 동 착오를 원용할 수 있다(제48조 제1항).

당해 국가가 자신의 행위로 인하여 착오를 유발한 경우 또는 동 국가가 착오의 발생가능성을 사전에 알 수 있는 사정 하에 있었을 경우에는 제1항을 적용하지 아니한다(동 제2항).[25]

---

25) Jennings and Watts(eds.), *supra* n.5, pp.1288~89.

(2) 기만

국가가 기타 교섭국의 기만행위에 의하여 조약을 체결하도록 유도된 경우에는 조약의 구속을 받게 하는 자국의 동의를 무효화시키기 위하여 동 기만을 원용할 수 있다(제49조).[26]

(3) 국가대표의 부패

직접 또는 간접으로 대표를 매수하여 조약에 대한 동의를 받아낸 경우에는 그 대표의 본국은 그 동의의 무효를 주장할 수 있다(제50조 참조). 실제로 자국대표의 부패를 조약의 무효사유로 원용한 실례는 아직 없다.[27]

(4) 국가대표에 대한 강박

국가대표에게 강박을 가하여 체결한 조약은 아무런 법적 효력도 가지지 아니한다(제51조). 대표에 대한 강박은 이 점에서 관계당사국이 동의의 무효를 주장할 수 있을 뿐이지 위에 열거한 조약의 무효 사유들과는 다르다.[28]

(5) 국가에 대한 강박

강박이 대표자 개인에 대한 것이 아니라 국가 자체에 대해서 행해진 경우에는 조약은 일반적으로 유효라는 것이 제1차대전 이전의 정통적 이론이었다. 예컨대, 강대국이 약소국에 대해서 정치 · 경제 · 군사상의 강박을 가하여 체결한 다수의 불평등 조약 또는 전승국이 패전국에 대하여 불리한 강화조약의 체결을 강요하는 경우라도 그 조약은 유효한 것으로 취급되었다. 그러나 '조약법에 관한 협약'은 "국제연합헌장의 모든 원칙에 위반된 힘의 위협 또는 사용에 의하여 조약이 체결된 경우에는 동 조약은 무

---

26) *Ibid.*, p.1289.
27) *Ibid.*, pp.1289~90.
28) *Ibid.*, p.1290.

효이다"라고 규정하였다(제52조).[29)]

4. 이행가능성과 적법성

가. 이행가능성
조약은 그 내용이 이행 가능하고 적법하여야만 유효하게 성립될 수 있다. 불능을 목적으로 하는 조약, 예컨대, 현존하지 아니한 영역의 양도를 목적으로 하는 할양조약, 사망한 자의 인도를 목적으로 하는 범죄인인도조약은 무효이다.[30)]

나. 적법성
강행규범에 반하는 것을 목적으로 하는 조약, 예컨대, 침략전쟁을 목적으로 하는 조약, 노예의 매매를 목적으로 하는 조약 등은 무효이다(제53조). 이는 일반 국제법인 강행규범의 존재를 인정하는 이론을 전제로 한 것이다.[31)]

5. 국내법절차 적법성

가. 국내법절차 적법성의 의미
국내법절차 적법성이란 조약체결절차가 국내법상 절차에 위반하지 아니함을 말한다.
조약체결권자가 국내법상 특히 헌법상의 제한을 무시하고 체결한 조약은 유효한 것인가에 관해 논의가 있다. 물론 국제법에 의해 직접 조약체결권이 부여된 것으로 보는 군지휘관이 국내법상 절차를 위반하여 전시규약을 체결하는 경우에도 당연히 그 조약을 유효한 것으로 인정함은 전술

29) *Ibid.*, pp.1290~92.
30) Lauterpacht, *supra* n.19, p.945.
31) Jennings and Watts(eds.), *supra* n.5, p.1292~93.

한 바이다.

나. 학설

(1) 유효설

유효설에 의하면 조약체결권자의 권한에 대한 국내법상의 제한은 국제법상 효력이 없다고 주장한다.[32) 그 논거를 다음과 같이 제시한다.

(ⅰ) 국가원수는 대외관계에 있어서 완전한 대표권한을 갖는다.

(ⅱ) 국제관행은 체결당사자인 원수의 권한을 심사한 예가 없다.

(ⅲ) 체결당사자의 체결권자의 헌법상 권한을 조사하는 것은 그 국가의 국내문제에 대한 부당한 간섭이 된다.

(ⅳ) 국가가 그의 대표기관의 헌법상 무권한을 이유로 조약의 무효를 주장할 수 있다면 국제법의 안정성이 저해된다.

(2) 무효설

무효설에 의하면 조약체결권자의 권한에 대한 국내법상의 제한은 국제법상 효력이 있다고 주장한다.[33) 그 논거를 다음과 같이 제시한다.

(ⅰ) 국제법이 직접 조약체결권자를 정하지 아니하고 국내법에 일임하고 있다.

(ⅱ) 국가기관이 그의 권한 외에서 한 행위는 국가를 구속할 수 없다.

(ⅲ) 조약체결의 합헌성의 심사를 금한 국제법규는 없으며, 그것이 국내문제에 대한 간섭이 되지 않는다.

(ⅳ) 조약체결권자의 권한에 대한 헌법적 제한을 각국의 헌법이 드는

---

32) Brownlie, *supra* n.14, p.610: Michael Akehurst, *A Modern Introduction to International Law*, 5th ed., (London: George Allen, 1984), pp.130~31.

33) *Ibid.*; Brownlie, *supra* n.14, p.610.

것은 국가원수에 무제한의 조약체결권이 있다는 국제관습을 부인
하는 것이다.

(v) 조약체결에 관한 헌법상의 절차는 간접적으로 국제법이 요구하
는 조약체결의 절차 자체로 보는 것이 국제관행에 일치한다.

(3) 절충설

절충설에 의하면 조약체결권자의 권한에 대한 국내법상의 제한은 원칙
적으로 국제법상 효력이 없으나 예외적으로 이를 고려해야 한다는 주장이
다. 그 논거를 다음과 같이 제시한다.

(i) 위헌절차에 의해 체결된 조약은 절차상의 하자를 상대방이 알았거
나 또는 상당한 주의를 하였다면 알 수 있었던 경우는 상대방을 보
호할 필요가 없으므로 무효로 해야 한다.

(ii) 위헌절차에 의해 체결된 조약은 그것이 중대한 헌법규정을 위반한
경우는 그러한 위반을 한 체약국을 보호할 필요가 있으므로 무효
로 해야 한다.[34]

(4) 결언

헌법상 절차에 위반한 것을 이유로 사후의 주장으로 조약을 무효화하는
것은 상대방의 신뢰를 해하며 또 국제법질서의 안전성을 침해한다는 점을
고려할 때, 민주주의적 원리와 법적 안정성을 조화하는 절충설이 타당하
다고 본다.

다. 관행

실제의 관행은 조약에 비준조항을 삽입하여 체결당사자가 각기 그들의
헌법 절차에 따라 비준하도록 하여 절차상의 위헌조약을 방지하고 또한

---

34) *Ibid.*, pp.610~11.

이를 무효로 하는 경향이 있다. 그러나 구체적으로 조약을 체결함에 있어서 적법절차에 의한 것인지 그 여부에 관한 판단은 곤란한 경우가 적지 않다.

라. 조약법에 관한 협약

(i) '조약법에 관한 협약'은 원칙적으로 국가는 조약에 대한 국가의 동의가 조약체결권에 관한 국내법의 규정에 위반하였다는 사실로서 합의의 무효화를 주장할 수 없으나, 그 위반이 객관적으로 명백하고 또한 근본적으로 중요한 국내법에 관련되는 경우에는 통상의 관행과 신의성실의 원칙에 따른다고 규정하고 있다(제46조).

이 규정은 절충설을 명문화한 것이지만, 통상의 관행과 신의성실의 원칙에 따른다는 제한을 가하여 결국 제한적 절충설을 채택한 것이라 할 수 있다.

(ii) 그리고 동 협약은 대표의 동의표시권한에 일정한 제한이 가하여져 있는 경우에 그 제한을 준수하지 않았더라도 동의를 표시하기 전에 이 제한을 여타의 교섭국들에게 통고하지 않는 한, 그 조약의 무효를 주장할 수 없다(제47조). 비준 · 수락 또는 승인을 요하는 조약에 있어서는 이 규정은 적용되지 아니한다.[35]

---

35) Jennings and Watts(eds.), *supra* n.5, pp.1285~88.

Ⅲ. 기타 관련사항

1. 조약의 성립과 국가의 승인

국가의 승인방법은 명시적 방법과 묵시적 방법이 있다. 기존 국가가 미승인국과 조약을 체결하는 것이 묵시적인 국가승인방법으로 되는가는 일률적으로 논할 수 없다. (ⅰ) 일반적으로 양국간의 포괄적·이변적 조약의 체결은 묵시적인 국가의 승인으로 인정되나, (ⅱ) 개별적·다변적 조약의 체결은 묵시적인 승인으로 인정되지 않는다.

2. 조약의 성립과 조약의 개정

국제법상 조약의 개정은 신조약의 성립, 즉 체결과 같이 인정된다. 본래 조약의 개정이란 그의 동일성을 상실치 않는 한계 내에서 가능한 것인데 그의 개정조약은 신조약의 체결과 동일한 국제법상 '성립요건'을 요한다.

3. 조약의 성립과 국제연합헌장

'국제연합헌장' 제103조는 '국제연합헌장 의무우선의 원칙'을 규정하고 있으며, 이에 의하여 가맹국이 헌장의 의무에 배치되는 내용의 조약을 성립시킬 수는 있으나 국제연합에 대해서는 무효인 것으로 인정되는 경우가 있게 된다.

제4절 조약의 체결절차

Ⅰ. 개념

1. 의의

조약의 체결절차란 조약이 성립하기 위한 절차를 말한다. 조약이 성립해야 조약은 그 내용에 따라 구속력을 발생하게 된다.

2. 내용

조약의 체결절차에 관하여 국제법상 획일적인 방식이 있는 것은 아니나, 가장 일반적인 방식은 전권대표의 선임, 교섭, 서명, 조약체결권자에 의한 비준, 비준서의 교환 또는 기탁 등의 과정을 거쳐 체결된다.[1] 그러나 간이조약과 다수당사자간의 개방조약은 특수한 방식을 따르는 경우가 있다.[2]

─────────────────

[1] George Schwarzenberger and E. D. Brown, *A Manual of International Law,* 6th ed., (Milton: Professional Books, 1976), p.257: William W. Bishop, *International Law, Cases and Materials,* 3rd ed., (Boston: Little Brown, 1962), p.118.

II. 일반적 체결절차

1. 조약의 교섭

가. 전권대표의 임명
국가가 조약을 체결하려고 할 경우 먼저 자국의 국내법상 절차에 따라 정식의 자격자, 즉 전권대표(plenipotentiary representative)를 임명한다. 전권대표는 그의 자격을 증명하는 전권위임장(full power)을 발급받는다.[3] 그러나 다음의 자가 조약을 체결할 경우에는 전권위임장을 요치 않는다.
(ⅰ) 국가의 원수, 정부의 수석, 외무부장관,
(ⅱ) 외교사절의 파견국과 접수국간에 조약의 정문을 채택할 경우 접수국에 파견된 외교사절,
(ⅲ) 국제회의 또는 국제조직에 파견된 국가대표가 동 회의나 국제조직에서 조약의 정문이 채택될 때에 그가 전권대표로 된 경우(제7조 제2항).[4]

나. 전권위임장의 확인
두 국가 간 조약을 체결할 경우에는 교섭 전에 전권대표는 상호간에 전권위임장을 교환함으로써 권한의 정당성을 확인한다. 다수국간 조약의 경우에는 심사위원회를 설치하여 일괄적으로 심사 · 확인하는 것이 보통이다.

---

2) Paul Reuter, *Introduction to Law of Treaties,* (London: Pinter, 1989), p.47; G. I. Tunkin, *International Law,* (Moscow: Moscow Press, 1986), pp.153~54.

3) Bishop, *supra* n.1, p.118; Lord McNair, *The Law of Treaties,* (Oxford: Clarendon, 1961), p.120; J. Mervyn Jones, *Full Powers and Ratification: A Study in the Development of Treaty-Making Procedure,* (Cambridge: Cambridge University Press, 1946), p.43.

4) T. O. Elias, *The Modern Law of Treaties,* (Leyden: Sijthoff, 1974), p.20: Gerhard von Glahn, *Law Among Nations*, 4th ed., (New York: Mcmillan, 1981), p.485; Tunkin, *supra* n.2, p.154; Werner Levi, *Contemporary International Law: A Concise Introduction,* (Boulder: Westview, 1979), p.219.

다. 조약안의 교섭

두 국가 간 조약인 경우 전권대표간에 담판(pourparler)이 행해지며, 다수국가 간 조약인 경우 외교협의에서 담판이 행해진다. 이 교섭과정을 거쳐 조약의 기본방침이 결정되고 조약안을 작성하게 된다.[5] 최근에는 통신기술이 발달하였기 때문에 세목에 이르기까지 본국정부가 전권대표에게 지령을 하고 교섭의 내용을 직접 지휘할 수 있다.

라. 조약정문의 작성

조약정문을 확정한 후 정식 서명 시까지 시간을 요할 경우에 가서명(가조인)을 한다. 이에 전권대표는 그의 성명을 두문자만을 쓰는 것이 관례이다. 이를 '이니시얼(initial)'이라 부른다.[6] 가서명은 서명과 구별되나 교섭국이 가서명을 서명을 구성하는 것으로 합의한 경우에는 서명을 구성한다(제12조 제2항 a).

마. 서명본서의 준비

서명본서는 서명국의 수만큼 작성된다. 다수국이 참가하는 경우에는 정문은 1통만 작성하고 나머지는 인증등본을 작성하는 것이 보통이다.

2. 서명

전권대표가 조약내용에 대하여 이를 명시적으로 승인하는 행위이다.[7] 서명에 의하여 조약의 내용은 확정되나(제12조), 원칙적으로 조약이 성립

---

5) Robert Jennings and Arthur Watts(eds.), *Oppenheim's International Law*, 9th ed., Vol.1, (London: Longman, 1992), p.1223: Gerhard von Glahn, *Law among Nations*, 4th ed, (New york: Macmillan,1984), p.485; Shabtai Rosenne, "Treaties, Conclusion Entry into Force," *EPIL*, Vol.7, 1984, p.465.

6) Jennings and Watts(eds.), *supra* n.5, p.1225, n.2.

7) Elias, *supra* n.4, p.22; Schwarzenberger and Brown, *supra* n.1, p.125; Jennings and Watts(eds.), *supra* n.5, p.1225.

하는 것도 아니고 효력이 발생하는 것도 아니다.[8] 서명 후의 조약의 내용
은 일방적으로 수정하지 못한다.[9] 국제회의에서 다수국가간의 조약을 채
택할 경우 본국 정부의 사후승인을 요건으로 하여 전권대표가 잠정 서명
하는 경우가 있다. 이를 '애드·레프렌덤(ad referendum)'의 서명이라 한
다.[10] 잠정서명은 그의 본국에 의하여 확인될 경우에 조약의 완전한 서명
을 구성한다(제12조 제2항 b).

3. 비준

비준이라 함은 전권대표가 서명한 조약내용에 대하여 조약체결권자가
최종적으로 이를 확인하는 행위이다.

전권대표가 서명한 후 다시 비준을 하는 것은 (ⅰ) 전권대표의 훈령에
대한 오해 유무의 확인, (ⅱ) 서명 후 사정의 변화, (ⅲ) 의회의 동의를 얻
을 기회의 부여, (ⅳ) 조약내용의 전면적 재검토를 위한 것이다.

모든 조약이 다 비준을 필요로 하는 것은 아니다. 비준을 요하는 조약
은 그 내용에 비준조항을 규정하는 것이 보통이다.

4. 비준서의 교환·기탁

가. 의의

조약에 비준한 경우 이를 증명하기 위하여 작성되는 일정한 형식의 서
면을 비준서(instruments of ratification)라 하며, 원칙적으로 두 국가 간의
조약에 있어서는 비준서를 상호교환하고, 다수국가간의 조약에서는 일정
한 장소에 기탁한다. 이를 비준서의 교환·기탁이라 한다.[11]

---

8) *Ibid*.; McNair, *supra* n.3, pp.203~204.
9) *Ibid*., p.204.
10) Jennings and Watts(eds.), *supra* n.5, p.1224, 1225, n.2.
11) *Ibid*., p.1234.

나. 방법

(1) 교환·기탁장소

비준서교환은 비준서를 상호교환하는 것이며, 비준서 기탁은 비준서를 일정장소에 기탁한다. 기탁장소는 조약이 체결된 국가의 외무당국이 된다. 최근에 국제연합이 중심이 되어 작성된 조약의 비준서는 국제연합 사무총장에게 기탁하는 경우가 많다.[12]

(2) 교환·기탁조서의 작성

비준서를 교환 또는 기탁할 때 유보 등의 확인을 위하여 비준서교환조서 또는 비준서기탁조서를 작성하는 경우도 있다.

(3) 기탁의 통지

비준서를 기탁 받은 당국에서 비준서의 기탁일, 비준에 부여하여진 유보 및 효력발생일 등을 모든 서명국에 통지한다.

다. 효력

(1) 조약의 확정적 성립

비준서의 교환 · 기탁에 의하여 조약은 확정적으로 성립한다. 그러나 이는 사실상 절차에 불과하다고 하여 조약은 비준에 의해 성립한다는 견해가 있다.

(2) 조약의 효력발생

조약은 특별한 규정이 없는 한 비준서의 교환 · 기탁에 의해 효력이 발

---

12) *Ibid.*; J. G. Starke, *Introduction to International Law*, 9th ed., (London: Butterworth, 1984), pp.434~35.

생한다(제16조). 비준서의 기탁에 있어서 전당사국의 기탁이 있을 때에 그 효력이 발생하는 것이 원칙이나, 조약에 따라서는 일정한 수의 당사자가 기탁하면 효력이 발생한다고 규정하는 경우도 있다. 예컨대, 국제연합헌장은 미국·영국·프랑스·중국·소련의 5개국과 다른 서명국의 과반수가 비준서를 기탁하면 헌장의 효력이 발생한다고 규정하였다.[13]

III. 특수적 체결절차

1. 간이조약의 체결절차

전술한 일반적 체결절차는 조약당사국의 합의에 의하여 또는 특별한 합의 없이 그 중의 일부가 생략되는 경우가 있다. 일반적 체결절차에 의한 조약을 '정식조약'이라 하고, 일반적 체결절차의 일부가 생략된 절차에 의해 체결되는 조약을 '간이조약'이라 한다. 간이조약은 비준을 요하지 않는다는 점에서는 공통이나 조약마다 생략되는 부분이 다르므로 일률적으로 체결절차를 논할 수 없다.

가. 국가의 원수가 체결하는 조약

국가의 원수가 직접 체결하는 조약은 비준을 요하지 않으며 서명만으로 조약은 성립되고 효력을 발생하게 된다.

나. 정부간의 협정

정부간의 협정·정부부처간의 협정은 국가원수의 서명은 물론 비준도 요하지 않으며, 일정한 조약체결권을 위임받은 기관의 대표자의 서명만으로 조약은 성립하고 효력을 발생한다.

---

13) *Ibid.*

다. 교환공문

교환공문 또는 교환각서는 일반적으로 일방당사국의 정부의 수반 또는 외무부장관과 타방당사국의 외교사절 간에 공한의 교환에 의하여 협약은 성립하고 효력을 발생한다.

라. 전시규약

전시에 교전당사자의 군사령관 간에 체결하는 전시규약은 일반적으로 군사령관 간의 서명으로 성립하고 효력을 발생하게 되며, 비준을 요치 않는다.

2. 다수당사자 간의 조약의 체결절차

다수당사자 간의 조약은 당사자의 수가 많으면 많을수록 상술한 일반적인 절차가 복잡하기 때문에 다음과 같은 특수한 절차를 밟게 된다.

가. 조약의 채택절차

(1) 일반국제회의를 통한 체결절차
(가) 회의모집 및 조약 초안 작성

조약의 채택을 위한 회의는 특정국 또는 주도국이 소집한다. 회의의 소집국은 그의 재량으로 회의 참가국을 선정하고 참가국은 전권대표를 파견한다. 참가국의 수가 많은 경우에는 분과위원회를 구성하여 조약안을 준비한 후 이를 구성된 초안작성위원회에 회부하여 동 위원회가 각국의 의견을 조정하여 조약 초안을 작성하는 것이 일반적이다. 완성된 조약 초안은 전체회의에 상정된다.[14]

---

14) Reuter, *supra* n.2, p.49; Starke, *supra* n.12, pp.426~27.

(나) 조약본문의 채택방법

1) 다수결제도

다수결제도(majority rule)에는 단순다수결방식과 특별다수결방식이 있는데, 조약법협약은 3분의 2의 다수결방식을 도입하고 있다(제9조 제2항). 종래에는 조약본문을 만장일치로 채택하는 것이 관례였으나, 오늘날에는 참가국의 수가 증대함에 따라 만장일치방식에 의한 채택은 거의 불가능하게 되어 새로 등장한 것이 다수결제도이다.15)

2) 총의제도

총의제도(consensus rule)는 만장일치제도이다. 이는 1960년대에 등장한 새로운 의결방법으로 참가국 간에 견해차이가 심해 다수결방식으로도 결정하기 어렵거나 소수자의 협력이 필요한 경우에, 의장단이 비공식적 교섭을 통해 이해그룹 간의 견해 차이를 조정하여 타협안을 작성한 다음 의장이 이 안을 상정하여 참가국 대표 간에 이의가 없으면 표결에 붙이지 않고 그대로 채택하는 방식이다.16)

3) 최종의정서의 채택

국제회의는 보통 최종의정서의 채택으로 종료한다. 각국의 전권대표가 조약본문을 부속서로 포함한 최종의정서에 서명하면 조약본을 인정하는 것이 된다(제10조 b).17)

(2) 국제조직을 통한 체결절차

(가) 조약체결의 정의

국제조직 자체가 또는 그 국제조직의 회원국이 단독 또는 공동으로 조

---

15) Ian Sinclair, *The Vienna Convention on the Law of Treaties*, 2nd ed., (Manchester: Manchester University Press, 1984), pp.33~34.
16) *Ibid.*
17) *Ibid.*, p.39.

약체결을 제의하면 당해 조약의 체결 필요성 · 성공 가능성 및 최선 체결 방법 등에 관해 사전조사를 행한다. 사전조사 결과가 긍정적이면 체결절 차의 개시를 결정한다.[18]

(나) 조약 초안의 작성

조약체결절차가 개시되면 교섭의 기초가 될 조약시안(initial draft)을 작성한다. 국제연합의 경우 국제법위원회에서 시안을 준비하는 경우에는 위원 1인을 특별보고자(special rapporteur)로 임명하여 이를 작성하도록 한다. 이 시안을 기초로 교섭을 통해 조약 초안을 작성해 나가며, 이 목적을 위해 초안작성위원회를 구성하는 것이 일반적 관례이다.[19]

(다) 조약 본문의 채택

1) 채택기관

조약 본문은 조약당사자 자격이 있는 국가의 대표자로 구성된 회의 또는 국제회의에서 채택된다. 국제연합이 주관하는 조약체결의 경우에는 비회원국을 포함한 모든 국가가 참가하도록 개방되는 것이 일반적이다. 즉 다자조약의 조약 본문을 채택하는 회의는 관계국이 모두 참가하는 당해 국제조직의 전체회의이거나 또는 전권대표회의이다.

2) 채택방법

국제조직이 소집한 국제회의에서 조약본문을 채택하는 의결방식에는 총의제도와 다수결제도가 있으나 다수결제도가 가장 자주 사용된다. 다수결제도에는 단순다수결방식과 특별다수결방식이 있는데, 3분의 2의 다수결방식이 일반적으로 사용된다. '조약법 협약'도 제10조에서 3분의 2의 다수결방식을 채택하고 있다.[20]

---

18) Starke, *supra* n.12, pp.426~27.
19) *Ibid.*
20) Reuter, *supra* n.2, p.51.

나. 당사자의 확대절차

(1) 개방조약제도

원래의 조약당사자 이외의 다른 국제법주체가 조약성립 후 일방적 행위에 의해 당해 조약에 가입할 수 있는 조약제도를 말한다. 여기에는 지정서명과 가입이 있다.

(가) 지정서명
1) 지정서명의 의의

지정서명(deferred signature)이란 협의로는 원래 조약체결교섭에는 참가하였으나 서명하지 않은 국제법 주체에 대해 조약본문이 확정된 후 일정기간 내에 서명할 수 있는 기회를 부여하는 제도이다. 광의로는 당초 조약체결교섭에 참가하지 않았던 제3자에게도 서명할 수 있는 기회를 부여하는 제도를 뜻한다.[21)]

2) 지정서명의 절차

지정서명의 절차는 당해 조약에 규정된 바에 따른다. 당해 조약에 지정서명에 관한 규정이 없으면 지정서명은 허용되지 아니한다.

3) 지정서명의 조건

지정서명은 서명과 같이 조약 전체에 대하여 무조건으로 해야 한다. 그러나 조약에 특별한 규정이 있거나 당사자의 동의가 있는 경우는 예외이다.

4) 지정서명의 기간

지정서명을 허용하는 기간은 보통 조약본문 확정 후 6개월 내지 1년이지만 발효 전까지 연장하는 경우도 있다. 오늘날 많은 다자조약이 그 조

---

21) Starke, *supra* n.12, p.428.

약본문을 채택한 후에도 추가서명을 위해 개방된다.

5) 지정서명의 효력
조약에 특별한 규정이 없으면 서명의 효력과 같다. 따라서 서명당사자의 지위와 지정서명당사자의 지위는 특별한 규정이 없는 한 동일하다.

(나) 가입
1) 가입의 의의
가입은 조약의 체결에 참여하지 않은 당사자가 조약에 참가하여 조약의 당사자가 되는 행위를 말한다. 서명당사자가 제3의 가입을 원하는 경우에는 '가입조항'을 두는 것이 보통이며, 이런 조약을 '개방조약(open treaty)'이라 한다.[22]

2) 가입의 절차
개방조약에 있어서는 가입에 대한 당사자의 동의가 미리 있었으므로 제3당사자로부터 일방적 의사표시만으로 가입이 가능하다. 최근에는 사후비준을 조건으로 가입선언 또는 비준을 하는 경우가 있다. 제3당사자의 가입을 인정하면서 일정한 조건의 만족을 요구하는 반개방조약에 있어서는 그 조건을 만족시킴으로써 가입이 성립된다. '국제연합헌장'에의 가입을 그 예로 들 수 있다. 제3자의 가입을 예정하지 않은 폐쇄조약에의 가입은 전당사자의 동의가 있는 경우에 인정된다.

3) 가입의 조건
가입은 원칙적으로 조약의 전체에 대해서 무조건적임을 요한다. 그러나 조약상에 특별한 규정이 있거나 당사자의 동의가 있는 경우에는 조건부가입 또는 일부가입이 인정되는 경우가 있다.

---

22) *Ibid.*, p.435; Jennings and Watts(eds.), *supra* n.5, pp.1236~37.

4) 가입의 효력

원당사자와 가입에 의한 당사자의 조약상 지위는 원칙적으로 동일하며 차별적 취급을 받지 않는다. 조건부가입 또는 가입당사자도 그 범위 내에서 다른 당사자와 동일한 지위에 있다.

(다) 기타의 특수절차

1) 애드·레프렌덤의 서명

다수당사자간의 조약은 국제회의에서 교섭하는 경우 조약안의 결정을 급히 서둘러서 서명을 하는 경우에 전권대표가 본국정부의 사후승인을 조건으로 서명하는 경우가 있다. 이를 '애드·레프렌덤(ad referendum)의 서명'이라 한다. 이 경우 정부의 사후승인이 없으면 조약은 그 당사자에 대해서 효력을 발생하지 않지만, 사후승인이 있는 경우에는 조약은 그 당사자에게 효력을 발생하나 그 효력을 서명 시까지 소급시킬 것인가의 여부는 당사자 간의 합의로 정한다.[23]

2) 비정부대표의 참가

국가가 당사자로 되는 조약은 국가기관인 전권대표가 국가의 이름으로 조약을 체결하는 것이 원칙이지만 때로는 다수당사자 간의 조약을 체결할 경우 국가기관이 아닌 비정부대표가 이를 수락하는 형식으로 조약을 체결하는 경우가 있다. 예컨대, 국제노동조약도 국제노동총회가 작성한 것으로서 그 총회에는 정부대표라고 하는 비정부대표가 참가하고 있다. 이 국제노동총회가 작성한 조약안에 후일에 정부가 가입하며 이를 수락하는 형식으로 국제노동조약은 체결된다.

3) 비준서의 기탁과 통지

다수당사자 간의 조약은 비준서를 상호 교환하는 것이 아니라 특정국에

---

23) *Ibid.*, p.1225.

기탁하며 기탁을 받은 당국은 비준서의 기탁일, 비준에 부하여진 유보 및 효력발생일 등을 서명국에 통지한다(제76조-제78조).

4) 인증등본의 보관

두 당사자 간의 조약은 정본 2통을 작성하여 이에 양 당사자의 전권대표가 서명한 후 1통씩 당사자가 보관하지만, 다수당사자 간의 조약은 정본 1통을 작성하고 각 당사자는 인증등본을 보관하는 것이 보통이다.

IV. 조약의 성립절차와 국내법

1. 의회의 동의

조약안에 대한 국내법상 의회의 동의는 국제법상 요구되는 절차는 아니다. 그러나 의회의 동의가 헌법상 요구될 경우(헌법 제60조 참조), 이를 얻지 못하면 사실상 조약은 성립될 수 없으므로 실질적으로 국제법상 조약성립의 한 절차로 볼 수 있다. 위헌절차에 의한 조약이 무효라는 입장에 의할 때 더욱 그러하다.

2. 정부의 공포

조약의 국내법 시행을 위해 국내법상 공포를 요하는 경우가 있다. 그러나 이는 순수한 국내법상 절차이며 국제법상 조약의 성립절차와는 무관하다. 우리 헌법상 체결 · 공포된 조약은 국내법과 동일한 효력이 있으며(제6조 제1항) 조약의 공포는 대통령이 행한다(법령 등 공포에 관한 법률 제6조).

제5절 전권위임장

Ⅰ. 전권위임장의 의의

국가가 조약을 체결하려 함에는 먼저 자국의 국내법상 절차에 따른 전권대표(plenipotentiary representative)를 임명하고, 전권대표에게 전권위임장(full powers)을 부여한다. '조약법 협약'의 전권위임장은 "조약문을 교섭·채택 또는 정본인증을 위한 목적으로 또는 조약에 대한 국가의 기속적 동의를 표시하기 위한 목적으로 또는 조약에 관한 기타의 목적을 달성하기 위한(for negotiating, adopting or authenticating the text of a treaty for expressing the consent of the state to be bound by a treaty or for accomplishing any other act with respect to a treaty) 국가를 대표하기 위하여 국가의 권한 있는 당국이(the competent state authority) 1명 또는 수명을 지명하는 문서이다"라고 규정하고 있다(제1조 제1항 c).

'전(full)'은 조약에 관한 특정 또는 모든 행위(certain or all acts with respect to a treaty)를 의미한다.[1]

---

1) Robert Jennings and Arthur Watts(eds.), *Oppenheim's International Law*, Vol.1, 9th

II. 전권위임장의 관행

교통통신이 발달되지 아니한 19세기 이전의 전제군주국가에서 군주의 전권위임장은 오늘보다 중요한 것이었다.[2] 국제법상 협정은 '국가간 협정 (inter-state agreements)', '정부간 협정(inter-governmental agreements)' 그리고 '정부부처간 협정(inter-departmental agreements)'으로 구분된다.[3] '국가간 협정'의 체결은 국가원수(Head of State)가 직접 체결하는 경우에는 전권위임장을 요하지 아니하며 전권대표를 임명하여 체결하는 경우에는 그 전권대표는 국가원수의 전권위임장을 요한다.[4] 이것이 종래에 전통적인 조약체결의 방식이다.[5] 1844년-1860년 이후[6] 관행으로 들어 온 '정부간 협정'의 체결은 국가원수의 전권위임장을 요하지 아니하며 해당 정부의 장관 또는 외무부장관의 전권위임장을 요한다.[7] 다만, 정부수석이 직접 체결하는 경우는 1938년 이래 전권위임장을 요하지 아니한다.[8] '정부부처간 협정'의 체결은 일정한 바 없으나 장관이 직접 체결하는 경우에는 전권위임장을 요하지 아니하나 전권대표를 임명하여 체결하는 경우에는 해당 장관 또는 외무부장관의 전권위임장이 수여되는 경우도 있다.[9]

---

ed., (London: Longman, 1992), p.1221.

2) Ian Sinclair, *The Vienna Convention on the Law of Treaties*, 2nd ed., (Manchester: Manchester University Press, 1984), p.30; Nascimeto E. Silva, "Full Powers" *EPIL*, Vol.9, 1986, p.140.

3) Mervyn Jones, "International Agreement," *BYIL*, Vol.27, 1944, pp.111~12; J. G. Starke, *Introduction to International Law*, 9th ed., (London: Butterworth, 1984), p.416; Clive Parry, "The Law of Treaties," in Max Sorensen (ed.), *Manual of Public International Law*, (London: Macmillan, 1968), pp.186~87.

4) Mervyn Jones, "International Agreement," *BYIL*, Vol.27, 1944, pp.111~12.

5) *Ibid*.

6) 1944년에 80년에서 100년 기간(a period of some eighty to hundred years)(*Ibid.*, p.111).

7) *Ibid.*, pp.112~13.

8) *Infra*. nn.15~18.

9) Jones, *supra* n.4, p.114~15.

어떤 협정이 '국가간 협정'으로 체결되고 또 어떤 협정이 '정부간 협정'
으로 체결되느냐의 일반적 기준을 제시하기 어려우나 일반적으로 '국가간
협정'은 '보다 중요한 종류의 조약(more solemn kind of treaties)'을 체결하
는 형식이고, '정부간 협정'은 기술적 또는 비정치적 협정(technical or
non-political agreement)을 체결하는 형식이라 할 수 있다.10) 잠정협정
(modus vivendi)과 미국의 행정협정(executive agreements)은 '정부간 협정'
으로 체결된다.11)

III. 전권위임장 없이 국가를 대표하는 자

조약을 체결하기 위해 국가를 대표하는 자는 전권위임장을 제시함을 요
하나, '조약법 협약'은 다음의 자는 전권위임장 없이 국가를 대표하는 것으
로 간주된다고 규정하고 있다.

(i) 국가원수(Heads of State), 정부수석(Heads of Government) 및 외무
부장관(Ministers for Foreign Affairs)

(ii) 외교사절의 파견국과 접수국 간에 조약의 정문을 채택(adopting the
text of treaty)할 경우 접수국에 파견된 외교사절의 장(heads of
diplomatic missions)(제7조 제2항)

동 협약은 국제관습법을 성문화한 것이고,12) 특히 제7조 제2항의 규정
은 대부분의 다수국가의 관행과 일치되는 것이었음을 다음의 기록에서 확
인될 수 있다.

---

10) J. G. Starke, *Introduction to International Law,* 9th ed., (London: Butterworth, 1984), p.416.

11) Jones, *supra* n.4, p.113.

12) Shabtai Rosenne, "Vienna Convention on the Law of Treaties," *EPIL,* Vol.7, 1984, p.528; Sinclair, *supra* n.2, p.258; Jennings and Watts, Supra n.1, p.197; Peter Malanczuk(ed.), *Akehurst's Modern Introduction to International Law,* 7th ed., (London; Routledge, 1987), p.40.

1968년 UN조약법에 관한 비엔나 회의(UN Vienna Conference on the Law of Treaties) 제2차 회의에서 스위스 수석대표는 전권위임장에 관한 제7조의 규정에 관해 이는 대다수 국가의 관행에 일치하는 것이라고 다음과 같이 주장한 바 있다.

이는 대다수 국가의 관행에 일치하며 정확히 국제관습법을 반영한 것이다. 조약체결 권한의 문제에 관해 학술모임에서 상당한 토의가 있어 왔다. 그러나 동 회의가 이러한 이론적 토의를 고려 할 필요가 없다.
(text was in conformity with the practice of the vast majority of states and accurately reflected customary international law. There had been considerable discussion in academic circles on the question of the authority to conclude treaties, but there was no need for the conference to take those theoretical discussion into account).[13]

그리고 전술한 바와 같이 전권위임장은 군주국가 시대에 오늘보다 더 중요한 의미를 가진 것이었으므로,[14] 동 제7조 제2항의 규정 내용은 19세기 국제관습법을 형성하고 있었다.

그러나 정부수석(Head of Government)이 전권위임장 없이 조약을 체결 할 수 있는 관행이 성립한 것은 1934년 이후의 일이다. 그 근거는 다음과 같다.

첫째로, 1934년에 개정된 "국제연맹총회 절차규칙(the League of Nations Rules of Procedure for the Assembly)" 제5조는 "대표의 전권위임장은 가능하면 회기 개회일로 정해진 날짜 1주 전에 사무총장에게 제출하여야 한다. 국가원수(Head of State) 또는 외무부장관(Minister for Foreign Affairs)에 의해 발부된 것이 여야 한다"라고 규정하여[15] 동 규정에 정부수석(Head of Government)은 열거되어 있지 않다. 이로 미루어 보아도 "정부수석"은

---

13) T. O. Elias, *The Modern Law of Treaties,* (Leiden: Sijthoff, 1974), p.20.
14) Sinclair, *Supra* n.2, p.30; Nascimeto E. Silva, "Full Powers" *EPIL,* Vol.9, 1986, p.140.
15) League of Nations, *Official Journal, Supp.* No.126, pp.49~55; Majorie M. Whiteman, *Digest of International Law,* Vol.14, (Washington, D. C.: USPO, 1970), p.38.

1934년 까지도 전권위임장을 발부할 권한 자로 인정되어 있지 아니했음을
알 수 있다.

둘째로, 정부수석이 전권위임장 없이 조약을 체결한 실례는 다음과 같
이 1938년 이후에 발견된다.

(i) 1938년 9월 9일의 "뮤니히 합의서(Munich Agreement)"는 독일·영
국·프랑스·이탈리아의 정부수석이 서명했다.16)

(ii) 1941년 8월 14일의 "대서양헌장(Atlantic Charter)"은 영국 수상과 미
국 대통령이 서명했다.17)

(iii) 1941년 3월 27일의 "해군과 공군의 기지의 사용과 작전에 관한 영
미합의서(Agreement for the Use and Operation of Naval and Air
Bases)"는 양국 정부수석이 서명했다.18)

이로 미루어 보아 "정부수석"이 전권위임장 없이 조약을 체결하는 관행
은 1938년 이후 성립된 것이다.

IV. 전권위임장의 형식과 제시

1. 전권위임장의 형식

전권위임장은 공식적 문서(formal instrument)이나,19) 국제법 규칙상 조약
체결에 일정한 형식을 요하는 것이 아니므로 전권위임장에 일정한 형식을
요하는 것이 아니다.20) 그러나 전권위임장에는 교섭(negotiation)과 서명

---

16) Jones, *supra* n.4, p.121.

17) *Ibid.*

18) *Ibid.*

19) Jennings and Watts(eds.), *supra* n.12, p.1221.

20) G. Schwarzenherger and E. D. Brown, *A Manual of International Law*, 6th ed.,
    (Milton; Protecsonal Books, 1976), p.124; U. S. Department of the Army,
    International Law, Vol.1., (Washington, D.C.: USGPO, 1964), p.51.

(signature)의 권한부여, 전권대표의 성명과 임명권자의 서명이 포함된다.[21]

2. 전권위임장의 제시

전권위임장은 교섭자에 의해 상호검토 된다.[22] 그 검토(심사) 방법은 이변적 조약의 경우 상호교환하거나 또는 상대방에게 제시한다.[23] "조약법협약회의"에서 전권위임장을 요구할 권리(right to require full powers)가 있다는 규정이 삭제되었다.[24]

V. 전권위임장 없이 체결한 조약의 효력

전권위임장 없는 자, 즉 국가로부터 정당한 권한의 부여를 받지 아니한 자가 체결한 조약의 효력에 관해 국제협약, 학설, 선례에 의하면 그 국가의 사후적 추인이 없는 한 법적 효력이 없는 것이다.

1. 국제협약

'조약법 협약'은 정당한 권한의 부여를 받지 아니한 자의 행위는 그 국가

---

21) U. S. Department of State, *Foreign Attairs Manual* Vol.1, (Washington D.C.: USGPO, 1964) para. 73.1; Whitman, *supra* n.20, p.40.

22) Ian Brownlie, *Principles of Public International Law,* 5th ed., (Oxford: Oxford University Press, 1998), p.610.

23) Starke, *supra* n.3, p.425; Schwarzenherger and Brown, supra n.20, p.124; U. S. Department of State, *Foreign Affairs Manual* Vol.1, (Washington D. C.: USGPO, 1964), para. 73. 1; Rosenne, *supra* n.12, p.464; G. G. Wilson, *International Law,* 9th ed., (New York: Silver, 1935), p.40.

24) U. N. Conference on the Law of Treaties, *Doc. ALCONF* 39/27, May 23, 1969; Majorie M. Whitman, *Digest of International Law,* Vol.14, (Washington, D. C.: USPO, 1970), p.37.

의 사후적 추인이 없는 한 법적 효력이 없다고 다음과 같이 규정하고 있다.

> 제7조에 따라 조약의 체결 목적으로 국가를 대표하기 위하여 권한을 부여
> 받은 것으로 인정받을 수 없는 자가 수행한 조약의 체결에 관련된 행위는 그
> 국가에 의하여 사후적으로 추인되지 아니하는 한(unless afterwards confirmation)
> 법적 효력을 가지지 아니한다(without legal effect) (제8조).

"법적 효력을 가지지 아니한다"는 의미는 '조약의 무효'를 뜻하는 것이
아니라 '조약의 불성립'을 뜻하는 것이다.[25]

"사후적 추인"은 그 국가의 의무가 아니며,[26] 그 국가는 사후적 추인을
거부하는 권리(right to disavow)가 있다.[27] 그리고 추인의 방법은 명시적
추인에 한한다는 견해,[28] 묵시적 추인을 포함한다는 견해,[29] 그리고 문제
는 해결된 것이 아니라는 견해[30]의 대립이 있다.

2. 학설

오늘의 학설은 19세기의 학설은 아니지만 국제관습법을 성문화 한[31] 조
약법 협약 제8조를 인용하여 정당한 권한이 부여되지 아니한 자의 조약
체결에 관한 행위는 그 국가의 사후적 추인이 없는 한 법적 효력이 없다
는 것이 일반적인 통설이다.[32] 다만, "사후적 추인"에 관해 추인은 명시적

---

25) *Supra* 제2절 조약의 무효와 조약의 불성립 참조하세요.
26) Rosenne, *supra* n.12, p.466.
27) Sinclair, *supra* n.2, p.33.
28) UN 조약법협약 제1차 회기에서 베네주엘라대표의 주장(Silva, *supra* n.14, p.142).
29) Sinclair, *supra* n.2, p.33.
30) Silva, *supra* n.14, p.142.
31) *Supra* n.14.
32) Peter Malanczuk(ed.), *Akehurst's Modern Introduction to International Law,* 7th ed.,
    (London; Routledge, 1987), p.139; Werner Levi, *Contemporary International Law,*
    (Boulder; Westview, 1979), p.219; Jennings and Watts(eds.), *supra* n.12, p.1222;
    Starke, *supra* n.3, p.426; Malcolm N. Shaw, *International Law,* 4th ed., (Cambridge;

추인에 한한다는 견해와, 명시적 추인과 묵시적 추인을 포함한다는 견해, 그리고 문제가 해결된 것이 아니라는 견해로 나누어져 있다는 점은 전술한 바와 같다.[33]

3. 선례

국가로부터 정당한 권한을 부여 받지 아니한 자의 조약체결에 관한 행위에 관해 그 국가의 사후적 추인이 있은 선례는 극히 희소하나[34] 다음의 선례가 있다.

1908년 루마니아 주재 미국공사는 협약에 서명할 아무런 권한 없이 두 개의 협약에 서명했다. 그 중 하나에 대해서는 본국 정부로부터 아무런 권한을 받는 바 없고 다른 하나에 대해서는 그와 완전히 다른 협약의 전권위임장을 부여 받았었다. 이들 협약은 비준의 대상이었고 실제로 비준이 행하여 졌다. 이 비준은 사후적 추인의 의미를 갖는다.[35]

이상에서 고찰해 본 바와 같이 국가로부터 조약체결의 전권위임장을 부여 받지 아니한 자의 조약체결에 관한 행위는 그 국가에 의한 사후적 추인이 없는 한 법적 효력이 없다는 것이 적어도 1908년 이전에 성립된 국제관습법이라 할 수 있다.

Cambridge University Press, 1997), p.637; Elias, *supra* n.13, p.20; Sinclair, *supra* n.2, p.33; David H. Otto, *Public International Law in the Modern World,* (London; Pitman, 1987), p.191; Silva, *supra* n.14, p.142.

33) *Supra* nn.28~30.
34) Elias, *supra* n.13, pp.20~34.
35) *Ibid.*

Ⅵ. 전권위임장 없는 조약 체결은 조약의 부존재라는 견해

위임장이 없는 조약체결은 조약의 부존재라는 견해를 보면 다음과 같다.

1. John O'Brien

O'Brien은 조약의 형성기준(Criteria Formation of Treaties)으로 다음과 같이 제시하고 있는 바, 이는 조약의 '성립요건'이다.

> 상술한 바와 같이 당사자는 조약의 체결을 위한 폭넓은 다양한 방법과 최종결과를 규정하기 위한 상이한 언어를 사용할 수 있다. 그러나 고려해야할 수개의 공통적 기준은 통상적으로 다음과 같이 주장된다. (ⅰ) 성문하의 합의 (ⅱ) 당사자의 국제법수준의 법인격 소유, (ⅲ) 국제법의 의해 지배되는 문서, (ⅳ) 법적 의무를 창설하기 위한 필수적인 의도.
>
> As indicated above, parties may use a wide variety of methods to conclude a treaty and different language may be employed to describe the final outcome. However it is normally claimed that a number of common criteria can be discerned: (ⅰ) the agreement must be in writing; (ⅱ) the parties must possess legal personality on the international plane; (ⅲ) the document must be governed by international law; and (ⅳ) it must be intended to create a legal obligation.[36]

O'Brien이 제시한 조약형성(formation of treaties)의 공통의 기준은 조약의 '성립요건'인 것이다. 즉, 제시된 공통적 기준은 조약의 '성립요건'이므로 동 요건을 구비하지 아니하면 조약은 성립되지 아니한다는 것이다. 위의 (ⅳ)의 요건은 이른바 기속적 동의(consent to be bound)를 의미하는 것으로 O'Brien은 이에 관해 다음과 같이 기술하고 있다.

> 상술한 바와 같이 법적 관계를 창설하기 위한 의도가 있어야 한다는 것은 중요하다...조약법의 기초는 개별국가의 동의이다...동의는 서명, 조약을 구성

---

36) John O'Brien, *International Law,* (London: Cavendish, 2001), p.332.

하는 문서의 교환, 비준 수락에 의해 표시된다.

　As stated above, it is important that there should be an intention to create legal relations...the basis of the Law of Treaties is the consent of the individual state consent may be expressed by constituting a treaty, ratification, acceptance, signature, exchange of instruments.[37]

O'Brien의 기술을 요약하면, 전권위임장 없는 조약의 체결은 이른 바 기속적 동의를 결여하여 조약 자체가 성립되지 아니한다는 것이다.

2. Gillian D. Triggs

Triggs는 조약의 형성과 적용(Formation and Application of Treaties)라는 표제하의 조약 제정의 형태와 절차(form and procedure for treaty-making)라는 기술에서 모든 국가는 조약을 체결할 능력을 갖는다고 기술하면서[38] 국가의 대표자는 조약을 체결하기 위해 전권위임장을 가져야 한다고 다음과 같이 기술하고 있다.

　국제법상 국가는 조약을 체결할 능력을 가져야 하고, 국가의 대표자는 국가의 이름으로 그 조약을 체결할 전권위임장을 가져야 하고, 또는 그들의 대표자에 의해 전권위임장을 가진 것으로 고려되어야 한다. 국제법위원회(ILC)가 지적하듯이 허락 없이 조약이 체결되는 경우는 드물며, 조약의 부재보다는 권한의 초과가 반영될 가능성이 높다.

　...states have the capacity to make treaties at international law, representatives of a state must have 'full powers' to conclude a treaty on its behalf or must be considered as having such powers by virtue of their representation. As the ILC points out, instances in which a treaty is concluded without authorization are rare and are more likely to reflect an excess of authority than absence of it...[39]

---

37) *Ibid.*, p.333.
38) Gillian D. Triggs, *International Law: Contemporary Principles and Practices*, (LexisNexis: Butterworths, 2006), p.501.
39) *Ibid.*

위의 기술을 전권위임장이 조약체결에 필수조건으로 보고 있으며 전권위임장을 조약의 '성립요건'으로 보고 있는 것이다. 그러므로 "법적 효력이 없다(without legal effect)"는 의미는 조약이 성립하지 아니하였다는 의미, 즉 조약의 부존재를 뜻한다.

3. Ian Sinclair

Sinclair는 조약체결의 과정 중(treaty-making process) 첫 번째 단계는 교섭국가의 대표의 권한수립이고 이는 전권위임장에 표시된다고 다음과 같이 기술하고 있다.

> 조약 체결 과정의 첫 번째 단계는 협정문 작성이나 조약 체결에 관여하는 필요한 공식적인 행위를 수행할 수 있는 협상 국가 또는 해당 국가의 대표자의 권한을 수립하는 것이다. 이 권한은 원칙적으로 조약의 협상과 체결을 목적으로 국가를 대표할 지명된 개인이나 개인을 지정하는 '전권위임장'으로 부여된 공식 문서의 발행에 의해 결정된다.
>
> The first stage in the treaty-making process is to establish the authority of the representatives of the negotiating State or States concerned to perform the necessary formal acts involved in the drawing up of the text of a treat or in the conclusion of a treaty. This authority is in principle determined by the issuance of a formal document entitled a 'full power' which designates a named individual or individuals to represent the State for the purpose of negotiating and concluding a treaty.

위와 같이 Sinclair는 조약체결 과정(treaty-making process)[40] 중 제1단계에서 전권 대표의 권한을 결정하는 것을(established as to the authority of diplomatic) 전권위임장으로 보고 있다. 따라서 전권위임장 없는 개인의 조약체결행위는 조약체결행위로 인정되지 아니하여 조약불성립 즉, 조약의 부존재로 되는 것이다.

---

40) Sinclair, *supra*, n.2, p.29.

전권위임장 없는 자의 행위는 법적 효과가 없다는 것이다(is not with legal effect).[41]

4. T. O. Elias

Elias는 조약의 체결(Conclusion of Treaties)이라는 항목에서 첫째로, 당사자의 조약 체결 능력. 둘째로, 국가대표에의 전권위임장의 발부의 요건이 필요하다고 기술하고[42] 전권위임장이 없는 자의 조약체결 행위는 법적 효력이 없다고 다음과 같이 논하고 있다.

조약의 체결에 관한 행위를 수행하기 위해 제7조항 국가를 대표하는 권한이 부여된 것으로 생각되지 아니한 사람의 행위를 그 국가에 의한 사후적 추인이 없는 한 그 국가에 대해 어떠한 법적 효과도 가지지 아니한다.

If a person sho can not br considered under Article 7 as authorized to present a state for the purpose of performing an act relating to the conclusion of a treaty has not will be without any legal effects upon that state unless there is a subsequent conformation by that state.[43]

위의 기술 중 "어떠한 법적 효과도 가지지 아니한다"는 뜻은 조약을 성립시키는 효과가 없다는 뜻, 즉 전권위임장이 없는 자의 행위는 조약의 불성립, 즉 조약의 부존재라는 의미이다.

5. Alina Kaczowska

Kaczowska는 조약의 체결(conclusion of Treaties)이라는 표제하에 (ⅰ). 교섭(negotiation), (ⅱ). 조약문의 채택(adoption of the text), (ⅲ). 조약의

---

41) *Ibid.* p.30.
42) Elias, *supra* n.3, p.19.
43) *Ibid.*, p.20.

인준(authentication of text), (iv) 기속적 동의(consent to be bound)를 열거하고 있다.44) 이는 "조약의 체결절차"로서는 적절하나 조약의 '성립요건의 설명으로는 부적절하다. 그러나 (iv)의 기속적 동의는 본국법에 의하나 기속적 동의를 조약의 '성립요건'으로 보는 것 같다.

6. Hans Kelsen

Kelsen은 법창설 절차로서의 조약(The treaty, as a Law-Creating Procedure)이라는 표제하에 체약당사자(the contracting parties), 조약의 형성(constitutionality), 조약에 대한 무력화의 위협의 무력행사(threat or use of force on treaties)는 조약체결의 성립 및 효력을 기술하고, 사실상 많은 조약이 두 개의 단계에 의해 특정되는 절차에 의해 체결된다. 그 첫째는 교섭의 결과 조약문의 서명(signing)이고 둘째는 비준(ratification)이라고 하여 조약 체결은 이른바 기속적 동의에 의해 체결된다고 기술하고 있으나, 이는 조약체결의 "성립요건" 일 뿐 아니라 "효력요건(effect of the condition)" 2가지를 조약체결로 보고 있다.45)

조약은 비준에 의해 체결되는 것으로 보고 있다. 그러므로 전권위임장 없는 조약의 체결 또는 비준을 요하는 조약에 비준이 없는 조약은 체결되지 아니하는 것으로 보고 있다.

7. Shabtai Rosenne

Rosenne은 조약의 체결(conclusion of treaties)과정을 (i) 교섭(negotiation), (ii) 조약문의 채택(adoption of text of a treaty), (iii) 조약문의 인증

---

44) Alina Kaczowska, *Public International Law* 4th ed., (London: Routledge, 2010), pp.94~95.
45) Hans Kelsen, *Principles of International Law*, 2nd ed., (New York: Holt, 1966), pp.463~469.

(authentification of the text), (ⅳ) 기속적 동의의 표시(express of consent to be bound)로 기술하고, 이에는 조약의 효력에 관한 사항이 포함되어 있지 아니하다. 위 (ⅰ)내지 (ⅳ)이외의 조약의 효력에 관한 사항은 포함되어 있지 아니하다. 즉, 조약체결의 요건, 조약성립의 요건만이 포함되어 있고, 조약효력의 요건은 포함되어 있지 아니하다.[46]

요컨대, 조약의 기속적 동의의 표시를 조약 체결의 과정으로 보고 있으므로, 전권위임장이 없는 조약의 체결을 기속적 동의가 없는 조약으로 체결되지 아니한 것으로 보고 있다.

8. Vaughan Lowe

Lowe는 조약의 제정(making treaties)의 표제에서 비준의 절차(procedure of ratification)를 상론하고 있으므로 즉 기속적 동의(consent to be bound of treaties)를 조약의 제정에서 논급하고 있는 것은 조약의 제정을 조약의 "효력요건"으로 보는 것이 아니라 "성립요건"으로 보고 있는 것이다. 역시 조약의 무효(invalid treaties)를 조약의 제정으로 보고 있지 아니하므로[47] "조약의 제정"은 조약의 "성립요건"이고 "효력요건"이 아님이 명백하다.

9. Rebecca M. M. Wallace

Wallace는 조약의 체결을 조약의 제정(Treating-Making)으로 규정하고 조약의 제정절차를 조약문의 채택과 확인(adoption ad confirmation of the text of a treaty) 그리고 동의의 표시(expression of consent)를 열거하고 있다. 조약의 제정은 조약의 체결을 의미하는 것, 즉 동의의 표시 즉 기속적 동의

---

46) Shabtai Rosenne, "Treaties, Conclusion and Entry into Force", *EPIL*, Vol.7, 1984, pp.464~467.

47) Vaughan Lowe, *International Law,* (Oxford: Oxford University Press, 2007), pp.65, 74.

(consent to be bound)를 의미한다. 그러므로 기속적 동의가 없는 경우 조약의 제정은 되지 아니하는 것이며 조약은 체결되지 아니하는 것으로 보고 있다. 그러므로 조약의 제정은 조약의 '성립요건'인 것으로 보고 있는 것이며, 조약의 '효력요건'으로 보고 있는 것이 아니다. 또한 조약의 유효(validity of treaties)를 조약의 제정절차에 포함시키지 아니하고 별도의 항으로 기술하고 있으므로 조약의 제정을 조약의 "성립요건"으로 보고 조약의 "효력요건"으로 보고 있는 것이 아니다. 그러므로 기속적 동의가 없는 조약은 제정되지 아니한 것으로 보고 있다. 즉, 조약의 부존재로 보고 있는 것이다.[48]

10. William W. Bishop

Bishop은 국제적 합의(International Agreements)라는 표제하에 (ⅰ) 합의를 제정할 수 있는 권한(power to make Agreements) (ⅱ) 조약체결의 절차 (Process of Treaty making)로 1. 체결과 비준(conclusion and ratification), 2. 강박과 유효(duress and validity), 3. 유보(reservations)를 열거하고 있다. 여기에는 '성립요건'과 '효력요건'을 무분별하게 혼합하고 있다. 기속적 동의 (consent to be bound)만을 '성립요건'으로 보는지 '효력요건'으로 보는지 명확하지 아니하나, '성립요건'으로 보는 것 같다.

> 조약에 서명하기 이전에 해당 정부는 자신을 대신하여 서명할 권한이 있는 사람에게 전권위임장을 발부한다. 따라서 전권위임장을 교환, 조사 또는 기탁하여 각 전권위임자의 권한을 확립한다.
>
> Prior to the signing of a treaty, each government issues a Full powers to the person or persons who are authorized to sign on its behalf, hence Full Powers may be exchanged or inspected or deposited, so that the authority of each plenipotentiary may be established[49]

---

48) Rebecca M. M. Wallace, *International Law,* (London: Sweet, 2005), p.92, pp.256~257, 266.

49) William W. Bishop, *International Law: Cases and Materials,* (New York: Prentice-

11. Malcolm N. Shaw

Shaw는 전권위임장을 소지하지 아니한 자의 조약체결 행위는 법적 효력이 없다고 다음과 같이 기술하고 있다.

> 요구되는 권한이 부여되지 아니한 사람에 의한 조약의 체결에 관련된 모든 행위 국가에 의해 장래에 효력이 있는 것으로 확인되지 않는 한 어떠한 법적 효력을 가지지 아니한다.
>
> Any act relating to the making of a treaty by a person not authorized as required will be without any legal effect, unless the State involved afterwards confirms the Act.[50]

위에서 법적 효력을 가지지 아니한다(will be without legal effect)는 의미는 그 조약이 조약으로 성립되지 아니한다는 의미이다. 조약이 성립되지 아니한다는 의미는 조약이 존재하지 아니한다는 의미이다.

12. Martin Dixon

Dixon은 조약과 협약은 존재하는 국제관습의 성문화(codified existing customary law)[51] 라고 기술하면서 전권위임장은 국가에 의해 주어진 권한의 문서라고 다음과 같이 논하고 있다.

> 전권위임장은 국가의 이름으로 조약을 체결할 대표자에게 국가에 의해 주어진 권한을 포함하는 단순한 문서이다. 권한이 부여되지 아니한 자에 의한 조약체결은 추후 그 국가에 의해 추인되지 아니하는 법적 효력이 없다.

Hall, 1954), pp.78~97.

50) Malcolm N. Shaw, *International law*, 3rd ed., (Cambridge: Cambridge University Press, 1994), p.565.

51) Martin Dixon, *Textbook on International Law*, 6th ed., (Oxford: Oxford University Press, 2007), p.61.

A full power is simply a formal document containing the authority given by a
State to its representatives to conclude treaties on its behalf. A treaty is without
legal effect if made by a person not authorized unless afterward confirmed by the
State.[52]

위에서 "법적효력이 없다"는 의미는 조약의 체결 행위가 "법적 효력이
없다"는 의미이므로 그것은 "그 조약이 체결되지 아니했다"는 의미이고
또, "조약이 체결되지 아니했다"는 의미는 "조약이 존재하지 아니했다"는
의미이다.

13. I. A. Shearer

Shearer는 전권위임장을 상호 제시하거나 교환된다고 기술하고 전권위
임장이 없는 자의 조약 체결에 관한 행위는 법적 효력이 없다고 다음과
같이 기술하고 있다.

이변적 조약이 체결될 경우 대표자들은 전권위임장을 제시한다. 경우에 따
라 문서의 실질적인 조항이 유효하다. 또 다른 경우 인증 사본을 교환한다.
제 7조가 요구되는 전권위임장을 가지지 아니한 자에 의해 이행된 어떠한 행
위도 그 국가에 의하여 확인되지 아니하는 한 법적효력이 없다.

When bilateral treaties are concluded, the representatives exhibit their Full
Powers. Sometimes an actual exchange of these documents is effected, in other
case only an exchange of certified copies takes place. Any act performed by a
person not possessing Full Powers as required under Article 7 shall be of no legal
effect unless confirmed by the State.[53]

위에서 "법적 효력이 없다(without legal effect)"는 의미는 그가 체결한 조

---

52) *Ibid.*, p.63.
53) I. A. Shearer(ed.), *Starke's International Law*, 11th ed., (London: Butterworths,
    1994), pp.408~409.

약은 성립되지 아니했다는 의미이다. 조약이 성립되지 아니했다는 의미는
조약이 존재하지 않는다는 의미이다.

제6절 비준

●

Ⅰ. 비준의 의의

　'조약법 협약'은 "비준(ratification)이란 국가가 국제적 측면에서 조약에 대한 국가의 기속적 동의를 확정하는 국제적 행위(international act … a state establishes on the international plane its consent to be bound by a treaty)를 의미한다"라고 규정하고 있다(제2조 제1항 b). 비준은 "정식으로 임명된 전권대표에 의한 조약에 부과된 서명에 대한 국가원수 또는 그 정부에 의한 승인이다(the approval by the head of state or the government of the signature appended to the treaty by the duly appointed plenipotentiaries)"라고[1] 할 수 있다. 또는 "비준은 정식으로 임명된 전권대표가 서명한 조약의 내용을 조약체결권자가 최종적으로 확인·수락하는(final acceptance) 국제적 행위"라고[2] 할 수도 있다.

─────────────

1) J. G. Starke, *Introduction to International Law,* 9th ed., (London: Butterworth, 1984), p.431.

비준은 서명의 확인이 아니라 성문조약문의 확인이며,[3] 조약의 전체적 이익의 확인으로,[4] 조약체결의 하나의 절차이다.[5]

II. 비준의 구분

비준은 "국제적 의미(international sense)의 비준"과 "국내적 의미(national sense)의 비준", 즉 "헌법적 의미(constitutional sense)의 비준"으로 구분된다.[6] 전자는 조약체결권 자가 비준서에 서명하며 조약문을 최종적으로 확인하는 국제법상 법률행위이며, 후자는 순수하게 국내적 헌법적(purely domestic constitutional) 행위로 이는 국제법상 조약의 효력발생과 무관하므로 엄격한 의미의 비준이 아니다.[7]

비준서의 교환 · 기탁도 비준이 아니다.[8]

---

2) Gerald Fitzmaurice, "Do Treaties Need Ratification?," *BYIL,* Vol.15, 1934, p.114.

3) Starke, *supra* n.1, p.431.

4) G. Schwarzenberger and E. D. Brown, *A Manual of International Law* 6th ed., (Milton; Professional Books, 1976), p.124; U. S. Department of the Army, *International Law*, Vol.1. (Washington, D. C.: USGPO, 1964), pp.51~52.; C. C. Hyde, *International Law*, Vol.2, 2nd ed., (Boston: Litlle Brown, 1947), p.125.

5) Robert Jennings and Arthur Watts(eds.), *Oppenhein's International Law*, 9th ed., Vol.1, (London: Longman, 1992), pp.112~27.

6) Fitzmaurice, *supra* n.2, p.114; G. G. Fitzmaurice, "The Law and Procedure of the International Court of Justice," *BYIL,* Vol.33, 1957, p.267.

7) *Ibid.*

8) Jennings and Watts(eds.), *supra* n.5, pp.126~27.

III. 비준의 절차

1. 비준권자

비준권자는 서명국의 헌법으로 규정하며, 그것은 조약체결권을 행사하는 국가의 기관으로 국가원수인 것이 보통이며 의회는 이에 대한 동의를 주는 것이 일반적이다.[9] 조약 체결권자(organ of treaty making power)가 누구냐는 각각의 기본조직법(국가의 경우 헌법)에 의해 결정되도록 일반 국제법은 일임하고 있다.[10]

2. 비준방법

가. 명시적 비준

비준의 형식에 관한 국제법상 규칙이 없다. 따라서 비준은 명시적으로 할 수도 있고 묵시적으로 할 수도 있다.[11] 명시적 비준은 조약체결권자가 조약을 확인한다는 의사를 문서에 표시하고 서명하는 것이 일반적이며, 이 문서를 비준서(instrument of ratification)라 하며 비준서의 형식은 일정한 바 없다.[12] 묵시적 비준은 비준서에 서명함이 없이 조약을 시행하는 방법으로 행하여진다.[13]

---

9) Starke, *supra* n.1, p.433.

10) *Ibid.*, pp.432~33.

11) Jennings and Watts(eds.), *supra* n.5, p.1231.

12) Starke, *supra* n.1, p.433; Jennings and Watts(eds.), *supra* n.5, p.1231. 비준서에는 조약의 명칭, 서명일자, 서명장소, 서명된 조약물을 최종적으로 승인한다는 뜻을 표시하고 서명하는 것이 일반적이다(*ibid.*).

13) Sinclair, *The Vienna Convention on the Law of Treaties,* 2nd ed., (Manchester: Manchester University Press, 1984), p.41.

나. 무조건 비준

조약의 내용은 조약문의 서명에 의해 확정되므로 비준 시 그 내용을 변경할 수 없다. 그러므로 조건부 비준이나 부분 비준에 대해 타방 당사자는 이를 수락하거나 수락하지 아니할 자유가 있다.14) 따라서 조건부 비준 또는 부분 비준에 대해 상대방이 이를 수락하면 새로운 조약이 체결될 수 있으며 본래의 조약은 무효로 되게 된다.

다. 비준기간

조약문에 일정한 비준기간이 정하여져 있는 경우에는 그 기간 내에 비준하지 아니하면 비준의 거절로 되며, 조약문에 비준기간이 정하여져 있지 아니한 경우는 상당 기간 내에 비준하지 아니하면 비준의 거절로 추정된다.15)

라. 비준서의 교환 · 기탁

두 당사자 간의 조약은 비준서를 상호교환하고 다수당사자 간의 조약은 비준서를 일정한 장소에 기탁한다. 기탁의 장소는 조약이 체결된 장소의 외무부당국인 것이 일반적이다.16)

---

14) *Ibid.*; Jennings and Watts(eds.), *supra* n.5, pp.1232~34.
15) *Ibid.*, p.1230; Hans Kelsen, *Principles of International Law,* 2nd ed., (New York: Holt, 1967), p.468.
16) Fitzmaurice, *supra* n.2, p.115; Jennings and Watts(eds.), *supra* n.5, p.1230; Shabtai Rosenne, "Treaties, contusion and Entry into Force," *EPIL,* Vol.7, 1984, p.466.

Ⅳ. 비준의 효력

1. 비준서의 교환·기탁에 의한 효력 발생

비준서의 작성에 의해 조약의 구속력이 발생하는 것이 아니라 비준서의 교환·기탁에 의해 조약은 효력을 발생하게 된다.[17]

2. 비소급적 효력

비준은 비준서의 교환·기탁에 의해 효력을 발생한다. 그 효력 발생 시기는 그 조약의 서명 시로 소급된다는 주장이 있으나,[18] 서명 시로 소급되지 아니하고 비준서의 교환·기탁시라는 주장이 통설[19]이고 판례[20]이다. 그리고 '조약법 협약'은 비준의 소급효에 관해서는 아무런 규정을 두고 있지 아니하다.

Ⅴ. 비준을 요하는 조약

모든 조약이 다 비준을 요하는 것은 아니다. (ⅰ) 비준을 요한다고 조약

17) U. S. Department of the Army, *supra* n.4, p.52; Shabtai Rosenne, "Vienna Convention on the Law of Treaties," *EPIL,* Vol.7, 1984, p.466.
18) H. Lauterpacht(ed.), *Oppenheim's International Law,* Vol.1, 8th ed., (London: Longmans, 1955), p.917.
19) Jennings and Watts(eds.), *supra* n.5, pp.1234~35; Starke, *supra* n.1, p.431; Lord McNair, *The Law of Treaties,* (Oxford; Clarendon, 1961), pp.193~98; Mervyn Jones, "The Retroactive Effect of the Ratification of Treaties," *AJIL,* Vol.29, 1935, p.65.
20) *Iloilo* Case(1925): *RLAA,* Vol.6, p.158; *Certain German Interests in Polish Upper Silesia* Case(1926): PCIJ, *Series A, No.7,* 1926, p.39; *Arbitral Awards made by the King of Spain*(1960): ICJ, *Reports,* 1960, pp.207~209; *Crime of Genocide*(Advisory Opinion)(1951): ICJ, *Reports,* 1951, p.28.

문 또는 전권위임장에 명시적 규정이 있는 경우 비준을 요함은 물론이다. (ⅱ) 비준을 요하지 아니한다고 조약문 또는 전권위임장에 명시적 규정이 있는 경우 비준을 요하지 아니함은 물론이다. (ⅲ) 문제는 조약문 또는 전권위임장에 비준을 요한다는 규정도 비준을 요하지 아니한다는 규정도 없는 경우 비준을 요하느냐이다.

오늘의 학설과 관행은 일치되어 있지 아니하며 '조약법 협약도 위 (ⅲ)의 경우 비준을 요하느냐에 관해 중립적 입장에서 어떠한 규정도 두고 있지 아니하다.[21]

이 연구에서 검토를 요하는 것은 시제법의 원칙상 오늘의 국제관습의 규칙이 아니라 "한일합방조약"이 체결된 1910년 당시의 그것이다. 이하 1910년 이전에 위 (ⅲ)의 경우에 관한 학설과 판결에 표시된 규칙을 고찰하기로 한다.

1. 학설

가. H. W. Halleck

Halleck는 조약 자체에 명시적으로 유보되어 있지 아니해도 비준이 요구되는 것이 관행이라고 다음과 같이 기술하고 있다.

> 조약 자체의 명시적 구절에 의해 이 선제조건이 유보되어 있지 아니하다 할지라도 그러한 비준이 요구되는 것이 이제 정착된 관행이다.
> it is now the settled usage to require such ratifi cation, even where this pre-requisite is not reserved by the express terms of the treaty itself[22]

나. S. B. Crandall

Crandall 조약이나 전권위임장에 명시적으로 유보되어 있지 아니한 경우

---

21) Jennings and Watts(eds.), *supra* n.5, pp.1230~31.

22) H. W. Halleck, *Elements of International Law,* 4th ed., (G. Sh Baker)(London: Paul Trench, 1908), Ⅱ, ch. vm, § 12; Fitzmaurice, *supra* n.2 48, p.122.

라도 비준권은 일반적으로 수락되어 있다고 다음과 같이 기술하고 있다.

조약이나 전권위임장내에 명시적인 유보가 되어 있지 아니하다 할지라도 신뢰의 중요성은 최근의 학자들이 비준의 권리를 완전히 일반적으로 수락하도록 유도했다.

this importance of the trust, have led recent writers quit generally to admit the right of ratification, even if no express reservation be made in the treaty or full powers[23]

다. W. E. Hall

Hall은 반대의 특별합의가 없는 경우 비준은 관행에 의해 필수요건이 되었다고 다음과 같이 기술하고 있다.

반대의 특별한 합의가 없는 경우 비준은 관행에 의해 필수요건으로 되어 왔다. … 비준의 필요성은 실정국제법에 의해 승인되었다.

ratification, in the absence of special agreement to the contrary, has become requisite by usage … the necessity of ratification is recognized by the positive law of nations.[24]

라. L. Oppenheim

Oppenheim은 비준이 명시적으로 규정되어 있지 아니한 경우에도 요구되는 것이 보편적으로 승인된 국제법의 관습규칙으로 승인되어 있다고 다음과 같이 기술하고 있다.

비록 비준이 명시적으로 규정되어 있지 아니한다 할지라도 조약은 정상적으로 비준을 요한다는 것이 오늘 국제법의 관습규칙으로 보편적으로 승인되어 있다.

---

23) S. B. Crandal, *Treaties, Their Making and Enforcement* 2nd ed. (1916), § 3; Fitzmaurice, *supra* n.2, p.123.

24) W. E. Hall, *International Law,* 8th ed., (Higgins)(Oxford: Clarendon, 1890), § 110; Fitzmaurice, *supra* n.2, p.123.

it is now a universally recognized customary rule of international law that
treaties regularly ratification, even it this is not expressly stipulated[25]

2. 판결

Eliza Ann Case(1813)

Eliza Ann Case(1813)에서 재판관 Stowell은 후속적인 비준은 필수적으로
요구된다고 다음과 같이 판시한 바 있다.

> 지금 지배적인 관행에 따르면 추후의 비준은 필수적으로 요구된다. 그리고
> 이 입장의 실제의 확고한 확인은 그와 같은 명시적 규정을 하지 아니하는 현
> 재 조약이 거의 없다는 것이다. 따라서 전권대표의 권한이 추후의 비준의 조
> 건에 의해 제한된다고 추정된다.
>
> according to the practice now prevailing, a subsequent ratification is essentially
> necessary, and a strong conformation of the truth of this position is that there is
> hardly a modern treaty in which it is not expressly so stipulated ; and therefore
> it is now to be presumed that the powers of plenipotentiaries are limited by the
> condition of a subsequent ratification.[26]

이 판결은 H. Blix는 "소위 비준의 필요의 증거(evidence of the so-called
necessity of ratification)"라고,[27] Hans Kelsen은 "조약이 반대의 규정을 포함
하지 아니하는 경우 비준은 필요하다(if a treaty does not contain a
provision of law)"라고,[28] J. G. Starke는 "비준은 필요한 것으로 간주되었기
때문에 비준 없는 조약은 무 효력으로 인정되었다(ratification was reged as
so necessary that without it a treaty should be deemed ineffective)"라고,[29]

---

25) L. Oppenheim, *International Law,* 4th ed., (London: Longmans, 1905), I, §§ 511-12,
   Fitzmaurice, *supra* n.2, p.123.
26) *Dodson's Admiralty Reports,* Vol.1, 1813, p.248; Fitzmaurice, *supra* n.2, p.125.
27) H. Blix, "The Requirement of Ratification," *BYIL,* Vol.30, 1953, p.360.
28) Kelsen, *supra* n.15, p.469.
29) Starke, *supra* n.1, p.431.

Robert Jennings와 Arthur Watts는 "비준 전까지 국가는 그 조약에 의해 구속되는 동의를 했다고 말할 수 없다(until ratification, a state cannot be said to have consented to be bound by a treaty)"라고[30] 하여 각각 인용하고 있다.

요컨대, 동 판결은 Kelsen이 기술한 바와 같이 조약은 반대의 규정이 없는 한 비준을 요한다는 판결인 것이다.

이상에서 고찰한 바와 같이 1910년 그 이전 당시에 다수 학설과 판결은 반대의 규정이 없는 한 비준을 요한다는 것이 국제관습의 규칙이었다.

VI. 비준을 요하는 조약의 예외

여기서 또 하나 검토를 요하는 것은 조약문이나 전권위임장에 조약은 비준을 요한다는 명시적 규정도 비준을 요하지 아니한다는 명시적 규정도 없는 경우 조약은 비준을 요한다는 1910년 이전 당시의 국제관행의 규칙에 대해 두 개의 예외가 인정된다는 점이다. 이 예외는 일반국제관습법의 규칙(rule of general customary international law)에 의해 인정된 것이다.[31]

이는 *Case relating to the Territorial Jurisdiction of the International Commission of the River Oder*(1929)에서 상설중재재판소의 판결에 의해 확인되었다.[32] 그 예외는 다음과 같다.

1. 국가원수가 직접 체결하는 조약

조약의 체결권자인 국가원수가 직접 체결하는 조약은 비준을 요하지 아니한다.[33] 예컨대, (i) 1812년의 영국과 스웨덴 평화조약(Treaty of Peace

---

30) Jennings and Watts(eds.), *supra* n.5, p.1234, n.2.
31) Kelsen, *supra* n.15, p.470.
32) PCIJ, *Series A*, No.23, 1929, p.20.
33) Jennings and Watts(eds.), *supra* n.5, p.1229; Fitzmaurice, *supra* n.2, p.127.

between Great Britain and Sweden)은 영국과 스웨덴의 국왕이 직접 서명하고 비준서의 교환이 없었다.[34] (ⅱ) 1815년 9월 26일에 서명된 신성동맹조약(Holly alliance Final Act of the Congress of Vienna)은 오스트리아 황제, 러시아 황제, 페르시아 왕이 직접 서명했고 비준서의 교환이 없었다.[35]

2. 의정서, 교환공문 등 중요하지 아니한 조약

의정서, 교환공문 등 정치적 성격보다 기술적 경제적 문제를 규정한 조약은 비준을 요하지 아니한다.[36]

예컨대,

(ⅰ) 1931년 11월 20일의 전쟁배상에 관한 벨기에와 프랑스간의 합의서 (Agreement between Belgium and France regarding the Reparation for War Damage)[37]

(ⅱ) 1935년 1월 28일의 학생고용자의 입학허가에 관한 덴마크와 프랑스 간의 합의서(Agreement between Denmark and France for Facilitating the Admission of Student Employees)[38]

(ⅲ) 1934년 4월 24일의 1923년 9월 8일의 협약에 의해 수립된 일반청구 위원회에 관한 미국과 멕시코간의 의정서(Protocol between the United States of America and Mexico Relative to the General Claims Commission Established by the Convention of September 1923).[39]

---

34) Clive Parry, "The Law of Treaties", in Max Sorensen(ed.), *Manual of Public International Law,* (London: Macmillian, 1968), p.191.

35) Stephan Verosta, "Holly Alliance," *EPIL,* Vol.7, 1984, p.273.

36) Fitzmaurice, *supra* n.2, p.127; Jennings and Watts(eds.), *supra* n.5, p.1229, n.5, Blix, *supra* n.27, pp.366~67.

37) *Ibid.,* p.367; Blix, *supra* n.27, p.367.

38) *Ibid.*

39) *Ibid.*

VII. 비준이 없는 조약의 불성립

비준을 요하는 조약에서 비준이 없으면 이른바 조약에 의한 기속적 동의가 성립되지 아니하며 그 조약은 체결요건을 결하여 성립되지 아니하는 것으로 되고 따라서 그 조약은 '성립요건을 결하여 성립되지 아니한 것으로 되어 결국 그 조약은 존재하지 아니한 것으로, 즉 조약의 부존재로 된다.

조약의 기속적 동의가 성립되지 아니하여 조약은 체결되지 아니하고 따라서 조약은 '성립요건을 결하여 조약은 성립되지 아니하는 것으로 된다는 조약의 부존재로 된다는 취지의 견해이다.

1. Malcom N. Shaw

문제의 조약에 대한 당사국의 동의는 명백한 편파적인 요소이다. 때문에 국가는 그의 동의에 의해서만 구속된다. 여러 국가의 동의를 받지 아니하면 조약의 제 규정은 그들에 대해 구속력을 가지지 아니한다.

> 조약에 대한 당사자국가의 동의는 명백히 결정적인 요소이다.(국제관습법의 규칙이 부존재이므로 당사자국가의 동의는 그들의 동의에 의하게 된다.)
> 그러나 그것은 제11조에 의한 서명, 조약을 이루는 문서의 교환, 비준, 수락, 승인, 가입 등에 의해 표시될 수 있다. 국제적 합의에 대한 국가의 동의 방법은 서명, 조약을 구성하는 문서의 교환, 비준, 수락 등의 여러 가지 방법이 있다.
>
> The consent of the states parties to the treaty in question is obviously a vital factor, since state may(in the absence of a rule being also one of customary law) be bound only by their consent.
> Treaties are in this sense contracts between states and if they do not receive the consent of the various states, their provisions will not be binding upon them.40)
> There are, however, a number of ways in which a state may express its

---

40) Malcom N. Shaw, *International Law* 3rd ed., (Cambridge: Cambridge University Press, 1994), p.566.

consent to an international agreement. It may be signalled, according to article 11, by signature, exchange of instruments constituting a treaty, ratification, acceptance, approval or accession.[41]

위의 기술 중 '동의'는 이른바 '기속적 동의'를 의미하며 "구속력을 가지지 아니한다"는 "조약이 체결되지 아니한다"는 의미이고 "조약이 체결되지 아니한다"는 의미는 "조약이 성립되지 아니한다"는 의미이고 "조약이 성립되지 아니한다"는 의미는 조약이 무효라는 의미가 아니라 "조약이 부존재한다"는 의미이다. 이는 국가는 국제적 합의에 서명, 문서의 교환, 비준, 수락 등으로 표시된다고 기술하고 있기 때문이다.

요컨대, 기속적 동의에 의해 조약이 성립되고 비준은 기속적 동의의 표시방법이므로 결국 비준이 없으면 조약은 성립되지 아니한다고 보고 있다. 조약이 성립되지 아니한다는 것은 조약의 부존재라는 의미이다.

2. Ian Brownlie

Brownlie는 조약의 체결(conclusion of treaties)이라는 표제하에 비준을 기속적 동의의 표시(expression of consent to be bound)로 열거하고 있는 것은[42] 지속적 동의가 없으면 조약은 체결되지 아니하는 것으로 본 것이다. 그리고 기속적 동의의 표시 방법으로 비준을 열거하고 있는 것은 기속적 동의가 없으면 조약은 체결되지 아니하는 것으로 보고 있는 것이며, 기속적 동의의 표시 방법으로 비준을 열거하고 있는 것은[43] 비준이 없으면 기속적 동의가 성립하지 아니하며 조약이 체결되지 아니하는 것으로 보고 있다.

Brownlie는 비준은 비준서의 교환 또는 기탁에 의해 조약의 효력이 발

---

41) *Ibid.*
42) Ian Brownlie, *Principles of Public International Law* 7th ed., (Oxford: Oxford University Press, 2008), p.611.
43) *Ibid.*

생하며, 비준은 기속적 동의의 표시라고 다음과 같이 기술하고 있다.

두 번째는 국제적 절차이자, 의무의 비준은 기속적 동의를 포함하는 중요
한 행위의 하나이다. 비준의 문서를 교환하거나 기탁에 의해 조약의 조력이
발생하는 국제적 절차이다.

the second is the international procedure which brings a treaty into force by
a formal exchanger or deposit of the instruments of ratification.[44] Ratification in
the latter sense is an important act involving consent to be bound.[45]

3. Martin Dixon

Dixon은 조약이 존재하기 위해서는 당사자가 권리 · 의무를 창설할 의
사가 있어야 한다고 다음과 같이 기술하고 있다.

조약이 존재하기로 되기 위해서는 당사자가 국제법상 구속력이 있는 권
리 · 의무를 창설할 의도가 있어야 한다는 것은 명백하다.
이는 조약의 형성을 위한 결정적인 선재 요건이다.…
조약법협약 제11조는 국가에 의한 기속적 동의는 서명 조약을 구성하는 문
서의 교환, 비준, 수락, 인가 가입 또는 그렇게 동의한 다른 수단에 의해 표시
될 수 있다.

For a treaty to come into existence, it is clear that the parties must have
intended to create rights or duties binding under international law, judged
objectively. this is a vital precondition to the formation of treaties.[46]

Article 11 of the Convention stipulates that the consent of a state to be bound
by a treaty may be expressed 'by signature, exchange of instruments constituting
a treaty, ratification, acceptance, approval or accession or by any other means if
so agreed'.[47]

---

44) *Ibid.*
45) *Ibid.*, pp.610~611,
46) Martin Dixon, *International Law*, 7th, ed., (Oxford: Oxford University Press, 2013),
   p.57.
47) *Ibid.*, p.66.

위의 "권리 · 의무를 창설할 의도"는 기속적 동의를 의미하는 것으로 이것이 없으면 "조약은 존재하기 위해서"는 "조약이 성립하기 위해"를 의미하므로 기속적 동의가 없으면 "조약은 성립하지 아니한다"는 의미이다.

비준은 기속적 동의의 표시방법이므로 결국 비준이 없으면 "조약은 성립하지 아니한다"는 의미 즉 조약은 존재하지 아니한다는 의미이다.

4. Paul Reuter

Reuter는 기속적 의사의 특정적 표현에 의해 조약이 체결되고 조약이 존재하게 된다고 다음과 같이 기술하고 있다.

> 체결이라는 용어는 좁은 의미로 국가가 그들의 동의를 특정적으로 표시 했을 때 조약은 체결되었다는 의미이다. … 체결이라는 용어는 가장 엄격한 의미로 이해되며 이는 명시적 동의를 표할 때 조약의 체결을 의미한다.
>
> The narrowest of which should be considered first: a treaty is 'concluded' once the states have expressed their definitive intention to be bound … the term 'conclusion is understood in its strictest meaning implying that a treaty is concluded once the stated have definitively expressed their consent.[48]

그리고 Reuter는 기속적 동의의 표현(expression of the consent to be bound)으로 비준을 열거하고[49] 조약의 체결에 의해 국제조약은 존재하게 된다(international treaties come into existence)[50]라고 기술하고 있다.

따라서 Reuter에 의하면 비준을 요하는 조약에서 비준이 없으면 지속적 동의가 성립하지 아니하여 조약은 체결되지 아니하고 따라서 조약은 부존재로 되게 된다.

---

48) Paul Reuter, *Introduction to the Law of Treaties*, (London: Printer, 1989), p.43.
49) *Ibid.*, p.51.
50) *Ibid.*, p.43.

5. Ian Sinclair

Sinclair는 조약의 체결(Conclusion of treaties)이라는 표제 하에 세 번째 단계로 조약에 의한 국가의 기속적 동의의 표시를 제시하고[51] 비준은 기속적 동의의 표시로 인정하고 조약의 성립에 의한 기속적 동의가 있기 때문에 조약은 효력을 발생한다고 다음과 같이 기술하고 있다.

> 조약에 의한 기속적 동의가 모든 교섭 국가를 위해 성립하자마자 조약은 효력을 발생한다.
> Failing any such provision or agreement, a treaty enter into force as soon as consent to be bound by the treaty has been established for the all negotiating states.[52]

위에서 기속적 동의를 조약의 체결과정으로 보고 있는 것은 기속적 동의가 조약은 성립하지 아니한다고 보는 것이며 기속적 동의의 표시방법으로 비준을 제시하고 있으므로 비준이 없는 조약은 체결되지 아니하고 성립되지 아니한다는 의미이고, 기속적 동의가 성립하자마자 조약은 효력을 발생한다는 것은 지속적 동의를 조약의 '성립요건'으로 본 것이다.

요컨대 조약에 의한 기속적 동의를 조약의 '성립요건'으로 보고 있는 것은 기속적 동의의 표시방법의 하나인 비준이 없으면 조약은 성립하지 아니하는 것으로 보고 있다.

6. Lord McNair

McNair는 비준 없이는 법적 효과는 불완전한 것이라고 다음과 같이 기술하고 있다.

---

51) Sinclair, *supra,* 13, p.29.
52) *Ibid.*, p.44.

비준은 하나의 형식일 수는 있으나 그것은 필수적인 현실이다. 법적 효과의 점에서 비준 없이는 불완전한 것이다.

The ratification may be a form but it is and essential form; for the instrument, in point of legal efficacy, is imperfect without it. I need not add, that a ratification by one power alone is insufficient; that, if necessary at all, it must be mutual; and that the treaty is incomplete till it has been reciprocally ratified.[53]

그리고 다음과 같이 *Ambatielos* Case(1953)의 판결을 인용하면

1926년 조약과 마찬가지로 비준을 규정하는 조약은 조약의 시행을 가져오기 위해 불가양의 요건이다. 그러므로 비준은 단순한 형식적 행위가 아니고 결정적인 중요한 행위이다. 비준을 규정한 조약의 비준은 조약의 시행을 가져오기 위한 결정적인 중요행위이다.

The ratification of a treaty which provides for ratification, as does the Treaty of 1926, is an indispensable condition for bringing it into operation. It is not, therefore, a mere formal act, but an act of vital importance.[54]

위의 "비준이 없으면 법적 효과의 점에서 완전한 것이 아니다." "조약의 시행을 위해 불가양의 요건이다"는 "비준이 없으면 조약이 완전하게 체결되는 것이 아니다"는 의미이고 요컨대, 비준을 요하는 조약에서 비준이 없으면 조약은 성립되지 아니하고 따라서 조약은 존재하지 않는 것이다.

7.Robert Jennings and Auther Watts

Jennings and watts는 기속적 동의가 없으면 조약은 성립하지 아니하고, 비준에 의해 기속적 동의는 표시된다고 하므로 비준이 없으면 조약은 성립하지 아니한다고 다음과 같이 기술하고 있다.

---

53) Lord Mcnair, *The Law of Treaties*, (Oxford: Oxford University Press, 1961), p.131.
54) *Ibid.*, p.130.

당사자의 상호동의가 필요하므로 일방당사자의 제의에 대해 타방당사자의 수락이 없으면 조약은 구성하지 아니한다.

조약에 의한 한국가의 기속적 동의는 비준에 의해 표시되고 비준을 요구하는 조약은 관련 국가에 구속되지 않는다.

mutual consent of the parties is necessary thus proposal are party not accepted by the other, do not constitute already.[55]

consent of a state to be bounded by a treaty is expressed by ratification[56]

until it has been ratificated, a treaty requiring ratification is not binding upon the state concern.[57]

조약을 구성하지 아니한다는 의의는 조약이 성립되지 아니한다는 뜻이다. 비준이 없으면 관리국은 구속하지 아니한다.

조약에 의한 기속적 동의는 비준에 의해 표시된다는 뜻이다.

비준이 없으면 기속적 동의는 성립하지 아니하고 기속적 동의가 없으면 조약은 성립하지 아니한다. 결국 비준이 없으면 조약은 성립하지 아니한다는 뜻이다.

8. T.O. Elias

Elias는 모두 교섭국을 위해 조약의 기속적 동의가 성립되는 동안에 조약은 효력을 발생한다.

조약의 체결(conclusion of treaty) 이라는 장에서 조약에 의한 기속적 동의의 수립에(establish its consent to be bound by the treaty)에 관해 기술하고 있다.

조약은 기속적 동의표시에 의해 대표자의 행위가 효력을 갖게 된다. 그리고 비준에 의해 조약의 기속적 동의가 성립한다고 논하고 조약은 조약에 의한 기속적 동의가 성립하자마자 효력을 발생한다고 다음과 같이 기

---

55) Jennings and Watts(eds.), *supra*, 5, p.1224.
56) *Ibid.*, p.1228.
57) *Ibid.*, p.1227.

술하고 있다.

> 모든 교섭 국가를 위한 기속적 동의의 수립이 되자마자 조약은 효력을 발
> 생한다.
> as soon as consent to be bound by it has been established for all the
> negotiation.[58]

Elias는 기속적 동의가 조약의 체결 요건이라 명시하지는 아니했으며 조약의 체결이라는 점에서 논하고 있으므로 기속적 동의가 조약의 체결요건 즉, '성립요건'으로 봄에는 논의의 여지가 없다.

비준은 기속적 동의의 표시방법으로 논하고 있으므로 비준을 요하나 조약에서 비준이 없으면 기속적 동의가 없어 조약은 체결되지 아니한 것으로 보고 있다.

그가 "기속적 동의가 성립하지 아니함에 조약은 효력을 발생하지 아니한다는 것. 조약은 체결되지 아니하면 성립되지 아니한다. 따라서 효력을 발생하지 아니한다"는 의미로 새겨진다.

9. George Schwarzenberger

Schwarzenberger는 조약의 체결(conclusion of Treaties)라는 표제 하에 비준은 조약이 실시되기 위한 불가피한 요건이라고 다음과 같이 기술하고 있다.

> 비준의 목적은 조약의 구속력을 준 목적으로 서명에 의한 당사자의 공동의
> 사의 표현을 확인하는 것이다. 어떤 조약이 비준을 요한다면 이는 조약에 적
> 용을 부여하기 위한 필수 불가피한 결의요건이다.
> 비준행위의 주 기능은 조약의 구속력을 수립하는 것이다.[59]

---

58) Alina Kaczowska, *Public International Law,* 4th ed., (London: Routledge, 2010), p.36.
59) George Schwarzenberger, *International Law,* Vol.1, (London: Stevens, 1957), p.28.

> The purpose of ratification is to confirm the expression of the common will of
> the parties as signified by their signatures for the purpose of "giving it binding
> force" If a treaty requires ratification, this act is an "indispensable condition" for
> bringing the treaty into operation.[60]

위의 "조약에 구속력을 부여"하기 위한 그리고 "조약의 시행을 부여하기
위한"이란 비준을 요하는 경우 비준이 없으면 조약이 구속력이 없고, 조약
은 시행할 수 없다는 의미는 조약이 체결되지 아니하고 시행력이 없다는
의미이므로 비준이 없으면 조약은 체결되지 아니한다는 의미이므로 비준
은 조약의 '성립요건'으로 본 것이다.

요컨대 비준을 요하는 경우 비준이 없으면 조약은 기속적 동의가 없으
므로 성립하지 아니한다는 의미, 조약은 존재하지 아니한다는 의미이다.

10. Gillian D. Triggs

Triggs는 조약에 의한 국가의 기속적 동의는 의무의 창조에 있어서 결정
적 요건이라고 논하면서 비준에 의한 조약의 기속적 동의에 관하여 "조약
법협약" 제14조의 규정을 인용하여 다음과 같이 논하고 있다.

> The consent of a state to be bound by a treaty is a critical requirement in the
> creation of an obligation, and can be evidenced by signature, exchange of
> instruments, ratification, acceptance or approval and accession.[61]
> 조약에 의한 기속적 동의는 의무의 창설의 결정적 요건이다. 그리고 이는
> 서명, 문서의 교환, 비준, 수락, 승인 또는 가입에 의하여 명백화 될 수 있다.

위에서 기속적 동의는 의무의 창조에 결정적 요건이라고 표현하고 있
다. 의무의 창조란 조약이 성립해야 발생하는 것이므로 결국 조약의 성립

---

60) *Ibid.*, p.28.
61) Gillian D. Triggs, *International Law,* (Melbourne: Melbourne University Press, 2006),
    p.502.

을 의미한다.

결국 기속적 동의는 조약의 '성립요건'이고, 비준에 의해 조약의 기속적 동의가 성립한다고 보는 것은[62] 비준에 의해 조약이 성립한다는 의미이므로 비준이 없으면 조약은 성립하지 아니한다는 의미이다.

11. Alina Kaczorowska

Kaczorowska는 조약의 체결(conclusion of treaties)이라는 소제목하에 조약체결의 과정을 교섭(negotiation), 조약문의 채택(adoption of a treaty), 조약의 인가(authentication of treaty) 그리고 기속적 동의(consent to be bound)를 열거하여 기속적 동의 없이는 조약이 체결되지 아니함을 기술하고[63] 비준은 특정 조약에 의한 결정적인 기속적 동의를 수립(establishing its definitive consent to be bound by the particular treaty)한다고 논하며[64] 비준을 요하는 조약에 있어서 비준이 없이는 기속적 동의가 없어 조약은 체결되지 아니하고 따라서 효력을 발생하지 아니하게 된다.

요컨대 비준을 요하는 조약에서 비준이 없이는 기속적 동의가 없어서 조약은 성립되지 아니하는 것으로 보고 있다.

12. I.A Shearer

Shearer는 비준은 국가에 의한 조약의 기속적 동의의 선언이고 비준이 없으면 조약은 효력이 없는 것이라고 다음과 같이 기술하고 있다.

> 조약에 의한 국가의 기속적 동의를 성립시키는 공식적 선언이고 비준은 필요하기 때문에 비준이 없으면 조약은 효력이 없는 것으로 추정되어야 한다.

---

62) *Ibid.*, p.503.
63) Kaczowska *supra,* n.58, p.95.
64) *Ibid.*, p.97.

···formal declaration by a sate of its consent to be bound by a treaty···[65]

ratification was regarded as so accessary that without it a treaty should be deemed ineffective [66]

위의 견해는 비준을 기속적 동의의 선언으로 보고, 비준이 없으면 조약은 효력이 없는 것이라는 것이다. 비준을 국가의 기속적 동의의 공식적 선언으로 보고 있다. 기속적 동의가 없으면 조약은 체결되지 아니한 것으로 보고 있으므로 기속적 동의가 없으면 조약은 체결되지 아니하는 것으로 보고 있고 비준이 없으면 조약은 체결되지 아니한 것으로 보고 있으며, 조약이 체결되지 아니했다는 의미는 '조약은 성립되지 아니하였다'고 보고 있다.

또한 비준이 없으면 조약의 효력이 없는 것으로 간주되어서 아니한다는 의미는 '조약은 성립되지 아니하였다'고 보고 있다.

또한 비준이 없으면 조약의 효력이 없는 것으로 간주되어야 한다는 의미는 조약의 효력이 없는 것이라는 의미는 조약이 체결되지 아니하였다는 의미이고 조약이 성립되지 아니하였다는 의미이므로, 결국 비준이 없으면 조약이 성립되지 아니한다는 의미이다.

13. Barry E. Carter, Phillip R. Trim and Allen S. Weiner

Carter, Trim and Weiner는 조약의 형성(formation of Treaties)이라는 표제 하에 (ⅰ)조약이 무엇인가(What is treaties), (ⅱ) 정치적 공약으로부터 조약의 구별(Distinguish Treaties from political Commitment), (ⅲ) 목적과 목표를 해치지 아니할 의무(obligation no to defeat the object and purpose)를 열거하고 있다.

이 역시 조약의 '성립요건'과 '효력요건'을 구분하지 아니한다. 그러므로 기속

---

65) I.A Shearer (ed.), *Starkes's International Law*, 11th (ed.), (London: butterworths, 1994), p.413.

66) *Ibid.*, p.413.

적 동의(consent to be bound)를 조약의 "성립요건"으로 보는지 불명확하다.[67]

14. Lauterpacht

조약의 당사자(Parties to treaties)라는 표제 하에

(i) 조약체결권(the Treaty making power)

(ii) 헌법적 제한(Constitutional restrictions)

(iii) 체약 당사자의 상호 동의(Mutual consent of the contracting parties)

(iv) 강박의 효과(Effect of compulsion)

(v) 체약 당사자의 과오와 착오(Mistake and Error of contracting parties)

위 (i)~(iii)은 조약의 '성립요건'이며, (iv), (v)는 '효력요건'으로 볼 수 있다. 따라서 조약의 "성립요건"과 "효력요건"을 구별함이 없이 모든 연결하고 있다.

(ii) 체약 당사자의 상호동의를 조약의 '성립요건'으로 보고 있으므로 체약 당사자의 상호동의가 없으면 조약은 성립되지 아니하는 것으로 보고 있다.[68]

15. Robecca M.M Wallace

Wallace는 국가의 대표는 그가 전원위임장을 소지했을 경우 그 국가의 이름으로 조약을 체결할 수 있다고 다음과 같이 기술하고 있다.

> 국가의 대표자는 전권위임장을 소지했을 경우 국가의 이름으로 조약을 체 결 할 수 있다.[69]
> a state representation may conclude a treaty on behalf of a state of he possesful powers.

---

67) Barry E. Carter, Phillip R. Trim and Allen S. Weiner, *International Law*, 4th ed., (New York: Walters Kluwer, 2007), pp.93~101.

68) H. Lauterpacht (ed.), *Oppenheim's International Law*, 8th ed., Vol.1, (London: Longmans, 1954), pp.882~892.

69) Rebecca M. M Wallace, *International Law*, 5th ed., (London: Tomson, 2005), p.253.

제7절 조약의 효력

I. 의의

조약의 효력이란 다음과 같이 다의적으로 사용되고 있다.

1. 실질적 효력과 형식적 효력

가. 실질적 효력

조약의 실질적 효력이란 조약의 실현력을 말한다. 조약이 실질적 효력을 갖기 위해서는 '타당성'과 '실효성'을 가져야 한다.

(ⅰ) 조약의 '타당성'이란 조약의 행의규범으로서의 실현력을 말하며, 그 근거에 관하여는 법적 확신설·자연법설·자기제한설·공동의사설·근본규범설 등이 있다.

(ⅱ) 조약의 '실효성'이란 조약의 강제규범으로서의 실현력을 말하며, 국제조약은 국내법과 달리 원칙적으로 자력구제의 모습으로 실효성을 보장하고 있다.[1]

나. 형식적 효력

형식적 효력이란 조약 효력의 한계를 말하는 바, 이에는 (i) 당사자에 대한 효력, (ii) 시간적 효력, (iii) 내용적 효력 등이 있다.

2. 구속력과 실시력

가. 구속력

조약의 구속력이란 조약이 성립되어 그 내용에 따라 당사자를 구속하는 힘, 즉 당사자가 조약상 의무로부터 일방적으로 자유로울 수 없는 효력을 말한다.[2]

조약의 실시력이란 조약의 '효력의 발생(entry into force)'에 관한 것으로,[3] 조약 성립 시에 발생한다.[4]

나. 실시력

조약의 실시력이란 조약의 내용인 권리 · 의무를 구체적으로 시행하는 법적인 힘을 말한다. 실시력은 성립되어 구속력이 있는 조약을 적용 (application)하는 힘을 뜻하며,[5] 그것이 조약의 '효력의 발생(entry into force)'에 관한 것,[6] 즉 '조약의 이행(performance)'에 관한 것이다.[7] 원칙적으로 조약의 실시력은 구속력과 같이 조약의 성립 시기에 발생하나, 그 조약상의 실시를 조건부 또는 기한부로 규정한 경우에는 실시력은 조건의 성취 시, 기한의 도래 시에 발생하게 된다.[8]

---

1) 자력구제의 방법은 자위권의 행사와 복구권의 행사가 있다.
2) Hans Kelsen, *Principles of International Law*, 2nd ed., (New York: Holt, 1967), p.493.
3) T.O.Elias, *The Modern, Law of Treaties,* (Leyden: Sijthoff, 1974), p.38.
4) Paul Reuter, *Introduction to the Law of Treaties,* (London: Printer, 1989), p.52.
5) Ian Sinclair, *The Vienna Convention on the Law of Treaties*, 2nd ed., (Manchester: Manchester University Press, 1984), p.891.
6) Elias, *supra* n.3, pp.38~39.
7) Kelsen, *supra,* n.2, p.493.

II. 실질적 효력

국제법의 타당 근거를 일반적으로 국제법의 기초라고 한다. 국제법의 기초에 관해서는 다음과 같이 학설이 나누어져 있다.

1. 학설의 내용

가. 법적 확신설

법적 확신설(Rechtsüberzeugungs Theorie)은 국제법이 법으로서 구속력을 가지는 것은 인간의 법의 존재에 대한 확신 속에 있다고 한다. 이는 Friedrich Karl von Savigny(1779-1861), Georg Friedrich Puchta(1789-1846) 등의 독일 역사학 사상에 유래하며, Léon Duguit(1859-1928)와 Hugo Krabbe (1857-?)에 의해 국제법 분야에 도입되었다. Duguit는 법이 인간을 구속하는 이유는 규범에 대한 인간의 법적 확신에 있다고 하며,[9] Krabbe는 법의 권위의 기초가 주권설이 주장하는 것과 같은 외부적인 힘에 의하는 것이 아니라 인간의 내부적인 '법적 감정(Rechtsgefühl)' 내지는 '법적 의식 (Rechtsbewuβ tsein)'에 있다고 한다.[10]

나. 자연법설

자연법설(natural law theory)에 의하면 국제법이 법적 구속력을 가지는 것은 자연법의 요청에 유래하는 것이라 한다. Hugo Grotius(1583-1645)는 자연법은 정당한 '이성의 명령'이라고 주장하며,[11] Dionisio Anzilotti(1869-

---

8) *Ibid.*

9) Leon Duguit, "Objective Law," trans. Margaret Grandgent and Ralph W. Gifford, *Columbia Law Review*, Vol.20, 1920, pp.817~31; Vol.21, 1921, pp.17~34, 126~43, 242~56.

10) Hugo Krabbe, *The Modern Idea of State,* (New York: Appleton, 1922), pp.83~90, 236.

11) Hugo Grotius, *De Jure Belli ac Pacis,* Prolegmena, Vol.11 (J.G. Starke, *Introduction*

1950)는 자연법은 '절대적 · 영구적 · 보편적 효력'을 가지는 것이기 때문에 인정법의 정당한 근거가 된다고 한다.[12]

다. 자기제한설

자기제한설(Selbstbindungstheorie)에 의하면 국제법이 법적 구속력을 가지는 것은 국가가 국제법의 구속에 동의한 것에 유래한다고 한다. Georg Jellinek(1851-1911)에 의하면 국가는 최고 독립의 의사력, 즉 주권을 갖고 있으므로 외부로부터의 제한에 복종하는 것은 아닌 까닭에 만일 외부로부터의 제한에 복종하게 되는 경우가 있다면 그것은 국가 자신의 의사에 유래하는 것이 아니면 안 될 것이므로 국가가 국제법에 구속되는 것은 그에 대한 국가의 동의에 있다고 한다.[13]

라. 공동의사설

공동의사설(Gemeinwillenstheorie)에 의하면 국제법이 법적 구속력을 가지는 것은 국제법은 국가의 단독의사에 우월한 다수국가의 공동의사이기 때문이라고 한다. Henrich Triepel(1868-1946)에 의하면 법은 그 법의 규율을 받는 주체보다 항상 상위에 있어야 하며 그러한 상위의 법이 다수국가의 공동의사에 의해 형성된 국제법이라고 한다.[14]

마. 근본규범설

근본규범설(Grundnormentheorie)에 의하면 국제법이 법적 구속력을 가

---

to International Law, 9th ed., (London: Butterworth, 1984), p.21.
12) Dionisio Anzilotti, Corso di Diritto Internazionale, 3rd ed., Vol.1, 1928, p.43 (Starke, supra n.11, pp.23~24).
13) Georg Jellinek, Die rechtlich Natur der Staatenverträge Vienna, 1880(Wesley L. Gould, An Introduction to International Law, (New York: Harper, 1957), p.71; (Starke, supra n.11, p.23).
14) Henrich Triepel, Völkerrecht und Landesrecht, Leipzig, 1897(Gould, supra n.13, p.71).

지는 것은 그것이 근본규범에 근거한 것이기 때문이라고 한다.

모든 실정법에 기초를 부여하기 위해서는 실정법의 전부가 유출되는 최고 기본적인 규범이 존재하지 않으면 안 되며 이 상정된 규범을 근본규범이라고 부른다. 국제법은 이 근본규범에 의하여 그 타당성을 갖는다고 하는 것이 근본규범설이다. 근본규범의 성격에 관하여 Hans Kelsen (1881-1973)은 그것이 실증적인 것이 아니라 가설적인 규범에 불과하다고 하고,[15] Adlf Verdross(1890-1980)는 실증적인 것 이라고 한다.[16]

상기 제 학술에 대한 비판은 김명기, 『국제법원론』(서울; 박영사, 1995) 36쪽 이하 참조.

Ⅲ. 형식적 효력

1. 의의

조약의 형식적 효력이란 조약의 효력범위, 즉 조약의 효력이 미치는 당사자·시간·사항의 한계를 말한다.

2. 내용

가. 당사자에 대한 효력

(1) 원칙

조약의 효력이 미치는 범위는 조약당사자에 한하며 제3자에게는 조약의 효력이 미치지 않는 것이 원칙이다.[17]

---

15) Hans Kelsen, *supra*, n.2, pp.446, 556~65.

16) Adolf Verdross, *Einheit des rechtlichen Weltbildes auf Grundlage der Völkerrecht Verfassung*(Tubingen: J.C.B. Mohr, 1923), pp.33~35.

(가) 근거

조약은 국제사회에 있어서 하나의 입법행위 이지만 그 성질은 국내 사회에 있어서 계약행위와 같으므로 "계약은 제3자를 해롭게도 하지 않고 이롭게도 하지 않는다"는 원칙이 타당하게 된다. 이러한 원칙은 국제사회에 있어서 (i) 다수자의 의사가 소수자의 반대 의사를 배제하고 법을 제정할 수 있는 입법기관이 아직 실재하지 않는다는 사실과 (ii) 국가 주권은 절대적이라는 국가의 주권 사상에 근거를 둔 것이다.[18]

(나) 고찰을 요하는 경우

조약은 당사국 이외에 제3국에게 효력이 미치지 않는 것이 원칙이지만 제3국의 이해 관계사항을 규정하는 경우가 있으므로 이런 경우 특별한 고찰을 요한다.

1) 제3국에 대하여 부담을 지우는 조약

가) 제3국이 조약을 승인하는 경우

이것은 조약당사자가 제3국에게 통고함으로써 제3국이 승인의 의사를 표시한 경우로서, 이러한 경우에는 제3국은 그 조약상의 의무를 부담한다. 그러나 이 의무는 제3국의 승인에 의하여 발생하는 것이며 조약 자체로부터 발생하는 것은 아니다. 이러한 의무에 위반하여 제3국이 당해 조약의 일방당사자와 체결한 조약은 무효이며, 제3국 및 상대방 당사자의 부당행위책임이 발생한다.[19]

나) 제3국이 조약을 승인하지 않는 경우

이 경우 당해조약은 제3자에 대항할 수 없으며, 당사자의 일방이 당해 조약에 위반하여 제3국과 체결한 조약은 유효하며 다만 상대방 당사자의 불법행위 책임이 발생할 뿐이다.[20]

---

17) Sinclair, *supra*, n.5, pp.98~99.
18) Hans Ballreich, "Trearies Effect on Third States,", *EPIL* Vol.7, 1984, pp.476~77.
19) *Ibid.*, p.477.
20) *Ibid.*

2) 제3국에게 이익을 주는 조약

이것은 당사자 간은 물론 제3국에 대해서도 유효하다. 그러나 제3국에게 특정의 이익을 줄 것을 규정한 경우라도 그것이 언제나 제3국에 권리를 부여하는 것이 아니라 오히려 반사적 이익을 부여한 데 불과한 경우가 많다. 대체로 제3국의 동의 없이 이익조항을 변경하지 못한다는 규정을 두거나 또는 제3국에게 출소권을 인정한 경우 이외에는 반사적 이익만을 부여한 것으로 해석된다.[21]

(2) 예외

(가) 예외의 경우

조약의 효력은 조약당사자 에게만 미치는 것이 원칙이지만 다음의 경우는 제3자에게도 조약의 효력이 미친다.

1) 이전된 영역에 관한 지방적 조약

일반적으로 국가영역의 변경이 있을 경우 영역의 전주권자가 소멸하거나 소멸하지 않거나 그가 체결한 조약은 신주권자에게 구속력을 갖지 못하는 것이 원칙이나, 이전된 영역 자체에 관한 조약, 예컨대, 국경·교통·하천 등에 관한 조약은 그 조약의 당사자가 아닌 영역의 신주권자에게 구속력을 가진다.[22]

2) 국가군에 관한 집단적 조약

어떤 국가군에 관한 일정한 질서를 확립하는 규칙이 집단적 조약에 의하여 정하여지는 경우에 이러한 규칙은 그 국가군 간에서의 영역 이전의 경우에 그 조약의 당사자 아닌 영역의 신주권자에 대하여 구속력을 가진다.[23]

---

21) *Ibid.*
22) Eckart Klein, "Treaties Effect of Territorial Changes", *EPIL*, Vol.7, 1984, pp.473~76; Robert Jennings and Arthur Watts(eds.), *Oppenheim's International Law*, 9th ed., Vol.1, 1992, p.213.

(나) 예외의 경우 같으나 예외가 아닌 경우

조약의 효력이 당사자 아닌 제3국에게 미치는 예외의 경우인 것같이 보이나 그 실은 예외가 아닌 경우를 보면 다음과 같다.

1) 최혜국대우조항

최혜국대우조항이 있는 통상조약이 허혜국(A)과 수익국(B)간에 체결되어 있는 경우에 허혜국(A)과 최혜국(C)간의 조약에서 인정되는 이익을 수익국(B)은 향유할 수 있으나 이는 허혜국(A)과 최혜국(C)간의 조약의 효과가 그 조약의 당사자 아닌 수익국(B)에게 미치는 것이 아니라 허혜국(A)과 수익국(B)간의 최혜국대우조항의 효과인 것이다.[24]

2) 관습법화된 조약

조약의 내용이 조약체결 후에 국제관습법화된 경우 또는 기존의 국제관습법을 성문화한 경우에 그 조약은 제3국에도 효력이 미친다. 그러나 이는 조약 그 자체의 효력이 당사자의 범위를 넘어 제3국에 미치는 것이 아니고 제3자는 국제관습법의 구속력을 받는데 불과한 것이다.[25]

3)국제연합헌장

'국제연합헌장' 제2조 제6항에 규정한바 "국제연합은 가맹국이 아닌 국가들이 국제평화와 안전의 유지에 필요한 한, 국제연합의 원칙에 따라서 행동하여야 할 것을 확보하여야 한다"는 것은 비가맹국에 대해서도 헌장의 원칙에 따라 행동할 의무를 과한 것이라고 보는 견해가 있으나,[26] 이

---

23) *Ibid.*

24) Clive Parry, "The Law of Treaties", in Max Sorensen(ed.), *Manual of Public International Law,* (London: Macmillian, 1968), p.218; Ballreich, *supra,* n.18, p.477.

25) Elias, *supra* n.3, p.69: R.Baxter, "Treaties and Custom," *Recueil des Cours,* Vol.29, 1970, p.69.

26) Leland M.Goodrich, Edvard Hambo and Anne P. Simmons, *Charter of the United Nations,* 3rd ed., (New York: Columbia University Press, 1969), pp.58~60; Hans Kelsen, *The Law of the United Nations,* (New York: Praeger, 1959), pp.106~10.

조항은 국제연합 또는 그 가맹국이 비가맹국에 대하여도 헌장의 원칙에 따라 행동하도록 노력할 것을 규정한 것이며 '국제연합헌장'이 당사자 아닌 제3국에게 미치는 것은 아니다.[27]

4) 콘스탄티노플 조약과 하이-파운스포트 조약

수에즈 운하에 관한 '콘스탄티노플 조약(Constantinople Treaty)'과 Panama 운하에 관한 '하이-파운스포트 조약(Hay-Pauncefote Treaty)'은 조약의 당사자가 아닌 국가의 선박에 대해서도 운하의 자유통행을 인정하고 있으나 이는 반사적 이익에 불과하며 제3국의 조약상 권리는 아니다. 왜냐하면 조약당사국이 제3국에 대하여 그 선박의 자유통행을 금지한 경우 제3국은 조약위반을 주장할 수 없기 때문이다.[28]

나. 시에 대한 효력

(1) 효력의 발생시기

(가) 구속력의 발생시기

조약의 구속력의 발생시기는 조약의 성립 시이다.[29] 조약의 성립 시는 서명만으로 성립되는 조약은 서명 시이며, 비준을 요하는 조약은 비준서의 교환 또는 기탁 시이다.[30] 그러나 강화조약은 비준을 요하나 특별한 규정이 없는 한 서명 시에 성립·발효한다.[31]

---

27) Lord McNair, *The Law of Treaties,* (Oxford: Clarendon, 1961), p.218; Joseph Kunz, "Revolutionary Creation of Norms of International Law," *AJIL*, Vol.41, 1947, p.119.
28) D.P. O'Connell, *International Law*, Vol.1, 2ed., (London: Steves, 1970), pp.247~48.
29) Jennings and Watts(eds.), *supra* n.22. p.1238.
30) *Ibid.*; Michael Akehurst, *A Modern Introduction to International Law*, 5th ed., (London: George Allen, 1984), pp.126~27.
31) Coleman Phillipson, *Termination of War and Treaties of Peace,* (London: T. Fisher Unwin, 1916), pp.189~90.

(나) 실시력의 발생시기

조약의 실시력은 조약의 구속력을 기초로 하는 것이므로 구속력 없이 실시력만 발생할 수는 없다. 그러나 그것은 구속력의 발생시기와 실시력의 발생시기가 반드시 일치한다는 의미는 아니다. 원칙적으로 실시력의 발생시기는 구속력의 발생시기와 일치한다. 즉 당사자가 조약상에 실시일을 정하지 않았을 경우에는 구속력의 발생 시에 실시력도 발생하며, 당사자가 조약상에 실시일을 정한 때에는 그 시기에 실시력은 발생한다(제28조).[32] 그러나 당사자는 실시일을 소급적으로 정할 수 있음은 물론이다.[33] 시행시기에 관한 조항을 '시행조항(operative clause)'이라고 한다.[34]

'조약법에 관한 비엔나 협약' 자체도 소급하지 않고 협약발효 후에만 효력이 발생한다. 그러나 협약에 규정된 법규라도 그것이 이미 국제법상 확립되어 있는 법규인 경우에는 협약 발효일에 관계없이 그 이전이라도 당해 법규의 확립일로부터 적용된다(제4조).

(2) 효력의 소멸시기

(가) 구속력의 소멸시기

조약의 구속력의 소멸 시기는 조약의 소멸 시이다. 조약의 소멸시는 조약의 소멸원인의 발생 시이다. 예컨대, 조약이 기한부인 경우 종기의 도래 시, 해제조건부인 경우 해제조건의 성취 시이며, 신구조약의 내용이 저촉되는 경우 신조약의 실시력이 발생한 시이다.[35]

조약이 구속력을 상실하기 이전에 조약 자체의 규정이나 또는 전당사자에 의한 별도의 합의로 조약의 구속력을 연장시킬 수 있다. 이를 조약의

32) Reuter, *supra* n.4, pp.51~52; Kelsen, *supra*, n.2, p.493; Sinclair, *supra*, n.5, p.44; Gerhard von Glahn, *Law Among Nations*, 4th ed. (New York: Macmillan, 1981), pp.493~94
33) Sinclar, *supra*, n.5, p.85; G.I. Tunkin, *International Law*, (Moscow: Progress, 1986), p.163.
34) Reuter, *supra*, n.4, p.52.
35) Kelsen, *supra*, n.2, p.493.

연장(prolongation)이라 한다.[36]

(나) 실시력의 소멸시기

조약의 실시력의 소멸시기는 조약의 구속력의 소멸시기와 동일하다. 신·구 조약의 내용이 저촉되는 경우 신 조약의 구속력의 발생 시와 실시력의 발생 시가 상이한 경우에 신 조약의 실시력의 발생 시에 구 조약의 구속력이 소멸한다.[37]

다. 내용에 대한 효력

(1) 내재적 효력

조약은 그 자체에 대한 효력으로서 조약이 유효하게 성립되면 조약의 내용 및 성립을 확정하는 구속력이 발생하며, 유효하게 실시되면 조약상의 권리·의무를 현실화하는 실시력이 발생한다. 이 구속력과 실시력은 모두 조약당사자가 합의한 내용에 따라 발생하며 조약당사자가 합의하지 않은 내용에 관해 발생하지 않는다.

(2) 외재적 효력
(가) 국내법에 대한 효력
1) 국내법으로 수용·변형

조약의 국내적 효력의 시행에 관하여는 두 방식이 있다. (i) 헌법(미국 제6조 제1항) 또는 헌법관행(일본, 스위스)에 의하여 조약을 그대로 국내적으로 실시하는 '수용의 방식'과 (ii) 헌법(벨기에 제8조 제2항) 또는 헌법관행(영국)에 의하여 조약의 실시 전에 개개의 조약을 국내법화하는 '변형의 방식'의 양자가 있다.

---

36) Tunkin, *supra,* n.33, p.164.
37) Kelsen, *supra,* n.2, p.494.

2) 국내법과 저촉

조약과 국내법의 내용이 충돌하는 경우 변형의 방식을 취하는 국가에서
는 조약의 국내적 실시를 위해 구체적 조치를 취하는 것이므로 그 효력의
우열은 그 국가의 국내법에 의하여 결정된다. 즉 법률로 변형되면 법률과
동일한 효력을, 헌법으로 변형되면 헌법과 동일한 효력을 갖는다. 그러나
수용의 방식을 취하는 국가에서는 그 국가의 헌법 또는 헌법관행에 따라
일반적으로 결정된다. 즉, 법률과 동일한 효력으로 수용되는 경우(미국)는
법률과 동일한 효력을, 헌법과 동일한 효력으로 수용하는 경우(불란서)는
헌법과 동일한 효력을 갖는다. 이와 같이 조약이 변형이론 또는 수용이론
에 의하여 헌법 또는 법률과 동일한 효력이 있게 될 때 조약과 헌법 또는
법률과의 효력의 우열은 '후법 우선의 원칙'에 의해 결정된다. 그러나 후법
우선의 원칙의 적용은 국내적 효력에 관한 것이며 국제적 효력에 있어서
는 조약에 우선한다. 따라서 국가는 조약상의 의무를 회피하기 위하여 타
국에 대하여 자국의 헌법 · 법률을 원용할 수 없고 동시에 국제의무의 범
위를 제한하기 위하여 국내 입법에 의존할 수 없으며 이런 경우 국가책임
을 면할 수 없다.[38]

(나) 국제법에 대한 효력
1) 국제법으로 당연발효

조약의 국내적 효력의 시행을 위하여는 국내법으로 수용 또는 변형의
절차를 밟아야 하나 국제적 효력은 당연히 발생하며 특별한 시행조치를
요치 않는다.[39] 조약의 국제연합에의 등록은 국제연합기관에 대한 대항요
건에 불과하며(헌장 제102조) 시행절차가 아니다.[40]

---

38) B.H. Jacobini, *International Law* (Homewood: Dosey, 1962), p.35.
39) Glahn, *supra,* n.32, p.492.
40) *Ibid.*

2) 국제법과 저촉

조약의 내용이 국제관습법 또는 다른 조약과 저촉할 때 모든 국제관습법과 조약은 일체 경중의 차이가 없고 또 일체 강행법규는 존재하지 않으므로 후법 우선의 원칙과 특별법 우선의 원칙에 의하여 그 효력이 결정된다. 조약이 소위 입법적 조약이라 할지라도 위의 원칙은 그대로 적용된다.[41] 조약의 내용이 '국제연합헌장'과 저촉할 경우도 후법 우선의 원칙과 특별법 우선의 원칙은 그대로 적용된다. 헌장 제103조는 "가맹국의 이 헌장에 의거한 의무와 타 국제협정에 의거한 의무와 저촉할 경우 이 헌장에 의거한 의무가 우선한다"고 규정하고 있으나 헌장도 특별조약을 무효화할 수 있는 상위법(higher law)으로서의 강행법규의 지위에 있는 것이 아니므로[42] 헌장과 저촉되는 조약도 당사국간에서 유효하게 성립할 수 있으며, 다만 헌장에 대항할 수 없을 뿐이다.

라. 공간에 대한 효력

(1) 원칙

국가를 당사자로 하는 조약의 효력은 원칙적으로 그 조약의 당사국의 영역에만 미친다.[43] 조약의 효력은 원칙적으로 당사국의 영역 전부에 미치며(제29조), 조약성립 후 새로이 편입된 영역에도 조약은 적용되는데, 만일 일부 지역에만 한정하려면 특별한 합의를 필요로 한다. 또 당사국의 영역변경은 조약효력의 지역적 범위에 변경을 가한다. 이런 변경이 조약 내용에 중대한 영향을 미치는 경우 조약의 효력문제는 당사국간에 합의에 의해 해결해야 한다.

---

41) Wolfram Karl, "Treaties, Conlifct between", *EPIL*, Vol.7, 1984, pp.470~73.
42) Georg Schwarzenberger and E.D.Brown, *A Manual of International Law*, 6th ed., (Milton: Professional Books, 1976), p.133.
43) Tunkin, *supra*, n.33, p.164.

(2) 예외

조약의 성질상 조약의 당사국의 영역 외에 미치는 해양 · 우주 · 남극 등에 관한 조약은 당사국의 영역 외에 적용된다.[44] 또한 통신활동에 관한 조약도 당사국의 영역을 넘어 그 활동이 행하여지는 공간에 미치게 된다.[45]

IV. 효력제한

1. 미등록에 의한 제한

제1차 세계대전 후 국가간의 공개외교의 확립, 비밀조약의 배제를 목적으로 국제연맹에서는 불등록조약은 효력이 발생하지 않는다고 규정하였으며(규약 제18조), 국제연합에서는 사무국에 대한 불등록조약의 효력은 국제연합의 어떤 기관에 대해서도 원용할 수 없다고 규정하였다(헌장 제102조). 물론 이는 효력은 있으나 원용할 수 없다는 제한이다.

2. 부관내용에 따른 제한

조약의 부관은 조약의 주된 내용을 제한하기 위한 의사표시로서 기한 · 조건 · 유보 등이 있으며, 부관의 내용에 따라 조약의 효력이 제한된다.

---

44) *Ibid.*
45) *Ibid.*

V. 기타 관련사항

1. 정부의 변경과 조약의 효력

조약은 체결 당사자간에 효력을 발생하는 것이므로 체약국에 정부의 변경이 발생하여도 국가의 동일성은 유지되므로 그 조약이 당사자인 국가를 구속함에는 변동이 없다. 국체의 변경의 경우도 같다.

2. 국가영역의 변경과 조약의 효력

국가영역의 변경이 있는 경우 새로 취득하는 영역에 관한 지방적·재정적 조약은 취득국에 승계된다.

3. 조약의 부관과 조약의 효력

조약의 부관은 조약의 주된 내용을 제한하기 위한 부대적 의사표시이다. 부관에는 기한, 조건, 유보 등이 있으며 부관의 내용에 따라 조약의 효력은 제한된다.

4. 조약의 경신·재확인·부활

경신은 조약의 유효기간이 만료할 때 이에 대체하는 신조약을 체결하는 것이며, 재확인은 조약의 실시 후에 있어서 사정의 변경 또는 시일의 경과 등으로 인하여 그 효력의 존속에 관하여 의문이 발생하였을 때 신조약에서 그 효력을 보유할 것을 명시하는 것이며, 부활은 일단 효력을 상실한 조약의 효력을 다시 회복시키는 것이다. 조약의 경신·재확인·부활로 조약의 효력은 지속된다.

5. 강화조약의 효력발생시기

강화조약은 비준을 요하지만 반대의 의사표시가 없는 한 서명 시에 평화는 회복된다.[46] 비준되지 않은 강화조약은 비준되지 않기로 확정된 때부터 휴전조약의 효력을 갖는다.[47]

---

46) Phillipson, *supra,* n.31, pp.188~89.
47) *Ibid.,* p.190.

제8절 조약의 무효

〈목 차〉

Ⅰ. 개념

1. 의의

조약의 무효(invalidity)란 조약이 '성립요건'을 구비하여 성립되었으나, 효력발생요건을 결하여 효력을 발생하지 아니하는 것을 말한다.[1]

2. 개념의 불명확성

가. '성립요건'과 '효력요건'의 불명확성
국제법상 조약의 '성립요건'과 '효력요건'의 구별이 명확히 확립되어 있지 않으며, 또 학자에 따라 '성립요건'과 '효력요건'의 의미를 달리 사용하

---

1) Christos L. Rozakis, *The Concept of Jus Cogens in the Law of Treaties*, (Amsterdam: North-Hollad, 1976), p.511; Paul Reuter, *Introduction to the Law of Treaties,* (London: Printer, 1989), pp.134~35.

고 있으므로 조약의 무효란 조약의 '성립요건'을 결한 경우인지 유효요건
을 결한 경우인지 불분명하다.[2] 엄격하게는 '성립요건'을 결하는 경우는
'불성립(inexistent)'이고, '효력요건'을 결하는 경우는 '무효(invalidity)'이다.[3]

나. 무효와 취소의 불명확성

국제법상 조약의 무효와 조약의 취소의 구별이 불분명하다.[4] '조약법에
관한 비엔나 협약'은 '무효(제51조-제53조)'와 '무효의 원용(제46조, 제50조)'
을 구별하고 있는바 전자는 무효이고, 후자는 취소에 가까운 개념이다.

II. 유형

1. 무효의 주장 표준

무효는 무효의 주장을 표준으로 '절대적 무효(absolute invalid, absolute
nullity)'와 '상대적 무효(relative invalid, relative nullity)'로 분류된다.

가. 절대적 무효

절대적 무효는 조약이 성립 당시부터 당연히 효력이 없는 무효를 말한
다. 이는 조약의 일방당사자의 무효주장이나 타방당사자의 추인을 요하지
않고 당연히 효력을 발생하지 않는 경우이다.[5]

'조약법에 관한 비엔나 협약'은 국가대표에 대해 강박을 가한 경우(제51조),

---

2) *Ibid.*, p.135.

3) *Ibid.*, p.159; Ian Sinclair, *The Vienna Convention on the Law of Treaties*, 2nd ed.,
   (Manchester: Manchester University Press, 1984), pp.159~60.

4) *Ibid.*, p.161; Reuter, *supra* n.1, p.135; S. E. Nahlik, "The Grounds of Invalidity and
   Termination of Treaties," *AJIL.*, Vol.65, 1971, pp.737~40.

5) G.I Tunkin, *International Law,* (Moscow: Progress, 1986), p.169; Sinclair, *supra* n.3,
   pp.618~19.

국가에 대해 강박을 가한 경우(제52조), 강행법규를 위반한 경우(제53조)를 절대적 무효로, 즉 '무효(void)'로 규정하고 있다.[6]

나. 상대적 무효

상대적 무효는 조약이 성립 당시부터 당연히 효력이 없는 것이 아니라 조약의 일방 당사자의 무효 주장에 의하여 비로소 효력이 없게 되는 무효를 말한다.[7]

'조약법에 관한 비엔나 협약'은 기본적이고 명백한 국내법위반의 경우(제46조), 표시권한의 제한을 위반한 경우(제47조), 착오의 경우(제48조), 사기의 경우(제49조), 매수의 경우(제50조)를 상대적 무효로, 즉 무효가능(voidable)으로 규정하고 있다.[8]

2. 무효의 원인 표준

무효는 무효의 원인을 표준으로 '의사표시의 무효'와 '내용의 무효'로 분류된다.

가. 의사표시 강요의 무효

의사표시의 무효는 조약 당사자 간의 진정합의의 결여를 원인으로 하는 무효를 말한다. 예컨대 착오(제48조), 사기(제49조), 매수(제50조), 강박(제51조, 제52조)을 원인으로 한 무효를 말한다.

나. 내용의 무효

내용의 무효는 조약의 내용이 적법성이나 이행가능성의 결여를 원인으

---

6) Ian Brownlie, *Principles of Public International Law*, 3ed., (Oxford: Clarendon, 1979), pp.618~19.
7) Tunkin, *supra* n.5, p.169; Sinclair, *supra* n.3, p.162.
8) Brownlie, *supra* n.6, p.618.

로 한 무효를 말한다. 예컨대, 기본적이고 명백한 국내법위반(제46조), 표시권한의 제한위반(제47조), 강행법규위반(제52조), 원시적 불능 등의 원인에 의한 무효를 말한다.

III. 원인

1. 절대적 무효원인

가. 국가대표에 대한 강박
국가대표에게 직접 강박을 가한 행위 또는 위협에 의해 체결된 조약은 무효이나(제51조), 이는 국제관습법상 인정되어 온 것을 '조약법에 관한 비엔나 협약'이 성문화한 것이다.[9]

나. 국가에 대한 강박
전쟁 기타 무력의 행위가 허용되어 있던 종래의 통설과 관행에 의하여 국가자체에 가해진 강박에 의한 조약은 유효로 보고, 국가대표기관에 강박을 가해 체결된 조약은 무효로 보았다. 그러나 국제연맹규약 · 부전조약 · 국제연합헌장 등에 의해 무력행사가 원칙적으로 금지되게 되어 국가자체에 대한 강박에 의해 체결된 조약도 무효로 되게 되었다. '조약법에 관한 비엔나 협약'은 이를 명문으로 규정하였다(제52조).[10]

다. 강행규범의 위반
조약의 내용이 일반국제법상 강행규범(jus cogens)에 반할 경우 그 조약은 무효이다. '조약법에 관한 비엔나협약'은 이를 명문으로 규정하고 있다

---

9) T.O Elias, *The Modern Law of Treaties,* (Leyden: Sijthoff, 1974), pp.167~69.
10) *Ibid.*, pp.170~76.

(제53조).[11]

2. 상대적 무효원인

가. 체결권한에 대한 국내법 위반

조약의 당사자는 조약체결권에 관한 국내법 위반을 이유로 무효를 주장할 수 없다. 그러나 그것이 명백하고 중요한 국내법 위반의 경우는 무효의 주장이 인정된다(제46조).[12]

나. 표시권한에 대한 제한위반

전권대표의 권한에 일정한 제한이 가하여졌음에도 불구하고 대표가 그러한 제한을 넘어 동의한 경우, 그 동의 전에 그 제한이 타방교섭국에 통고된 경우 이 조약의 무효를 주장할 수 있다(제47조).[13]

다. 착오

착오가 조약이 체결될 당시에 존재한 것으로 조약의 동의의 본질적인 기초가 될 경우 당사국은 조약을 무효로 하기 위하여 착오를 원용할 수 있다(제48조).[14]

라. 사기

일방당사국의 사기로 인하여 체결된 조약을 타방당사국이 그의 무효로 사기를 원용할 수 있다(제48조).[15]

---

11) *Ibid.*, pp.177~78; Rozakis,, *supra* n.1, p.97.
12) Robert Jennings and Arthur Watts(eds.), *Oppenheim's International Law*, 9th ed., (London: Longman, 1992), p.1285.
13) *Ibid.*, p.1288.
14) *Ibid.*, pp.1288~89.
15) *Ibid.*, p.1289.

마. 매수

조약의 체결이 일방당사국의 매수로 인하여 자국대표의 부패로 이루어진 경우 대표자의 본국은 조약의 무효로 부패를 원용할 수 있다(제50조).[16]

IV. 효과

1. 무효 자체의 효과

가. 절대적 무효

절대적 무효의 원인이 있는 경우 조약은 처음부터 당연히 효력이 없다. 즉, 조약의 일방당사자의 무효 주장을 기다릴 필요 없이 당연히 효력이 없다. '조약법에 관한 비엔나 협약'은 '법적 효력을 가지지 아니한다(shall be without any legal effect) (제51조)', '무효이다(is void) (제52조, 제53조)'라고 규정하고 있다.[17] 이들 표현은 동일한 효력이 있는 것이다.[18]

나. 상대적 무효

상대적 무효의 원인이 있는 경우는 조약은 처음부터 당연히 효력이 없는 것이 아니라 조약의 일방당사자의 주장에 의해 비로소 효력이 없는 것으로 본다. '조약법에 관한 비엔나 협약'은 "동의를 무효화하기 위하여 ... 원용할 수 있다(may invoke ... validating its consent) (제48조-제50조)"고 규정하고 있다.[19]

---

16) *Ibid.*, pp.1289~90; Nahalik, *supra* n.4, p.743.
17) Brownlie, *supra* n.6, p.618.
18) Michael Akehurst, *A Modern Introduction to International Law*, 4th ed., (London: George Allen, 1984), p.133.
19) *Ibid.*; Brownlie, *supra* n.6, pp.618~19.

2. 이행된 결과에 대한 효과

가. 원상회복

(1) 원인

무효인 조약을 신뢰하여 행하여진 행위에 대해 각 당사자는 그러한 행위가 행하여지지 않았더라면 존재하였을 상태를 그들의 상호관계에 있어서 타방당사자에게 요청할 수 있다(제69조 제2항 (a)). 즉, 원상회복을 요청할 수 있다.[20]

(2) 예외

원칙적으로 각 당사자는 원상회복을 요청할 수 있다. 그러나 사기, 매수, 대표자에 대한 강박, 국가에 대한 강박의 경우는 그것이 귀책 되는 당사자에 관하여는 적용되지 않는다(제69조 제3항). 즉, 사기·매수·강박 등을 행한 당사자는 원상회복을 요청할 수 없다.[21]

나. 비위법화

(1) 원인

무효가 원용되기 이전에 성실히 행하여진 행위는 동 조약의 무효만을 이유로 위법한 것으로 되지는 않는다(제69조 제3항). 즉, 무효인 조약의 원용 이전에 성실히 행한 행위는 위법한 행위로 되는 것이 아니다.[22]

---

20) D.P. O'Connell, *International Law*, 2nd ed., Vol.1, (London: Stevens, 1970), p.241; Richard D. Kearney and Robert E. Dalton, "The Treaty on Treaties," *AJIL*, Vol.64, 1970, p.556.

21) Jennings and Watts(eds.), *supra* n.12, p.1295.

22) *Ibid.*; Sinclair, *supra* n.3, p.174, 176.

(2) 예외

무효인 조약의 이행으로 그 조약의 원용 이전에 행하여진 행위는 위법한 것은 아니나 그것이 사기, 매수, 대표자에 대한 강박, 국가에 대한 강박에 의한 경우는 그것이 귀책 되는 당사자에게는 적용되지 않는다(제69조 제3항). 즉, 사기 · 매수 · 강박 등을 행한 행위는 위법성을 면치 못한다.[23]

3. 다수당사자조약에 대한 효과

가. 동의가 무효인 당사자와 유효인 당사자에 대한 효과

다수당사자조약의 경우 특정당사자의 동의가 무효인 경우에 다른 동 조약의 당사자 간에 상기 무효의 효과는 미친다(제69조 제4항).[24]

나. 동의가 유효인 당사자와 유효인 당사자에 대한 효과

동의가 무효로 되지 않는 당사자상호간에 있어서는 상기 무효의 효과는 미치지 않는다(제69조 제4항 반대해석). 예컨대, A국의 동의는 무효, B국 · C국 · D국의 동의는 무효가 아닐 경우 B국 · C국 · D국 상호간에 무효의 효과는 미치지 않는다.[25]

V. 무효선언과 분쟁해결

1. 무효선언

가. 무효선언의 필요

조약의 무효원인이 절대적 무효원인인 경우는 당연히, 상대적 무효원인

23) *Ibid*,; Jennings and Watts(eds.), *supra* n.12, p.1295; Elias, *supra* n.9, p.135.
24) *Ibid.*
25) *Ibid.*

인 경우는 일방당사자의 무효주장(원용)에 의해 조약은 무효로 되므로 무효화 절차는 절대적 무효의 경우는 필요치 않고 상대적 무효의 경우만 필요할 것이다.

그러나 절대적 무효원인이 있는 경우도 조약의 일방당사자는 무효라고 하고 타방당사자는 무효가 아니라고 주장할 경우가 있을 수 있으므로 '조약법에 관한 비엔나 협약'은 이런 경우를 명백히 하기 위하여 절대적 무효의 경우도 무효화절차로 무효선언을 하도록 규정하고 있다.[26]

나. 무효선언의 절차

조약의 무효를 주장하는 조약당사자는 먼저 타방당사자에 대하여 조약에 관하여 취한 조치와 그 이유를 통고하여야 한다(제65조 제1항).

긴급한 경우를 제외하고는 통고수리 후 3개월 이상의 기간만료 후 아무런 이의가 없는 경우에 통고당사자는 취할 조치를 피통고 당사자에게 정식문서를 전달함으로써 그 조치를 취할 수 있다(동 제2항).[27]

타방당사자가 만일 이의를 제기할 경우는 '국제연합헌장' 제33조에 규정된 수단에 의하여 해결을 모색해야 한다(동 제3항).[28]

2. 분쟁해결

가. 분쟁해결의 필요

일방당사자가 무효선언을 했으나 타방당사자가 이에 대해 이의를 제기하면 조약의 무효는 확정되지 못하고 결국 당사자 간에 분쟁이 발생하게 된다. 그러므로 조약의 무효를 확정하기 위해 조약의 무효를 둘러싼 조약당사자 간의 분쟁을 해결할 필요가 있다.[29]

---

26) *Ibid.*, pp.179~80.
27) *Ibid.*
28) *Ibid.*, p.193; Razakis, *supra* n.1, pp.155~56.
29) *Ibid.*, pp.155~56, 165~66; Elias, *supra* n.9, p.193.

나. 분쟁해결의 절차

일방당사자가 조약의 무효를 주장하나 타방당사자의 의견이 이와 불일치할 경우 당사자는 '국제연합헌장' 제33조 제1항의 규정을 적용해야 한다. 상대방의 이의가 제기된 지 12개월이 되도록 아무런 해결을 찾지 못하면 다음과 같은 절차를 밟아야 한다(제66조).[30]

(1) 강행규범위반을 원인으로 한 무효의 경우

분쟁당사국이 분쟁을 중재재판에 부기하기로 합의하지 않을 경우 일방당사국은 서면으로 국제사법재판소에 제소할 수 있다(제66조 (a)). 따라서 국제사법재판소에서 강제적 관할권이 부여되었다. 이는 국제법의 획기적인 발전을 가져온 것이다.[31]

(2) 기타를 원인으로 한 무효의 경우

분쟁당사국은 국제연합 사무총장에게 그 조정절차에 따른 분쟁해결을 요구하고, 사무총장은 이를 5명으로 구성된 조정위원회에 제기한다. 이 조정위원회가 구성된 지 12개월 이내에 분쟁이 해결되지 아니하면 조정위원회는 보고서를 작성하여 사무총장과 당사자에게 제출해야 한다(제66조 (b) 부속서).[32]

VI. 기타 관련사항

1. 1910년 한일합방조약의 무효

1910년의 '한일합방조약'은 무효이다. 그것은 국가기관에 대한 강박에

30) *Ibid.*; Razakis, *supra* n.1, pp.168~69.
31) *Ibid.*, pp.171~78.
32) *Ibid.*, pp.178-84.

의한 조약으로 볼 경우 무효이며, 국가 자체에 대한 강박에 의한 조약으로 볼 경우 당시의 국제법에 의하면 무효로 보기 어렵다. 국가대표의 매수에 의한 조약으로 무효로 볼 경우 당시의 국제법에 의하면 무효인지 불확실하다. 매수에 의한 조약의 무효는 '조약법에 관한 비엔나 협약'에 의해서 비로소 성문화된 것이라고 볼 수도 있기 때문이다.

1965년의 '한일기본관계에 관한 조약'은 "1910년 8월 20일 및 그 이전에 대한제국과 대일본제국간에 체결된 모든 조약 및 협정이 무효임을 확인한다(제2조)."고 규정하고 있다.

2. 절대적 무효의 상대화

'조약법에 관한 비엔나 협약'이 무효를 절대적 무효와 상대적 무효로 구분하여 전자는 당연히 무효인 것으로 규정했으나 무효화 절차에서 일방당사자의 무효선언의 통고와 타방당사자의 3개월 이내의 이의를 제기하지 않을 것을 조건으로 무효가 확정되도록 규정함으로써(제65조) 본래 기도했던 절대적 무효는 상대화되고 말았다.[33]

---

33) Akehurst, *supra* n.18, pp.133~34.

제9절 조약의 해석

Ⅰ. 개념

1. 의의

조약의 해석(interpretation of treaties)이란 조약의 제조항에 표시된 문언의 의미내용을 명백히 하는 작용을 말한다.[1] 일반적 · 추상적으로 규정된 조약을 개별적 · 구체적인 사실에 적용하기 위해서는 먼저 사실을 인정하고 다음에 조약의 문언을 해석하여 양자를 정합하여야 한다. 그러나 조약의 문언이 충분히 명백한 경우에는 조약의 해석의 원칙에 따라 해석해야 한다는 문제가 제기되지 아니한다.[2]

---

[1] G.I Tunkin, *International Law,* (Moscow: Moscow Press, 1986), p.166; Rudolf Bernhardt, "Interpretation in International Law", *EPIL,* Vol.7, 1984, p.318.

[2] Robert Jennings and Arthur Watts(eds.), *Oppenheim's International Law,* 9th ed., Vol.1, (London: Longman, 1992), p.1267; ICJ., *Reports,* 1950, p.8: PCIJ., *Ser. A,* No.10, 1927, p.16.

2. 해석유보와 구별

조약의 해석은 조약의 해석유보와 구별된다. 해석유보는 조약의 일부조항의 해석을 일정한 의미로 제한하는 유보의 형태이다.[3] 해석유보와 조약의 해석은 다음과 같은 점에서 구별된다.

(ⅰ) 해석유보는 조약의 체결단계에서의 문제이나, 해석은 적용단계에서의 문제이다.

(ⅱ) 전자는 주로 다수당사자조약에서 의미를 가지나, 후자는 모든 조약에서 일어난다.

(ⅲ) 전자는 제한적 효과를 갖는 것이나, 후자는 제한적일 수도 있고 확대적일 수도 있다.

(ⅳ) 전자는 유보금지조항이 있는 조약의 경우는 할 수 없는 것이나, 후자는 모든 조약에서 할 수 있다.

Ⅱ. 유형

1. 주체 표준

가. 당사자에 의한 해석

(1) 각 당사자의 개별적 해석

조약의 각 당사자가 개별적·일반적으로 하는 해석이다. 이 해석은 타방당사자에 대해 대항할 수 있는 것이 아니며, 개별적 해석에 관해 조약의 당사자 간에 분쟁이 일어나면 그 조약에 분쟁해결 절차가 있으면 그에 의하고 없는 경우는 일반 분쟁해결 절차에 의한다.[4]

---

3) T.O. Elias, *The Modern Law of Treaties,* (Leyden: Sijthoff, 1974), p.35.

(2) 모든 당사자의 공동적 해석

조약의 모든 당사자가 공동적으로 하는 해석이다. 이 해석은 이 조약의 모든 당사자에게 대항 할 수 있는 것이다.

공동적 해석은 (ⅰ) 조약문을 채택하면서 조약의 해석에 관한 협정문을 채택하는 경우, (ⅱ) 일당사자가 일방적 선언을 하고 다른 당사자가 이를 수락하는 경우, (ⅲ) 해석협정을 나중에 별도로 체결하는 경우 등이 있다.5)

나. 제3자에 의한 해석

(1) 국제재판소에 의한 해석

조약의 해석권한을 조약의 규정으로 국제재판소에 부여하는 경우는 물론이고 조약상에 그러한 규정이 없는 경우도 당사자의 합의로 조약해석상의 분쟁이 국제재판소에 제소되면 국제재판소는 조약을 해석할 권한을 갖는다. 또한 분쟁과 관계없이 국제조직의 요청에 따라 조약의 해석에 관한 권고적 의견을 국제사법재판소는 표시할 수 있다.6)

(2) 국제조직에 의한 해석

국제조직의 기본조약에서 그 국제조직의 기본조약 해석권한을 국제조직의 기관에게 부여하는 경우가 있다. 예컨대, 국제부흥개발은행(IBRD)은 그 기본조약의 해석권한을 이사회에 부여하고 있다(협정 제9조 제1항). 국제조직의 기본조약에서 그 조직의 기관에게 기본조약의 해석권한을 부여하고 있지 않은 경우도 그 조직의 최고기관은 기본조약을 해석할 권한이

---

4) Paul Reuter, *Introduction to the Law of Treaties,* (London: Pinter, 1989), pp.73~74; Gerg Schwarzenberger and E.D. Brown, *A Manual of International Law*, 6th ed., (Milton: Professional Books, 1976), p.135.
5) *Ibid,*; Jennings and Watts(eds.), *supra* n.2, p.1268.
6) *Ibid,*, pp.1268~69; Bernhardt, *supra* n.1, p.319.

있다고 본다.[7]

2. 내용 표준

가. 문리해석
조약상의 문언을 어학적·문법적으로 해석하는 것을 말한다.[8]

나. 논리해석
조약상의 문언을 국제법적·논리적으로 해석하는 것을 말한다. 이에는 확대해석·축소해석·반대해석·물론해석·목적해석·보정해석·유추해석 등이 있다.[9]

III. 해석원칙

1. 학설

가. 당사자의사주의

(1) 내용
조약문이나 준비문서 등에 표시된 당사자의 조약체결의사를 해석의 기준으로 삼아야 한다는 주의이다. 이 주의는 역사적 해석(historical interpretation)에 중점을 둔다.[10]

---

7) *Ibid.*
8) Schwarzenberger and Brown, *supra* n.4, p.134.
9) *Ibid.*
10) Hersch Lauterpacht, "Some Observation on the Preparatory Work in ther Interpretation of Treties", *Harvaed Law* Review, Vol.48, 1935, pp.549~91; Bernhardt, *supra* n.1,

(2) 비판

(i) 조약의 당사자가 해석주체일 경우 당사자의 의사를 기준으로 하는 것은 지나치게 주관적인 것이며, 제3자가 해석주체인 경우는 당사자의 의사를 파악하기 곤란한 것이다.

(ii) 다수당사자조약에서 당사자의 의사를 조사하는 것은 사실상 불가능하며, 그것이 가능한 경우도 다수당사자의 의사가 일치하지 않을 경우 어느 당사자의 의사를 기준으로 해야 할지 불명하게 된다.

나. 문언주의

(1) 내용

조약의 문언의 통상적 의미 그대로 해석해야 한다는 주의이다. 이 주의는 문언적 해석(literal interpretation)에 중점을 둔다.[11]

(2) 비판

(i) 조약의 문언 자체가 애매할 경우 해석이 곤란하게 되며, (ii) 당사자의 의사를 전혀 간과한 것이다.

다. 목적론주의

(1) 내용

조약의 기본적인 목적과 원칙에 따라 조약을 해석해야 한다는 주의이다. 이 주의는 목적론적 해석(teleological interpretation)에 중점을 둔다.[12]

---

pp.322~23.
11) *Ibid.*, p.322.
12) *Ibid.*

(2) 비판

(i) 조약에 따라서는 조약의 기본적 목적과 원칙이 규정되지 않은 경우가 있으며, (ii) 목적에 의한 해석은 법의 해석이 아니라 법의 정립을 의미하게 된다.

라. 결언

상술한 제학설이 제시하는 조약의 해석기준은 하나의 기준은 될 수 있으나 모든 경우에 적용될 수 있는 일반원칙은 아니다. 그러므로 조약의 해석은 당사자의 의사·조약의 문언·조약의 목적과 원칙을 모두 고려하여 법적 안정성과 구체적 타당성을 조화할 수 있도록 행하여야 할 것이다.[13]

2. 조약법에 관한 비엔나 협약

가. 당사자의사주의·문언주의·목적론주의의 채택

'조약법에 관한 비엔나 협약'은 "조약은 그 문맥에 따르고 또한 조약의 취지 및 목적에 비춰 용어의 통상적 의미에 따라 성실하게 해석한다(제31조 제1항)" "여기서 문맥이라 함은 조약정문 및 당해 조약의 체결에 관련되는 모든 당사자 간의 합의사항 등을 말한다(동 제2항)"고 규정하여 당사자의사주의(제2항)·문언주의(제1항)·목적론주의(제1항)의 원칙을 채택했다.[14]

나. 기타 제주의

(1) 사후의 합의와 관행존중의 원칙

조약의 해석 및 적용에 관한 당사국 간의 사후합의와 사후 관행 및 국

---

13) *Ibid.*, pp.323~24.
14) Jennings and Watts(eds.), *supra* n.2, pp.1271~73.

제법의 관련 규칙 등이 있을 경우에는 이를 조약의 문맥과 함께 고려하여
해석해야 한다(제31조 제3항).15)

(2) 조약체결 당시의 사정 고려의 원칙

이와 같은 제원칙에 따랐음에도 불구하고 그 해석이 애매하거나 명백하
게 불합리한 경우에는 해석의 보조수단으로 조약의 준비문서 및 조약체결
당시의 제반사정에 의거하여 해석할 수 있다(제32조).16)

(3) 2개 언어 동일·조화의 원칙

조약정문이 2개국 이상의 언어로 표시된 경우 모두 동일한 권위를 갖는
다. 각 언어상의 의미가 다른 경우 모두 조약정문이 최대한으로 조화되도
록 해석해야 한다(제33조).17)

IV. 해석적 선언

1. 의의

조약의 해석적 선언(interpretative declaration)은 조약당사자의 일방이 특
정조항에 관한 당사자의 해석을 선언하는 행위를 말한다.18)

---

15) Bernhardt, *supra* n.1 p.323.
16) *Ibid.*
17) *Ibid.*, p.324; Peter Germer, "Interpretation of Plurilingual Treaties: A Study of Article 33 of the Vienna Convention of the Law of Treaties," *Harvard International Law Journal,* Vol.11, 1970, pp.400~27.
18) Elias, *supra* n.3, p.35.

2. 효과

조약의 해석적 선언은 타방당사자의 수락여부와 관계없이 조약의 내용을 변경시키거나 적용을 배제하지 못한다.

그러나 이는 조약의 해석에 관한 의사표시의 증거로 된다. '조약법에 관한 비엔나 협약'은 수락된 해석적 선언을 조약해석의 고려사항으로 규정하고 있으므로(제31조), 결국 이는 조약해석의 증거능력(probative value)을 인정한 것이다.

1982년의 '해양법협약'은 해석적 선언에 관한 규정을 두어 해석적 선언의 법적 효력을 인정하는 제도를 도입하고 있다(제310조 참조).

제2장

한일합방조약의 부존재의 검토

제1절 한일합방조약의 개관

〈목 차〉

Ⅰ. 한일합방조약의 명칭과 성격

1. 한일합방조약의 명칭

가. 조약의 형식과 절차

관습국제조약법은 조약의 형식과 절차에 관해 규정을 두고 있지 아니하므로 이는 당사자의 의도와 합의에 의해 당사자가 원하는 바에 따라 정해지게 된다. 따라서 조약의 부분의 배열도 당사자가 원하는 바에 따라 정해지게 된다.[1] 그러나 통상 조약의 배열은 조약의 명칭, 조약의 전문, 그리고 조약의 본문 순서로 열거되게 된다.[2] 조약의 배열의 첫째 순서인 조약의 명칭이 배열되지 아니해도 이는 관습국제조약법의 규정을 위반하는 것이 아니다.

---

1) Ian Brownlie, *Principles of Public International Law*, 3rd ed., (Oxford: Clarendon, 1979), p.610; Robert Jennings and Arthur Watts(eds.), *Oppenheim's International Law*, 9th ed., Vol.1, (London: Longman, 1992), p.1210; Shabtai Rosene, "Condification of International Law", *EPIL*, Vol.7, 1984, p.36.
2) Jennings and Watts(eds.), *supra* n.1, p.1210.

나. 한일합방조약

속칭 '한일합방조약'의 조약의 명칭이 열거되지 아니해도 이는 관습국제
조약법을 위반하는 것이 아니다. 다만 조약의 시행을 위해 조약의 특정이
어려울 뿐이다. 일반적으로 조약의 명칭은 (i) 체약 당사자(예컨대, 대한민
국과 대일본 간의), (ii) 조약의 규율 대상(예컨대, 어업에 관한) 그리고 조
약의 성격(예컨대, 협정)으로 규정된다. 따라서 1910년의 '한일합방조약'은
(i) 대한제국과 대일본제국 간의(체약 당사자), 한일합방에 관한(조약의 규
율 대상) 그리고 조약(조약의 성격)으로 특정할 수 있다.

다. 조약 부분의 배열

관습국제조약법 상 조약의 부분의 배열에 관해 어떠한 규칙도 규정하고
있지 아니하다. 그러나 조약의 일반적인 형식은(more formal treaties) 통상
명칭 다음에 전문이 온다.[3]

조약의 명칭, 형식 요건에 관한 규칙은 없다. 그러므로 당사자 간의 의
사의 합의에 의해 명칭이 정해진다.[4] '조약법 협약' 제3절은 성문 형식
(Written form)만을 요구하고 있다.[5] 표준 형식(standard form)은 요구하고
있지 아니하다.[6]

라. 한일합방조약의 명칭

'한일합방조약'의 공식적인 정식 명칭은 없다. 한일합방조약 전문과 제1조
에 "한국 황제"와 "일본 황제"라는 규정이 있는 것으로 보아 한국 측 본문
의 명칭은 "대한제국과 대일본제국 간의 대한제국의 병합에 관한 조약",
일본 측 명칭은 "대일본제국과 대한제국 간의 대한제국의 병합에 관한 조
약"으로 추정해 볼 수 있다. 그러나 그러한 명칭은 물론 "일본과 한국 간의

---

3) Jennings and Watts(eds.), *supra* n.1, p.1210.
4) Bwornlie, *supra* n.1, p.610.
5) *Ibid.*
6) Jennings and Watts(eds.), *supra* n.1, p.1207.

한국 병합에 관한 조약" 또는 "한국과 일본 간의 한국 병합에 관한 조약"이
라는 명칭도 없다. 다만 일본 측에서 1910년 8월 21일 외부대신 고무라 쥬
타로(小村壽太郎)가 기안하여 내각 총리 대신 가츠라 타로(桂太郎莞)에게
상신한 한국병합조약안의 명칭은 "한국 병합에 관한 조약안"이었다.[7]

　1910년 8월 22일 추밀원이 한국 병합에 관한 조약안을 심의 의결하여
천황에게 상주한 보고문에 첨부된 조약문의 문서 번호는 "조약 제4호"이
고, 보고서 중 "한국 병합에 관한 조약 자순(諮詢)..."이라는 표현이 있다.[8]
추밀원의 천황에 대한 보고가 있은 후 내각은 천황이 추밀원 보고를 재가
하는 절차를 "한일 병합에 관한 조약 공표의 건"을 기안하였다(문서번호
外甲2호).[9] 한일 합방조약 원본에는 한국어 본에는 물론이고, 일본어 본에
도 한일 병합조약이라는 명칭이 없다.[10] 표지 다음에 조약의 명칭이 없고
전문이 수록되어 있다.

　따라서 한일합방조약의 명칭은 "한일합방조약", "한일병합조약", "한국병
합조약", "한일합방조약" 등 여러 가지로 불리어지고 있다.

　"한일합방조약"이 정부의 공식적 명칭으로 본다.[11] "한일합방조약"의 명
칭에 관해 한국도 일본도 어떠한 주장을 한 바 없고, 또 이에 관해 한일
간의 다툼이 있었던 것도 아니다.

2. 한일합방조약의 법적 성격

가. 국가 결합의 유형
　국가의 결합 형태에는 합병(amalgamation)과 병합(annexation) 두 유형이
있다.

---

　7) 이태진,『조약으로 본 한국병합』, (서울: 동북아역사재단, 2010), 260~261쪽.
　8) 이태진, 앞의 책, 263쪽.
　9) 이태진, 앞의 책, 268쪽.
10) 서울대 규장각 한국학연구소 소장
11) 대한민국정부,『한일회담백서』, (광명인쇄공사, 1965), 165~77쪽; 동북아 역사재
　　단 독도연구소,『근대 한국 조약 자료집』, (서울 동북아 역사재단, 2009), 27쪽.

합병은 수 개의 국가가 결합하여 결합 이전의 수 개의 국가가 모두 국가로서 소멸하고 결합 후 새로운 제3의 국가로 성립하는 국가 결합의 형태이다.[12] 예컨대 A국가와 B국가가 결합하여 A국가도 B국가도 모두 국가로서 소멸하고 새로운 C국가로 형성되는 국가 결합의 형태이다. 이는 국가 소멸의 원인이고 또한 신생국의 성립의 원인이다. 따라서 합병의 신생국은 국가 승인의 문제를 제기한다.

이에 대해 병합은 수 개의 국가가 결합하여 기존의 1 국가는 국가로서 그대로 존속하고 병합된 국가는 소멸하는 국가 결합의 형태이다.[13] 즉 1 국가의 타국가가 흡수되어 1 국가는 국가로서 존속하고 흡수된 국가는 국가로서 소멸하는 국가 결합의 형태이다. 예컨대 A국가와 B국가에 결합하여 A국가는 국가로서 존속하고 B국가는 국가로서 소멸하는 국가 결합의 형태이다. 이는 국가 소멸의 원인이나 국가 성립의 원인은 아닌 국가 결합 형태이다. 신국가의 성립의 원인은 아니므로 국가 승인의 문제는 제기되지 아니한다.

나. 한일합방조약의 유형

'한일합방조약'은 일본이라는 기존 국가에 한국이라는 기존 국가가 결합하여 일본은 국가로서 그대로 존속하고 한국은 국가로서 소멸하는 조약이므로 '한일합방조약'은 병합조약이고 합병 조약이 아니다. 한일합방조약에 의해 한국은 국가로서 소멸하고 일본은 국가로서 존속하는 조약이기 때문이다. 이는 국가의 소멸원인이나 신생국의 성립 원인은 아니다. 한일합방조약에 의해 일본이 신생국으로 성립하는 것이 아니고 따라서 한일합방조약은 국가 소멸의 원인이나 신생국의 성립원인은 아니다. 그러므로 속칭 한일합방조약의 법적 성격은 병합 조약이다. 그 실정법적 근거로 다음과 같은 규정을 들 수 있다.

(i) 한일합방조약 전문에는 "…한일합방조약은 체결하기로 결정했다"라

---

12) *Oxford English Dictionary* (Oxford, Oxford University Press).
13) *Ibid.*

고 규정하고, (ii) 동 조약 제2조에 "병합할 것을 승낙한다"라고 규정하고, (iii) 1910년 8월 29일의 "한국병합에 관한 선언"의 선언 제목에 한국 병합에 관한 선언으로 선언되어 있다. (iv) 동 선언 전문에는 "한국을 일본에 병합하기로 하였다"고 선언하고 (2) 한국에 대한 선언에는 "한국은 일본에 병합되어"라고 선언하고 있다.

위에서 본 바와 같이 모두 병합으로 규정되어 있다. 이는 국제법의 일반 용어에 합치되는 규정이다.

II. 한일합방조약의 내용구성

한일합방조약은 전문 8조로 구성되어 있다.

1. 한일합방조약 전문

한일합방조약 전문은 다음과 같이 한국 황제가 일본에 대해 병합을 요구하여 일본이 이를 수락한 것과 같이 규정하고 있다.

일본국황제폐하 및 한국황제폐하는 양국간에 특수하고도 친밀한 관계를 고려하여 상호의 행복을 증진하며 동양평화를 영구히 확보하고자 하며 이 목적을 달성하기 위하여 한국을 일본제국에 병합함이 선책이라고 확신하고 이에 양국 간에 병합조약을 체결하기로 결정하고 이를 위하여 일본국황제폐하는 통감 자작 사내정의(寺內正毅)를 한국황제폐하는 내각총리대신 이완용을 각기의 전권위원으로 임명하였다. 그러므로 우전권위원은 합병협의하고 좌의 제조를 협정하였다.

이와 같이 동 조약 전문을 한국과 일본이 동양의 평화를 추구하고 이 목적을 달성하기 위해 한국을 일본에 병합하는 것이 최선책이라고 선언하고 한국을 일본에 병합하는 것으로 선언하고 있다. 이 규정에 의거 한국은 국가로서 소멸하고 일본은 종전의 국가로서 병합 조약을 체결하는 것으로 선언하고 있다.

2. 제1조

제1조는 한국황제폐하는 한국의 통치권을 완전히 일본에게 양여한다고 다음과 같이 규정하고 있다.

> 한국황제폐하는 한국전부에 관한 일체의 통치권을 완전 그리고 영구히 일본황제폐하에게 양여한다.

위의 규정에 의해 한국은 일본에 병합되어 국가로서 소멸하게 된다.

3. 제2조

제2조는 한국은 일본에 병합한다고 다음과 같이 규정하고 있다.

> 일본국황제폐하는 전조에 기재한 양여를 수락하고 전열 한국을 일본제국에 병합함을 승낙한다.

위의 규정에 의거 한일합방조약은 한국의 요구에 의해 일본이 수락하는 것으로 규정되어 있다.

4. 제3조

제3조는 한국황제에 대한 예우에 관해서 다음과 같이 규정하고 있다.

> 일본국황제폐하는 한국황제폐하·황태자전하 및 그 후비와 후의로 하여금 각기의 지위에 조응하여 상당한 정치 위용 및 명예를 향유하게 하며 또 이것을 유지함에 충분한 채비를 공급할 것을 약속한다.

위의 규정은 대한제국 황제와 후비 그리고 후의에 대한 예우를 규정함으로서 대한제국 황실의 반발을 무마하려는 일종의 선무책으로 규정하는 것이다.

5. 제4조

제4조는 한국황족에 대한 예우에 관해서 다음과 같이 규정하고 있다.

> 일본국황제폐하는 전족이외의 한국황족 및 그 후의에 대하여도 각기 상응
> 의 명예 및 대우를 향유하게 하며 또 이것을 유지함에 필요한 자금의 공급을
> 약속한다.

위의 규정은 황제 이외의 한국 황족에 대한 예우를 규정함으로서 역시 한일합방에 대한 선무책으로 규정하는 것이다.

6. 제5조

제5조는 한국인에게 적절한 표창을 하고 또 적절한 연금을 줄 것을 약속한다고 다음과 같이 규정하고 있다.

> 일본국황제폐하는 훈공이 있는 한국인으로서 특히 표창에 적당하다고 인
> 정된 자에 대하여 영작을 수여하고 또 은공을 줄 것이다.

제5조의 규정은 제2조 및 제3조 그리고 제4조 이외의 일반인에 대한 표창과 은공을 약속한 것이다. 역시 한일합방조약에 의한 일반 국민에 대한 반발을 막기 위한 선무책으로 규정한 것이다.

7. 제6조

제6조는 한일합방에 대해 법규를 준수하는 한국인의 신체 및 재산을 보호한다고 다음과 같이 규정하고 있다.

> 일본정부는 전기 병합의 결과로 전열 한국의 시정을 담당하고 동지에서 시
> 행하는 법규를 준수하는 한인의 신체 및 재산에 대하여 충분한 보호를 하여주

며 또 그들의 전체의 복리후생을 도모할 것이다.

위의 규정도 일반 한국인의 한일합방 반발에 대한 선무책으로 규정한 것이다.

8. 제7조
제7조는 한국인을 일본의 관리로 등용할 것을 약속한다고 다음과 같이 규정하고 있다.

> 일본정부는 성의로서 충실하게 신제도를 존중하는 한국인으로서 상당한 자격을 가진 자를 사정이 허하는 한 한국에 있어서의 일본제국 관리로 등용할 것이다.

위의 규정은 한국인을 일본의 관리로 등용할 것을 약속한 규정이다. 역시 일반 한국인에 대한 선무책으로 규정한 것이다.

9. 제8조
제8조는 한일합방조약의 시행에 관해 다음과 같이 규정하고 있다.

> 본 조약은 일본국황제폐하 및 한국황제폐하의 재가를 받은 것으로서 공표 일로부터 이를 시행한다. 우증거로서 양국전권위원은 본 조에 기명조인한다.

위의 규정은 시행일 1910년 8월 29일부터라고 양국 황제폐하의 재가를 받은 것이라는 규정의 의미는 일본은 양국 황제폐하의 비준을 받은 것이라고 주장하나 비준은 서명 이후에 있는 것이지 서명과 동시 또는 서명 전에 있을 수 없는 것이므로 일본 정부의 이 주장은 수락될 수 없는 것이다. 여하간 일본 정부는 이 조항을 근거로 한국 황제가 비준한 것이므로 조약으로서 완전히 성립하고 효력을 발생한 것이라고 주장한다.

10. 서명

　　내각총리대신 이완용 인
　　통감자작 사내정의 인

　위의 서명에 의해 이완용이 내각총리대신의 자격으로 동조약에 서명한
것으로 된다. 따라서 이완용의 서명은 동조약의 기속적 동의로 인정되어
한일합방조약이 정식으로 성립된 것으로 되나, 이완용의 서명이 강박에
의해 또는 부정(부패)에 의해 이루어진 것이므로 이는 국제법상 무효인 것
이다. 만일 이완용이 강박에 의해 서명한 것이 아니고 부정(부패)에 의해
서명한 것이라면 당시의 국제법에 의해 부정(부패)은 조약의 무효 원인이
아니므로 이에 관한 검토 여지가 있다.
　이는 한편 양국의 전권대표가 각각 모두 전권위임장을 휴행한 것이 아
니고 또 양국의 전권대표가 각각 모두 전권위임장을 제시하거나 이를 교
환한바 없으므로 이들 전권대표에 의한 조약의 체결은 전권위임장 없는
조약의 체결로 조약의 불성립, 즉 조약의 부존재인 것이다.

제2절 한일합방조약과 전권위임장

Ⅰ. 전권위임장 관련 사실

1. 전권위임장 관련 사실

8월 22일은 일본 정부가 조약 체결일로 잡은 날이었다. 내각 총리대신 이완용은 통감 데라우치가 건네준 전권위임장 초안, 즉 한국 황제가 내각 총리대신 이완용에게 병합을 위한 조약에 전권을 가지고 통감 데라우치와 협상하라는 내용의 조칙안을 내각에 회부하고, 이에 대한 통감의 승인 결재를 받는 절차를 끝냈다(규장각도서 17853.2-2, 『조칙, 융희 원년 8월~4년 8월, 통별왕복안 一』). 그러나 이 조칙에는 부서자(副署者)가 없는 상태였다. 이날 오전 10시, 통감 데라우치는 민·윤 두 사람을 관저로 불러 「전권위임에 관한 조칙안」을 건네주면서 이를 오늘 어전 회의에서 황제에게 올리고 차질 없이 성사되도록 처리해 줄 것을 요구하였다.[1]

통감 관저를 다녀온 민병석, 윤덕영 두 사람은 바로 궐내로 들어가 오전 11시 황제를 알현하고 사실 관계를 아뢰었다. 오후 1시에 어전 회의가 소집되었다. 내각의 총리대신 이완용, 내부 대신 박제순, 탁지부 대신 고영

──────────────────

1) 이태진, 『조약으로 본 한국병합』, (서울: 동북아역사재단, 2010), 224~225쪽.

희, 농상공부 대신 조중응 등 4인, 무관을 대표한 시종무관 이병무, 황실을
대표한 흥왕 이희, 중추원 의장 김윤식 등이 시간에 맞추어 입궐하였다.
황제는 오후 3시가 되어서야 궁내부 대신 민병석과 시종원경 윤덕영 등과
함께 내전에 나와 전권 위임장에 서명하고 국새를 찍어 이를 내각 총리대
신에게 내려 주었다. 민·윤 두 사람이 「조칙안」을 올리고 2시간 이상이
지난 시점이었다. 황제에게는 저항할 아무런 수단이 없었다. 전권 위임의
조칙을 받아 든 이완용은 통감 데라우치로부터 받아 휴대한 조약안을 황
제에게 보여주고 내용을 설명하였다. 어전 회의가 끝난 뒤, 오후 4시에 내
각 총리대신 이완용은 농상공부 대신 조중응을 대동하고 통감 관저로 가
서 그간의 전말을 통감에게 진술하고 「전권 위임의 조칙」을 제시하였다.
일본 측 체결자인 통감 데라우치는 전권 위임에 관한 문건을 제시하지 않
았다. 두 사람은 준비된 병합 조약의 한국어, 일본어 두 가지 각 2통에 기
명날인하였다.[2]

　이와 같이 "한일합방조약"의 한국측 전권위임장은 일본에 의해 작성되
었고 이에 황제는 서명하고 국새를 찍어 내각총리대신 이완용에게 교부했
으며, 총리대신 이완용은 이를 "한일합방조약"의 일본측 전권대표인 통감
데라우치에게 제시했으나 데라우치는 어떠한 형식의 전권위임장도 제시
하지 아니했다.

　따라서 한일합방조약은 전권대표들이 전권위임장을 소지하고 상호제시
하거나 교환한 바 없다. 따라서 한일합방조약은 조약으로서 성립하지 아
니했고, 따라서 조약으로서 부존재인 것이다.

2. 전권위임장의 부존재

　"전권위임의 조칙"은 일본의 강박과 간계에 의해 작성된 것이므로 비록
그것이 어전회의의 심의를 거쳐 순종 황제의 서명과 국새의 낙인이 있다

---

2) 상게서, 222~223쪽.

할지라도 이는 무효이므로 총리대신 이완용이 휴행한 "전권위임의 조칙"
은 무효인 전권위임장이므로 총리대신 이완용이 일본의 전권대표인 데라
우치에게 제시한 "전권위임의 조칙"은 무효인 것이므로 그것은 전권위임
장이 아니다. 그러므로 한국의 전권대표의 전권위임장은 부존재인 것이
다. 그러나 "전권위임의 조칙"은 비록 일본의 강박과 간계에 의해 작성된
것이지만 이는 어전회의의 심의를 거쳐 순종황제의 서명과 국새의 날인이
있는 것이므로 유효한 전권위임장이므로 한국의 전권대표 총리대신 이완
용의 일본의 전권대표 데라우치에게 제시한 것은 유효한 전권위임장이라
고 볼 수도 있다. 그러나 일본의 전권대표 데라우치는 전권위임장을 휴행
하지 아니했다.

3. 전권위임장의 불제시

한국의 전권대표는 전권위임장인 "전권위임의 조칙"을 일본의 전권대표
데라우치에게 제시하여 한국 전권대표의 전권대표권은 확인되었으나 일
본의 전권대표는 한국의 전권대표에게 전권위임장을 제시하지 아니했으
므로 그의 전권대표권은 확인되지 아니했다. 결국 일본의 전권대표의 전
권대표권은 확인되지 아니하여 전권대표권이 없는 일본의 대표가 서명한
"한일합방조약"은 성립의 여지가 없다.

요컨대, (i) 한일 양국의 전권위임장의 존부를 보건대, 한국의 전권대표
가 휴행한 "전권대표의 조칙"은 무효·부존재이나 그것을 유효한 전권위
임장이라 본다 할지라도, 일본의 전권대표는 전권위임장을 휴행하지 아니
했으므로 한국의 전권대표만의 전권위임장이 존재하며 일본의 전권대표
의 전권위임장은 부존재인 것이다. (ii) 한일 양국의 전권위임장의 제시를
보건대, 한국의 전권대표 이완용은 일본의 전권대표 데라우치에게 전권위
임장인 "전권위임의 조칙"을 제시했으나 일본의 전권대표 데라우치는 한
국의 전권대표 이완용에게 전권위임장을 제시하지 아니했다. 결국 일본의
전권대표의 전권위임장의 부존재·불제시로 일본의 전권대표권이 없는

데라우치가 서명한 "한일합방조약"은 불성립·부존재인 것이다. 그리고 한국의 전권대표가 휴행한 "전권위임의 조칙"은 무효인 것이므로 한국의 전권대표권이 없는 이완용이 서명한 "한일합방조약"은 불성립·부존재인 것이다.

II. 전권위임장의 검토

1. 내각총리대신의 조약체결권 유무

전술한 바와 같이 "한일합방조약"의 대한제국측 서명은 "내각총리대신"으로 현명(顯名)하여 이완용이 서명(날인)했다. 정부수석(Head of Government)이 국가를 대표하여 "정부간 협정(inter-governmental agreement)"을 체결할 수 있는 관행은 1938년 이후의 성립된 관행이므로[3] "한일합방조약"을 체결할 당시인 1910년에는 "정부수석"이 조약을 체결함에는 국가원수(Head of State)의 전권위임장을 요했다.[4] 따라서 정부수석인 "내각총리대신"이 동 조약을 체결함에는 대한제국의 국가원수인 황제(순종)의 전권위임장을 요하는 것이었다.

2. 조칙의 전권위임장 여부

국제법상 전권위임장은 일정한 형식을 요하는 것이 아니므로[5] 황제(순종)가 동 조약의 체결에 관한 전권을 내각총리대신에게 위임한 "통치권 양여에 관한 조칙(詔勅)"은 전권위임장으로 볼 수 있다. 다만, 양자 조약체결의 경우는 전권위임장을 상호 교환하거나 최소한 상대방 대표에게 제시하

---

3) section 5, *supra* nn.15~18.
4) section 5, *supra* nn.12~13.
5) section 5, *supra* n.20.

는 것이 국제관행이므로,[6] (i) 동 위임장을 일본측 대표의 전권위임장과 상호 교환하거나 일본측 대표에게 제시하지 아니했으면 동 위임장은 국제법상 전권위임장으로 볼 수 없고 국내법상 대한제국의 내부문서에 불과한 것이다. 그러나 (ii) 동 위임장을 일본측 대표의 전권위임장과 상호교환하거나 제시했다면 이는 국제법상 전권위임장으로 볼 수도 있다.

동 조칙은 일본 전권대표의 전권위임장과 상호교환한 바 없다. 물론 동 위임장(조칙)은 일본측의 강박 또는 기망행위에 의해 작성(서명)된 것이므로[7] 동 위임장은 무효인 것이다. 이는 동 위임장의 무효를 뜻하는 것이며 동 조약 자체의 무효를 의미하는 것은 아니다.

3. 전권위임장 없이 내각총리대신이 서명한 한일합방조약의 효력

전술한 바와 같이 전권위임장을 부여받지 아니한 자의 조약체결에 관한 행위는 그 국가의 사후적 추인이 없는 한 법적 효력이 없다.[8]

(i) 내각총리대신에게 수여된 전기 조칙을 국제법상 전권위임장이 아닌 것이나, 이를 전권위임장으로 보아도 그것이 강박 또는 기망행위로 작성되어 무효로 볼 경우 내각총리대신의 동 조약의 체결에 관한 행위, 특히 서명은 그 후 대한제국의 추후의 확인이 없는 한 법적 효력이 없는 것이다. 한국이 이를 추인한 바 없으므로 동 조약은 법적 효력(legal effect)이 없는 것이다. 법적 효력이 없다는 뜻은 동 조약이 '성립요건'을 결하여 성립되지 아니했다는 의미, 즉 동 조약은 "부존재"라는 뜻이며 성립된 조약이 "무효"라는 뜻이 아닌 것이다.

---

6) section 5, *supra* nn.22~23.
7) 이는 일본의 강박에 의해 행하여 졌다. 이태진, "근대일본 소수 번벌의 한국침략," 동북아역사재단, 「일본의 한국병합과정」, 한일강제병합 100년 재조명 국제학술회의 2010년 8월 23-24일, 911쪽.
8) section 5, *supra* nn.36~52.

(ii) 내각총리대신에게 수여된 전기 조칙(위임장)을 국제법상 전권위임
　　장으로 볼 경우, 그리고 동 위임장이 일본측의 강박 또는 기망행위
　　에 의해 작성된 것이 아닌 것으로 볼 경우 내각총리대신의 동 조약
　　체결에 관해 행위, 특히 서명은 법적 효력이 있는 것이다. 이 경우
　　비준의 문제가 문제로 남는다.

　요컨대, "통치권 양여에 관한 조칙"을 전권위임장으로 본다 할지라도 이
는 일본의 강박에 의해 작성된 것이므로 무효이고, 설사 그것이 일본의 강
박에 의해 작성된 것이 아니라할지라도 이는 일본 대표의 전권위임장과
상호교환하거나 제시한 바 없으므로 이는 전권위임장이 아니다. 그러므로
"한일합방조약"은 전권위임장에 의해 정당한 권한이 부여된 자에 의해 서
명된 것이 아니므로 동 조약은 조약으로 성립되지 못한 것으로 '조약의 불
성립' 즉 "조약의 부존재"로 법적 효력이 없는 것이다.

제3절 한일합방조약과 비준

Ⅰ. 한일합방조약과 비준관련 사실

1. 비준 관련 사실

8월 22일 오후 4시에 통감 데라우치는 내각 총리대신 이완용과 「한국 병합 조약」에 기명날인한 다음, 또 다른 '각서'를 내놓았다. 그것은 양국 황제의 '조서'를 동시에 준비해서 공포를 한다는 내용이었다. 이 조약은 공포와 동시에 한 나라가 없어져 비준 절차를 따로 밟을 시간이 없기 때문에 병합을 알리는 양국 황제의 '조서'로 대신한다는 뜻이었다.

병합 조약의 공포는 원래 8월 26일로 예정되었지만, 8월 24일에 29일로 변경하였다. 통감 데라우치는 내각 총리대신 이완용에게 '각서'로서 이를 확정하고, 8월 27일, 가쓰라 총리와 고무라 외무대신에게 전문으로 이를 알렸다. 전문은 '한국 황제의 조칙문'을 함께 보내면서 "오늘 재가를 거쳐 29일 병합 조약과 함께 발표할 것"이라고 하였다(일본외교문서 43-1, 607. 701~702쪽). 지금까지 '조서'라고 한 것이 '조칙문'으로 바뀌었다. 원래 잠정한 공포일을 하루 넘겨 보내진 전보였다. 이 전보를 받고 외무대신 고무라는 같은 날에 청국 주재 일본 공사(尹集院)에게 병합조약 공포 때 발표할 일본 천황의 '조서'를 보내기로 하였다. 29일은 물러설 수 없는 날짜였다. 그런데 29일에 공포된 한국 황제의 문건은 '칙유'란 제목이 붙고 황제의 이름자 친서도 없었다.[1]

황제의 승인 재가를 어디에도 찾아볼 수 없다는 사실은, 곧 순종 황제가 병합조약을 강요당하는 상황에서 전권 위임 조칙에 불가항력으로 친서를 하였어도 마지막 공포 조칙에는 서명하기를 거부하였다는 것을 의미한다.[2]

'대한국새(大韓國璽)'라고 새긴 국새가 날인되고 그 위에 순종 황제의 이름자가 서명되었다. 순종 황제는 일본 정부의 한국 병합 준비 위원회가 준비한 병합 관련 문서 가운데 첫 번째의 전권위임장에는 이렇게 서명하였지만 최종 순서인 병합 사실을 알리는 황제의 공포 조서에는 서명을 거부하였다.[3]

순종 황제로부터 전권 위임 조칙을 받아 든 총리대신 이완용은 농상공부 대신 조중응과 함께 남산 기슭의 통감 관저로 가서 통감 데라우치가 내놓은 8개조로 된 병합 조약문에 직함과 이름을 쓰고 직인을 찍었다.[4]

순종 황제는 1926년 4월 26일 붕어(崩御)하기 직전에 자신의 곁을 지키고 있던 궁내대신 조정구에게 구술로서 병합 조약의 인준 문제에 관한 유조를 남겼다. 그리고 그 유조는 2개월 여 뒤 미국 샌프란시스코 한국 교민들이 발행하는 『신한민보』 1926년 7월 8일자에 보도되었다.

순종 황제는 "지난날의 병합 인준은 강린(일본을 가리킴-필자)이 역신의 무리와 더불어 제멋대로 해서 제멋대로 선포한 것이요 다 내가 한 바가 아니라"고 밝히고, 일본이 자신을 비원(창덕궁) 깊숙한 곳에 유폐시켜 놓고 외부와 접촉하지 못하게 한 때문에 이 사실을 지금까지 밝힐 수 없었다고 하였다. 황제는 이 유조로서 병합 인준의 사건은 파기로 돌아갈 것이라고 말하였다. 내각 총리대신 이완용과 통감 데라우치가 기명 날인한

---

1) 이태진 외 『조약으로 본 한국병합』, (서울: 동북아역사재단, 2010), 266쪽.
2) 상계서, 268쪽.
3) 상계서, 242쪽.
4) 상계서, 244쪽.

병합 조약문에 대한 최종 재가 과정에서 황제가 거부하였던 사실을 유언으로 밝힌 것이다.5)

앞에서 언급하였듯이, 한일합방조약에 대해 일본 측에서는 사전 재가설로서 비준이 따로 필요하지 않았다는 주장을 폈다(우미노 후쿠주[海野福壽] 등). 이에 대해 한국 측에서는 어떤 조약에서도 '사전 재가'는 찾아볼 수 없으며 그 자체가 논리적으로 성립할 수 없는 것이라고 비판하였다(이태진, 윤대원 등). 이 조약문의 제8조에 "본 조약은 한국 황제 폐하 및 일본 황제 폐하의 재가를 거친[經] 것이니 공포일로부터 이를 시행함"이라는 문구가 들어간 것은 통감 데라우치 마사타케가 한국 현지의 상황을 파악하여 본 결과로 한국 황제의 동의를 얻기 어려울 것이란 판단 아래 8월 14일에 한국 황제가 실제로 거부할 것에 대비하기 위한 계략이었다. 일본 측은 이에 해당하는 절차를 8월 21일에 밟았지만 한국 측의 경우 '사전 재가'에 해당하는 절차를 입증하는 문건은 확인되지 않는다. 8월 29일자의 '칙유'가 나온 과정에서도 황제의 결재가 없는 것으로 볼 때 관련 문건이 앞으로 확인될 가능성은 없다. 한국 황제의 사전 재가가 확인되지 않으므로 제8조 자체가 허위이다.

일본 측의 사전 재가설은 8월 29일의 공포 조서 또는 칙유는 단지 양국 황제가 자국 신민들에게 병합의 사실을 알리는 의미밖에 없는 것이라고 하였다. 그런데 일본 측의 경우, 그 공포 '조서'가 발부된 과정, 곧 주무대신(외무대신)이 내각에 회부하여 내각의 결의를 거쳐 천황의 동의 아래 추밀원의 심의를 거친 사안을 다시 천황이 재가하여 공포하기에 이르는 과정은 단순한 사실 전달만을 위한 것으로 돌리기 어려운 결재 과정이다. 8월 29일자의 천황의 공포 '조서'는 8월 21일자의 외무대신의 품의에서 8월 22일 병합 조약 '체결'에 대한 추밀원 심의 결과에 대한 천황의 재가를 담은 것이다. 그것은 비중이 큰 조약에 대한 비준의 과정이나 마찬가지이든가 그 이상의 의미를 가지는 것이었다. 한국 병합 조약에 대한 일본 천황의 비준은

---

5) 상계서, 270쪽.

곧 추밀원 심의 결과에 대한 천황의 재가 바로 그것이다. 그렇다면 이 재가를 신민들에게 알리는 공포 '조서'는 곧 비준 사실을 알리는 천황의 공식 문건이다. 이 조약에 대한 비준서가 따로 확인되지 않는다면 '조서'가 나온 과정이 곧 비준의 과정을 포함한 것으로 해석해야 마땅하다.[6)]

1905년 9월 5일 미국 포츠머스에서 이루어진 「일러 강화 조약」에 대한 일본 천황의 비준과 이를 공포하는 칙령의 발부 과정은 한국 병합 조약에 대한 양국 황제의 조서, 칙유가 가지는 의미에 대한 반증 자료가 된다. 이 조약에 대한 일본 천황의 '무호(無号) 칙명'은 "짐, 메이지 38년 9월 5일 아메리카 합중국 포츠머스(뉴햄프셔 주)에서 짐의 전권위원과 러시아국 전권위원이 기명 조인한 강화조약을 비준하여 이에 이를 공포한다"는 문안 아래, '천황어새'를 날인하고 이름자 '무쓰히토[睦仁]'를 친서하였다. 이것은 한국 병합 조약에 대한 일본 천황의 공포 '조서'의 요건과 같은 것이다. 「일러 강화 조약」의 칙령이 비준을 마친 뒤에 그것을 공포한 것인데 반해, 한국 병합 조약에 대한 공포 '조서'는 '추밀원의 심의를 거친' 것에 대한 재가를 마치고 이를 공포하는 것이란 차이가 있을 뿐이다. 추밀원 심의에 대한 천황의 재가는 곧 일본 측이 스스로 만든 제8조의 사전 재가의 과정으로서 그 자체는 비준에 해당하는 행위가 틀림없다.[7)]

'일러 강화 조약'에 대한 천황의 공포 칙령 문건의 말미에 내각에서 기안한 비준서의 초안이 첨부되어 있다. 외무대신 가쓰라 타로가 부서(副署)한 것으로 보면, 이 비준서는 외무성에서 기안하여 내각에 상정되어 내각 회의를 거쳐 천황의 재가를 받는 절차를 밟은 것이다. 내각 총리대신인 가쓰라 타로가 외무대신으로 부서한 것은 외무대신 고무라는 전권위원이 었기 때문에 총리대신이 일시 외무대신을 겸하는 형식으로 처리하였던 것이다. 비준서 발부의 과정은 곧 한국 병합 조약에 대한 8월 21일~22일 간 외무대신이 품의하여 일본 내각이 밟은 결재 과정과 같은 것이다.[8)]

---

6) 상게서, 272쪽.
7) 상게서, 272~274쪽.

한편, 한국 주차군은 본국 정부의 방침에 따라 8월의 한국 병합 조약이 소요 없이 진행될 수 있도록 병력 관리에 들어갔다. 일차적으로 한국 주차 헌병대가 전국 경찰권을 장악하게 되면서 한국 정부는 군사력뿐만 아니라 경찰력까지 부재한 상태가 되었다. 한국 주차 헌병대는 경찰 5,200여 명, 헌병 2,300명, 헌병 보조원 4,500명 총 12,000명에 헌병 1,000여 명을 늘렸다. 조약이 강제될 무렵에 경비 태세에 나선 헌병대 병력만 8,000여 명에 달하였다. 당시 한국에 주둔하던 정규 일본군은 한국 주차군(제2사단)과 임시 한국 파견대(보병 2개 연대, 약 4,000명)였다. 전자는 한국 북부, 후자는 남부(사령부는 대구)를 각각 수비관구로 삼았다. 일본 정부는 5월 말 경부터 7월 초까지 총 2,600여 명의 병력을 용산으로 이동, 집결시키고 6월 26일부터 주차군 사령관이 용산 위수사령관(衛戍司令官)의 직무를 겸하여 서울 지구의 계엄(戒嚴) 태세를 갖추었다. 계엄 태세 아래 일본군은 '신왕성(新王城)(현 황제의 거처인 창덕궁)', '구왕성(舊王城)(퇴위당한 고종 황제의 거처인 덕수궁)'에 집중적으로 배치되었다.[9]

서울은 위수령이 발동된 가운데 창덕궁과 경운궁(덕수궁)은 일본군으로 포위되어 있었으며 모든 과정이 극비리에 진행되어 일본 신문 기자들도 이튿날 8월 23일에서야 '조약 체결'이 진행된 것을 처음 보도하였다.[10]

위의 병력 배치로 보아 그것이 강박에 의한 "한일합방조약"의 체결의 근거로 봄에 의심의 여지가 없어 할 것이다.

2. 비준의 부존재

전술한 바와 같이 "한일합방조약"은 비준이 없었고 따라서 비준서의 교환도 없었다.

"한일합방조약"은 중요한 조약이고, 조약체결권자인 한일 양측의 황제

---

8) 상게서, 274쪽.
9) 상게서, 216~218쪽.
10) 상게서, 242쪽.

가 직접 체결한 조약이 아니라 한일 양측의 전권대표가 서명한 "한일합방
조약"은 조약체결권자의 비준이 요구되는 조약임에도 불구하고 "한일합방
조약"은 한일 양측 조약체결권자의 비준이 없었다. 그러나 다음 두 사항을
비준으로 볼 수 없는가를 검토해 보기로 한다.

8월 22일 오후 4시 통감 데라우치와 총리 이완용이 "한국병합조약"에 기
명날인한 후 데라우치가 이완용에게 "양국이 조약문과 이를 알리는 황제
의 조칙을 쌍방이 의논하여 동시에 공포할 것"이라는 내용의 "각서"를 제
시하였다. 이에 데라우치(명치 43년 8월 22일)와 이완용이(융희 41년 8월
22일) 서명했다.

8월 22일 "각서"에 따라 일본에서는 "한국 병합에 관한 조약 공포의 건"
(문서 번호: 外 甲 五六)으로 "짐, 추밀 고문의 자순을 거쳐 한국 병합에 관
한 조약을 재가하여 이에 이를 공포케 한다" 내각이 작성한 이 사유안은
공포일을 메이지 43년 8월 29일로 되어있고 천황새가 날인되어 있고 메이
지 천황 무쓰히라[睦仁]라는 이름자 친서가 가해졌다. 내각 총리대신과 외
무 대신이 부서했다.[11]

8월 29일 한국 내각 총리대신 이완용의 "통치권 양여에 관한 칙유안(勅
諭案)" 승인 요청에 관한 조회(비 제409호)를 통감 데라우치에게 보낸다.
그 내용은 한국 황제의 이름으로 발표할 칙유를 내각에서 결정하여 별지
문안을 만들었으니 통감이 이를 승인해 달라는 것이었다.

위의 "통치권 양여에 관한 칙유안 승인 요청에 관한 조회에 대해 이를
승인한다"는 8월 29일 처리되었다고 통별원안(統別原案)이 내각 총리대신
이완용 앞으로 왔다.[12]

8월 29일 순종황제의 이름으로 "칙유(勅諭)"가 공포되었다. 8월 22일의 "각
서"에는 "조칙"을 준비하여 공포한다고 되어 있으나 일본 천황은 "조서(詔書)"
로 한국 황제는 "칙유"로 공포되었다. "칙유"의 내용은 한국의 통치권을 대일

---

11) 상게서, 268쪽.
12) 상게서, 278, 280쪽.

본 황제에게 양여한다는 것이었다.

이 칙유에는 칙명어새(勅命御璽)가 낙인되고 황제의 이름자(坧)가 빠져있다. 황제가 칙유를 결정한 증거를 찾아볼 수 없다.

황제의 승인 재가를 어디에도 찾아볼 수 없다는 사실은, 곧 순종 황제가 병합 조약을 강요당하는 상황에서 전권 위임 조칙에 불가항력으로 친서를 하였어도 마지막 공포 조칙에는 서명하기를 거부하였다는 것을 의미한다.[13]

II. 비준의 검토

1. 조서와 칙유의 비비준성

다음과 같은 이유에서 조서(詔書)와 칙유(勅諭)는 한일합방조약의 비준이 아니다.

(i) 일본 천황이 발표한 조서(詔書), 한국 황제가 발표한 칙유(勅諭)는 모두 8월 22일의 각서에 표시된 "조칙"에 근거한 것으로 이는 "한일합방조약"의 공포에 관한 양국 황제의 재가인 것이다. (ii) 이들은 일본의 전권 대표와 한국의 전권 대표가 각기 서명한 한일합방조약에 대한 확인·승인의 재가 즉, 비준이 아니다. (iii) "조칙", "조서", "칙유" 어디에도 "비준"이란 표현은 없다. (iv) 한국 황제의 "칙유"에는 황제의 서명, 이름 그리고 국새의 낙인이 없고 황제의 의사라는 어떠한 증거도 없다.

2. 한일합방조약 제8조의 비비준성

"한일합방조약" 제8조는 "본 조약은 한국황제폐하 및 일본황제폐하의 재가를 거친 것이니 공포일로부터 이를 시행한다"라고 규정하고 있다. 그러나 이 규정이 양국의 황제폐하의 비준이 있었다는 의미로 해석될 수 없다.

---

13) 상게서, 269쪽.

그 이유는 다음과 같다.

(ⅰ) 비준은 전권대표가 서명한 조약을 조약체결권자가 확인·승인하는 행위인 바, 제8조는 전권대표의 서명 이전에 황제의 재가로 이는 서명과 비준이 전후가 전도된 것으로 비준으로 볼 수 없다.

(ⅱ) 제8조는 조약체결권자인 황제의 재가를 전권대표가 서명으로 확인·승인한 것으로, 서명이 황제의 재가보다 상위의 조치로 즉, 황제의 재가를 비준으로 본다면 비준보다 서명이 상위의 조치로 돼서 조약법상 그러한 법리는 성립될 수 없다.

(ⅲ) 제8조는 그것은 한국 황제의 재가가 없었으므로 사실과 다른 허위의 사실이 비준으로 인정될 수 없다.

3. 조서와 칙유의 불교환

조약체결권자의 비준서는 그 당사자 조약의 경우 상호 교환하며 이 교환에 의해 조약은 효력을 발생하게 된다.

"조칙", "조서"와 "칙유"는 어디에도 상호 교환한다는 규정이 없으며, 또 부제로 상호 교환한 바 없다. 그러므로 "조서"와 "칙유"는 비준이 아니다, 따라서 "한일합방조약"은 국제법상 비준을 요하는 조약에 비준이 없는 조약, 즉 "한일합방조약"은 국제법상 불성립·부존재인 것이다.

4. 대한제국의 황제가 아닌 척(拓): 황태자의 한일합방조약의 체결의 무효

일제에 의한 고종의 황위찬탈은 위법·무효이므로 순종(척, 황자)의 "한일합방조약"의 체결행위는 무효라고 다음과 같이 주장하고 있다.

고종의 의도는 처음부터 무시되었으며 7월 20일 아침 고종의 의사와는 관계없이 일제는 경운궁 중화전(中和殿)에서 양위식을 강행했다.

이 양위식에는 황위를 물려줄 고종황제도 황위를 이어받는 황태자(순종)도 참석하지 아니했다. … 일제에 의한 고종의 황위 찬탈행위는 위법이며, 따라서 무효라고 보아야 한다. 그러므로 순종은 대한제국의 황제가 아니라 황태자 척((拓) 순종)에 의해 체결한 한일한방조약 또한 무효인 것이 당연하다.[14)

일제의 고종의 황위 찬탈행위는 위법·무효이므로 고종은 대한제국의 황제이며 황태자 척은 대한제국의 황제가 아니다. 따라서 대한제국의 황제가 아닌 순종에 의한 "한일합방조약"은 당연 무효라는 것이다. 여기서 "무효"도 "한일합방조약"의 불성립·부존재라는 뜻으로 본다. 대한제국의 황제 아닌 자가 "한일합방조약"을 체결하는 것은 동조약이 성립된 후 의사표시의 하자로 무효인 것이 아니라 그 자체 불성립이기 때문이다.

---

14) 김영구, 『잘 몰랐던 한일 과거사 문제』, (부산: 다솜출판사, 2010), 5~6, 11~12쪽.

제4절 한일합방조약 부존재의 근거

〈목 차〉

Ⅰ. 전권위임장 없는 조약 체결은 조약의 부존재라는 견해
Ⅱ. 비준 없이 체결된 조약은 조약의 부존재라는 학설

이 절에서 한일합방조약의 부존재의 근거를 논하는 것은 결국 상술한 제2절과 제3절의 내용을 반복하는 것이 되므로, 이를 피하기 위하여 여기서는 (i) 전권위임장 없이 체결된 조약은 조약의 불성립 즉 조약의 부존재로 된다는 학설과 (ii) 비준 없이 체결된 조약은 조약의 불성립 즉 조약의 부존재로 된다는 학설을 열거하여 전권위임장 없이 체결된 한일합방조약의 부존재의 근거와 비준 없이 체결된 한일합방조약의 부존재의 근거를 제시하기로 한다.

Ⅰ. 전권위임장 없는 조약 체결은 조약의 부존재라는 견해

전권위임장이 없는 조약체결은 조약의 부존재라는 견해를 보면, 이 견해는 전술한(제1장 제5절 Ⅵ) 바와 같으므로 제1장 제5절 Ⅵ의 기술을 전부 그대로 인용하기로 한다. 다만 학자의 이름과 학설의 근거만을 여기 제시하기로 한다.

John O'Brien, *International Law,* (London: Cavendish, 2001), p.332., Gillian D. Triggs, *International Law: Contemporary Principles and Practices,* (LexisNexis: Butterworths, 2006), p.501., chapter 1, section 5 Ian Sinclair, *supra*, n.2, p.29., T. O. Elias, supra n.3, p.19., Alina Kaczowska, *Public International Law* 4th ed., (London: Routledge, 2010), pp.94~95., Hans Kelsen, *Principles of International Law*, 2nd ed., (New York: Holt, 1966), pp.463~469., Shabtai Rosenne, "Treaties, Conclusion and Entry into Force", *EPIL*, Vol.7, 1984, pp.464~467., Vaughan Lowe, *International Law,* (Oxford: Oxford University Press, 2007), pp.65, 74., Rebecca M. M. Wallace, *International Law,* (London: Sweet, 2005), pp.256~257, 266., William W. Bishop, *International Law: Cases and Materials,* (New York: Prentice-Hall, 1954), pp.78~97., Malcolm N. Shaw, *International law,* 3rd ed., (Cambridge: Cambridge University Press, 1994), p.565., Martin Dixon, *Textbook on International Law,* 6th ed., (Oxford: Oxford University Press, 2007), p.61., I. A. Shearer(ed.), *Starke's International Law,* 11th ed., (London: Butterworths, 1994), pp.408~409.

II. 비준 없이 체결된 조약은 조약의 부존재라는 학설

이 연구에서 검토를 요하는 것은 시제법의 원칙상 오늘의 국제관습의 규칙이 아니라 "한일합방조약"이 체결된 1910년 당시의 그것이다. 이하 1910년 이전의 경우에 관한 학설에 표시된 규칙을 고찰하기로 한다.

비준을 요하는 조약에서 비준이 없으면 이른바 조약에 의한 기속적 동의가 성립되지 아니하며 그 조약은 체결요건을 결하여 성립되지 아니하는 것으로 되고 따라서 그 조약은 '성립요건'을 결하여 성립되지 아니한 것으로 되어 결국 그 조약은 존재하지 아니한 것으로, 즉 조약의 부존재로 된다.

조약의 기속적 동의가 성립되지 아니하여 조약은 체결되지 아니하고 따라서 조약은 '성립요건을 결하여 조약은 성립되지 아니하는 것으로 된다는 조약의 부존재로 된다는 취지의 학설은 다음과 같다.

여기 열거된 학설은 전술한 (제1장 제6절 Ⅶ) 바와 전혀 동일하므로 제1장 제6절 Ⅶ의 기술을 전부 그대로 인용하기로 한다. 다만 학자의 이름과 학설의 근거만을 여기 제시하기로 한다.

Malcom N. Shaw, *International Law* 3rd ed., (Cambridge: Cambridge University Press, 1994), p.566., Ian Brownlie, *Principles of Public International Law* 7th ed., (Oxford: Oxford University Press, 2008), p.611., Martin Dixon, *International Law*, 7th, ed., (Oxford: Oxford University Press, 2013), p.57., Paul Reuter, *Introduction to the Law of Treaties*, (London: Printer, 1989), p.43., Ian Sinclair, *supra*, n.13, p.29., Lord Mcnair, *The Law of Treaties*, (Oxford: Oxford University Press, 1961), p.131., Robert Jennings and Arthur Watts(eds.), *supra*, 5, p.1224., Alina Kaczowska, *Public International Law*, 4th ed., (London: Routledge, 2010), p.36., George Schwarzenberger, *International Law*, Vol.1, (London: Stevens, 1957), p.28., Gillian D. Triggs, *International Law*, (Melbourne: Melbourne University Press, 2006), p.502., I.A Shearer (ed.), *Starkes's International Law*, 11th (ed.), (London: butterworths, 1994), p.413., Barry E. Carter, Phillip R. Trim and Allen S. Weiner, *International Law*, 4th ed., (New York: Walters Kluwer, 2007), pp.93~101., H. Lauterpacht (eds.), *Oppenheim's International Law*, 8th ed., Vol.1, (London: Longmans, 1954), pp.882~892., Rebecca M. M Wallace, *International Law*, 5th ed., (London: Tomson, 2005), p.253.

이상에서 고찰한 바와 같이 1910년 그 이전 당시에 다수 학설은 반대의 규정이 없는 한 비준을 요한다는 것이 국제관습의 규칙이었다.

제3장

한일합방조약과 타조약과의 관계

제1절 한일합방조약과 대일평화조약

〈목 차〉

Ⅰ. 대일평화조약 제2조 (a) 항의 규정
Ⅱ. 조약법 협약 제36조 제1항의 규정
Ⅲ. 결언

Ⅰ. 대일평화조약 제2조 (a) 항의 규정

전술한 바와 같이 "한일합방조약"은 부존재이다. 그러나 "대일평화조약"은 "한일합방조약"의 존재·유효를 전제로 한 것이다. "대일평화조약 제2조 (a)항은 한일합방조약의 성립·유효를 전제로 다음과 같이 규정하고 있다.

일본은 한국의 독립을 승인하고 제주도·거문도 및 울릉도를 포함하는 한국에 대한 권리·권원 및 청구권을 포기한다.

위의 규정 중 "일본은 한국의 독립을 승인하고"는 동 조약이 효력을 발생하기 직전까지 한국은 독립국가가 아니었다는 것을 전제로 한 것이며 독립국가가 아니었다는 것을 전제로 한 것은 "한일합방조약"이 성립·유효했다는 것을 전제로 한 것으로 해석된다.

또한 위의 규정 중 "일본은 한국의 독립을 승인하고 한국에 대한 권리·권원 및 청구권을 포기한다."는 동 조약이 효력을 발생하기 직전까지 일본이 한국에 대한 권리·권원 및 청구권을 갖고 있었음을 전제로 한 것이며 일본의 한국에 대한 권리·권원 및 청구권을 갖고 있었음을 전제로 한 것은 "한일합방조약"이 성립·유효함을 전제로 한 것으로 해석된다.

상술한 "대일평화조약" 제2조 (a)항은 동 조약 제21조의 규정에 의해 한국이 이익을 받을 권리가 있는 조항이다.

II. 조약법 협약 제36조 제1항의 규정

"조약법 협약" 제36조 제1항은 제3국에게 권리를 부여하는 조항은 제3국이 동의하는 경우에는 제3국에 대해 효력이 발생하며 제3국이 반대의 의사표시가 없는 동안 동의가 있는 것으로 추정된다고 다음과 같이 규정하고 있다.

> 제36조 (제3국에 대하여 권리를 규정하는 조약)
> ① 조약의 당사국이 제3국 또는 제3국이 속하는 국가의 그룹 또는 모든 국가에 대하여 권리를 부여하는 조약규정을 의도하며 또한 그 제3국이 이에 동의하는 경우에는, 그 조약의 규정으로부터 그 제3국에 대하여 권리가 발생한다. 조약이 달리 규정하지 아니하는 한 제3국의 동의는 반대의 표시가 없는 동안 동의가 있은 것으로 추정된다.
> Article 36. Treaties providing for rights for third States
> 1. A right arises for a third State from a provision of a treaty if the parties to the treaty intend the provision to accord that right either to the third State, or to a group of States to which it belongs, or to all States, and the third State assents thereto. Its assent shall be presumed so long as the contrary is not indicated, unless the treaty otherwise provides.

위의 규정에 의거 제3국의 반대의 의사표시가 없는 동안 동의의 의사표시가 있는 것으로 추정된다.

한국정부는 "대일평화조약"이 서명된 1951년 9월 8일에는 물론 동 조약이 효력을 발생한 1952년 4월 28일에도, 그리고 "조약법 협약"이 1969년 5월 23일 채택될 때는 물론 한국이 동 협약에 가입하며 동 협약이 한국에 대해 효력이 발생한 1986년 1월 27일에도 "대일평화조약" 제2조 (a)항의 규정에 대해 반대의 의사표시를 한 바 없으므로 "조약법 협약" 제36조 제1항의 규정에 의거 "대일평화조약" 제2조(a)항의 권리부여 규정에 한국의 동의는 있는 것으로 추정된다.

"한일합방조약"이 성립·유효한 것으로 추정되는 "대일평화조약" 제2조 (a)항에 한국이 동의한 것으로 추정되어 있는 것이 오늘의 상황이다.

Ⅲ. 결언

1910년의 "한일합방조약"은 무효가 아니라 부존재인 것이다.

"대일평화조약" 제21조의 규정에 의해 한국에 대해 효력이 있는 동 조약 제2조 (a)항의 독립승인조항과 권리포기조항은 모두 "한일합방조약"의 유효를 전제로 한 것이며, 이들 조항은 "조약법 협약" 제36조 제1항의 규정에 의거 한국이 동의한 것으로 추정된다.

한국정부는 위의 추정의 효과를 배제하기 위한 어떠한 조치도 취한 바 없다.

"한일기본관계조약" 제2조에서 1910년 8월 22일 및 그 이전에 대한제국과 대일본제국이 체결한 조약과 협약은 "이미 무효임을 확인한다"고 규정하고 있다. 그러나 "이미 무효"의 의미에 관해 우리 정부는 원초적으로 무효라고 해석하고 일본정부는 1945년부터 무효라고 해석한다.

상기 "대일평화조약" 제2조 (a)항의 추정되는 효과는 "한일기본조약" 제2조에 대한 한국의 해석에 반한다.

우리 정부 당국은 조속히 "대일평화조약" 제2조 (a)항의 규정을 추정하는 것으로 해석되는 효과를 배재하기 위해 특별한 조치를 취하여야 할 것이다. 그러한 특별한 조치의 하나로 "대일평화조약의 어떠한 규정도 한일합방조약이 유효한 것으로 해석되지 아니한다"는 내용의 "해석선언" 또는 "해석유보"를 하여야 할 것이다.

"한일합방조약"은 부존재이므로 동 조약과 "대일평화조약"의 저촉의 문제는 제기되지 아니한다.

제2절 한일합방조약과
'한일기본관계조약'의 관계

Ⅰ. 한일기본관계조약 제2조의 규정

1965년에 한일간에 체결된 '한일기본관계에 관한 조약' 제2조는 한일합방조약이 무효라고 다음과 같이 규정하고 있다.

제2조
1910년 8월 22일 및 그 이전에 대한제국과 일본제국간에 체결된 모든 조약 및 협정이 이미 무효임을 확인한다.
Article Ⅱ
It is confirmed that all treaties or agreements concluded between the Empire of Japan and the Empire of Korea on or before August 22, 1910 are already null and void.

위의 "이미 무효"는 영문 본에서 "already null and void"로 표현되는데, 이에 대한 한일 양국의 해석은 서로 다르다. 한국은 병탄 자체가 불법으로서 원천무효라고 말하는 반면, 일본 측은 병합조약은 합법이었으나 해방을 기점으로 무효가 되었다고 주장한다.

II. 조약법협약 제48조의 규정

조약법에 관한 협약 제48조는 착오로 인한 체결은 무효라고 다음과 같이 규정하고 있다.

제48조(착오)

① 조약상의 착오는, 그 조약이 체결된 당시에 존재한 것으로 국가가 추정한 사실 또는 사태로서, 그 조약에 대한 국가의 기속적 동의의 본질적 기초를 구성한 것에 관한 경우에, 국가는 그 조약에 대한 그 기속적 동의를 부적법화하는 것으로 그 착오를 원용할 수 있다.

Article 48(Error)

①. A State may invoke an error in a treaty as invalidating its consent to be bound by the treaty if the error relates to a fact or situation which was assumed by that State to exist at the time when the treaty was concluded and formed an essential basis of its consent to be bound by the treaty.

상술한 한일 기본 관계에 관한 조약 제2조 한일 합방 조약이 무효로 규정하고 있으나 한일 합방 조약은 부존재이므로 이는 한국 정부가 한일 합방 조약의 부존재를 무효로 착오한 것이므로 한국정부는 이 조약법에 관한 협약 제48조의 규정에 의해 무효선언을 할 수 있다.

조약의 무효원인이 절대적 무효원인인 경우는 당연히, 상대적 무효원인인 경우는 일방당사자의 무효주장(원용)에 의해 조약은 무효로 되므로 무효화절차는 절대적 무효의 경우는 필요치 않고 상대적 무효의 경우만 필요할 것이다.

그러나 절대적 무효원인이 있는 경우도 조약의 일방당사자는 무효라고 하고 타방당사자는 무효가 아니라고 주장할 경우가 있을 수 있으므로 '조약법에 관한 비엔나 협약'은 이런 경우를 명백히 하기 위하여 절대적 무효의 경우도 무효화절차로 무효선언을 하도록 규정하고 있다.[1]

---

1) T. O. Elias, *The Modern Law of Treaties*, (Leyden: Sijthoff, 1974), pp.179~80.

조약의 무효를 주장하는 조약당사자는 먼저 타방당사자에 대하여 조약에 관하여 취한 조치와 그 이유를 통고하여야 한다(제65조 제1항).

긴급한 경우를 제외하고는 통고수리 후 3개월 이상의 기간만료 후 아무런 이의가 없는 경우에는 통고당사자는 취할 조치를 피통고 당사자에게 정식문서를 전달함으로써 그 조치를 취할 수 있다(동 제2항).[2]

타방당사자가 만일 이의를 제기할 경우는 '국제연합헌장' 제33조에 규정된 수단에 의하여 해결을 모색해야 한다(동 제3항).[3]

III. 국제연합헌장 제33조의 규정

국제연합헌장 제33조는 다음과 같이 규정하고 있다.

어떠한 분쟁도 그의 계속이 국제평화와 안전의 유지를 위태롭게 할 우려가 있는 것일 경우, 그 분쟁의 당사자는 우선 교섭, 심사, 중개, 조정, 중재재판, 사법적 해결, 지역적 기관 또는 지역적 약정의 이용 또는 당사자가 선택하는 다른 평화적 수단에 의한 해결을 구한다.

The parties to any dispute, the continuance of which is likely to endanger the maintenance of international peace and security, shall, first of all, seek a solution by negotiation, inquiry, mediation, conciliation, arbitration, judicial settlement, resort to regional agencies or arrangements, or other peaceful means of their own choice.

---

2) *Ibid.*
3) *Ibid,* p.193, Christos L. Rozakis, *The Concept of Jus Cogens in the Law of Treaties,* (Amsterdam: North-Holland, 1976), pp.155~56.

제4장

유사 한일합방조약 불성립
주장에 대한 비판

제1절 조약체결의 형식과 절차

Ⅰ. 유사 한일합방조약 부존재론의 의미

이 장에서 "유사 한일합방조약 부존재론"이라 함은 한일합방조약 부존재론이라고 자칭하고 있으나 그 실은 "한일합방조약 부존재론"이 아니라 "한일합방조약 무효론"인 것이다. 그것은 그 근거로 제시하고 있는 여러 기준이 조약의 불성립 요건에 해당하는 것이 아니라 대부분 조약의 무효 요건에 해당되기 때문이다. "유사 한일합방조약 부존재론"은 "부진정 한일합방조약 부존재론"이라고 부를 수 있다고 본다.

유사 한일합방조약 불성립론은 한일합방조약인 조약체결의 형식과 절차를 위반하여 한일합방조약은 부존재라고 주장한다.

Ⅱ. 일반국제법상 조약체결의 형식과 절차

조약체결의 형식과 절차는 일반국제법에 의해 규율되지 아니하고 체약당사자의 합의된 의사에 의해 정해지게 된다. 조약이 어떤 형식으로 체결되고 조약이 어떤 절차로 체결될 것인가는 일반국제법이 규정한 바 없으며 체약당사자의 합의된 의사로 자유롭게 정해지게 된다. 물론 특정조약을 체결하기 전에 체약당사자 간에 조약체결에 관한 특별한 합의가 있는 경우 그 합의에 따라 조약의 형식과 절차가 정해지게 됨은 물론이고, 당사자 간에 조약체결의 방식과 절차에 관한 특별관습법이 형성되어 있는 경우 그 관습국제법에 의해 조약의 형식과 절차가 정해지게 된다. 특별관습법은 체약당사자 간에 동일한 사실이 반복되어 있고 또 이 반복된 사실을 법으로 보려는 당사자 간의 법적 확신이 있음을 요함은 물론이다.

조약체결의 형식과 절차는 체약당사자가 자유로 정한다는 국제관습법 규칙은 많은 학자와 조약법 협약에 의해 승인되어 있다. 따라서 이른바 정식절차에 의할 것인가, 약식절차에 의할 것인가, 조약(treaty)으로 명명할 것인가, 협약(convention) 또는 합의서(agreement) 등으로 할 것인가는 당사자의 합의로 정한다.

조약체결의 방식과 절차는 일반국제법에 의해 규율되지 아니하고 체약당사자 간의 합의된 의사에 따라 정해진다는 것은 학설과 '조약법 협약'에 의해 일반적으로 정해져 있다.

1. 학설

가. Georg Schwarzenberger

Schwarzenberger이 조약체결의 형식과 절차는 합의된 약정에 의하며, 합의적 약정은 순수한 선택적 요건이라고 다음과 같이 기술하고 있다.

> 국제법의 주체 간의 합의적 약정은 어떤 특정 형태를 요하지 아니한다...
> 조약 형태의 어떠한 요건은 순수한 선택적 법이다.[1]
> Consensual engagements between subjects of international law do not require any particular form ...
> Thus any requirement of form of treaties is purely optional laws.

---

1) George Schwarzenberger, *International Law*, Vol.1, (London: Stevens, 1957), p.430.

이는 조약체결의 형태는 국제법이 요하지 아니하고 이는 순수하게 체약 당사자의 임의로 정하는 것을 '선택적 법'이라고 표현하고 있다. 그리고 위의 형식에는 절차도 포함되는 것으로 해석된다.

나. Lord McNair

McNair는 국제법은 조약의 형식과 절차에 관해서 규정하고 있지 아니하다고 다음과 같이 기술하고 있다.

> 국제법 자신은 국제적 약정을 함에 있어서 형식과 절차를 규정하고 있지 아니하다. 특정 국가의 헌법이 형식이나 절차를 규정하는 것이 있을지라도 영국의 법과 관행은 국제적 약정을 체결하기 위한 어떠한 특정 형태를 규정하고 있지 아니하다.[2]
>
> International law itself prescribes neither form nor procedure for the making of international engagement, though the constitutional law of certain States frequently prescribes both.

위의 기술은 헌법이 조약체결의 형식과 절차를 규정하고 있는 경우가 있어도 국제법은 조약체결의 형식과 절차를 규정하고 있지 아니하다는 것이다.

다. Antonio Cassese

Cassese는 국제법은 조약체결의 방식과 절차에 관해 다음과 같이 규정하고 있다.

> 국가는 합의의 양식과 형식에 관해 완전한 자유를 향유한다. 그러므로 제한적인 절차와 형식을 규정한 규칙이 없다. 그러나 해를 거듭하며 국가의 관행으로 조약의 두 부분으로 발전되었다. 그 하나는 정식절차이고 다른 하나는 약식절차이다.[3]

---

2) Lord McNair, *The Law of Treaties,* (Oxford: Clarendon, 1961), pp.6~7.
3) Antonio Cassese, *International Law,* (Oxford: Oxford University Press, 2001), p.128.

조약체결의 방식과 절차는 체약당사자의 완전한 자유에 속한다고 논하면서 이는 관행상 정식절차와 약식절차로 구분된다고 논하고 있다.

관행상 정식절차와 약식절차로 구분되어 있다고 논하고 있으나 체약당사자가 체결하는 조약에 따라 정식절차 또는 약식절차에 의해 체결할 의무를 규정했다는 의미는 결코 아니다. 체약당사자는 자유롭게 '정식절차', '약식절차' 또는 '정식절차와 약식절차 이외의 절차'에 의할 수 있는 것이다.

라. G.M. Danilenko

Danilenko는 협약의 조약에 의한 기속적 동의의 표시 방법은 체약당사자의 완전한 자유로 성립된다고 다음과 같이 기술하고 있다.

> 협약 역시 조약에 의한 기속적 동의를 표시하는 특별한 방법을 수립하는 국가의 완전한 자유로 수립한다.[4]
>
> the convention also established the complete freedom of states to establish the specific means or expressing consent to be bound by a treaty

국가의 조약체결의 방식과 절차의 완전한 자유를 조약에 의한 기속적 동의의 표시 방법은 국가의 완전한 자유라고 기술하고 있다.

마. John O' Brien

O'Brien은 조약체결 당사자는 폭넓은 조약체결의 방식은 사용할 수 있다고 다음과 같이 기술하고 있다.

> 체약당사자는 조약체결의 폭넓은 변화를 사용할 수 있고 최종 결과를 기술하기 위해 상이한 언어를 사용할 수 있다.[5]
>
> parties may use wide variety of methods to conclude, a treaty and different

---

4) G.M. Danilenko, *Law-Making in the International Community,* (Dordrecht: Martinus, 1994), p.54.

5) John O'Brien, *International Law,* (London: Cavendish, 2001), p.332.

languages may be employed to describe the final outcome

당사자의 조약체결의 방식과 절차의 자유를 조약체결의 방법의 폭넓은
변화를 사용할 수 있다고 기술하고 있다.

바. Alina Kaczorowska

Kaczorowska는 조약체결의 과정은 상이한 단계로 이루어질 수 있다고
다음과 같이 기술하고 있다.

> 조약체결의 과정에 있어서 상이한 단계가 동일시 될 수 있다.[6]
> Different stages can be identified in the process of conclusion of a treaty

위의 조약체결 과정에서 상이한 단계는 조약체결의 절차만을 의미하는
것이 아니라 절차의 방식을 의미하는 것으로 해석된다.
조약체결의 형식과 절차를 규율하는 국제법 규정은 없으나 형식과 절차
당사자의 합의와 의사에 의해 정해진다는 견해는 위에 열거한 것 이외에
다음과 같은 견해가 있다.

사. Ian Brownlie

Brownlie는 조약이 교섭되고 효력을 발생하게 되는 형식에는 요구되는
요건이 없다고 다음과 같이 기술하고 있다.

> 조약이 교섭되고 효력을 발생하게 되는 형식은 당사자의 의사와 합의 규율
> 된다. 형식의 실질적인 요건은 존재하지 아니한다.[7]
> The manner in which treaties are negatiated and brought into force is governed

---

6) Alina Kaczorowska, *Public International Law* 4th ed., (London: Routledge, 2010),
   p.97.
7) I. Brownlie, *Principles of Public International Law,* (Oxford: Oxford university
   press), 2012, p.609.

by the intention and consend of the parties. There are no substantive requirement of form.

형식의 실질적인 요건은 없고 당사자의 합의와 의사에 의해 형식이 정해진다고 기술하고 있다.

아. Malcolm N. Shaw

Shaw는 조약의 체결 형식과 절차를 당사자들의 실질적인 합의에 의해 정하여 지는 것이고, 국제적인 절차에 관해 규정한 바 없다[8]고 다음과 같이 서술하고 있다.

조약은 당사자들이 실질적으로 원하는 방법에 의해 제정되거나 체결되게 된다. 규정된 형태의 절차는 없다.

Treaties may be made or concluded by the parties in virtually any manner they wish. There is no prescribed form or procedure.

자. L. McNair

McNair는 국제법은 조약체결의 형식과 절차를 규정하지 아니한다고 다음과 같이 규정하고 있다.

특정 국가의 헌법이 흔히 양자를 규정한다 해도. 국제법 자신은 국제적 약속을 체결하기 위한 형식이나 절차를 규정하고 있지 아니한다.[9]

International law itself prescribes neither form nor procedure for the making of international engagements, though the constitutional law of certain States frequently prescribes both.

---

8) Malcolm N. Shaw, *International Law*, 4th ed., (Cambridge: Cambridge University Press, 1997), p.564.
9) Lord McNair, *supra* n.2 pp.6~7.

차. Antonio Cassese

Cassese는 국가는 합의의 방식이나 형태로부터 완전한 자유를 갖는다고 다음과 같이 기술하고 있다.

> 국가는 합의의 방식과 형태에 관해서 완전한 자유를 향유한다. 때문에 어떠한 절차나 형식을 규율하는 규칙이 없다. 그러나 두 주요 조약(양자 그리고 다자)이 국가의 관행으로 발전되어 왔다. 첫 번째는 조약이 정식형태로 체결되는 것이고, 둘째는 조약이 약식형태로 체결되는 것이다.[10]
>
> States enjoy full freedom as regards the modalities and form of agreement, for there are no rules prescribing any definite procedure of formality. However, over the years two main classes of (bilateral and multilateral) treaties have evolved in State practice. The first are treaties concluded 'in a solemn form'.

Cassese는 국가는 합의의 방식과 형태로부터 완전한 자유가 있다 하면서 그래도 정식 형태와 약식 형태가 있다고 기술하고 있다.

조약의 체결과 형식과 절차는 국제법에 의해 정하여 진 바 없고, 당사자의 합의와 의사에 따라 정하여 진다는 전제를 다음과 같은 학자에 의해서도 표시되고 있다.

Charles G. Fenwick,[11] Gillian D. Triggs[12]

2. 조약법 협약

조약법 협약은 조약체결의 형식과 절차는 체약 당사자가 임의로 정한다는 규정이 없고 다만 문서의 형식에 의한다는 제한만을 두고 있다. (제2조

---

10) Cassese, *supra* n.3, p.128
11) Charles G. Fenwick, *International Law, 3rd ed.*(New York: Appleton- 1948, p.431.
12) Gillian D. Triggs, *International Law: Contemporary Principles and Practices,* (Lexis Nexis: Butterworths, 2006), p.500.

1항 (a)) 이는 동 규정의 반대해석으로 문서에 의한 제한 이외에는 다른
제한이 없다는 의미로 해석된다. 문서에 의한 제한규정은 다음과 같다.

> (a) "조약"이라 함은 단일의 문서에 또는 2 또는 그 이상의 관련문서에 구현
> 되고 있는가에 관계없이 또한 그 특정의 명칭에 관계없이, 서면형식으로 국가
> 간에 체결되며 또한 국제법에 의하여 규율되는 국제적 합의를 의미한다.
> (a) "Treaty" means an international agreement concluded between States in
> written form and governed by international law, whether embodied in a single
> instrument or in two or more related instruments and whatever its particular
> designation;

조약법협약은 국가간에 체결되고 문서의 형식을 요한다고 지정하고 있
다. 이 규정의 반대 해석으로 이 이외의 형식과 절차를 조약의 체약 당사
자가 임의적으로 정한다고 규정하는 것이다.

III. 한일합방조약의 형식과 절차

1. 약식절차

한일합방조약은 중요한 조약이므로 이른바, 정식절차에 의하지 아니하
고 약식절차에 의하여 체결되었으므로 본 조약은 부존재라는 견해는 성립
의 여지가 없다. 상술한 바와 같이 학설과 조약법 협약이 조약의 체결 형
식과 절차를 당사자의 합의에 대한 의사에 따른다고 보고 있으므로 정식
절차에 의했느냐 약식절차에 의했느냐는 체약 당사자가 자유로이 정하는
것이므로 한일합방조약이 약식절차에 의했으므로 본 조약이 성립하지 아
니한다는 견해는 성립의 여지가 없다. 약식절차에 의하는 것이 당사자인
대한제국과 대일본제국이 합의한 것이므로 이 또한 약식절차를 정하는 것
이 국제법상 성립될 수 없다는 주장은 성립의 여지가 없는 것이다. 물론

이 약식절차에 의할 때 일본정부에 의한 강박이 가하여 체결됐다면 이는 강박에 의해 체결됐으므로 무효라는 문제만 남은 것일 뿐이다.

2. 영문표기

일본이 한일합방조약을 영문으로 조약(treaty)으로 표기하지 아니하고 협약(convention)으로 표기한 것은 동 조약이 주권을 이양하는 중요한 조약이므로 이에 국제법상 성립될 수 없다는 견해는 성립의 여지가 없다. 왜냐하면 조약의 명칭은 당사자가 합의해서 자유로이 정할 수 있는 것이기 때문이다.

제2절 강박에 의해 체결된 조약

Ⅰ. 일반국제법상 강박을 가해 체결된 조약

강박(coercion)을 가해 체결된 조약은 (ⅰ) 국가의 대표기관에 대해 강박을 가해 체결된 조약과 (ⅱ) 국가자체에 대해 강박을 가해 체결된 조약이 있다. (ⅰ), (ⅱ) 모두 국제법상 무효(invalidity)이다. 다만, (ⅱ)에 관해서는 시제법상 1919년의 국제연맹규약, 1928년의 '부전조약' 그리고 1945년 국제연합헌장 이후에 성립된 것이고 그 이전에는 국가 자체에 대해 강박을 가해 체결된 조약은 무효가 아니라는 것이 일반적인 견해이다.

오늘에는 (ⅰ)과 (ⅱ) 모두가 무효라는데 이론이 없다. '조약법 협약'은 (ⅰ)과 (ⅱ) 모든 경우에 절대적 무효라고 제51조, 제52조에 규정하고 있기 때문이다. 요컨대, 강박에 의해 체결된 조약은 "무효"이고 '조약의 불성립'으로 알고 있지 아니하다.

강박에 의해 체결된 조약은 조약의 부존재가 아니라 조약의 무효라는 것이 학설과 '조약법 협약'에 일반적으로 승인되어 있다.

1. 학설

가. T. O. Elias

Elias는 강박은 2개의 형태가 있다고 논하고 있다고 다음과 같이 기술하고 있다.

> 강제는 2개의 형태를 취하여질 수 있다. 조약의 교섭 또는 기속적 동의의 표시에 있어서 대표자에 대한 것이든 또는 국가 자체에 대한 것이든. 그럼에도 불구하고 분리된 조항에서 강제의 두 형태를 취급하는 것이 바람직한 것으로 고려되어 있다. 국가의 대표자인 사람에 대한 강제, 실제적 또는 위협 또는 그의 조약에 대한 서면, 비준 또는 수락, 수인은 절대적 무효로 창출한다는 것은 일반적으로 합의되어 있다.[1]
>
> Coercion may take two forms, either of a representative in negotiating a treaty or expressing consent to be bound, or of the State itself.
>
> It was nevertheless considered desirable to treat both types of coercion in separate articles.
>
> generally agreed that coercion, actual or threatened, against the person of a State's representative or in their personal capacity to compel him to sign, ratify, accept or approve a treaty renders any consent so procured absolutely void.

국가의 대표자에 대해 강박을 가해 체결된 조약은 절대적 무효를 창출한다고 기술하고 있다. 따라서 피해국가의 무효 주장의 선택의 여지가 없다.[2]

요컨대 강박을 가해 체결된 조약은 조약으로 불성립이 아니라 절대적 무효로 보고 있다.

나. Benetto Conforti

Conforti는 조약의 무효는 국가 대표자 또는 국가에 대한 강제에 의해

---

1) T. O. Elias, *The Modern Law of Treaties,* (London: Sijthoff, 1974), pp.167~168.
2) *Ibid.,* p.169.

유래될 수 있다고 다음과 같이 기술하고 있다.

> 조약의 무효는 국가의 대표자 혹은 국가 전체에 대한 강제로부터 유래될
> 수 있다.[3]
> The invalidity of treaty may stem from the ... from coercion of the State
> representative of the State as a whole.

국가의 대표자 또는 국가 자체에 대한 강제를 가해 체결된 조약은 국제
법상 무효로 보고 있다. 이는 조약의 기속적 동의의 표시에 하자가 있는 것
으로 보아 그 조약은 무효로 보고 조약의 불성립으로 보고 있지 아니하다.

다. Richard K. Gardiner

Gardiner는 국가의 대표자 또는 국가 자체에 대한 강박을 가해 체결된
조약은 무효라고 다음과 같이 기술하고 있다.

> 한 국가의 대표자에 대한 강박 또는 무력의 위협이나 행사에 의한 국가에
> 대한 강박은 조약 무효의 기초로 원용할 수 있다.[4]

"무효의 기초로 원용할 수 있다"는 의미는 이는 국가의 대표자 또는 국
가 자체에 대해 강박을 가해 체결된 조약은 기속적 동의는 성립했으나 그
표시 방법에 하자가 있어 무효로 보는 것이다. 따라서 강박에 의해 체결
된 조약은 기속적 동의는 성립했으나 그 표시 방법에 하자가 있는 것으로
보아 강박을 가해 체결된 조약은 무효로 보고 조약의 불성립으로 보고 있
지 아니한 것이다.

---

3) Benedetto Conforti, *International Law and the Rules of Domestic legal Systems*
   (Boston, Martinus, 1993), p.88.
4) Richard K. Gardiner, *International Law*, (Boston: Pearson, 2003), p.93.

라. Gillian D. Triggs

Triggs는 조약의 유효(Validity of Treaties)라는 표제 하에 국가나 국가의 대표의 강박(coercion of a state or its representative)이라는 항에서 강박을 가해 체결된 조약을 무효라고 다음과 같이 기술하고 있다.

> 국가 또는 그의 대표자가 조약의 동의에 헌장 제2조 제4항에 위반하여 힘의 위협이나 행사에 의해 강제가 가하여진 경우 조약은 애초부터 무효로 된다는 것이 승인되어 있다.[5]
> Where a state or its representative has been coerced to consent to a treaty by the threat or use of force in violation of article 2(4), it is recognised that the treaty will be void *ab initio*.

국가나 그 대표자의 조약 체결에 강제가 가하여 지는 경우 그 조약은 무효로 된다고 기술하고 그 조약이 불성립으로 된다고 규정하고 있지 아니하다.

마. John O'Brien

O'Brien은 국가의 대표자에 대해 강박은 가해 체결된 조약은 법적 효력이 없고 힘의 위협이나 행사에 의해 체결된 조약은 무효라고 다음과 같이 기술하고 있다.

> 교섭 국가의 대표자에게 강제가 가하여 지게 기도된 조약은 무효이다. 그리고 국제연합 헌장에 구현된 국제법의 원칙에 반하는 힘의 위협이나 행사에 의해 체결로 획득된 조약은 무효이다.[6]
> A treaty is void if its conclusion has been procured by the threat or use of corece in violation of the principles of international law embodied in the Charter

---

5) Gillian D. Triggs, *International Law: contemporary Principles and Practices*, (LexisNexis: Butterworths, 2006), pp.534~535.
6) John O'Brien, *International Law*, (London: Cavendish Publishing Limited, 2001), p.343.

of the United Nations.

국가의 대표자에 대해 강박을 가해 체결된 것은 법적 효력이 없다 하고
국가 자체에 대해 강박을 가해 체결된 조약이 있으나 전자의 경우를 무효
로 보고 있다. 이는 조약이 무효라고 표시하고 전후 양자를 기술하고 있
기 때문이다.

바. Sherri L. Burr

Burr은 무효조약(Validity and void Treaties) 표제 하에 강제에 의해 체결
된 조약은 절대적 무효(absolutely void)라고 다음과 같이 기술하고 있다.

> 국가 또는 그의 대표자가 강제의 대상이 되면 조약은 절대적 무효이다. 국
> 내법 위반으로 지속적 동의가 표시되는 경우도 조약은 절대적 무효이다.[7]
> Treaties are absolutely void if the state or its representatives have been
> subjected to coercion, if the consent to be bound was expressed in violation of
> internal law.

절대적 무효라고 기술하고 '이하의 표제'는 '무효'로 규정하고 '절대적 무
효'라고 기술한 것으로 보아 강박에 의해 체결된 조약은 조약으로 성립했
으나 그 효력이 없다는 의미인 것이다.

사. Rebecca M.M. Wallace

Wallace는 국가의 대표자에 대해 강박, 국가 자체에 대한 강박에 의해
체결된 조약은 모두 무효, 전자는 후자에 비해 희소하다고 논하면서 양자
모두 법적 효력이 없다고 다음과 같이 기술하고 있다.

> 국가의 동의가 그 자신에 대한 행위나 위협을 통해 국가의 대표자에 대한
> 강제에 의해 획득되었다면 그 조약은 법적 효력이 없다. 국가의 대표자에 대

---

7) Sherri L. Burr, *International Law*, 2nd Ed., (Eagan: Thomson West, 2008), p.49.

한 강박의 사용도 드물다.[8)]
　국제연합 헌장에 규정된 국제법 원칙을 위반하고 국가에 대한 강제의 위협
을 통한 조약의 채택은 조약의 무효를 초래한다.[9)]

Invalidity of Treaties 항목에서 "(d) coercion"에서 기술하고 있으므로 "no
legal effect"는 무효라는 뜻이다.

아. Ian Sinclair

Sinclair는 국가의 대표자에 대한 강박을 조약에 의한 기속적 동의는 법
적 효력이 없다고 다음과 같이 기술하고 있다.

　　국가의 대표자에 대한 행위나 위협을 통해 강제에 의해 획득된 조약에 의
한 국가의 기속적 동의의 표시는 법적 효력이 없다. 조약체결의 대표자에 대
한 강박의 행사는 아무런 법적 효력이 없다는 것은 법학자에 의해 오랫동안
조약에 의한 기속적 동의는 손상할 수 있는 요소로 승인되어 왔다는 것은 의
심의 여지가 없다.[10)]
　　the expression of a State's consent to be bound by a treaty which has been
procured by the coercion of its representative through acts of threats directed
against him shall be without any legal effect. There is no doubt that duress
exercised against the person of a representative concluding a treaty has long been
recognized by jurists as an element which may vitiate the consent of the State to
be bound by the treaty.

강박은 조약에 의한 국가의 기속적 동의를 손상하여 조약은 법적 효력
이 없다고 기술하고 있다. "법적 효력이 없다"는 뜻이 조약이 성립하지 아
니한다는 의미인지 불명확하나, 그 뒤에 조약법 협약 제51조의 무효(null

---

8) Rebecca M.M. Wallace, *International Law* 5th Edition, (London: Sweet & Maxwell,
　2005), p.268.
9) *Ibid.*
10) Ian Sinclair, *The Vienna Convention on the Law of Treaties*, 2nd ed, (Manchester:
　Manchester University Press, 1984), p.176.

and void)를 기술하고 있는 것으로 보아 조약은 성립하고 무효라는 의미인 것으로 볼 수 있다.

국가자체에 대해 강박을 가한 경우 조약은 무효(void)라고 기술하고 있다.11)

요컨대 국가의 대표기관에 대해 또는 국가 자체에 대해 강박을 가해 체결된 조약은 조약으로 불성립이 아니라 무효로 보고 있다.

자. Meinhard Schroder

Schroder는 강박에 의해 체결된 조약은 그 형태가 있으며 이는 조약법 협약에 의해 무효인 조약으로 규정되어 있다고 다음과 같이 기술하고 있다.

> 강제는 두 형태로 야기된다. 그 하나로 조약을 교섭하거나 기속적 동의를 표시하는 대표자에 대한 것이고, 다른 하나는 국가자체에 대한 것이다. 비엔나 협약은 양자를 무효인 조약으로 수용하고 있다.12)
> coercion may be occur in two forms, that of the representative negotiating a treaty or expressing consent to be bound, or that of state itself. The Vienna Convention accepts both as invalidating treaty.

조약의 무효(invalidating treat a treaty)는 절대적 무효를 의미하는 것이다. 따라서 이 무효는 추후에 치유되는 상대적 무효가 아니다. 이는 물론 조약의 불성립이 아니다.

차. Peter Malanczuk

Malanczuk는 조약의 무효(Invalidity of Treaties)라는 항목에서 국가 대표자에 대한 강박(Coercion of a representative of a sate)과 국가에 대한 무력의 위협이나 행사에 의한 강박(Coercion of a state by the threat and use of force)으로 구분하며 힘에 의한 강박을 조약의 무효의 근거로 제시하고 있다.

---

11) *Ibid.*, p.181.
12) Meinhard Schroder, "Treaties, Varidity ", *EPIL*, Vol.2, 1984, p.512.

전자에 관해서는 '조약법 협약' 제51조의 규정을, 후자에 관해서는 제52조의 규정을 다음과 같이 인용하고 있다.

제51조 (국가 대표의 강제)
국가 대표에게 정면으로 향한 행동 또는 위협을 통하여 그 대표에 대한 강제에 의하여 감행된 조약에 대한 국가의 기속적 동의 표시는 법적효력을 가지지 아니한다.
Article 51. Coercion of a representative of a State
The expression of a State's consent to be bound by a treaty which has been procured by the coercion of its representative through acts or threats directed against him shall be without any legal effect.

제52조 (힘의 위협 또는 사용에 의한 국가의 강제)
국제연합 헌장에 구현된 국제법의 제 원칙을 위반하여 힘의 위협 또는 사용에 의하여 조약의 체결이 감행된 경우에 그 조약은 무효이다.
Article 52. Coercion of a State by the threat or use of force
A treaty is void if its conclusion has been procured by the threat or use of force in violation of the principles of international law embodied in the Charter of the United Nations.

제51조는 "어떠한 법적 효력이 없다(without any legal effect)"라고 규정하고13), 제52조는 무효이다(is void)라고 규정하고 있으나14) 양자모두 '절대적 무효'를 규정한 것으로 해석되고 있다. 따라서 "무효이다"와 "법적효력이 없다"는 것은 후속적 변화에 의해 치유되지 아니한다.15)
양자 모두 절대적 무효를 규정한 것이고 조약의 불성립을 규정한 것이 아니다.

---

13) Peter Malanczuk,(ed.), *Akehurst's Modern Introduction to International Law*, (London: Routledge, 1997), p.139.
14) *Ibid.*, p.139.
15) *Ibid.*, p.140.

2. 조약법 협약

조약법협약 제51조와 제52조는 강박으로 체결된 조약이 효력이 무효라고 규정하고 있다.

'조약법 협약' 제51조는 법적효력을 가지지 아니한다(shall be without any legal effect),라고 규정하고 무효(void)라고 긍정하고 있으나, (i) 제51조는 제5부 조약의 무효(invalidity)의 종료 또는 시행정지, 제2절 조약의 무효(invalidity of treaties)에 규정되어 있으므로 다음과 같은 이유에서 법적효력이 없다는 의미는 조약이 성립하지 아니했다는 의미가 아니라 절대적 무효라는 의미로 해석된다.

제5절 부의 명칭은 조약의 무효가 포함되어 있고 제2절의 부의 명칭도 무효이고, (ii) 제51조와 제52조는 절대적 무효로 해석하는 것이 정석이고, (iii) 상대적 무효처럼 무효를 주장할 수 있는 또는 무효를 허용할 수 있는 효력이 없다는 의미는 효력이 없다는 의미이다.

요컨대, 조약법 협약은 국가의 대표자에 대해 강박을 가해 체결된 조약은 조약의 불성립이 아니라 무효라고 규정하고 있는 것이다. 그러므로 한일합방조약은 대표자에 대해 강박을 가해 체결된 조약이므로 그것은 조약으로 성립되지 아니한 것이라는 견해는 정당하지 아니하다.

제52조 (힘의 위협의 행사에 의한 국가의 강제)는 힘의 위협이나 행사에 의해 조약이 체결된 경우 "조약은 무효이다"라고 규정하고 "무효를 주장할 수 있다" 또는 "무효를 원용할 수 있다"라고 규정하고 있지 아니하므로 이는 절대적 무효를 규정한 것이고 그것이 조약의 불성립으로 규정한 것이라고 볼 수 없다. 그러므로 한일합방조약은 국가에 강박을 가해 체결된 조약이므로 조약으로 불성립이나 무효가 아니라는 견해는 성립의 여지가 없다 하겠다.

II. 한일합방조약과 강제

유사 한일합방조약 부존재론은 한일합방조약은 강박에 의해 체결되었으므로 조약의 부존재라고 주장한다.

1910년 8월 22일에 체결된 한일합방조약은 국가에 의한 강제로 볼 수도 있고 국가의 대표자에 대한 강제로 볼 수도 있다. 전자로 보던 후자로 보던 한일합방조약은 무효인 것이다.

한일합방조약은 강박에 의해서 체결되었기 때문에 무효가 아니라 조약의 불성립이라는 견해는 성립의 여지가 없다. 왜냐하면 많은 학자들의 견해와 조약법 협약 51조와 52조는 조약이 성립되지 아니했다고 규정하지 아니하고 조약이 무효라고 규정하고 있기 때문이다.

한일합방조약이 한국 측의 기속적 동의의 표시의 하자가 있으므로 이는 무효이고 조약의 불성립이라고 볼 수가 없다. 물론 한일합방조약의 한국 측의 기속적 동의의 표현이 강박에 의해 이루어 졌기 때문에 기속적 동의 자체가 성립되지 아니하여 한일합방조약이 불성립이라고 주장할 수 있을 것 같으나, 위에서 검토해본 바와 같이 대부분의 학자와 조약법 협약이 국가에 대한 강제나 대표자에 대한 강제도 무효라고 보고 있으므로 그러한 주장은 성립의 여지가 없다. 그리고 여기서 고려하여야 할 것은 강박에 의해 체결된 조약의 무효가 상대적 무효가 아니라 절대적 무효로 규정하고 있으므로 한국이 동 조약에 대한 무효를 주장하거나 무효를 원용할 수 있는 것이 아니라 조약이 체결된 당시부터 무효인 것으로 본다.

제3절 국내법위반에 의해 체결된 조약

Ⅰ. 국내법 위반의 조약

유사 한일합방조약 부존재론은 한일합방조약은 국내법을 위반하여 체결되었으므로 조약의 부존재라고 주장한다.

국내법을 위반하여 체결된 조약, 특히 헌법을 위반하여 체결된 조약은 그 효력을 원칙적으로 다룰 수 없으나, 그 위반이 중대하고 명백할 경우 예외적으로 무효가 된다. 표시권한의 제한을 넘어서 체결된 조약도 원칙적으로 그 무효를 주장할 수 없는 것이나 그 표시기관의 제한을 상대국에 통고한 경우 무효를 주장할 수 있다. 표시기관의 권한을 넘어 체결된 조약은 국제법을 위반하여 체결된 바와 같이 예외적으로 무효로 될 수 있는 것이나 조약의 불성립으로 되는 것은 아니다.

조약의 무효는 조약 체결권을 규율하는 국내규칙의 위반으로부터 유래될 수 있다.

조약의 종료는[1] 국내법적용과 특히 법관은 무효의 이 근거에 기초하여 조약의 적용을 거절 할 수 있다.

---

1) Benedett Conforti, *International Law and the Role of Domestic Legal System*, (Boston: Martinus, 1933), p.89.

이 기술은 조약이 국내법규정에 위반한 경우 무효로 될 수 있음을 승인하는 기술이다. … 국내법률가 특히 법관은 이러한 무효를 사유로 조약의 시행을 거부할 수 있다..

The invalidity of a treaty may stem from the violation of municipal rules regularity treaty of making powers … may domestic legal operators especially judges refuse to enforce of treaty on the basis of these ground of invalidity.

1. 학설

가. Ian Sinclair

Sinclair는 조약을 체결할 능력에 관한 국내법의 규정을 위반한 경우 헌법학자와 국제법학자간에 의견이 나누어져 왔다고 기술하고, 헌법학자의 견해에 의하면 국내법에 반하는 국제법은 무효라고 주장하고, 국제법 학자의 견해에 의하면 국내법에 반하는 국제법이 유효라고 주장해 왔다. 기술하고 다수의 견해에 의하면 국내법은 고려되지 아니하나 절대적으로 명백한 경우는 예외가 인정된다고 다음과 같이 기술하고 있다.

조약을 체결하기 위한 능력에 관한 국내법의 규정 불고려의 원칙 마침내 합동되었다. … 그러나 다수의 견해는 조약을 체결할 국내법의 규정의 위반이 절대적으로 명백할 경우 예외를 수용하였다.

but the majority were persuaded to admit an exception in the case where the violation of a provision in internal law regarding competence to conclude treaties was absolutely manifest.[2]

이는 조약을 체결한 국내법규의 위반이 절대적으로 명백한 경우 예외를 인정할 것 즉 국내법 규정을 위반한 것이 절대적으로 명확한 경우 조약은 무효로 됨을 승인한 것이다. "무효"로 됨은 예외를 승인한 것이고 조약이 불성립으로 됨을 승인한 것이 아니다.

---

2) Ian Sinclair, *The Vienna Convention on the Law of Treaties* 2nd ed., (Manchester: Manchester University Press, 1984), p.170.

나. Benetto Confori

Confori는 조약의 무효는 국내법의 위반으로 이루어진다고 다음과 같이
기술하고 있다.

> 조약의 무효는 조약 체결권을 규율하는 국내법규의 위반, 강행 규범과의
> 불일치. 국가 대표나 국가 전체의 강요, 착오나 사기 등에서 기인할 수 있다.
> 조약의 종료는 수행의 불가역, 근본적인 상황의 변화, 다른 당사자에 의한 조
> 약 위반, 또는 국가 승계 등의 결과일 수 있다. 국내 법률가 특히 법관 이러한
> 무효를 이유로 조약의 시행을 거부하기도 한다.[3]
>
> The invalidity of a treaty may stem from the violation of municipal rules
> regulating treaty-making powers, from inconsistency with jus cogens norms, from
> coercion of the State representative or the State as a whole, or from error or
> fraud, etc. Termination of a treaty may be the result of the supervening
> impossibility of performance, fundamental changes in the circumstances, breach of
> the treaty by another party, waw, or succession of States, and so on. May
> domestic legal operators, especially judges, refuse to enforce a treaty on the basis
> of these grounds of invalidity.

다. Richard K. Gardiner

Gardiner는 조약을 체결할 능력에 관한 한 국가의 국내법 규정의 위반을
무효라고 다음과 같이 기술하고 있다.

> 조약법 협약은 조약을 체결할 능력에 관한 한 국가의 동의의 표시할 권한
> 에 관한 특별한 제약에 관한 국가의 국내법(헌법)의 규정의 위반의 기초로서
> 무효를 구상하고 있다.[4]
>
> The Convention envisages invalidity on the basis of violation of provisions of
> internal law of a state(constitutional law) regarding competence to conclude
> treaties, of any specific restriction on authority to express the consent of a state

---

3) Confori, *supra* n.1, p.88.
4) Richard K. Gardiner, *International Law*, (Boston: Person, 2003) section 2, *supra* n.4,
   2003, pp.94~95.

라. Sherri L. Burr

Burr는 만일 국내법 위반으로 조약의 기속적 동의가 표시되면 조약은 무효(void)라고 다음과 같이 기술하고 있다.

> 만일 조약 국가나 그 대표자에게 강박할 경우 또는 조약이 국내법 위반으로 지속적 동의가 표시되면 조약은 절대적 무효이다.
> Treaties are absolutely void if the state or its representatives have been subjected to coercion, if the consent to be bound was expressed in violation of internal law.

이는 국내법 위반의 기속적 동의가 표시되면 조약은 절대적 무효로 보고 있다. 국내법 위반의 조약은 조약의 불성립으로 보지 아니하고 조약의 무효로 보고 있는 것이다. 절대적 무효로 보고 있기 때문에 후속적 행위나 상황에 의해 치유될 수가 없다.[5]

마. Gillian D Triggs

Triggs는 조약의 유효(validity of treaties)라는 항목에서 국내법은 조약에 의한 동의를 부정하기 위해 근거를 규정하지 아니한다(Internal Law provides no ground for denying consent to a treaty).라고 기술하고 다음과 같이 조약법 협약 제46조의 규정을 논하고 있다.[6]

> 다음은 국내법의 명백한 위반이다. 국가대표의 권한의 제한, 착오, 사기, 부패, 강제, 국제법의 강행규범의 저촉
> They are manifest violation of internal law; restrictions on the authority of the state representative: error, fraud and corruption; coercion and conflict with a peremptory norm of international law.

---

5) Sherri L. Burr, *International Law* 2nd ed., (Thomson: West, 2008), p.419.
6) Gillian D Triggs, *International Law: Contemporary Principles and Practices*, (LexisNexis: Butterworths, 2006), p.532.

이는 조약이 국내법에 위배되는 경우 그 위반이 명백할 경우 예외적으로 조약은 불성립되는 것이 아니라 무효로 될 수 있다는 것이므로 이는 국내법에 위배되는 조약은 무효로 된다고 본 것이다.[7]

바. Rebecca M.M. Wallace

Wallace 조약의 무효(validity of treaties)라는 항목에서 조약법 협약이 제시하고 있는 5개의(Five Grounds) 무효근거를 제시하면서 그 첫째의 무효를 국내법의 불일치(non-compliance with national law)를 제시하고 있다. 그리고 이에 관해 다음과 같이 기술하고 있다.

> 국가는 조약체결능력에 관한 헌법적 규정의 위반을 무효화한 항변을 할 수 있다. 그러한 위반이 명백하고 어떤 국가에 대해서도 객관적으로 명확하지 아니한 경우 무효로 판단된다.[8]
>
> A State may not plead a breach of its constitutional provisions relating to treaty-making competence so as to invalidate an agreement, unless such a breach was manifest and "objectively evident to any State conducting itself in the matter in accordance with normal practice and in good faith."

이는 국내헌법규정에 위배되는 조약은 일반적으로 무효를 주장할 수 있는 것이 아니라 그 위반이 명백한 경우는 예외적으로 무효라고 주장하고 조약의 불성립이 아니고 무효를 주장할 수 있다.

---

7) *Ibid.*
8) Rebecca M.M. Wallace, *International Law,* (London: Sweet & Maxwell, 2005), pp.250, 256.

사. John O'Brien

O'Brien은 국내 헌법규정에 위배되는 조약을 무효라는 주장과 유효라는 주장의 대립이 있다고 기술하고 조약법 협약 제46조의 규정을 기술하면서 국내법이 요구하는 요건이 있다고 다음과 같이 기술하고 있다.

> 이를 요구되는 요건이다. (a) 규정이 명백하고, (b) 객관적으로 명백하고, (c) 기본적으로 중요한 것이어야 한다. 제46조는 교섭 정부(행정부)가 그의 헌법적 권한을 초과하는 상황에 관한 것이다.
>
> These are demanding requirements – the provision must be: (a) manifest; (b) objectively evident; and (c) be of fundamental importance. Article 46 is directed to the situation where a negotiating government (that is, the executive branch) exceeds its constitutional powers.[9]

위의 제 요건을 구비한 경우 조약은 무효라고 기술하고 조약이 부존재라고 기술하고 있지 아니하다. 이른바 상대적 무효라고 기술하고 있다.

아. Antonio Cassese

Cassese는 상대적 무효의 근거 착오, 기만, 부패를 열거하고 명백한 국내법의 위반(manifest violation of international law)을 열거하고 있다.

> 상대적 무효의 근거: 착오, 기만, 부패, 명백한 국내법위반 또는 조약을 체결한 국가대표의 친한 제한
>
> grounds of relative invalidity are: error, fraud, corruption, manifest violation of internal law or of the restrictions of the powers of the State representative who has concluded the treaty[10]

국내법 위반을 상대적 무효의 근거로 제시한 것이다. 국내법 위반을 절대적 무효의 근거로 보지 아니하고 또한 조약의 불성립의 근거로 보지 아

---

9) John O'Brien, *International Law*, (London: Cavendish, 2001), p.343.
10) Antonio Cassese, *International Law*, (Oxford: Oxford University Press, 2001), p.132.

니하고 무효의 근거로 본 것이다.

자. S.E Nahlik

Nahlik는 다음의 조건에 충족될 경우 국내법의 위법이나, 권한의 초과한 경우 조약은 무효로 될 수 있다고 다음과 같이 기술하고 있다.

> 국가의 조약에 대한 기속적 동의를 표시하는 경우 국내법을 위반하거나 그
> 의 권한을 초과한 경우 … 조약의 무효의 근거로 된다.[11]
> The ground of invalidity of treaties dealt with …
> They cover situations in which the representative of a state when expressing
> consent to be bound by a treaty on its behalf, either violated its internal law or
> exceed his powers.

국가의 대표자의 국내법위반에 의한 기속적동의의 표시. 즉, 국내법 위반의 조약과 국가의 대표자의 권한에 의한 대표가 일정한 요건을 구비한 경우 무효로 된다는 기술이다.

즉, 이러한 경우 조약이 무효로 되는 것이지 조약의 불성립으로 된다고 주장하고 있지 아니하다.

차. Menhard Schroder

Schroder는 국가의 대표자가 국내법 위반과 국가의 대표자의 국가를 위한 기속적 동의의 표시에 그의 권한을 초과한 경우 무효를 주장할 수 있다고 다음과 같이 기술하고 있다.

> 국가의 대표자가 국내법을 위반하거나 조약에 의한 기속적 동의를 표시하
> 는 경우 그의 권한을 초과하는 경우 조약은 무효로 될 수 있다.[12]
> Treaties may be violated of the representable of a state either violated domestic

---

11) S.E, Nahlik, "The Ground of Invalidity and termination of treaties," *AJIL*, Vol.65, 1971, p.740.
12) Meinhard Schroder, "treaties, validity" *EPIL*, Vol.2, 1984, p.512.

law or exceeded his powers when expression the consent of his state to be bound by a treaty.

이는 조약이 국내법위반의 경우와 대표가 권원을 유월하여 조약의 기속적 동의를 표시하면 조약은 무효로 된다고 기술하지 아니하고 무효로 될 수 있다고 기술하여 이 무효는 상대적 무효임을 표시한 것으로 해석된다.

카. Peter Malanczuk

Malanczuk는 무효조약(invalid treaties)의 조약 체결 능력에 관한 국내법의 규정(provisions of municipal law regarding competence to conclude treaties)을 제시하고 대다수 국가의 헌법이 국가원수가 입법기관의 동의 없이 조약을 체결할 수 없다고 규정하고 있다. (ⅰ) 헌법의 규정을 위반하는 조약을 체결했을 때 조약은 무효라는 견해와 (ⅱ) 조약은 유효하나 헌법의 규정을 위반한 것이 명백할 경우 예외로 무효라는 견해로 나누어져 있으나 후자가 대다수의 견해로 '조약법 협약'은 후자의 견해도 성문화 했다고 논하면서[13] 다음과 같이 조약법 협약 제46조의 규정을 그대로 인용하고 있다.

제46조 (조약 체결권에 관한 국내법 규정)
1. 「조약체결권에 관한 국내법 규정의 위반이 명백하며 또한 근본적으로 중요한 국내법 규칙에 관련되지 아니하는 한, 국가는 조약에 대한 그 기속적 동의를 부적법화하기 위한 것으로 그 동의가 그 국내법 규정에 위반하여 표시되었다는 사실을 원용할 수 없다.」
2. 통상의 관행에 의거하고 또한 성실하게 행동하는 어느 국가에 대해서도 위반이 객관적으로 분명한 경우에는 그 위반은 명백한 것이 된다.
Article 46. Provisions of internal law regarding competence to conclude treaties
1. 「A State may not invoke the fact that its consent to be bound by a treaty has been expressed in violation of a provision of its internal law regarding

---

13) Peter Malanczuk (ed.), *Akenhurst's Modern Introduction to International law*, (London: Routledge, 1997), p.130.

competence to conclude treaties as invalidating its consent unless that violation was manifest and concerned a rule of its internal law of fundamental importance.」

2. A violation is manifest if it would be objectively evident to any State conducting itself in the matter in accordance with normal practice and in good faith.

제46조의 규정은 국내법을 위반한 조약은 원칙적으로 유효하나 예외적으로 그 위반이 명백하고 객관적으로 명확한 경우 예외적으로 무효를 규정할 수 있다고 주장하고 있는 것이다.

다시 말해서 동조는 무효를 주장할 수 있다고 규정하는 것이고 조약자체가 성립하지 아니했다고 주장하고 있는 것이 아니다.

2. 조약법 협약

조약법협약 제46조와 제47조는 국내법 위반의 조약에 관해 다음과 같이 규정하고 있다.

가. 제46조(조약 체결권에 관한 국내법 규정)

1. 조약 체결권에 관한 국내법 규정의 위반이 명백하며 또한 근본적으로 중요한 국내법 규칙에 관련되지 아니하는 한, 국가는 조약에 대한 그 기속적 동의를 부적법화하기 위한 것으로 그 동의가 그 국내법 규정에 위반하여 표시되었다는 사실을 원용할 수 없다.

2. 통상의 관행에 의거하고 또한 성실하게 행동하는 어느 국가에 대해서도 위반이 객관적으로 분명한 경우에는 그 위반은 명백한 것이 된다.

Article 46

Provisions of internal law regarding competence to conclude treaties

1. A State may not invoke the fact that its consent to be bound by a treaty has been expressed in violation of a provision of its internal law regarding competence to conclude treaties as invalidating its consent unless that violation was manifest and concerned a rule of its internal law of fundamental importance.

2. A violation is manifest if it would be objectively evident to any State

conducting itself in the matter in accordance with normal practice and in good faith.

나. 제47조(국가의 동의 표시 권한에 대한 특정의 제한)

어느 조약에 대한 국가의 기속적 동의를 표시하는 대표의 권한이 특정의 제한에 따를 것으로 하여 부여된 경우에, 그 대표가 그 제한을 준수하지 아니한 것은, 그러한 동의를 표시하기 전에 그 제한을 다른 교섭국에 통고하지 아니한 한, 그 대표가 표시한 동의를 부적법화하는 것으로 원용될 수 없다.

Article 47

Specific restrictions on authority to express the consent of a State

If the authority of a representative to express the consent of a State to be bound by a particular treaty has been made subject to a specific restriction, his omission to observe that restriction may not be invoked as invalidating the consent expressed by him unless the restriction was notified to the other negotiating States prior to his expressing such consent.

조약법 협약 제46조와 제47조는 국내법에 위반되는 조약의 효력에 관해 상대적 무효인 것으로 규정하고 있다. 동 협약이 국내법에 위배되는 조약이 예외적으로 무효화되는 경우에 예외적으로 무효로 인용하고 있고 조약의 불성립으로 규정하고 있지 아니하다.

II. 한일합방조약과 국내법의 위반

한일합방조약은 국제법을 위반하여 체결되었으므로, 동 조약은 무효, 이른바 상대적 무효이다. 그러나, 이 조약법 협약은 국내법을 위반하여 무효가 아니라 조약 자체가 성립하지 않았다는 견해는 이 조약법 협약에 반하는 것으로 이는 조약의 불성립이라 할 것이다. 조약이 국내법 규정을 위반한 경우, 국내법의 규정이 객관적으로 명백한 경우, 이 사실을 원용할 수 있다는 의미는 이른바 상대적 무효를 주장한 것이다. 국내법의 규정이 객

관적으로 명백한 경우, 무효를 주장할 수 있다는 규정이고 조약의 불성립이
라는 견해는 아니다. 그러므로 한일합방조약은 대한제국의 국내법을 위반하
여 체결되었으므로 조약의 불성립이라는 견해는 타당성이 없는 것이다.

제5장

한일합방조약 부존재의 효과

제1절 대한제국의 존속성

I. 정부형태의 변경과 국가의 동일성·계속성

국가의 정부형태가 변경되어도 특히 군주정이 공화정으로 변경되어도 그리고 국가의 명칭과 국호의 변경이 있어도 국가의 동일성과 계속성은 유지된다는 것이 지금까지의 관행이고 통설이다. 전제군주정국가가 민주공화정국가로 변경되면 전자는 국가로서 소멸하고 후자는 신생국으로 성립한 것으로 보는 것이 일반적인 상식이다. 그러나 이는 국제법 부지의 상식이다. 대부분의 국가수립론자는 군주국가인 대한제국이 민주공화국인 대한민국으로 변경된 것은 대한제국이 소멸하고 대한민국이 신생국으로 성립한 것으로 보고 있다. 즉 국가의 정체의 변경은 그 변경국가의 소멸 원인이고 정체의 변경에 의해 수립된 정부는 신생국으로 성립된다고 보고 있는 바. 이는 국제관행에도 반하고 국제법에도 반하는 잘못된 견해인 것이다.

그러므로 "대한제국"이 "대한민국"으로 정체의 변경과 국가명칭의 변경이 있어도 국가의 동일성과 계속성은 그대로 유지되는 것이므로 1949년 8월 15일 정부수립은 국가의 수립이 아니라 정부의 수립인 것이다. 즉 신생국가의 수립이 아니라 대한제국과 대한민국은 동일성과 계속성을 갖는 것이므로 이는 "대한제국"이 국가로서 소멸한 이후 신생국으로 "대한민국"이 수립된 것이 아니라 대한제국의 정부가 군주정체에서 민주공화정으로 정체의 변경이 있을 뿐 신생국으로서 국가의 수립이 있는 것이 아니다.

국가의 정부형태의 변경이 있어도 국가의 동일성과 계속성이 영향이 없다는 국제관행과 학설을 보기로 한다.

1. 국제관행

국가의 성립요소인 국민, 영토 그리고 정부의 변경이 있어도 그 국가의 국제법상 국가로서의 지위에 아무런 변동이 없고, 그 국가는 국제법상 국가로서 동일성과 계속성을 갖는다고 보는 것이 국제 관행이다. 특히 군주정체국가가 공화정체국가로 정부의 변경이 있어도 군주제의 국가는 공화제의 국가와 동일성과 계속성이 인정되는 것이 지금까지의 국제 관행이다.

그 대표적인 예를 보면 다음과 같다.

가. 프랑스

군주제 국가였던 프랑스는 1789년의 혁명에 의해 공화정국가로 변경되었다. 그럼에도 불구하고 혁명전의 프랑스라는 국가는 혁명 후 프랑스라는 국가와 동일성과 계속성이 유지되었다.[1]

나. 러시아

러시아제국(Russian Empire)은 1917년 11월 17일 시작된 사회주의 혁명의 결과로 1922년 12월 30일 제1차 소비에트 회의에서 '소비에트 사회주의 공화국 연합 형성에 관한 선언(The Declaration on the formation of the

---

1) Hans Kelsen, *Principles of International Law*, 2nd ed., (New York: Holt, 1967), p.518; Esmond Jan, Osmanceyk, *Encyclopedia of the United Nations* 2nd ed., (New York: Taylor and Francis, 1990), p.944.

Union of Soviet Socialist Republic)'에 의해 국호가 '소비에트 사회주의 공화국 연합'으로 변경되고 사회주의 헌법의 제정이 있었으나 러시아 제국과 소련은 국제법상 동일성과 계속성을 갖는 것으로 인정되어 있다.[2]

또한 소련이 붕괴되었으나 러시아가 국제법상 동일성과 계속성을 갖는 것으로 인정되어 있다.

다. 유고슬라비아

사회주의연방공화국 '유고슬라비아(Socialist Federal Republic Yugoslavia)'는 1945년 11월 29일 선언에 의해 '연방인민공화국유고슬라비아(Federal people's Republic of Yugoslavia)'로 국호와 헌법을 개정했으나 개정 전의 사회주의연방공화국 유고슬라비아와 개정 후의 연방인민공화국 유고슬라비아는 국제법상 동일성과 계속성을 갖는다.[3]

라. 예멘 공화국

북예멘(North Yemen)은 '예멘아랍공화국(Yemen Arab Republic)'이고, 남예멘(South Yemen)은 '예멘인민주의공화국(People's Democratic Republic of Yemen)'이다. 양국은 1972년 10월 28일 통일조약을 체결 했으나 동 조약은 효력을 발생하지 아니했고 따라서 당시 양국은 통일을 실현하지 못했다. 이에 앞서 남예멘은 1969년 6월 혁명군에 의해 국명을 예멘공화국(Republic of Yemen)으로 변경하고 새 헌법을 제정한 바 있다.

그러나 국명개정 그리고 새 헌법의 제정이전의 예멘은 그 이후의 예멘 즉 예멘공화국은 국제법상 동일성과 계속성을 갖는다.[4]

---

2) *Ibid.*
3) *Ibid;* UN, *UN Bulletin*, January 1952, pp.33~44; Osmanczyk, *supra* n.1, pp.1074~75.
4) Robert Jennings and Arthur Watts(eds.), *Oppenheim's International Law*, 9ed., Vol.1 (London: Longman, 1992), p.206; Malcolm N. Shaw, *International Law*, 4th ed., (Cambridge; Cambridge University Press, 1997), p.680; Osmanczyk, *supra* n.1, p.1070.

마. 아랍연합 공화국

아랍연합공화국은 이집트, 리비아, 시리아 3개국이 아랍민족통일의 중심이 되기 위해 1971년 9월에 정식으로 설립한 연방국가이다. 국명을 이집트아랍공화국으로 설정했다. 시리아의 군사 쿠데타에 이어 시리아는 독립을 선언했다. 1961년 9월 28일 동 연합은 해체되고 이집트는 계속 이 아랍공화국을 그대로 사용하다가 1971년 9월 2일 '이집트 아랍공화국'으로 국명을 변경했다. 이집트는 국명과 헌법을 여러 번 변경했으나 국가의 동일성 및 계속성은 그대로 유지된다.[5]

바. 터키

터키제국(Turkish Empire)은 1923년 10월 29일의 공화국 선언(Proclamation Of Republic)에 의해 '터키공화국(Turkish Republic)'으로 국명과 국호의 변경이 있었으나 터키제국과 터키공화국은 국제법상 동일성과 계속성이 있는 것으로 되어 왔다.[6]

사. 남아프리카

남아프리카(South Africa)는 1961년 공화국선언(proclamation of Republic)에 의해 '남아프리카 공화국(Republic of South Africa)'으로 국명과 국호의 변경이 있었으나 남아프리카는 남아프리카 공화국과 국제법상 동일성과 계속성이 인정되고 있다.[7]

---

5) Osmanczyk, *supra* n.1, p.54; 동아일보/브리타니카, 『브리타니카』 제14권, (서울: 브리타니카, 1993), 124쪽.
6) *Ibid.*, p.923.
7) *Ibid.*, pp.856~57.

2. 국제학설

가. Hans Kelsen

Kelsen은 군주정이 공화정으로 변경되고 공화정이 군주정으로 변경되어도 국가의 동일성에 영향을 주지 아니한다고 다음과 같이 논하고 있다.

군주정이 국민의 혁명에 의해 공화정으로 변경되거나 공화정이 쿠데타에 의해 군주정으로 변경되어도 신정부는 효과적인 방법으로 신헌법을 유지할 수 있어도 국제법에 의하면 이 정부의 이 헌법은 그 국가의 합법적인 정부이고 타당성 있는 헌법이다. 국가의 동일성은 혁명이나 쿠데타에 의해 영향을 받지 아니한다.

If a monarchy is transformed into a republic by a revolution of the people, or a republic into monarchy by a coup d'etat of the president, and of the new government is able to maintain the new constitution in an effective manner, then this government and this constitution are, according to international law, the legitimate government and the valid constitution of the state...

the assumption that the identity of a state is not affective by revolution or coup d'etat.[8]

나. G.G Wilson

Wilson은 국명이나 국호의 변경은 승인의 예속성에 아무런 영향을 주지 아니한다고 다음과 같이 기술하고 있다.

국명이나 국호의 변경은 기 승인의 계속에 아무런 영향을 주지 아니하며 이는 동일한 정치적 단위에 머무르게 한다.

Change in the name or title of a state has no effect upon the continuity or recognition provided it remains the some political unity.[9]

---

8) Kelsen, *supra* n.1, pp.562~63.
9) G.G Wilson, *International Law*, 9th ed., (New York: Silver, 1935), p.54.

다. Ian Brownlie

Brownlie는 국가원수의 변경이나 정부형태의 변경은 국가의 법적 권리와 책임에 영향을 주지 아니한다고 다음과 같이 기술하고 있다.

> 따라서 국가의 법적 권리와 책임은 원수의 변경 또는 정부의 대내적 변경에 의해 국가의 권리와 책임은 영향을 받지 아니한다는 명제를 도출할 수 있다.
> Thus it may introduce the proposition that the legal rights and responsibility of state are not effective by changes in the head of state or the internal from of government.[10]

라. James Crawford

> 대내적 혁명의 경우 국가의 국내적 헌법과 정부형태에 영향을 주고 국가는 종전과 같은 것이며 그의 어떠한 권리를 상실하게 되는 것이 아니며 그의 의무로 보아 면제되는 것이 아니라는 것은 오래전부터 성립되어 왔다.
> It has long been established that, in case of internal revolution, merely altering the municipal constitution and form of government, state remains the same it neither loses any its rights, nor is discharged from any of its obligations.[11]

마. J.B. Moore

Moore는 군주국이 공화국으로 변경되어도 국가는 그의 권리·의무를 해하지 아니하고 남아 있다고 다음과 같이 기술하고 있다.

> 국제법인으로서 동일성은 그 정부의 헌법질서 영토와 인구의 변화에 개의치 아니하고 그의 국제법인으로서의 동일성은 계속된다. 군주국이 공화국으로 공화국이 군주국으로 변경될 수 있고 절대적인 원칙이 헌법적으로 대체될 수 있고 또는 그 반대일 수 있다. 정부의 변화를 통해 국가는 권리 의무의 손상 없이 남아있다.

---

10) Ian Brownlie, *Principles of Public International Law,* (Oxford: Oxford University Press, 2012), p.80.
11) James Crawford, *Creation of State in International Law,* (Oxford: Oxford University Press, 1979), p.405.

If a state is established which the international community, its identity as an international person continues, without regard change in its government, constitution or do, and possible increase or loss of territory and population, monarchy may be transformed into republic or a monarchy absolute principles may be substituted for constitutional, or the reverse, but through the government changes, the nation remain, with rights and obligation impaired.[12]

바. Jennings and Watts

Jennings와 Watts는 국민과 영토의 변경, 정부당국의 일시적 분쟁이 있어도 국가는 동일한 국제법인으로 남아있는 것이라고 다음과 같이 기술하고 있다.

… 정부당국이 일시적으로 다툼이 있을 수 있어도 내란이나 혹은 전시점령으로 영토가 제한되어도 그럼에도 불구하고 그러한 변화에도 불구하고 국제법상 국가는 동일한 법인격자로 남아 있다.

Governmental authority may be temporality disputed a territorially restricted as during a civil war or belligerent occupation. their territories may increase or decrease. nevertheless in same spite of such changes a state remains the same international persons.[13]

사. Charlies Fenwick

Fenwick는 국가는 어떠한 변화가 있어도 국제법인으로서 국가는 동일한 법인으로 계속된다고 다음과 같이 논하고 있다.

국제법인으로서 국가의 동일성을 고정하고 국제사회에 있어서 그의 지위는 그의 국제적 작용이나 지배에 있어서 어떠한 변화가 있어도 국가는 동일한 국제법인으로서 계속된다.

Once its identity as an international person has been fixed and its position in

---

12) J.B. Moore, *Digest of International Law* (Washington. D.C.: USGPO, 1961), Vol.1, p.248.
13) Jennings and Watts(eds.), *supra* n.4, p.204.

the international community established, the state continues to be the same corporate person whatever changes may take place in its international operation and government.[14]

아. Cruze

Cruze는 정부형태의 변화는 국가의 계속성을 해하지 아니한다고 다음과 같이 기술하고 있다.

국가원수의 교체에 의해 공화국이 전체주의 체제로 폭력적 방법에 의해 변경되어도 국가 생명의 계속성은 저해되지 아니한다.

The continuity of state life is also not impaired by changes of in the form of government, as when republic is converted into a totalitarian require or by replacement of the chief of state. even through violent methods.[15]

자. Antonio Casses

Casses는 정부의 혁명이나 초헌법적 변화는 국가의 동일성에 어떠한 변화를 주지 아니한다고 다음과 같이 기술하고 있다.

요컨대, 혁명이나 초헌법적 변경이 국가의 동일성에 어떠한 부담을 주지 아니하며 따라서 국가는 전 정부에 의해 이행된 국제적 행위에 의해 기속된다.

In short, revolutionary of extra-constitutional changes in the government do not have any bearing on the identity of a state and consequently states are bound by international acts performed by previous governments.[16]

---

14) Charles G. Fenwick, *International Law*, 3rd ed., (New York: Appleton, 1948), p.155.
15) A. Cruze, *International Law*, (Quezon: Central Lawbook, 1985), p.72.
16) Antomio Cassese, *International law*, (Oxford: Oxford University Press, 2001), p.52.

3. 국제판례

Tinoco Concessions Arbitration(GB v. Costa Rica)에서 중재관 태프트(Taft)
는 코스타리카(Costa Rica)의 혁명정부와 신헌법의 선포에 대해 코스타리
카의 전 정부가 체결한 계약은 코스타리카를 구속한다고 다음과 같이 판
정하고 있다.

> 1917년 정치지도자 티노코(Tinoco)는 코스타리카 정부를 정복하고 신헌법
> 을 선포했다. 1919년 티노코 정부는 와해되고 구정권이 회복되었다.
>
> 1922년 정부는 티노코가 영국 회사들과 계약을 체결하며 허락한 모든 권리
> 를 취소하는 법률을 제정하였다. 중재관은 이러한 계약들은 코스타리카를 구
> 속한다고 본다.
>
> In 1917, Tinoco, a political leader, overthrew the government of Costa Rica
> and proclaimed a new constitution. In 1919 the Tinoco government was toppled
> and the old authorities reinstated.
>
> In 1922 the government passed legislation quashing all the rights Tinoco had
> granted by contract to a number of British companies. The arbitrator held that,
> ⋯ those contract were binding on Costa Rica.[17]

유럽의 대부분의 국가는 군주정국가에서 공화정국가로 변경되었으나
국가의 동일성과 계속성이 그대로 유지되어 온 것이 지금까지의 관행이
다. 이상에서 고찰해 본 바와 같이 이와 같이 정부의 변경, 특히 군주정체
가 공화정체국 정부형태로 변경되어도 국가의 동일성과 계속성은 유지되
는 것이며 국가의 명칭이나 국호의 변경도 국가의 연속성에 영향이 없다.

그러므로 대한제국이 대한민국으로 군주정이 공화정으로 정부형태가
변경되고 또 국가의 명칭과 국호가 변경되었어도 대한제국과 대한민국은
국가의 동일성과 계속성을 유지하는 것이다.

따라서 대한제국이 그의 정체와 국호의 변경이 있어도 대한제국은 소멸

---

17) *RIAA*, Vol.1, 1948, p.369.

하지 않고 대한민국과 동일성과 계속성을 가지는 것이다.

그러므로 국가성립론은 성립의 여지가 없는 것이다.

II. 대한제국의 존속성에 관한 헌법의 규정

대한민국헌법은 대한제국이 국가로서 소멸한 것이 아니라 대한민국과 동일성·계속성이 있다고 다음과 같이 규정하고 있다.

1. 대한민국임시정부 임시헌장 선언문

대한민국임시정부 임시헌장 선언문은 3·1운동으로 수립된 대한민국임시정부는 대한제국의 법통성을 승계한다고 다음과 같이 선언하고 있다.

민국 원년 3월 1일 아 대한민족이 독립을 선언함으로부터...... 아 민족이
독립과 자유를 갈망하는 의사와 저의와 인도를 애호하는 국민성을 표현한다.

위의 선언 중 "아 대한민족이"이란 임시정부의 주체는 대한제국의 국민이라는 의미이며 이는 임시정부가 대한제국의 법통성을 승계한 것이라는 의미이며, "한민족이 독립을 선언함으로"는 대한제국이 일제로 부터의 독립을 선언한 것이므로 임시정부가 대한제국의 법통성을 승계하고 있음을 의미한다.

요컨대, 동 선언은 임시정부가 대한제국의 법통성을 승계한 것이라고 선명하고 있다. 정확하게는 대한제국이 '한일합방조약'에 의거 소멸한 것이 아니므로 대한민국임시정부가 대한제국의 국호를 대한민국으로 변경하고 정부수립을 한 것이다. 따라서 대한민국임시정부가 대한제국의 법통성을 승계한 것이 아니라 대한민국임시정부가 대한제국의 국호를 변경한 대한민국이 대한제국의 법통성을 승계한 것이다. 그러므로 1919년에 수립

된 것은 정부의 수립이며, 1948년에 수립된 것도 역시 정부의 수립이다.

2. 대한민국 제헌헌법

1948년 7월 17일의 대한민국 제헌헌법 전문은 대한민국이 대한민국임시
정부의 법통성을 승계한 것이라고 다음과 같이 규정하고 있다.

> 유구한 역사와 전통에 빛나는 우리들 대한국민은 기미삼일운동으로 대한
> 민국을 건립하여 세계에 선포한 위대한 독립정신을 승계하여……

위의 규정 중 "기미삼일운동으로 대한민국을 건립하여"란 대한민국은
"상해 임시정부 법통성을 승계한 것"이며, "대한민국"이라는 국호는 "임시
정부의 국호를 그대로 수용한 것 또한 대한민국은 임시정부의 정통성을
승계한 것"을 의미한다.[18] 또한 기미삼일운동은 "대한제국의 법통성을 유
지하기 위한 것이므로 대한민국은 대한제국의 법통성을 승계한 것"이라는
의미이다.

3. 현행대한민국 헌법

1997년 10월 29일 제9차 개헌헌법인 현행헌법 전문은 대한민국임시정부
의 법통성을 승계한 것이라고 다음과 같이 규정하고 있다.

> 유구한 역사와 전통에 빛나는 우리대한국민은 3.1운동으로 건립된 대한민
> 국임시정부의 법통과 4.19 민주이념을 승계…

위의 규정은 대한민국은 대한민국임시정부의 법통을 승계한 것이며, 또
한 3 · 1운동은 대한제국의 법통성을 회복하기 위한 것이므로 이는 대한제

---

18) 박영하, 『한국헌법론』, (서울: 청목출판사, 2016), 56쪽.

국의 법통성을 승계한 것이라는 의미이다.

이와 같이 우리 헌법은 대한민국을 신생국으로 보지 아니하고 직접적으로 상해 임시정부의 법통성과 간접적으로 대한제국의 법통성을 승계한 국가로 보고 있음을 헌법 전문에 선언·명시하고 있다. 즉 대한제국은 국가로서의 법통성을 상실한 것이 아니라 대한민국에 의해 그 법통성이 승계·계속되고 있음을 헌법이 명시적으로 선언하고 있다. 헌법재판소는 다음과 같이 판시하고 있다.

> 오늘날의 대한민국이 일제에 항거한 독립운동가의 공헌과 희생을 바탕으로 이룩된 것이라는 점 및 나아가 현행헌법은 일본제국주의 식민통치를 배제하고 우리 민족의 자주독립을 촉구한 대한민국임시정부의 정신을 헌법의 근간으로 하고 있다는 점을 뜻한다.[19]

요컨대 우리 헌법은 대한제국의 존속성을 명문으로 규정하고 따라서 대한민국은 대한제국과 동일성과 계속성을 갖고 있음을 명문으로 선언하고 있다.

III. 대한제국 존속성과 대한민국의 국호

1. 국호의 관점에서 본 대한제국의 존속성

오늘 대한민국의 국호는 "대한민국"이며, 이는 상해의 대한민국임시정부의 국호인 "대한민국"에서 유래되는 것이고, 대한민국임시정부의 국호인 대한민국은 대한제국에서 유래되며 대한제국과 대한민국임시정부는 국가로서 동일성을 갖고 상해 대한민국임시정부는 대한민국과 국가로서 동일성을 갖는다. 결국 대한제국과 대한민국은 국가로서 동일성을 갖는

---

19) 헌재 2008 헌바 141. 2011.3.31.

다. 그러므로 1948년 8월 15일 정부수립은 "정부의 수립"인 것이며, "국가의 수립"이 아닌 것이다. 이를 규명하기 위해 국호의 변경과정을 개관하기로 한다.

가. 대한제국의 국호

4천년의 역사를 가진 우리나라는 조선 조말 1879년 "병자수호조약"으로 낡은 쇄국의 벽을 깼으나 밀려드는 열강의 경쟁적 세력팽창을 제지할 수 없었다. 거센 외세의 각축 속에서 독립국가로서의 존엄을 보지하기 위해 고종은 1897년(고종 34년) 10월 11일에 국호를 대한(大韓), 연호를 광무(光武)라 칭하고 새로운 "대한제국"을 내외에 선포하였다. 이와 같이[20] "조선"이란 국호는 "대한제국"이란 국호로 대체되었다. 그러나 불행히도 1910년 8월 22일 일본의 강박과 간계에 의해 체결된 "한일합방조약"에 의거 대한제국은 일본에 병합되어 그의 국호는 사실상 종료되고 만다.

대한제국의 국호는 1897년 10월 11일에서 1910년 8월 22일까지 존속되었다.

나. 상해임시정부의 국호의 제정

대한제국이 1910년 "한일합방조약"에 의해 주권을 상실한 이후 대한제국의 주권을 회복하기 위한 대일 민족적 투쟁은 국내외에서 전개되었다.

1919년 3·1운동 이후 동년 4월에 상해에 임시정부가 수립되었다. 러시아령의 "대한국민회의", 상해의 "대한민국임시정부", 서울의 "한성정부"는 상해의 임시정부로 통합되게 되었다. 국내외의 대표로 구성된 "임시의정원"은 헌장을 제정하면서 그 명칭을 "대한민국임시헌장"이라 명했다.

3·1운동 이후 임시정부 수립을 위해 상해에 독립임시사무소를 설치하

---

20) 이기백, 『한국사신론』, (서울: 일조각, 1976), 351~357쪽.
   김명기, 『국제법상 남북한의 법적 지위』, (서울: 화학사, 1980), 6쪽.
   신용하, "대한제국", 한국정신문화연구원, 『한국민족문화 백과사전』 제6권, (서울: 웅진출판, 1966), 1665~1672쪽.

고 4월 9일부터 정부수립을 위한 회의를 시작했다.

4월 11일 각 지방의 대표들로 의회를 구성하기로 하고 그 명칭을 "임시의정원"으로 정했다. "임시의정원"은 4월 11일 회의를 개최하고 국호를 "대한민국"으로, 연호를 "민국"으로 각각 결정했다. 국호를 "대한민국"으로 제의한 임시의정원의 의원들은 "대한"은 빼앗긴 나라(대한제국)를 되찾겠다는 의의를 가진 것이며, "민국"은 공화제 국가임을 명시하는 것이라고 주장했다.21)

같은 날 임시의정원은 대한민국의 헌법인 "대한민국임시헌장"을 제정 공포했다. 동 헌장 제1조는 "대한민국은 민주공화국으로 함"이라고 규정하며 국호가 대한민국임을 동 헌장의 명칭과 동 헌장 1조에 의해 법정화했다.

이와 같이 상해 대한민국임시정부의 국가의 국호는 "대한민국"이었다. 이는 대한제국의 "대한"을 의미하는 것이며, "민국"은 민주공화국임을 의미하는 것이므로 결국 상해 임시정부의 국가는 대한제국과 동일성을 갖는 것임을 의미한다.

다. 대한민국의 국호제정

제헌의회 헌법 기초위원회에서 국호문제가 논의되었다. 30명의 의원으로 조성된 헌법기초위원회에서 대한민국안, 고려공화국안, 조선공화국안, 그리고 한국안이 제의되었으나 표결결과 대한민국 17표, 고려공화국 7표, 조선공화국, 2표, 한국 1표로 17표인 대한민국이 국호로 의결되었다.

제헌국회의 7월 1일 본회의에서 제2독회가 시작하면서 국호문제가 제기된 것은 제2독회에서 첫 번째 심의하여할 사항이 전문인데 전문에 헌법의 명칭이 없으므로 이는 제1조의 "대한민국은 민주공화국이다"와 함께

---

21) 김영수, "대한민국 임시정부 헌법", 한국정신문화연구원, 제6권, 613~614쪽.
이현희, "대한민국 임시정부", 두산세계대백과사전, 제7권 (서울: 두산동아, 1996), 460쪽.
김학성, 『헌법학원론』, (서울: P and C 미디어, 2011), 67~68쪽.
강경선, 『헌법 헌문 주해』, (서울: 이피스테머, 2017), 24~25쪽.

심의되었다. 국호에 대한 의견이 분분하자 이승만 국회의장은 표결을 서두르게 했다. 표결 결과 재적의원 188인, 찬성 163, 반대 2로 국호는 대한민국으로 결정되었다.[22)

6월 26일에 본회의 제1독회에서 위원장은 헌법기초위원회에서 국호를 대한민국으로 의결한 이유를 다음과 같이 설명했다.

> 여러분은 아시다시피 우리나라는 청일전쟁 중에 대한(大韓)이라고 하는 말을 마관조약(=하관조약, 시모노세키조약)에 썼던 것을 여러분이 역사적으로 잘 아실 것입니다. … 또 그 후에 3·1혁명 이후에 우리나라에서도 해외에 가서 임시정부를 조직해서 그때도 대한이라고 이름을 붙여 내려온 것입니다. 또 이 국회가 처음 열릴 때에 의장 선생님으로부터 여러분에게 식사를 말씀하시는 끝에도 대한민국 36년이라는 연호를 쓴 관계로서 이 헌법 초안에도 아주 누가 이렇게 국호를 정해라 저렇게 해라 정할 수가 없어서 대한이라고 그대로 인용해서 실용한 것으로 생각하는 바입니다. 그만한 정도로 답변해 드립니다. 그 다음에 제1조에 대한이라는 대(大)자를 관사로 사용하면 군주국의 기분이 있지 않을까, 그 말은 저희들도 그렇게 생각합니다. '대'자라고 하는 말은 크다는 말입니다. 대영제국이나 과거에 있어서 대일본제국주의니 해서 그 '대'자로 말할 것 같으면 유전적 그 대명사라고 해서 관사로 볼 수 있는 글입니다. 또 그 의원께서 물으신 바와 같이 저 개인에 있어서도 오늘에 있어서 '대'자라고 하는 것은 비민주적이라고 하는 것이 표시가 되어 있지 않을까 합니다.[23)

---

22) 국사편찬위원회, 『한국사』 제52권, (서울: 국사편찬위원회, 2002), 416~423쪽.
김학성, 『헌법학원론』, (서울: 피엔씨 메디어, 2011), 69~70쪽.
강경선, 『헌법전문주해』 (서울: 피스테메, 2017), 23~24쪽.
여명록, 『우리헌법의 탄생』 (서울: 서해문집, 2006), 138쪽.
유진오, 『헌법기초록회고』 (서울: 일조각, 1980), 17~56쪽.
류수현, "제1공화국 헌법제정과정", 『한국의 사회와 문화』 제7권, (1986.10.), 194~195쪽.
23) 국회도서관, 『헌법제정회의록』 헌정사자료 제1집, 1967, 123쪽.

IV. 대한제국의 존속성에 관한 대한민국의 공식적 견해

1. 제1공화국 정부의 공식적 견해

가. 대통령 취임사

1948년 8월 15일 대한민국 최초 정부, 즉 정부수립 정부인 이승만 정부의 공식적 입장은 "정부의 수립"으로 보고 있다. 정부수립 후 최초로 발행된 "관보" 제1호는 "대통령 취임사", "부통령 취임사", "국무총리 취임사", "국무회의 성명서" 그리고 "정부수립대통령기념사"가 등재되어 있다. 이들 취임사와 기념사 등에 모두 "정부수립"이라고 선언되고 있고 "국가수립"이라 선언되어 있지 아니하다.

이승만 대통령은 그의 취임사에서 취임사를 행한 년도를 "대한민국 1년"이 아니라 "대한민국 30년"이라 표기하여 대한민국임시정부 수립 년도로 표기했다. 이는 대한제국의 승계자인 대한민국임시정부의 법통성을 승계한 것을 의미하며, 또한 이는 대한제국이 소멸하지 아니했음을 의미하는 것이므로 그의 취임사의 내용을 보기 전에 정부수립론에 입각한 것을 알수 있다. 대통령 취임사 중 정부수립에 관한 내용은 다음과 같다.

> 이런 인격들이 함께 책임을 부담하고 일해 나가면 우리 정부 일이 좋은 시계 속처럼 잘 돌아가는 중에서 이적을 많이 나타낼 것이오. 세계의 신망과 동정이 날로 증진될 것입니다. 그런 즉 우리가 수립하는 정부는 어떤 부분적이나 어떤 지역을 한하지 않고 전 민족의 뜻대로 전국을 대표한 정부가 될 것입니다. 기왕에도 말한 바이지만 민주정부는 백성이 주장하지 않으면 그 정권이 필경 정객과 파당의 손에 떨어져서 전국이 위험한 데 빠지는 법이니 일반국민은 다 각각 제 직책을 행해서 우선 우리 정부를 사랑하며 보호해야 될 것이니 내 집을 내가 사랑하고 보호하지 않으면 필경은 남이 주인 노릇을 하게 됩니다. 과거 40년 경험을 잊지 말아야 할 것입니다. 의로운 자를 옹호하고 불의한 자를 물리쳐서 의가 서고 사가 물러가야 할 것입니다. 전에는 일꾼이 소인을 가까이 하고 현인을 멀리하면 나라가 위태하다 하였으나 지금은 백성이 주장이므로 민중이 의로운 사람과 불의한 사람을 명백히 구별해야 할 것입니다.

승인문제에 대하여는 그 권리가 우리에게 있는 것이 아니므로 우리가 판단할
수는 없으나 우리의 순서가 이대로 계속된다면 모든 우방의 호의로 속히 승인
을 얻을 줄로 믿는 바입니다.[24]

We have heart felt gratitude at this time for recognition of our government.[25]

위의 취임사 중 "우리가 수립하는 정부"라고 표시되어 있고, "우리가 수
립하는 나라"라고 표시되어 있지 아니하고, 전술한 바와 같이 취임사 말미
에 취임한 일자를 "대한민국 1년 7월 24일"로 표시하지 아니하고 "대한민
국 30년 7월 24일"로 표시한 것으로 미루어 보아 이대통령은 "국가의 수립"
아니라 "정부의 수립"으로 본 것이 명백하다.

나. 부통령 취임사

이시영 부통령 취임사에도 "정부수립"이라고 표시되어 있고, 또 취임 연
월일을 "대한민국 1년 7월 24일"로 표시하지 아니하고 "대한민국 30년 7월
24일"로 표시하여 기재하여 대한민국 건국이 아니라 정부수립임을 명시하
고 있다. 이시영 부통령의 취임사에는 정부를 수립한다고 다음과 같이 표
시되어 있다.

삼가 친애하는 동포여러분께 고합니다. 우리 겨레가 사십년간 외적의 압박
에서 신음하다가 우리 혁명선열들의 순국열혈의 결정과 연합우방의 호의로
말미암아 자유해방이 되고 이제 우리 겨레가 대망하던 중앙정부를 수립하게
됨은 실로 경하하여 마지않는 바입니다.[26]

다. 국무총리 취임사

이범석 국무총리도 그의 취임사에서 "정부가 수립되는 것"이라고 표시
하고 그의 취임사의 연월일을 대통령 취임사, 부통령 취임사의 경우와 같

---

24) 관보 제1호, 8~9쪽.
25) Majorie M. Whiteman, *Digest of International Law*, Vol.14, (Washington, D.C.: USPO, 1970), p.176.
26) 관보 제1호, 9~10쪽.

이 "대한민국 1년 8월 3일"로 표시하지 아니하고 "대한민국 30년 8월 3일"로 표시하여 건국이 아니라 정부수립임을 명시하고 있다. 국무총리 취임사 중 정부수립에 관한 표현을 보면 다음과 같다.

> 의장, 부의장 및 국회의원여러분! 상선은 정의를 보존하심으로써 우리민족이 사십년 동안 최고 지상의 염원이든 민족자유와 국가수립은 성스러운 선혈지사의 부단한 분투노력과 전세계 평화와 정의를 애호하는 국가의 지지협조 하에 이제 이루어지게 될 것이며, 이 국회에서 언명 탁별 하신 대통령, 부통령을 추대하여 국회에서 만민의 지침으로 제정한 법률에 의하여 정부가 수립되는 것은 어디 감격하여야 마지않습니다.[27]

라. 국무회의 성명서

대통령 이승만, 국무총리 이범석, 그리고 각 국무장관이 부서한 "국무회의 성명서"에도 건국이 아니라 정부수립이라고 선언되어 있다. 성명서의 연월일을 대한민국으로 표기하지 아니하고 단기로 표기하고 있는 것이 전기한 제 취임사의 경우와 다르다. 그러나 이도 "대한민국 1년"으로 표기하지 아니한 점에 있어서는 전기 제 취임사의 경우와 동일하다. 동 성명서는 "국가 수립"이 아니라 "정부수립"임을 다음과 같이 선언하고 있다.

> 36년간 이민족의 압박 하에 신음하던 우리 3천만 동포는 연합군의 호의로 자주독립의 길을 밟아오게 된 바, 소위 해방이후 3개년 간의 차하여 이개의 미소공동위도 불성공으로 마치고 유엔 감시 하에 동포의 뜨거운 애국심으로 대한민국의 정부가 수립되었다.[28]

이상의 이승만 정부의 공식적 입장은 "국가수립"이 아니라 "정부수립"이었음이 확인된다. 이는 대한민국 정부를 수립한 초대 정부의 공식적 입장이란 점에서 유권적인 것이며 이에 대립되는 정부의 공식적 주장은 법리상 성립의 여지가 없다. 다만, 정부의 공식적 주장이 아니라 무권적인 사

---

27) 관보 제1호, 10쪽.
28) 관보 제1호, 10쪽.

적 견해는 얼마든지 성립될 수 있으나 이는 결코 유권적인 정부의 입장을 배제할 수는 없는 것이다.

2. 대한제국이 가입한 조약의 대한민국에 대한 효력확인

1981년 6월 9일 서독정부는 우리 정부에 대해 대한제국이 가입한 아래 협약이 대한민국에 대해 계속 유효한지의 여부를 문의해왔다.

- (i) 1899년의 "육전의 법과 관습에 관한 협약"(1899 헤이그 제Ⅱ협약)
- (ii) 1899년의 "1864년의 제네바협약의 원칙을 해전에 적용하기 위한 협약"(1899 헤이그 제Ⅲ협약)
- (iii) 1904년의 "헤이그 병원선에 대한 면제에 관한 협약"(1904 헤이그 병원선 협약)

이에 대해 우리정부는 1986년 8월 4일 대한제국이 1910년 이전에 체결한 상기 3개의 다자협약이 대한민국에 대해 효력이 있음을 확인하고 이를 조약목록에 게재함과 아울러 관계조약의 수탁국인 네덜란드 정부와 이에 관한 문의를 해온 서독정부에게 이 사실을 통보하기로 하였다고 발표하였다. 또한 우리 정부는 1986년 8월 8일 "관보" 제10409호로 대한제국이 체결한 상기 3개의 협약이 "대한민국에 대해 효력이 있음을 공포한다."라고 확인 공고했다.[29)]

외무부의 확인내용은 다음과 같다.

법 이론상으로 보면 1905.11.17.의 소위 을사보호조약과 1910.8.22.의 소위 한일합방조약 등 1910년 이전에 체결된 한 · 일간의 제조약은 대한제국과 대

---

29) 김명기, 『국제법원론』 상, (서울: 박영사, 1996), 286쪽; 김명기, 『대한제국과 국제인도법』, (서울: 책과 사람들, 2008), 89~90쪽.
『관보』에는 확인 행위의 법적 성격이 설명되어 있지 아니하나, 외무부, 『대한제국이 체결한 다자조약의 효력확인 설명자료』, (1986.7.31.)에는 대한제국과 대한민국의 동일성 확인으로 설명되고 있다(제2항 다목).

한제국의 조약체결권자(고종 및 순종황제)에 대하여 강박을 행사하여 체결된 조약이므로 현 국제법 이론에 의하여서뿐만 아니라, 한·일합방 당시의 국제법 이론에 의하여도 당연히 무효라는 것이 국제법학자들의 통설이다.

1965.6.22. 체결된 한·일 기본관계조약 제2조도 1910.8.22. 및 그 이전에 한국과 일본 간에 체결된 제조약은 이미 무효라고 규정하여 이와 같은 취지를 반영하고 있다.

따라서 법적으로는 대한제국이 국가로서 소멸한 것이 아니라 계속 존속하여 왔으나, 다만 그 행위능력, 즉 영토와 인민에 대한 실효성 있는 통치권만 일본에 의하여 불법적으로 대리행사 되어 온 것이며, 대한민국은 동일한 국제법 주체인 국가 내에서의 국체, 정체 및 국호의 변경에 해당하는 것이므로 대한제국과 대한민국의 동일성은 계속 유지된다.[30]

V. 대한제국의 존속성에 관한 국제적 확인

위에서 일본의 한국에 대한 제침략 조약이 국제법상 무효 또는 부존재라는 점을 이론적 측면에서 고찰해보았다. 이들 제침략 조약이 국제법상 무효라는 국제적 선언이 실제상 반복되어왔다.

1. 카이로 선언

제2차 세계대전의 발발과 더불어 국가의 지위에 관한 문제가 부활되었다. 1919년 3·1독립운동에 이어 한국임시정부를 유지해온 망명인들은 한국의 독립과 공식승인을 선전하기 시작했으며, 1943년 11월 27일 미국의 루즈벨트(F.D. Roosvelt) 대통령, 영국의 처칠(Churchill) 수상, 중화민국의 장개석(蔣介石) 총통은 카이로에서 회합하여 대일전에 있어서의 승리의 확신과 전망을 명백히 하고 한국에 대해 다음과 같이 선언했다.

---

30) 외무부, 대한제국이 체결한 다자조약의 효력확인 설명자료(1986.7.31.), 2의 다항.

전기의 3대국은 한국국민의 노예상태에 유의하고 적당한 경로를 밟아 한국
을 자유 독립으로 할 것을 결의한다.[31]

The aforesaid three great powers, mindful of the enslavement of the people of
Korea, are determined that in due course Korea shall become free and
Independent.

동 조약은 "한국을 자유 독립"으로 한다고 표시하여 당시의 한국은 국제
법상 소멸한 것이 아니라고 명백히 확인하고 있다. 한국은 당시에 소멸한
것이 아니라 "자유"와 "독립"을 제한 당한 국가로 즉 "비독립국가"로 본 것
으로 비독립국가도 제한된 능력을 가진 국가인 것이다.[32]

물론 비독립국가인 피보호국은 국제법상 법인격을 상실한 경우도 있고
국제법상 법인격을 보지한 경우도 있다.[33] 그러나 동 선언이 "한국을 신생
국으로 수립할 것"이라고 선언하지 않고, "한국을 자유와 독립으로 할 것
(Korea shall become free and Independent)"으로 표명한 것은 한국의 존재
를 긍정한 것이며, 또 "한국을 분리·독립으로 할 것"이란 제한된 행위능
력을 회복한다는 의미인 것이다.[34]

동 선언은 정치적 방침의 선언이며, 조약이 아니므로 일본에 대해서는
물론이고 미국·영국·중국에 대해서도 국제법상 법적 구속력이 있는 것
은[35] 아니다. 그러나 후술하는 바와 같이 일본의 "항복문서"에의 조인에

---

31) 동선언 제7단.
32) G. Schwarzenberger and E. D. Brown, *A Manual of International Law*, 6th ed.,
(Milton; Professional Books, 1976), p.60; 한형건, 전주 24, 59쪽; 남기환, "현행헌
법상 평화통일", 『외교·안보논총』 제1권, 1978, 235쪽.
33) Gould는 피보호국의 국제법상 인격은 획일적으로 논할 수 없다고 하며 (W.L.
Gould, *An Introduction to International Law*, (New York: Harper and Brothers,
1957), pp.195~98.), Schwarzenberger and Brown은 비독립국도 국가이지만 완전
한 주권을 상실할 경우 국제법상 인격을 상실한다고 하며(Schwarzenberger and
Brown, *supra* n.32, p.60.), Brownlie는 비독립국가가 기관이나 대표기구를 수립
하지 못한 경우는 국가가 아니라고 한다(Brownlie, *supra* n.32, p.69).
34) 남기환, 전주 32, 23쪽; 김동희, 『대한민국의 정통성에 관한 법적근거』, (서울: 국
제통일원, 1976), 20쪽.
35) 선언은 조약이 아니며, (ⅰ) 정책의 수립, (ⅱ) 채택된 원칙의 선언, (ⅲ) 주어진

의하여 동 선언은 일본에게 법적 구속력을 갖게 되었다.

2. 포츠담 선언

"카이로 선언"이 발표된 지 1년 8개월만인 1945년 7월 26일에 역시 미국·
영국·중국의 대국에 의하여 "포츠담 선언"이 선언되었으며 소련은 동 년 8월
8일에 이에 가입했다.[36] 동 선언 제8항은 다음과 같이 규정하고 있다.

> 카이로 선언의 조항은 이행되어야하며 또 일본의 주권은 본주(本州)·북해도
> (北海島)·구주(九州)·사국(四國) 및 우리들이 인정하는 제도서에 국한된다.
> The terms of the Cairo Declaration shall be carried out and Japanese
> Sovereignty shall be limited to the Island of honshu, Hokkaido, Kyushu, Shikoku,
> and such minor Islands as we determine.[37]

동 선언은 "카이로 선언의 조항은 이행되어야 하며"라 규정하여 전술한
"카이로 선언"을 재확인한 것이고 따라서 한국의 국제법상 법인격도 동 선
언에 의해 재확인된 것이다. 또 "일본의 주권은 본주·북해도·구주·사국
…… 에 국한된다"라고 규정하여 일본의 주권이 한국에 미치지 못함을 선
언하여 한국의 존재를 긍정한 것이다.

동 선언도 "카이로 선언"과 동일한 법적 성격을 가진 것으로 일본에 대
하여 법적 구속력이 있는 것은 아니다. 그러나 1945년 8월 15일에 연합국
측이 항복조건으로 제시한 동 선언을 일본이 동년 9월 2일 동경만의 미주
리 함상에서 무조건 수락하는 "항복문서"에 조인함으로써 이는 일본에 대
하여 법적 구속력을 갖게 되었다.[38]

조치에 대한 정당한 이유의 제시의 세 가지 의미로 사용된다(Wilson, *supra* n.9,
p.209).

36) H. Lauterpacht(ed.), *Oppenheim's International Law*, Vol.2, 7th ed., (London:
Longmans, 1952), p.533.
37) US Department of State, *Bulletin*, (4 Dec. 1943), p.393.
38) *Ibid*; 박관숙, "독도의 법적지위에 관한 연구", 연세대학교 대학원 박사학위논문,

3. 항복문서

1945년 9월 2일 "포츠담 선언"을 수락하는 항복문서의 내용은 다음과 같다.

1945년 7월 26일 포츠담에서 미국·중국·영국의 정부수상에 의해 발표되고, 그 후 소련에 의해 지정된 선언에 제시한 제규정을 수락한다...
우리는 이후 일본정부와 그 승계자가 포츠담 선언의 규정을 성실히 수행할 것을 확약한다.

we,..., hereby accept the provisions set forth in the declaration issued by the heads of the Government of the United States, China, and Great Britain on 26 July, 1945 at Postdam, and subsequently adhered to by the Union of Soviet Socialist Republics,...

We hereby undertake for the Emperor, the Japanese Government and their successors to carry out the Provisions of the Potsdam Declaration in good faith.[39]

4. 정부수립에 관한 국제연합 총회의 결의

1947년 11월 4일 국제연합 총회가 채택한 "국제연합 임시한국위원단 설치 및 독립방안의 준비에 관한 국제연합 총회의 결의(Resolutions of the U.N. General Assembly Establishing the UN Temporary Commission on Korea and providing for a program for Korean Independence)"는 국제연합 한국임시 위원단의 설립 목적이 "국민정부의 수립"에 있음을 다음과 같이 규정하고 있다. 즉, 민주국가의 수립이 아니라 "국민정부의 수립"에 있음을 다음과 같이 결의한 바 있다.

1968, 53쪽.; 이한기, 『한국의 영토』, (서울: 서울대학교 출판부, 1969), 265쪽; 高野雄一, "영토", 국제법학회, 평화조약의 종합연구, 상권, (동경: 유비각, 소화 27), 27쪽, 69쪽.
39) W.C. Langsam, *Historic Documents of World War Ⅱ*, (Westpoint: Greenwood, 1958), p.152.

A

총회가 당면하고 있는 한국문제는 근본적으로 한국 국민 자체의 문제이며 그 자유와 독립에 관련되는 것이며, 또한 본 문제는 당해 지역 주민의 대표가 참가하지 않고는 공명정대히 해결될 수 없음을 인정하는 까닭에, 총회는 1. 본 문제 심의에 있어 선거에 의한 한국국민의 대표가 참여하도록 초청할 것을 결의하며, 2. 나아가서 이러한 참여를 용이케 하고 촉진시키기 위하며 또한 한국 대표가 단지 한국의 군정당국에 의하여 지명된 자가 아니라 한국국민에 의하여 사실상 정당히 선거된 자라는 것을 감시하기 위하여 조속히 국제연합 한국임시위원단을 설치하여 한국에 부임케 하고 이 위원단에게 전 한국을 통하여 여행, 감시, 협의할 수 있는 권한을 부여할 것을 결의한다.

A

In as much as the Korean question which is before the General Assembly is primarily a matter for the Korean people itself and concerns its freedom and independence, and

Recognizing that this question cannot be correctly and fairly resolved without the participation of representatives of the indigenous population,

The General Assembly

1. Resolves that elected representatives of the Korean people be invited to take part in the consideration of the question;

2. Further resolves that in order to facilitate and expedite such participation and to observe that the Korean representatives are in fact duly elected by the Korean people and not mere appointees by military authorities in Korea, there be forthwith established a United Nations Temporary Commission on Korea, to be present in Korea, with right to travel, observe and consult throughout Korea.

B

총회는, 한국국민의 독립에 대한 요청이 긴급 정당함을 인정하고 한국의 국가 독립이 재설정되어야 하며, 전 점령군은 그 후 가능한 최단기간 내에 철수되어야 할 것을 확신하고, 한국 국민의 자유와 독립은 한국국민의 대표의 참여 없이는 공명정대히 해결될 수 없다는 전술의 결론과 또 선거에 의한 한국국민의 대표의 참여를 용이케 하며, 촉진시킬 목적으로 국제연합한국임시위원단(이하 위원단이라 칭한다)을 설치한다는 결의를 상기하며,

1. 위원단은 호주, 캐나다, 중국, 엘살바도르, 프랑스, 인도, 필리핀, 시리아,

우크라이나 소비에트사회주의공화국의 대표로써 구성할 것을 결정한다.

2. 한국국민의 자유와 독립의 조속한 달성에 관하여 동 위원회와 협의할 수 있는 대표자들을 선출하기 위하여, 1948년 3월 31일 이내에 성년자선거권 원칙과 비밀투표에 의한 선거를 시행하고, 이 대표자들로 하여금 국회를 구성케 하고 한국의 중앙 정부를 수립할 것을 권고하며 각 투표 지구 또는 지역에서 선출될 대표자수는 위원단 감시 하에 시행되어야한다.

3. 다시 선거후 가급적 조속히 국회가 소집되어 중앙 정부를 수립해야 하며 그 수립을 위원단에 통고하여야 할 것을 권고한다.

......

7. 한국 독립 완성에 이르는 준비적 과도기간 중에는 총회 결정을 수행하는 경우를 제외하고 한국 국민의 여러 문제에 간섭함을 삼갈 것과 또한 한국의 독립과 주권을 침해하는 모든 행위를 철저히 삼갈 것을 모든 국제연합 회원국에게 요청한다.

B

The General Assembly,

Recognizing the urgent and rightful claims to independence of the people of Korea;

Believing that the national independence of Korea should be re-established and all occupying forces then withdrawn at the earliest practicable date;

Recalling its previous conclusion that the freedom and independence of the Korean people cannot be correctly or fairly resolved without the participation of representatives of the Korean people, and its decision to establish a United Nations Temporary Commission on Korea (hereinafter called the "Commission") for the purpose of facilitating and expediting such participation by elected representatives of the Korean people,

1. Decides that the Commission shall consist of representatives of Australia, Canada, China, El Salvador, France, India, Philippines, Syria, Ukrainian Soviet Socialist Republic;

2. Recommends that the elections be held not later than 31 March 1948 on the basis of adult suffrage and by secret ballot to choose representatives with whom the Commission may consult regarding the prompt attainment of the freedom and

independence of the Korean people and which representatives, constituting a National Assembly, may establish a National Government of Korea. The number of representatives from each voting area or zone should be proportionate to the population, and the elections should be under the observation of the Commission;

　3. Further recommends that as soon as possible after the elections, the National Assembly should convene and form a National Government and notify the Commission of its formation;

　......

　7. Calls upon all Members of the United Nations to refrain from interfering in the affairs of the Korean people during the interim period preparatory to the establishment of Korean independence, except in pursuance of the decisions of the General Assembly; and thereafter, to refrain completely from any and all acts derogatory to the independence and sovereignty of Korea.[40]

　동 결의는 한국임시위원단이 국가의 수립을 목적으로 하는 것이 아니라 "정부의 수립"을 목적으로 하는 것이라고 명시하고 있다. 동 결의에 의거 국제연합 임시 한국위원단의 감시 하에 1948년 5월 10일 국민의 총선거가 실시되어 "한국정부의 수립"이 있게 되었다.

　동 결의는 1948년 8월 한국정부가 수립된 후 1948년 12월 12일 국제연합 총회가 한국 정부의 수립을 승인하는 결의의 전제가 되었다.

　동 결의는 1948년 12월 12일의 국제연합 총회의 결의, 1949년 1월 1일의 미국의 한국 정부승인 성명, 1948년 8월 9-11일 대한민국 정부의 "통치권이양 협정" 등에 인용되었다.

　요컨대, 동 결의는 국제연합 임시한국위원단의 설립목적을 대한민국 "국가의 수립"을 목적으로 하는 것이 아니라 대한민국 "정부의 수립"을 목적으로 한 것임을 선언한 것이다. 동 결의에 의거 1948년 12월 12일 국제연합 총회의 결의에 반영되어 대한민국 국가의 승인을 한 것이 아니라 대한민국 합법 정부의 승인을 한 것이다.

---

40) GAOR, 2nd Sess., 16 Sept.-29 Nov. 1947, p.16.

5. 한미 간의 통치권 이양에 관한 협정

1948년 8월 9일과 11일에 체결된 "대한민국 정부와 미합중국 정부간의 대한민국 정부에의 통치권이양 및 미국 점령군대의 철수에 관한 협정 (Agreement between the Government of the republic of Korea and the Government of the United States of America concerning the Transfer of Authority to the Government of Republic of Korea and the withdrawal of the United States Occupation Forces)"은 "대한민국 정부의 수립"을 귀하에게 통고하게 된 것을 영광으로 생각한다고 다음과 같이 규정하고 있다.

본관은 1948년 5월 10일 국제연합 총회 임시한국위원단 감시 하에 실시된 선거의 결과로 구성된 한국 국회의 토의와 조치의 결과 1948년 8월 15일 자로 대한민국 정부가 수립된 것을 귀하에게 통보함을 영광으로 생각합니다. 한국에 관한 1947년 11월 14일자 국제연합 총회의 결의의 2의 제3항에 따라 국제연합 임시한국위원단에 대하여 본 정부수립을 통보한 바 있습니다.

I have the honour to inform you that, in consequence of the deliberations and acts of the Korean National Assembly, which was constituted as a result of the election held on 10 May 1948, under the observation of the United Nations Temporary Commission on Korea, there was formed, as of 5 August 1948, the Government of the republic of Korea. In accordance with paragraph 3 of resolution II of the United Nations General Assembly resolutions on Korea of 14 November 1947, the United Nations Temporary Commission on Korea was notified on 6 August 1948, of the formation of this Government.[41]

주한미군총사령관 하지 중장과 대통령 이승만 간에 교환각서의 형식으로 체결된 동 협정에 "국가의 수립"이라 규정하지 아니하고 "정부의 수립 (formation of Government)"이라 규정하고 있다. 동 협정은 한미 간에 체결된 것이므로 한국이 "정부의 수립"으로 본 것이고 미국이 "정부의 수립"으

41) War History Compilation Committee, *The Code of National Defense,* The Republic of Korea, (Seoul: WHCC, 1981), p.30.

로 본 것이고 또한 한국과 미국이 "정부의 수립"이라 본 것이다.

특히 동 합의서는 국제연합 임시한국위원단의 감시 하에 정부를 수립하는 것이라는 1947년 11월 14일의 국제연합 총회의 결의를 인용하고 있다. 이는 결국 미국, 한국 그리고 국제연합이 한국의 "국가의 수립"이 아니라 "정부의 수립"으로 보고 있는 것이다.

6. 국제연합 총회에 의한 대한민국 정부수립의 합법성 결의

1948년 12월 12일 국제연합 총회는 대한민국 정부가 유일 합법 정부라는 결의를 채택했다. 1948년 5월 10일의 총선거에 의해 구성된 국회는 7월 17일 헌법을 재정공표하고, 8월 15일에 대한민국 정부수립을 세계만방에 공표하게 됨에 따라 국제연합 총회는 대한민국 정부가 한반도 내에 유일한 합법 정부라는 결의를 채택하게 되었다.

동 결의 내용은 다음과 같다.

> 총회는 한국의 독립문제에 관해 1947년 11월 14일 총회결의 제112호(Ⅱ)를 존중하고, 국제연합 한국임시위원단(이하 임시위원단이라 부른다)의 보고서 및 임시위원단과의 협의에 관한 총회의 중간위원회의 보고서를 검토하고,
>
> 임시위원단의 보고서에 언급된 제난점 때문에 1947년 11월 14일 결의에 천명된 제 목적이 충분히 달성되지 않았고, 특히 한국통일이 아직도 성취되지 않고 있음을 유의하여,
>
> 1. 임시위원단 보고서의 결론을 승인한다.
>
> 2. 임시위원단이 감시 및 협의를 할 수 있었고 전 한국민의 대다수가 거주하고 있는 한국지역에 대한 효과적인 통치력과 사법권을 갖고 있는 합법적인 정부(대한민국 정부)가 수립되어 있다는 것이 정부가 한국의 이 지역의 유권자의 자유의사의 정당한 표현이며 임시위원단이 감시한 선거에 기초를 두고 있다는 것, 또 이 정부가 한국에 있어서 유일한 이러한 정부라는 것을 선언한다.
>
> The General Assembly,
>
> Having regard to its resolution 112(Ⅱ) of 14 November 1947 concerning the problem of the independence of Korea,
>
> Having considered the report of the United Nations Temporary Commission on

Korea(hereinafter referred to as the "Temporary Commission"), and the report of the Interim Committee of the General Assembly regarding its consultation with the Temporary Commission,

　　Mindful of the fact that, due to difficulties referred to in the report of the Temporary Commission, the objectives set forth in the resolution of 14 November 1974 have not been fully accomplished, and in particular that unification of Korea has not yet been achieved,

　　1. Approves the conclusions of the reports of the Temporary Commission;

　　2. Declares that there has been established a lawful government (the Government of the Republic of Korea) having effective control and jurisdiction over that part of Korea where the Temporary Commission was able to observe and consult and in which the great majority of the people of all Korea reside; that this Government is based on elections which were a valid expression of the free will of the electorate of that part of Korea and which were observed by the Temporary Commission; and that this is the only such Government in Korea;[42]

　　동 결의는 한국임시위원단의 설립목적이 대한민국 "정부의 수립"을 목적으로 한다고 결의한 1947년 11월 14일의 국제연합 총회의 결의를 인용하면서 한국정부가 한반도에서 유일한 합법정부라고 선언하고 있다. 동 결의는 "한국에서 유일한 합법정부(only lawful Government in Korea)"라고 선언하고 있으므로, 동 결의도 대한민국 "국가의 수립"이 아니라 한 것임은 검토의 여지가 없다.

---

42) General Assembly Resolution 195(Ⅲ).

제2절 일본의 한국 지배의 불법성

Ⅰ. 일본의 한국지배의 불법성 확인·선언

"한일합방조약"은 무효 또는 부존재이므로 "한일합방조약"의 유효를 근거로 한 일본의 한국 지배는 법적 근거가 없는 불법적 지배이다. 1910년 이래 1945년까지 일본의 한국지배는 불법적 사실상 지배로 이는 무력을 사용한 지배였으므로 국제법상 비록 일본이 한국에 대한 선전포고를 한 것은 아니었지만, 전시점령(belligerent occupation)에 해당된다. 따라서 일본의 한국지배에는 1907년의 "헤이그 육전규칙과 관례에 관한 협약(Convention Respecting the Laws and Customs of War on Land)"이 적용되어야 한다고 본다. 한일합방조약 부존재론에 의하면 일본의 한국 지배는 법적 근거가 없는 사실상 지배이고 위법한 지배라는 것을 전제로 한 것이며 또한 이를 확인·선언하는 의미를 갖는다. 따라서 일본 정부에 의한 1910년 이래 1945년까지는 한국에 대한 불법행위에 의해 피해를 받은 한국민과 한국정부는 일본정부에 대해 이에 대한 피해의 구제를 요구할 수 있다. 위안부와 강제피징용자의 피해의 구제가 그 대표적인 경우이다.

일본 정부는 이에 대해 1910년 8월 22일에 체결된 "한일합방조약"은 유효한 것이며 따라서 위안부와 강제피징용자는 그 당시 일본인이었으며, 그 당시 일본법에 의하면 국가의 작용 중 비권력 작용의 경우 사법작용으로 인한 피해라는 민법의 규정에 따라 피해가 구제되지만, 권력 작용으로 인한 피해자는 이를 구제하기 위한 법률이 없어서 일본의 국가배상법은 전후에 제정된 것이므로 구제되지 아니한다고 주장한다.

또한 일본정부는 1965년에 한일 간에 체결된 청구권협정에 의거 일본국민이나 일본정부는 한국국민이나 한국정부에 대해 그들의 피해를 구제할 법적 의무가 없다고 주장한다.

여하간 정부수립론에 의하면 1910년의 "한일합방조약"은 무효 또는 부존재이므로 1910년에서 1945년까지 일본의 한국지배는 불법적 지배이고 위법적 지배이므로 그 간에 불법행위에 의해 한국과 한국민이 입은 피해에 대해 일본정부는 구제의 법적 의무가 있다고 한다.

위안부는 외국인인데 내국인으로 취급한 것은 한국지배의 불법임의 예이다.

II. SCAPIN 제677호에 의한 독도영유권의 일본으로부터의 분리 확인 선언

"SCAPIN 제677호"에 의해 일본의 영토로부터 한국의 영토로 분리되기 위해서는 한국이라는 국가가 존속함을 요한다. 따라서 한일합방조약 부존재론, 즉 정부수립론에 의하면 "SCAPIN 제677호"에 의해 독도가 일본으로부터 분리되어 한국의 영토로 회복되었다는 주장이 가능하지만 한일합방조약 성립·유효론, 즉 국가수립론에 의하면 이는 불가하다.

즉 한일합방부존재론에 의하면 대한제국이라는 국가가 소멸하지 아니하고 존속하므로 SCAPIN 제677호에 의해 일본으로부터 분리된 독도가 한국의 영도로 귀속되게 된다. 물론 그 시기는 SCAPIN 제677호가 하달된 1946년 1월 29일이 아니라 한미간 통치권 이양에 관한 협정이 체결된 1948년 8월 9일과 11일이다. 왜냐하면 독도가 SCAPIN 제677호에 의해 일본으로부터 분리된 것은 1946년 1월 29일이지만 일본으로 분리된 독도는 직접 한국의 영토로 귀속된 것이 아니라 한국점령군사령관의 관할 하에 있다가 1948년 8월 9일과 11일에 교환 각서의 형식으로 체결된 한미간 통치권 이양에 관한 현정에 의해 한국에 귀속되었기 때문이다.

SCAPIN 제677호에 의해 독도의 *imperium*이 일본으로부터 분리되어 주한 미군사령관의 관할하에 있다가 위 협정 의거 독도의 *imperium* 한국으로 이야되고 독도의 *dominium*은 대일평화조약 제2조(a)항에 의거 한국에 이양한 것이다.

제3절 한일기본관계조약의 무효화

〈목 차〉

I. 한일기본관계조약의 종래의 해석

1965년에 체결된 "한일기본관계에 대한 조약"도 1910년 8월 22일 및 그 이전에 한국과 일본 간에 체결된 제조약은 무효라고 규정하여 국제법상 한국의 존속을 재확인하고 있다. 동 조약은 다음과 같이 규정하고 있다.

대한민국과 일본국은 양국국민 관계의 역사적 배경과 선린관계와 주권상 호존중의 원칙에 입각한 양국관계의 정상화에 대한 상호희망을 고려하며… (전문)

1910년 8월 22일 및 그 이전에 대한제국과 대일본제국간에 체결된 모든 조약 및 협정이 이미 무효임을 확인한다(제2조).

It is confirmed that all treaties or agreements concluded between the Empire of Japan and the Empire of Korea on or before August 22, 1910 are already null and void.

동 조항에 의하여 무효로 되는 대상인 조약 및 협정은 1910년 8월 22일의 소위 "한일합방조약"과 그 이전에 대한제국과 일본제국간에 체결된 모든 조약, 협정, 의정서 등으로 명칭 여하를 불문한다.[1] 그리고 국가 간의

---

1) 대한민국정부, 『한·일회담백서』, (서울: 광명인쇄공사, 1965), 19쪽.

합의문서는 모두 무효인 조약·협정에 포함되며 또한 정부 간에 체결된 것이건 황제 간에 체결된 것이건 불문하고 모두 무효이다.[2]

동 조에 의하여 무효로 되는 시기에 관하여 "무효"라는 용어 자체가 별도의 규정이 부대되지 않는 한 원칙적으로 "당초부터 효력이 발생하지 않는 것이며"라고 강조되어 있는 이상 소급해서 무효(null and void)이다.[3] "이미 무효"를 한국의 정부수립에 의하여 이미 무효인 것으로 해석하면[4] 그 규정은 전혀 무의미할 뿐 아니라 그 조약은 한국의 정부수립 시까지 유효함을 확인한 것이 된다.[5] 조약의 해석은 통상적인 의미로 해석함을[6] 요하며 통상적인 의미(ordinary meaning)의 무효는 당초부터 효력이 없음을 의미한다.

동조에 의하여 무효로 되는 조약은 다음과 같다.
(1) 병자수호조약(1887.2.)
(2) 제물포조약(1883.8.30.)
(3) 한성조약(1885.1.9.)
(4) 잠정합동조관(1895.8.20.)
(5) 한·일공수동맹(1895.8.26.)
(6) 마관(하관) 강화조약(1895.4.6.)
(7) 38선분할음모와 로바노프산형협정(1896.5.)
(8) 영·일동맹(1904.1.30.)
(9) 한·일의정서(1904.2.20.)
(10) 태프트·계효력(1905.7.29.)
(11) 포오츠머드 강화조약(1905.9.5.)
(12) 을사보호조약(1905.1.17.)
(13) 한일합방조약(1910.8.29.), 대한민국정부, 『한일회담백서』, (서울, 광명, 1965), 165~77쪽.
  체결 연월일과 조약명이 정확하지 아니한 것으로 보이는 것이 있으나 정부 간 행물이므로 그대로 기록하기로 한다.
2) 대한민국정부, 전주 1, 19쪽.
3) 대한민국정부, 전주 1, 19쪽.
4) S. Oda, "The Normalization of Relations Between Japan and the Republic of Korea," *AJIL*, Vol.61, 1967, pp.40~41.
5) 배제식, "한·일기본조약연구", 『대한국제법학회논총』, 제15권 제1호, 1970, 258쪽.
6) "조약법 협약", 제31조 제1항.

II. 한일합방조약의 부존재를 이유로 한
한일기본관계조약 제2조의 무효화

조약법 효력 제48조에 착오로 인한 의사표시는 무효선언을 할 수 있다고 규정하고 있는 바, 한일기본관계조약 제2조는 강박에 의한 조약의 무효를 규정하고 있으나 이는 조약의 무효가 아니라 조약의 부존재인 것을 착오한 것이므로 조약법 협약 제48조 규정에 의거 무효를 주장할 수 있다. 이 점에 관해서는 후술하기로 한다. 즉 한일기본관계조약 제2조는 한일합방조약은 무효라고 규정하고 있으니 한일합방조약은 무효가 아니라 부존재이므로 동 조약 제2조의 규정은 부존재를 무효라고 착오에 의해 체결된 규정이므로 한국은 동조약 제2조의 규정은 조약법 협약 제48조의 규정에 따라 무효라고 일방적 선언을 할 수 있다. 한일합방조약 부존재론은 한일기본관계조약 제2조의 규정은 부존재를 무효라고 착오에 의해 규정되게 된 것이므로 동 조약은 무효라고 일방적 선언을 할 수 있다. 한일합방조약부존재론은 한일기본관계조약 제2조의 규정을 무효화하는데 실질적 · 실효적 의미를 갖는다.

제4절 한국의 독도에 대한 주권 현시의 계속성, 위안부의 인권침해의 국제법상 위법성, 재판거부의 국제법상 위법성

Ⅰ. 한국의 독도에 대한 주권현시의 계속성

한일합방조약이 성립·유효하면 1910년에서 1945년까지 독도에 대한 실효적 지배는 일본이 행사한 것이 되고 위 기간 중 한국의 독도에 대한 실효적 지배는 중단되어 결국 한국의 독도에 대한 영토주권은 한국이 주장할 수 없는 것이 되고 만다. 그러나 한일합방조약의 불성립으로 1910년대서 1945년까지 한국의 독도에 대한 주권현시는 중단되지 아니하므로 한국의 독도에 대한 영토주권은 계속된다.

Ⅱ.위안부의 인권침해의 국제법상 위법성

만일 한일합방조약이 성립·유효하다면 1910년에서 1945년까지 대한제국은 소멸되고 한국인과 한국의 영토는 모두 일본에 병합되어 위안부는 일본인이므로 위안부에 대한 인권의 침해는 일본인에 대한 인권침해로 즉 국내법상 인권침해로 되어서 국제법상 인권침해로는 되지 아니한다. 그러나 한일합방조약은 부존재이므로 위 기간 동안에 대한제국은 소멸한 것이 아니므로 즉 한국인이 일본인이 된 것이 아니므로 일본이 위안부에 대한 인권침해는 외국인에 대한 인권침해로 이는 국제법 위반의 효과를 가져온다. 국가는 외국인을 보호해야 할 국제법상 의무가 있기 때문이다. 실제로 제2차대전 종료 후 국동군사재판소는 일본이 그의 국가에 대한 인도에 반환대로 처벌한 바 없다.

III. 재판거부의 국제법상 위법성

만일 한일합방조약이 성립·유효하다면 이른바 대일민족소송에서 일본 재판소가 기각 재판을 한 것은 한일합방조약이 유효하므로 원고들이 모두 일본인이므로 그것은 일본국내법상 합법적일 수도 있으나 1910년에서 1945년까지 한일 합방조약은 부존재이므로 대일민족소송의 원고들은 모두 한국인, 즉 일본의 입장에서 외국인이므로 대일민족소송을 기각한 것은 국제법상 이른바 '재판의 거부'에 해당하며 이 재판의 거부에 의해 국제법상 일본의 국가책임이 성립한다.

제5절 한일간 무력 적대행위의 전쟁화

Ⅰ. 내란이 아니라 전쟁

한일 합방조약은 부존재이므로 대한제국은 국가로서 소멸한 것이 아니므로 대한제국과 일본간의 무력·적대행위는 내란이 아니라 전쟁이다. 전쟁의 주체는 '국가'이기 때문이다. 따라서 대한제국과 일본 간의 무력적 적대 행위는 내란이 아니라 전쟁인 것이다.

Ⅱ. 적대행위는 국제법에 의해 규율

따라서 이 적대행위는 국제법상 전쟁법에 규율되며 일본의 국내법이 적용되는 것이 아니다. 광복군은 전쟁법상 적법한 교전자격자다. 적에게 체포된 광복군은 일본의 국내법에 따라 내란죄로 처벌되는 것이 아니라 포로로서 국제법상 보호를 받는다. 그러므로 일본군에 체포된 광복군을 내란죄로 처벌한 것은 전쟁법 위반이다.

일반적으로 전쟁은 강화조약의 체결에 의해 종료되게 된다.

제6장

한일합방조약의 부존재와
독도의 법적 지위

제1절 한일합방조약의 부존재와 독도의 영토주권 현시의 계속성

Ⅰ. 국제법상 주권현시의 계속성

1. 주권의 현상의 계속성의 의의

주권 현시는 계속적임을 요한다. 환언하면 영토주권의 실효적 지배는 단절되지 아니하여야 한다. 영토주권의 실효적 지배는 계속적임을 요하며 계속성이 상실되게 되면 그것은 국제법상 실효적 지배로 인정하지 아니하며 실효적 지배의 효과가 발생하지 아니하게 된다. 한국의 독도에 대한 실효적 지배도 단절되지 아니하여야 함은 물론이다. 1910년 8월 22일 체결된 "한일합방조약"이 유효하다면 1910년 8월 22일 이후 한국의 독도에 대한 실효적 지배는 단절되게 되고 따라서 독도는 한국의 영토라고 주장할 수 없게 된다.

2. 주권의 현시와 독도영토주권

"한일합방조약"은 부존재이므로 한일합방조약 부존재론에 의하면 조선의 독도에 대한 실효적 지배는 한일합방조약 이후에도 계속성이 인정된다. 한일합방조약 유효론에 의하면 1910년 8월 22일에서 1948년 8월 15일까지 한국은 독도에 대한 실효적 지배는 중단되므로 한국은 독도에 대한 실효적 지배는 인정하지 아니하므로 한국은 독도에 대한 영토주권을 주장할 수 없게 될 수도 있다.

3. 영토주권 현시의 계속성을 승인한 학설과 판례

가. 학설

(1) Santiago Torres Bernardez

Bernardez는 *Palmas Island* Case의 판정문을 인용하며 영토주권의 평화적인 계속적인 현시가 요구된다며 다음과 같이 기술하고 있다.

> 국가상위의 조직에 기초하지 아니한 국제법구조는 영토 주권과 같은 권리를 감쇄하는 것을 추정할 수 없다...나아가 이 이론과 마찬가지로 실제도 영토주권의 계속적이고 평화적인 현시는 권원에 다름없다고 승인하고 있다.
>
> International law, the structure of which is not based on any super-stat organization, can not be presumed to reduce a right such as territorial sovereignty,...moreover, practice, as well as doctrine, recognizes...that the continuous and peaceful display of territorial sovereignty is as good as a title (*Palmas Island* Case, p.839)[1]

이와 같이 Bernardez는 *Palmas Island* Case에의 판정문을 인용하여 계속적이고 평화적인 영토주권의 현시가 요구된다고 기술하고 있다. 다만, "국가 상위의 조직에 기초하지 아니한 국제법 구조"의 특성을 기술하고 있는 것이 특색이라 할 수 있다.

---

1) Satiago Torres Bernardez, "Territory, Acquisition", *EPIL*, Vol.10, 1989, p.499.

(2) Hans Kelsen

Kelsen은 선점에 의한 영토의 취득과 시효에 의한 영토의 취득은 정도의 차이지 종류의 차이가 아니라고 지적하면서 양자 모두 국가기능의 계속적이고 효과적인 행사를 통해 영토주권을 취득하는 것이라고 주장하면서 이 요건은 *Clipperton Island* Case, *Minquers and Eclehos* Case에서도 적용되었다고 다음과 같이 판결을 인용하고 있다.

재판소는 영국이 그들 섬에 대한 계속적이고 효과적인 국가기능의 행사를 통해 그들 섬에 대한 점유를 취득해 왔음을 발견했다.

The court found that the United Kingdom had acquired possession of the island through the continuous and effective exercise of "state function" with respect them.[2]

이와 같이 Kelsen은 계속적이고 평화적인 국가기능의 행사는 *Palmas Island* Case에만 적용된 것이 아니라 *Clipperton Island* Case와 *Manquiers and Ecrehos* Case에도 적용되었다고 주장한다. 선점과 시효는 모두 동일하며 계속적이고 평화적인 주권의 현시를 요한다는 주장이다.

(3) Stephen Allen

Allen은 법적 원칙으로서 *Island of Palmas* Case의 Max Huber 중재관의 판정을 다음과 같이 인용하며, 평화적, 계속적 주권의 행사를 국제법적 원칙이라고 하면서 다음과 같이 기술하고 있다.

섬에 대한 계속적이고 평화적 영토주권의 현시는 확립되어 왔다.

It had established the continuous and peaceful display of territorial sovereignty over the island.[3]

---

2) Hans Kelsen, *Principles of International Law*, 2nd, (New York: Holt, 1966), p.316.
3) Stephen Allen, *International Law*, (London: Pearson, 2013), p.130.

Allen은 영토주권의 계속적이고 평화적인 현시는 국제법상 국제법의 원칙이라고 주장한다.

(4) Gillian D. Triggs

Triggs는 Huber 중재관의 판정을 인용하고 이는 실체법을 기술한 것이라며 다음과 같이 논술하여 계속적이고 평화적인 국가기능의 현시가 요구되는 것은 국제법의 원칙이라고 논하고, Huber 중재관은 "실효적인 선점"이라는 용어를 기피했다고 지적하면서 Huber 중재관의 판정을 인용하면서 '이는 실체법을 기술한 것이다'라고 하여 영토의 취득이나 유지를 위해서는 계속적이고 평화적인 영토주권의 현시가 요구됨을 승인하고 있다.

> Huber 중재관은 "실효적 선점"이라는 용어를 기피하고 있다. 다음과 같은 판정문에서 발견된다. 영토주권의 표시는 조건의 시간과 장소에 따라 여러 가지 다른 형태로 추정되는 것이 사실이다. 계속적인 주권의 행사는 원칙적으로 매순간 영토의 모든 장소에서 사실상 행사될 수 없다할지라도 중단과 불계속성은 필요한 권리의 유지와 병존할 수 있다.
>
> Judge Huber avoided the language of the 'effective occupation' finding that: manifestation of territorial sovereign assume, it is true, different forms, according to conditions of time and place. Although continuous in principle, sovereignty cannot be exercised in fact at every moment on every point of territory. The intermittence and discontinuity compatible with the maintenance of the right necessarily differ discontinuity compatible with the maintenance of the right necessarily differ according as inhabited or uninhabited regions are involved.[4]

Huber 중재관은 선점이란 표현을 하지 아니하였으나 계속적이고 평화적인 요건은 선점뿐만 아니라 시효권원의 유지에도 적용된다는 것이 Triggs의 주장이다. 이 점에서 Kelsen의 의견과 같다.

---

4) Gillian D. Triggs, *International Law*, (Lexis: Butterworths, 2006), p.217.

(5) John O'Brien

O'Brien은 시효의 요건을 설명하면서 그 세 번째의 요건으로 평화적이고 중단되지 아니한 점유를 제시하고 있다. 여기 중단되지 아니한 (uninterrupted)이란 계속적임을 의미하는 것이므로 O'Brien은 영토주권의 행사로 계속적임을 요한다는 입장을 견지한 것이다. 그의 기술은 다음과 같다.

> 시효의 기초인 주장을 위한 기준은 '다음과 같은 네 개의 요소이다 (i) 주권 기관의 현시, (ii) 다른 국가의 영토승인의 부재, (iii) 평화적이고 중단되지 아니한 점유 그리고 (iv) 항의의 부존재
>
> In respect of the criteria for a claim based on prescription there are four elements that arise for consideration: (i) a display of sovereign authority; (ii) the absence of recognition of sovereignty in another state; (iii) peaceful and uninterrupted possession; (iv) the absence of objection.[5]

이는 *Palmas Island* Case에서 Huber 중재관은 선점이라는 용어를 사용하지 아니했으나 동 Case는 선점에 관한 판정이지만 시효에도 "계속적이고 평화적인 주권의 현시가 요구된다"는 것이 O'Brien의 주장이다.

(6) Ian Brownlie

Brownlie는 다음과 같이 점유는 평화적이고 중단되지 아니하여야 한다고 기술하고 *Palmas Island* Case에서의 판정문의 일부를 인용하고 있다.

> 점유는 평화적이고 중단되지 아니하여야 한다. *Palmas* Case에서의 점유는 "국가기관의 계속적이고 평화적인 현시"에 의한 것이어야 한다.
>
> Possession must be peaceful and uninterrupted. Huber in the Palmas case refers to "continuous and peace display of state authority."[6]

---

5) John O'Brien, *International Law*, (London: Cavendish, 2001), p.210.
6) Ian Brownlie, *Principle of Public International Law*, 5th ed., (Oxford: Oxford University Press, 1998), p.153.

위에서 Browlie는 "계속적"을 중단되지 아니하여야 한다고 표현하고 있을 뿐이다. 다만 각 "계속적인" 요건과 전 소유자의 "묵인"의 요건 중 어느 것이 우선하느냐의 문제를 Huber는 제시하지 아니했다고 기술하고 있다.[7]

(7) Robert Jennings와 Arther Watts

Jennings와 Watts는 *Palmas Island* Case에서 Huber 중재관의 판정을 인용하며 영토주권은 특정 시점에서 취득되었다는 것만으로 충분할 수 없고 계속적으로 존재하여야 한다고 다음과 같이 기술하고 있다.

> *Palmas Island* Case에서 Huber 중재관의 판정은 영토주권이 어느 한 순간에 취득이 타당한 취득에 의한 권원이 충분할 수 없다고 영토주권의 존재가 계속되고 분쟁의 재판을 위해 결정적으로 고려되어야 재판을 하는 순간에 존재하였음을 제시하여야 한다. Huber 중재관은 선점과 시효의 유형에 모두 공식적이고 평화적인 점유의 핵심요건이 있음을 승인하였다.
> Award of Judge Huber in the *Island of Palmas* Case, in holding that "it cannot be sufficient to establish the title by which territorial sovereignty was validly acquired at a certain moment; it must be shown that territorial sovereignty has continued to exist and did exist at the moment which for the decision of the dispute must be considered as critical. Judge Huber recognised that there is a core requirement of peaceful possession common to the modes of occupation and prescription.[8]

Huber 중재관은 선점의 요건 또는 시효의 요건이라는 것을 명시하지 아니하고 평화적이고 계속적인 점유를 요한다고 했으나, Jennings와 Watts는 선점과 시효의 관해서도 계속적이고 평화적인 점유가 요구된다는 것을 승인했다고 보고 있다. Huber 중재관이 선점이라는 용어도 시효라는 용어도

---

7) *Ibid*, pp.153~154.
8) Jennings, Robert and Arthur Watts(eds.), *Oppenheim's International Law*, Vol.1, 9th ed., (London: Longman, 1992), pp.708~709.

사용하지 아니한 의미가 어디에 있는지는 쉽게 찾아내기 어렵다.

(8) Valerie Epps

Epps는 *Island of Palmas* Case를 설명하면서 계속적이고 평화적인 주권의 행사에 관해 필수적인 것이라고 다음과 같이 논하고 있다.

> 만일 주권에 관한 권리가 국가 당국의 계속적이고 평화적 현시에 기초한 것이라면 분쟁영토에 관해 계속적이고 평화적인 현시가 필수적인 것이라는 것을 정확히 제시하여야 한다.
>
> If the claim to sovereignty is based on the continuous and peaceful display of state authority, the fact of such display must be shown precisely in relation to the disputed territory...what is essential in such a case is the continuous and peaceful display of actual power in the contest region.[9]

Epps는 계속적이고 평화적인 주권의 행사는 분쟁 영토의 경우 필수적인 것이라고 주장한다.

(9) Malcolm N. Shaw

Shaw는 영토에 대한 실효적 지배의 계속은 올바르고 자연적 기준이라고 다음과 같이 주장하고 있다.

> 따라서 효과적인 권한의 행사는 결정적인 요소이다. Max Huber가 논한 바와 같이 "국가기능의 실질적인 계속과 평화적인 현시는 분쟁사건에 있어서 영토주권의 올바르고 자연적인 기준이다."
>
> The exercise of effective authority, therefore, is crucial element, as Max Huber argued, "the actual continuous and peaceful display of state functions is in case of dispute the sound and natural criterion of territorial sovereignty."[10]

---

9) Valerie Epps, *International Law*, 4th ed., (Durham: Carolina Academic Press, 2009), p.38.
10) Malcolm, N. Shaw, *International Law*, 4th ed., (Cambridge: Cambridge University Press, 1997), p.347.

Shaw는 실효적 지배가 계속적임을 요하는 이유를 실효적 지배의 계속이 중단되면 타국에 의한 실효적 지배가 계속될 수 있기 때문이라고 한다.

나. 판례

(1) *Island of Palmas* Case(1928)

Island of Palmas Case(1928)에서 중재판정은 영토주권의 현시는 계속적이고 평화적인 요건이 요구된다고 다음과 같이 판시했다.

> 이와 마찬가지로 실제로 상이한 법형식 하에서 그리고 상이한 조건하에서도 계속적이고 평화적인 영토주권의 현시의 요구는 권원에 다름없다.
> So true is this, that practice, as well as doctrine, recognises ‐ though under different legal formulae and with certain deference to the conditions required ‐ that the continuous and peaceful display of territorial sovereignty is good as title.[11]

이는 영토주권의 계속적이고 평화적인 현시는 바로 권원과 다름없다고 판시하면서 상이한 법형식과 상이한 조건 하에서도 영토주권의 계속적이고 평화적인 현시가 요구된다고 판시했다. 다만, 영토주권의 현시가 영토의 선점에 한해 적용되는지 시효에 관해서도 적용되는지에 관해서 명백히 표시한바 없다.

(2) *Eastern Greenland* Case(1933)

Eastern Greenland Case(1933)에서 상설중재재판소는 다음과 같이 국가기관의 계속적인 현시를 주권의 주장 근거로 인정하면서 그것은 주권자의 의도와 실제적인 행사는 입증되어야 한다고 하여 계속적인 주권의 현시를 주권을 주장하는 근거라고 하면서 이는 국가기관의 의도와 실질적인 행사

---

11) *RIAA*, Vol.2, 1928, p.839.

는 입증되어야 한다고 다음과 같이 판시했다.

특정행위나 할양조약의 권원이 아니라 기관의 계속적인 현시는 두 요소,
즉 그러한 당국의 주권자로서 행위한 의도와 약간의 실제적인 행사나 현시의
존재를 증명하여여 한다.

...a claim to sovereignty based not upon some particular act or title such as
a treaty of cession but merely upon continued display of authority, involves two
elements each of which must be shown to exist: the intention and will to act as
sovereign and some actual exercise or display of such authority.[12]

상설중재재판소는 기관의 계속적인 현시를 주권을 주장하는 근거로 인
정하면서 이 사실의 존재로 입증되어야 한다고 판시했다.

(3) *Minquiers and Ecrehos* Case(1953)

Minquiers and Ecrehos Case(1953)에서 국제사법재판소는 Ecrehos group
은 영국왕의 계속적인 지배하에 있었다고 판시하고 주권의 계속적인 현시
가 있었다고 판시하여 Ecrehos group은 영국에 귀속된다고 다음과 같이 판
시하고 있다.

재판소는 Ecrehos group이 13세기 초부터 Channel Island에의 불가분의 일부
를 이루고 있는 봉토로 고려되고 취급되어 왔으며 두 그룹은 영국왕에게 귀속
되며 영국왕의 계속적인 지배하에 있었다.

The Court...finds that the Ecrehos group in the beginning of the thirteenth
century was considered and treated as an integral part of the fief of the Channel
Islands which were held by the English King, and that the group continued to be
under the dominion of that King, who in the beginning of the fourteenth century
exercised jurisdiction in respect thereof.[13]

위 판결에서 계속적인 영유 하에(under the dominion) 있었다는 것은 계

---

12) PCIJ, *Series A/B*, No.53, pp.45~46.
13) ICJ, *Reports*, 1953, p.67.

속적인 주권의 현시 하에 있었다는 의미이므로 동 사안에서 "계속적이고 평화적인 영토주권의 현시가 있었다"고 판시한 것이다.[14]

(4) *Taba* Case(1988)

Taba Case(1988)에서 재판부는 critical date 보다 critical period에 더 관심을 가졌다고 즉 기간에 관심을 가졌다고, 계속성에 관심을 가졌다고 다음과 같이 판시한 바 있다.

> 재판부가 critical date 보다 critical period에 더 고려할 때 critical period에 후속 사건들의 원칙적으로 critical period 기간에 존재한 사태를 이해하는데 역시 관련될 수 있다.
>
> Where the Tribunal looked for a 'critical period' rather than, 'critical date'; and also stated that 'Events subsequent to the critical period can in principle also be relevant, not in terms of a change of the situation, but only to the extent that they may illustrate the understanding of the situation as it was during the critical period.[15]

critical date 보다 critical period를 고려했다는 것은 한 순간이 아니고 기간의 계속적인 성격을 고려했다는 것은 영토주권 현시의 계속성을 고려했다는 것이다.

---

14) Kelsen, *supra* n.2, p.316.
15) *Egypt-Island Taba Arbitration Tribunal Awards*, 1988 September 29, para. 175; ILR, 80, p.226, Taba Award.

II. 한국의 독도에 대한 실효적 지배의 계속성

1. 독도에 대한 실효적 지배의 계속성의 역사적 근거

가. 대한제국칙령 제41호 제정 공포 이전

'대한제국칙령 제41호' 제2조의 규정상 독도가 울릉도의 속도라는 사실의 입증을 위해서는 시제법(時際法, intertemporal law) 상 1900년 10월 25일 제정·공포된 '대한제국칙령 제41호' 이전에 독도가 울릉도의 속도로 인정되어 온 역사적 사실의 입증이 요구된다. '대한제국칙령 제41호'가 제정·공포된 1900년 10월 25일 이전의 역사적 사실만이 동 칙령 제2조에 규정된 석도가 독도라는 해석의 기준이 되기 때문이다. 그러므로 독도가 울릉도의 속도라는 역사적 사실의 입증은 1900년 10월 25일 이전의 역사적 사실만이 입증이 요구된다. 이러한 역사적 사실을 보면 다음과 같다.

(1) 세종의 우산무릉등처안무사로 김인우 임명·파견(1425)

태종의 쇄환정책은 세종에 의해서 승계되었다. 세종은 태종이 임명했던 무릉등처안무사(武陵等處按撫使)를 '우산·무릉등처안무사(于山武陵等處按撫使)'로 개칭하여 임명하여 쇄환정책을 추진했다. 세종은 세종 7년(1425년) 8월에 김인우(金麟雨)를 '우산무릉등처안무사'로 임명하여 군인 50명, 병기, 3개월분의 식량을 준비하여 울릉도에 도망하여 거주하고 있는 남녀 28명을 쇄환하여 오도록 명하였다.[16]

『세종실록』 '우산무릉등처안무사' 김인우가 부역을 피해 본도(本島)에 피해간 남녀 20인을 수색하여 잡아 왔다고 다음과 같이 복명하였다는 기록이 있다.

---

16) 신용하,『독도의 민족영토사연구』, (서울: 지식산업사, 1996), 77~79쪽; 임영정, 김호동, 김인우, 한국해양수산개발원,『독도사전』, (서울: 한국해양수산개발원, 2011), 51쪽; 김명기,『독도강의』, (서울: 독도조사연구학회, 2007), 59~60쪽.

우산무릉등처안무사 김인우가 본토에 부역을 피해 간 남녀 20명을 수색하여 잡아와 복명하였다.

于山武陵等處按撫使金麟雨 搜捕本島避役男婦 二十人 來復命[17]

태종이 수토사로 임명한 '무릉등처안무사'를 '우산무릉등처안무사'로 개칭한 것은 안무사의 관할 구역이 울릉도에서 무릉도 및 우산도(독도)로 확대된 것을 의미하며, 또한 『세종실록』에 울릉도를 본도(本島)라고 기록하고 있는 것은 울릉도를 주도로 보고 우산도를 그에 부속된 속도로 본 것이다.

따라서 세종대왕은 울릉도를 본도(주도)로 보고 우산도를 주도인 울릉도에 부속된 속도로 본 것이다.

이 이외에도 『세종실록』에는 울릉도를 본도로 기록한 곳이 여럿 있다.[18]

요컨대, 세종이 '무릉등처안무사'를 '우산·무릉등처안무사'로 개칭하여 임명·파견하고 울릉도를 "본도"라고 『세종실록』에 기록되어 있는 것은 울릉도를 주도로 보고 우산도(독도)를 속도로 본 것이며 이는 조선이 울릉도와 그 속도인 우산도를 실효적으로 지배한 것을 의미한다.

(2) 세종실록지리지(1454)

『세종실록』「지리지」는 세종의 명으로 맹사성(孟思誠), 권진(權軫), 윤회(尹淮) 등이 완성한 『신찬팔도지리지(新撰八道地理志)』를 수정·보완하여 1454년(단종2년) 『세종실록』을 편찬할 때 부록으로 편입한 것이다. 모두 8책으로 전국 328개의 군현(郡縣)에 과한 인문 지리적 내용을 담고 있다.

『세종실록』「지리지」에는 우산과 무릉 2도에 관해 다음과 같이 기록되어 있다.

---

17) 『세종실록』, 세종 7년(1425년), 10월 을류조.
18) 『세종실록』, 세종 7년(1425년), 12월 계사조.

于山과 武陵의 2島가 縣[울진현]의 正東의 바다 가운데 있다. 2도가 서로 거리가 멀지 아니하며 날씨가 청명하면 가히 바라볼 수 있다. 신라시대에서는 우산국이라고 칭하였다. 一云하여 울릉도라고도 한다. 地의 方은 100리이다.[19]

위의 기록 중 "우산 무릉 2도가 … 신라시대는 우산국이라고 칭하였다"는 우산·무릉 2도를 우산국이라는 "하나의 전체로서의 실체 또는 자연적 단위(one entity or natural unity as a whole)"[20] 또는 "하나의 지리적 단위(one geographical unity)"[21]로 본 것이며, "일운 울릉도라고도 한다."는 이 지리적 단위를 이루고 있는 2도서 중 울릉도를 주도로 본 것이며, 그러므로 우산도는 울릉도의 속도로 본 것이다.

따라서, 이는 또한 세종이 주도인 무릉(울릉도)과 그 속도인 우산(독도)을 실효적으로 지배 했다는 근거로 된다.

(3) 숙종의 삼척첨사(僉使) 장한상 울릉도 파견(1694)

숙종은 숙종 20년(1694년) 삼척첨사 장한상(張漢相)을 울릉도에 파견하였으며 장한상 첨사는 숙종 20년 9월 19일 역관을 포함 총 150명의 인원을 6척의 배에 승선시켜 9월 20일에서 10월 3일까지 울릉도에 체류·수토하고 10월 8일 귀환하여 조정에 지도와 함께 수토 결과를 보고했다. 장한상은 울릉도를 수토하는 과정에서 독도를 확인했다. 그 후 매 3년마다 정기적으로 울릉도에 관원을 파견 시찰하고 결과를 조정에 보고하도록 했다.[22]

---

19) 于山·武陵二島 在縣正東海中 二島相距不遠 風日淸明 則可望見 親羅時稱于山國一会鬱陵島 地方百里 (『세종실록』권153, 지리지, 강원도 울진현조); 이홍직, 『한국사대사전』상권, (서울: 교육도서, 1993), 826쪽.

20) G. Fitzmaurice, "The Law and Procedure of the International Court of Justice, 1951-4", *BYIL*, Vol.32, 1955-6, p.75.

21) C. H. M. Waldock, "Disputed Sovereignty in the Folk Island Dependencies", *BYIL*, Vol.25, 1948, pp.344~45.

22) 김병렬, 『독도』, (서울: 다다미디어, 1997), 169~173쪽; 유미림, "장한상의 울릉도 수토와 수토제의 추이에 관한 고찰", 『한국정치학회외교사논총』제31집 제11호, 2009; 송병기, 『고쳐쓰는 울릉도와 독도』, (서울: 단대출판부, 2005), 53~54쪽; 손

(4) 순조의 만기요람(1808)

『만기요람』은 국왕이 정무에 참고할 수 있도록 편찬된 재정과 군정에 관한 지침서이다. 이는 순조의 명에 따라 순조 81년(1808년) 서영보(徐榮輔)와 심상규(沈象奎) 등이 편찬한 것으로 동 요람은 "재정편"과 "군정편"으로 구성되어 있다.

동 요람 "군정편"에는 다음과 같이 기술되어 있다.

여진지에 이르기를 울릉과 우산은 우산국의 땅이다. 우산국은 왜인이 말하는 송도이다.[23]

여기 "울릉도와 우산도는 우산국의 땅이다"라는 것은 우산국이라는 "하나의 전체로서의 실체" 또는 "자연적 단위(one entity or natural unity as a whole)" 또는 "지리적 단위(geographical unit)"를[24] 뜻하는 것이며 이 실체 내에는 울릉도와 우산도만이 있으므로 지리적으로 양자 중 울릉도가 우산도 보다 넓고 높으므로 울릉도가 주도이고 우산도가 울릉도의 속도인 것이다.

그러므로 순조의 명에 의해 편찬된『만기요람』의 기록에 의해 울릉도는 주도이고 우산도는 울릉도의 속도인 것이다. 이는 순조가 주도인 울릉도와 그의 속도인 우산도(독도)를 실효적으로 지배한 근거이다.

(5) 고종의 검찰사 이규원에 대한 지시(1882)

태종에 의해 수립되고 세종에 의해 추진된 쇄환정책과 수토정책은 고종

승철, "울릉도수토제," (서울: 한국해양수산개발원, 2011),『독도사전』, 249~50쪽; 국사편찬위원회,『한국사』제52권, 제72권, (2013), 125쪽; 한국정신문화연구원,『한국민족문화 백과사전』, (성남: 한국정신문화연구원, 1996), 제19권, 310쪽.

23) 與地志云鬱陵于山皆于山國地于山則倭稱謂松島也
    신용하, 전주 16, 1996, 28쪽; 김명기, 전주 16, 2007, 55쪽; 유미림, "만기요람",『독도사전』, 2011, 146쪽; 교학사,『한국사대사전』제3권, 2013, 452쪽; 국사편찬위원회, 전주 22, 제32권, 2013, 222~228쪽; 이홍직, 전주 19, 518쪽.

24) Fitzmaurice, *supra* n.20, p.75; Waldock, *supra* n.21, p.344.

에 이르러 폐기 되게 된다. 고종이 울릉도에 대한 수토정책을 폐지하고, 울릉도를 재개척하기 위해 울릉도 검찰사 이규원(李奎遠)에게 다음과 같이 지시한 바 있다.

　　왕께서 가로되 혹은 칭하기를 우산도라 하고 혹은 칭하기를 송죽도라 하는 것은 모두 동국여지승람이 만든 바이다. 또한 송죽도라고 칭하는데 우산도와 더불어 3도가 되고, 모두 울릉도라고 통칭하기도 한다. 그 형편을 모두 검찰하라.[25]

　이와 같이 고종이 우산도, 송도 그리고 울릉도를 모두 통칭하여 울릉도라고 한다고 했다. 즉 고종은 광의의 울릉도에 울릉도, 우산도 그리고 송도가 있고 이를 모두 합쳐서 울릉도라고 통칭(通稱)한다고 했다. 그 뜻은 우산도(독도)가 넓은 의미의 울릉도에 속한다는 것이므로, 환언하면 고종은 넓은 의미의 울릉도에는 주도인 울릉도와 그 속도인 우산도가 있다고 기술한 것으로 해석된다.

　그러므로 고종은 울릉도 검찰사 이규원에게 울릉도와 울릉도의 속도인 우산도(독도)의 검찰을 지시한 것이다. 따라서 이는 우산도(독도)를 울릉도의 속도로 본 중요한 근거가 되고 또한 이는 고종이 주도인 울릉도와 그의 속도인 독도에 대한 실효적 지배를 한 근거가 된다.

(6) 고종의 동남제도개척사로 김옥균 임명·파견(1883)

　고종은 울릉도에 대한 쇄환정책을 폐지하고 울릉도를 재개척하였다. 적극적으로 울릉도를 개척하기 위해서 1883년 3월 16일 개화파의 영수 김옥

---

25) 上日 或稱芋山島 或稱松竹島 皆輿地勝覽所製他 而又稱松竹島 與芋山島爲三島 通稱鬱陵島矣 其形便一體檢察
　　(『승정원일기』, 고종 19년(1882년) 4월 초 7일 조; 양태진, 1998, 『독도연구문헌집』, 경인문화, 198~199쪽; 이태은, "울릉도검찰일기", 『독도사전』, 246쪽; 김명기, 2007, 전주16, 62~63쪽.; 한국정신문화연구원, 전주22, 제17권, 722쪽; 교학사, 전주23, 제7권, 48쪽.

균(金玉均)을 "동남제도개척사겸관포경사(東南諸島開拓使兼官捕鯨使)"에 임명하였다.[26]

　여기서 주목할 것은 김옥균의 직함을 "울릉도개척사(鬱陵島開拓使)"라 고 하지 않고 "동남제도개척사(東南諸島開拓使)"라고 한 사실이다. 직함에 "제도(諸島)"를 넣은 것은 국왕 고종이 울릉도뿐만 아니라 울릉도·죽도· 우산도 3도 개척에 큰 관심을 가지고 있음을 나타낸 것으로 해석된다.

　김옥균의 직함인 "동남제도개척사"의 "동남제도"에는 울릉도, 죽도, 독도 가 포함되는 것으로 이 3개도를 하나고 묶어 "동남제도"라 한 것은 이 3도 를 포함하는 "동남제도"를 "하나의 전체로서의 실체 또는 자연적 단위(one entity or natural unity as a whole)" 또는 "지리적 단위(geographical unit)" 로[27] 본 것이며, 그 중 지리적으로 가장 넓고 높은 울릉도가 주도이므로 죽도와 독도는 울릉도의 속도인 것이다. 이렇게 보면 "동남제도개척사"는 주도인 울릉도와 그의 속도인 독도에 대한 개척사인 것이다.

　고종이 김옥균을 "동남제도개척사"로 임명한 것은 고종이 독도를 울릉 도의 속도로 본 것이고 또한 이는 조선이 울릉도와 그의 속도인 독도에 대한 실효적 지배를 한 증거로 된다.

나. 대한제국 칙령 제41호 제정공포 이후

　석도가 독도라는 사실의 입증을 위해서는 '대한제국칙령 제41호'가 제 정·공포된 1900년 10월 25일 이전의 독도가 울릉도의 속도라는 역사적 사실의 입증이 요구되는 것이며 그 이후의 독도가 울릉도의 속도라는 역 사적 사실은 '대한제국칙령 제41호' 제2조에 규정된 '석도'의 해석을 위한 증거가 될 수 없다.

---

26) 『승정원일기』, 고종 20년(1883년) 3월 16일 조; 손병기, 전주22, 112쪽; 신용하, 전주16, 183쪽; 임영정, "동남제도개척사", 『독도사전』, 125쪽; 국사편찬위원회, 『한국사』제38권, (서울: 국사편찬위원회, 2013), 100쪽; 교학사, 전주23, 242쪽.
27) Fitzmaurice, *supra* n.20, p.75; Waldock, *supra* n.21, p.344.

그러나 영토의 실효적 지배는 계속됨을 요하므로[28] '대한제국칙령 제41호'가 제정·반포된 이후의 독도에 대한 실효적 지배의 사실의 입증도 동 칙령의 제정·반포된 당시의 실효적 지배에 연결되어 그 당시의 실효적 지배의 일부로 관념할 수 있으므로 동 칙령의 제정·반포 이후의 독도에 대한 실효적 지배의 역사적 사실을 보기로 한다.

(1) 대한제국칙령 제41호(1900)

"대한제국칙령 제41호"에 의한 독도의 실효적 지배는 '대한제국칙령 제41호' 이전으로 볼 수도 있고, 그 이후로 볼 수도 있고, 이전 이후 어디에도 해당되지 아니한 것으로 볼 수도 있으나 독도에 대한 실효적 지배의 측면에 착안하여 보면 그 이후의 실효적 지배로 보는 것이 타당한 것으로 보아 이를 그 이후의 실효적 지배에 포함하는 것으로 본다.

(2) 심흥택 보고서(1906)

1905년 2월 22일 "시마네현고시 제40호"에 의한 일본정부가 '선점'이라고 주장하는 독도 침탈행위가 있은 후 1년이 경과한 1906년 3월 28일 시마네현 오끼도사 동문보(東文輔, 히가시 분스케)와 사무관 신전유태랑(神田由太郎, 간다 요시타로) 일행이 울도군수 심흥택(沈興澤)에게 "시마네현고시 제40호"에 의해 독도가 일본의 영토로 편입되었다는 사실을 구두로 통보해 왔다. 이에 대해 울도군수 심흥택은 다음날인 1906년 3월 29일 이 사실을 강원도 관찰사 서리 이명래(李明來)에게 보고했다.

이에 이명래는 즉시 이 사실을 내부대신 이지용(李址鎔)에게 보고했다.[29] "심흥택 보고서"의 내용은 다음과 같다.

28) G. Schwarzenberger and E. D. Brown, *A Manual of International Law*, 6th ed., (Milton: Professional, 1976), p.108; Peter Mclalanczuk(ed.), *Akehurst's Modern Introduction to International Law*, 7th ed., Rootledge, 1987, p.156; Shaw, *supra* n.10, p.156; C. H. M. Waldock, *supra* n.21, p.337.
29) 김명기, 2007, 전주16, 88~89쪽; 신용하, 1996, 전주16, 225~227쪽; 임영정·허영란, 2011, "심흥택 보고서", 『독도사전』, 전주26, 204~205쪽.

本郡所屬 獨島가 在於本部外洋百餘里外이삽더니 本月初四日辰時量에 輪
船一雙이 來泊于郡內道洞浦而 日本官人一行이 到于官舍ᄒ야 自云獨島가 今
爲日本領地故로 視察次來到이다 이온바 其一行則 日本島根縣隱岐島司東文輔
及 事務官神西由太郎 稅務監督局長吉田平吾 分署長警部 影山巖八郎 巡査一
人 會議員一人 醫師技手各一人 其外隨員十餘人이 先問戶摠人口土地生産多少
ᄒ고 且問人員及經費幾許 諸般事務를 以調査樣으로 錄去이옵기 玆에 報告ᄒ
오니 照亮ᄒ시믈 伏望等因으로 准此報告ᄒ오니 照亮ᄒ시믈 伏望.

光武十年 四月二十九日
江原道觀察使署理春川郡守 李明來
議政府參政大臣 閣下[30]

위 보고서에 "本郡所屬 獨島"라고 기술되어 있는바 "本郡"은 울도군 즉
울릉도이므로 "본군소속"은 울릉도 소속을 뜻한다. 그러므로 이는 울도군
수라는 대한제국의 국가기관이 독도는 울릉도의 속도임을 표현한 것이다.
이는 독도는 울릉도의 속도이고 또한 울도군수의 실효적 지배하에 있음을
명시한 것이다.

요컨대, "심흥택 보고서"는 독도를 울릉도의 속도로 인정한 것이며, 또한
이는 대한제국에 의한 울릉도와 독도에 대한 실효적 지배의 증거로 된다.

(3) 이명래 보고서(1906)

강원도 관찰사 "이명래의 보고서" 내용은 울도 군수 "심흥택의 보고서"
를 그대로 인용하고 있다. 그 내용은 다음과 같다.

鬱島郡守 沈興澤 報告書 內開에 本郡所屬 獨島가 在於外洋 百餘里外이살
더니 本月初四日 辰時量에 輪船一雙이 來泊 于郡內道洞浦 而日本官人一行이
到于官舍ᄒ야 自云 獨島가 今爲日本領地故로 視察次來到이다 이온바 其一行
則日本島根縣 隱岐島司 東文輔 及 事務官 神西田太郎 稅務監督局長 吉田平吾
分署長 警部 影山巖八郎 巡査一人會議一人 醫師 技手各一人 其外 隨員 十餘

---

30) 심흥택 보고서, 『각 관할 도안』, 제1책, 보고서 호외.

人이 先問 戸摠 人口 土地生産 多少하고 且問 人員 及 經費 幾許 諸般事務를
以調査樣으로 錄去아옵기 玆에 報告ᄒ오니 熙亮ᄒ시믈 伏望.

광무십년 사월이십구일
강원도관찰서리 이명래
참정대신 각하[31]

위 이명래 보고서는 전기한 "심흥택 보고서"를 그대로 인용하고 있다.
물론 "本郡所屬 獨島"라는 기술도 심흥택 보고서와 동일하다. 따라서 이도
강원도 관찰사라는 대한제국의 국가기관이 독도를 울릉도의 속도로 인정
한 것이고 또한 이는 독도는 울릉도와 같이 대한제국의 실효적 지배하에
있음을 명시한 것이다.

(4) 조선산학회의 독도학술조사

제1차로 1947년 8월에 조선산악회가 과도정부와 공동으로 "울릉도·독
도 학술조사대"를 구성하여 그리고 제2차로 1952년 9월에도 조선산학회가
동학술조사단에 참여하여 독도를 학술조사한 바 있다.[32]

(5) 내무부장관의 지시에 의한 경상북도 지사의 독도조사 보고

1951년 8월 31일내무부장관이 경찰무전전보를 하여 경상북도지사에게
독도조사를 지시한 바 있고, 이 지시에 대해 1951년 1월 경상북도지사가
"독도조사 보고서"를 제출한 바 있다.

(6) 경상북도지사의 외무부장관에 대한 제1차 독도폭격사건보고

1952년 미국기에 의한 독도폭격사건이 있자 1952년 9월 20일 경상북도

---

31) 이명래 보고서,『각 관할 도안』, 제1책, 광무 10년 4월 29일 조, 보고서 호외(동북
아역사재단,『우리 땅 독도를 만나다』, (서울: 동북아 역사재단, 2012), 83쪽.
32) 최재목·이태우·김도은·김은령 편저,『해방 이후 울릉도 독도 조사 및 사건 관
련 자료해제』, (경산: 영남대학교 독도연구소, 2017), 17쪽, 41쪽.

지사가 사건의 전말을 보고한 바 있다.

이 이후의 독도에 대한 실효적 지배는 모두 공개되어 있으므로 이하는 생략하도록 한다.[33]

(7) 국회의 대정부 건의

1953년 7월 8일 국회는 제19차 본회의에서 일본정부의 독도 침해에 대해 강력히 항의할 것을 정부에 청하는 결의를 제출했으며, 이는 주무처장이 내무, 외무, 국방장관에게 회람을 요청했다.[34]

(8) 독도의 용수비대

1854년 4월 20일 홍순철 대장 이하 33명의 독도의 용수비대로 독도에 상륙하여 1956년 12월 30일 경찰경비대에 임무를 인계할 때까지 독도경비를 담당했다. 현재는 경북지방경찰청 울릉경비대 산하에 있는 독도경비대가 독도를 경비하고 있다.

---

33) 최재목 · 이태우 · 김도은 · 김은령, 전주32, 47~76쪽.
34) 최재목 · 이태우 · 김도은 · 김은령, 전주32, 77쪽.

제2절 한일합방조약의 부존재와
SCAPIN 제677호

Ⅰ. 서론

1905년 2월 22일 "시마네현 고시 제40호"에 의해 또는 1910년 8월 22일 "한일합방조약"에 의거 독도는 일본의 영토로 불법 편입 또는 합방되었다. 1946년 1월 29일 "SCAPIN 제677호"에 의해 또는 1951년 9월 8일의 "대일평화조약"의 규정에 의거 독도는 일본의 영토로부터 분리되게 되었다.

"SCAPIN 제677호"가 발효된 1946년 1월 29일 대한제국이 소멸하지 아니하고 존속했다면 독도는 대한제국의 영토로 당연히 회복된 것이나 1946년 1월 29일 대한제국이 기소멸하여 부존재라면 "SCAPIN 제677호"에 의거 독도는 일본의 영토로부터 분리되었으나 부존재인 한국의 영토로 귀속될 수 없다. 그러므로 "SCAPIN 제677로"에 의거 독도가 한국의 영토로 회복되기 위해서는 대한제국은 국가로 존속해야 한다. 즉 한일합방조약유효론에 의하면 1948년 8월 15일 이전에 즉 1946년 1월 29일에 대한제국은 국가로 존속하지 아니했으므로 독도는 한국의 영토로 당연히 회복되는 것이 아니라는 문제가 제기된다.

"SCAPIN 제677호"에 의해 독도가 일본에서 분리되었다는 견해와 "대일평화조약"의 규정에 의해 "SCAPIN 제677호"에 의거 독도가 일본으로부터 분리되었다는 견해가 대립되어 왔다.

이 연구에서 후자의 견해를 따르기로 하고 그 견해의 내용을 기술하기로 한다.

1945년 8월 6일 히로시마에 역사적인 원자 폭탄이 투하되었다. 3일 후인 8월 9일 나가사키에 또 다시 원자 폭탄이 투하되었다. 8월 15일 일본 천황은 라디오 방송을 통해 "항복선언(Declaration of Surrender)"을 했고, 이를 문서화하기 위한 "항복문서(Instrument of Surrender)"의 서명이 1945년 9월 2일에 연합국과 일본 간에 있었다. 동 "항복문서"를 법문화하기 위한 "대일평화조약(Peace Treaty with Japan)"이 샌프란시스코 평화회의에서 1951년 9월 8일 48개 연합국과 일본 간에 서명되었다. 한국은 대일평화교섭에 참가하도록 초청해 줄 것을 미 국무부에 요청했으나 거절되어 "대일평화조약"의 체약당사자가 되지 못했다. 따라서 한국은 동 조약의 제3자의 지위에 머물러 있게 되고 말았다. 그러나 동 조약 제21조는 한국은 동조약 제2조, 제4조, 제9조, 및 제12조의 이익을 향유할 권리가 있다고 규정하여 한국은 이들 조항의 이익을 향유할 권리를 가진다.

한편 연합국이 점령기간 동안 행한 지령 등을 일본이 승인한다고 규정한 동 조약 제19조 (d)항은 한국이 향유할 권리가 있는 것으로 규정되어 있지 아니한다. 따라서 한국은 동 조약 제19조 (d)항에 관해 완전한 의미의 제3자의 지위에 머물러있다.

동 제19조 (d)항의 규정에 의해 1946년 1월 29일에 연합군최고 사령부가 일본 정부에 하달한 "연합군최고사령부 훈령 제677호"의 효력은 연합국과 일본이 승인한 것이며, 동 훈령 제3항은 독도는 일본의 영토에서 제외된다고 규정하고 있다. 따라서 연합국과 일본은 한국의 독도영토주권을 승인한 것이다.

이 연구는 "대일평화조약" 제19조 (d)항의 규정에 의해 연합국과 일본이 한국의 독도영토주권을 승인한 것이라는 법리를 정립하기 위해 시도된 것이다.

또한 한국정부는 "대일평화조약" 제19조 (d)항의 규정에 의해 연합국과 일본이 한국의 독도영토주권을 승인한 것이지만 독도가 한국의 영토라는 주장을 일본정부에 대해 한 바 없으므로(The Korean Ministry of Foreign Affairs, 1953; The Korean Ministry of Foreign Affairs, 1954; The Korean Ministry of Foreign Affairs, 1959) 이 연구는 이 승인을 근거로 독도정책을 전면적으로 전환하여야 한다는 점을 제의하기 위해 시도된 것이다.

II. 대일평화조약 제19조 (d)항의 규정

"대일평화조약" 제19조 (d)항은 일본은 점령당국이 점령기간 행한 지시와 그에 따른 효력을 승인한다고 다음과 같이 규정하고 있다.

> (d) 일본은 점령기간 동안, 점령당국의 지시에 따라 또는 그 지시의 결과로 행해졌거나 당시의 일본법에 의해 인정된 모든 작위 또는 부작위 행위의 효력을 인정하며, 연합국 국민들에게 그러한 작위 또는 부작위 행위로부터 발생하는 민사 또는 형사책임을 묻는 어떤 조치도 취하지 않는다.
>
> (d) Japan recognizes the validity of all acts and omissions done during the period of occupation under or in consequence of directives of the occupation authorities or authorized by Japanese law at that time, and will take no action subjecting Allied nationals to civil or criminal liability arising out of such acts or omissions.

위의 "점령기간 동안 점령당국의 지시에 따라 … 행하여진 행위의 효력을 인정하며 …(recognizes the validity of act … done during the period of occupation directives of the occupation authorities)"의 규정 중 "점령당국의 지시(directives of the occupation authorities)"의 규정 중에는 동 조약이 효력을 발생할 당시에 폐기된 것도 포함되는 것인지의 의문이 제기될 수 있으나 단순히 "점령기간 동안 점령 당국의 지시(during the period of occupation directives of the occupation authority)"로 규정하고 있으므로 동 조약이 효력을 발생할 당시에 폐기된 것도 포함된다고 본다. 그러한 지시로 이른바 "맥아더 라인"에 관한 다음과 같은 지시를 둘 수 있다.

(i) 1946년 6월 22일의 SCAPIN 제1033호
(ii) 1947년 12월 23일의 SCAPIN 제1033/1호
(iii) 1949년 6월 30일의 SCAPIN 제1032/2호
(iv) 1949년 9월 19일의 SCAPIN 제2046호
(v) 1949년 10월 10일의 SCAPIN 제2050호
(vi) 1951년 1월 13일의 SCAPIN 제2050/1호
(viii) 1950년 5월 11일의 SCAPIN 제2097호[1]

이들은 1952년 4월 25일 SCAPIN 으로 폐기되었다.[2] 이상의 모든 SCAPIN 이 독도를 인가된 어로구역 내에 위치시킬 것이다. 이는 연합군 최고사령부가, 즉 연합국이 독도를 일본의 영토가 아니라 한국의 영토인 것으로 묵시적으로 승인한 것이다.

위의 SCAPIN 중 1946년 6월 22일의 SCAPIN 제1033호 제3항은 독도를 명시하여 독도의 12해리 이내의 수역에 일본어선은 접근하지 못한다고 규정하고 있다.

1952년 4월 28일에 SCAPIN에 의해 폐지되지 아니한 SCAPIN 으로 1946년 1월 29일의 "SCAPIN 제677호"를 들 수 있다. "SCAPIN 제677호" 제3항은 독도를 일본의 정의에서 제외하고 있다. 이에 관해서는 후술하기로 한다.

---

1) M.M. Whiteman, *Digest of International Law*, Vol.4, (Washington, D.C.: USGPD, 1965), p.1185.
2) *Ibid*, p.1186.

III. 대일평화조약 제19조 (d)항의 한국에 대한 효력

1. 대일평화조약상 한국에 대한 효력

"대일평화조약" 제21조는 한국은 동 조약의 체약당사국이 아니나 한국에 대해 적용되는 조항을 다음과 같이 규정하고 있다.

···한국은 본 조약의 제2조, 제4조, 제9조, 및 제12조 이익을 받을 권리를 가진다.(Shall be entitle ··· Korea to the benefits of Articles 2, 4, 9, and 12 of the present treaty.)

위의 한국에 적용되는 조항을 규정한 제21조에는 제19조 (d)항이 포함되어 있지 아니하다. 따라서 제19조 (d)항에는 "조약법 협약" 제36조 제1항은 적용되지 아니한다. 동 조항은 다음과 같이 규정하고 있다.

조약의 당사국이 제3국 또는 제3국이 속하는 국가의 그룹 또는 모든 국가에 대하여 권리를 부여하는 조약규정을 의도하며 또한 그 제3국이 이에 동의하는 경우에는 그 조약의 규정으로부터 그 제3국에 대하여 권리가 발생한다. 조약이 달리 규정하지 아니하는 한 제3국의 동의는 반대의 표시가 없는 동안 있는 것으로 추정된다.

A right arises for a third State from a provision of a treaty if the parties to the treaty intend the provision to accord that right either to the third State, or to a group of States to which it belongs, or to all States, and the third State assents thereto. Its assent shall be presumed so long as the contrary is not indicated, unless the treaty otherwise provides.

제19조 (d)항은 한국에 적용되는 조항이 아니므로 위의 규정에 적응하지 아니한다. 다만 "조약법 협약" 제34조는 조약은 제3국에 대하여 의무도 권리도 창설하는 것이 아니한다고 규정한 조약만이 적용될 뿐이다. 제34조는 다음과 같이 규정하고 있다.

조약은 제3국에 대하여 그의 동의 없이는 의무 또는 권리를 창설하지 아니한다.

A treaty does not create either obligations or rights for a third State without its consent.

요컨대, 한국은 "대일평화조약" 제21조의 규정에 의하여 부진정 제3국의 지위에 있으나 제21조에 규정된 이외의 조항에 관하여는 진정 제3국의 지위에 있는 것이다. 따라서 제19조 (d)항은 48개 연합국과 일본과의 관계에서만 적용되는 것이며 한국은 그 적용의 반사적 이익을 받을 수 있음에 불과한 것이다.

물론 제19조 (d)항은 2조의 문맥으로 해석되므로 일본이 연합국에 대해 한국의 독도영유권을 승인하는 효력은 제2조의 규정에 의거한 것으로 보아 제21조의 규정에 의거 이는 한국에 대해 권리를 가지는 것(shall be entitle Korea to the benefits)으로 관념할 수도 있다고 본다.

2. 일반국제법상 한국에 대한 효력

일반국제법상 영토주권의 승인은 절대적 효력(즉 erga omnes)이 인정된다.

가. 영토승인의 절대적 효력

국가 승인, 정부 승인 그리고 교전단체의 승인은 승인국과 피승인국, 피승인정부 그리고 피승인 교전단체와의 관계에서만 승인의 효력이 발생하며 승인하지 아니한 국가와의 관계에서는 승인의 효력이 발생하지 아니한다. 즉 승인의 효력은 상대적(relative)이다.[3]

그러나 영토주권의 승인은 모든 국가와의 관계에서 발생한다. 즉 영토주권의 승인의 효력은 절대적(absolute)이다. 이는 *Eastern Greenland* Case

---

3) Brownlie, *supra* n.35, p.87; Schwarzenberger and Brown, *supra* n.28, pp.57~58; G. G. Wilson, *International Law*, 9th ed., (New York: Silver, 1935), p.55.

(1933)에의 상설국제사법재판소에 의해 다음과 같이 판시한 바 있다.

영토권원의 승인의 효과는 그러한 권원의 상대성을 증명하는 데 끝나지 아니하고 그러한 권원의 절대성을 만드는 수단을 제공한다.

the impact of recognition on territorial title does net exhaust itself in proving the relativity of such titles and offering a means of making such titles absolute.[4]

이와 같이 동 case에서 상설국제사법재판소는 영토권원의 승인은 절대적 효력이 있다고 판시했다.

M. W. Whiteman이 이 판례를 인용하고 있으므로[5] 그도 영토권원의 승인의 효력은 절대적인 것으로 보고 있다고 보아 무리가 없다고 본다.

나. 금반언의 효과에 의한 절대적 효력

영토주권의 승인은 금반언의 효과가 발생하며 금반언의 효과는 특정승인·표시를 신뢰한 모든 국제법의 주체에게 발생하므로 결국 영토주권의 승인은 금반언의 효과를 거쳐 절대적 효력을 발생한다.[6]

IV. 대일평화조약 제2조 (a)항과 제19조 (d)항의 관계

1. 대일평화조약 제2조 (a)항의 규정

"대일평화조약" 제2조 (a)항은 다음과 같이 규정하고 있다.

(a) 일본은 한국의 독립을 승인하고, 제주도, 거문도 및 울릉도를 포함하는

---

4) PCIJ, *Series A/B*, No.35, 1933, p.68.
5) M. W. Whiteman, *Digest of International Law*, Vol.2, (Washington, D.C.: USGPO, 1963), p.1083.
6) Schwarzenberger and Brown, *supra* n.28, p.99.

한국에 대한 모든 권리·권원 및 청구권을 포기한다.
  (a) Japan recognizing the independence of Korea, renounces all right, title and claim to Korea, including the islands of Quelpart, Port Hamilton and Dagelet.

동 조항에 일본이 포기하는 도서로 독도가 규정되어 있지 아니하다. 그러므로 일본정부는 동 조항에 포기의 대상으로 독도가 열거되어 있지 아니하므로 독도는 일본의 영토라고 주장하고, 한국정부는 독도를 울릉도의 속도이므로 울릉도와 같이 일본이 포기한 도서로 한국의 영토라고 주장한다.
  동 조항을 해석함에 있어서 "통합의 원칙(principle of integrate)"에 의해 해석할 때 동 조약 제19조 (d)항의 규정에 따라 독도는 한국의 영토로 해석되게 된다.

2. 통합의 원칙

가. 통합의 원칙을 채택한 조약법 협약의 규정

(1) 제31조 제1항의 규정
"조약법 협약" 제31조 제1항은 조약의 해석에 있어서 통합의 원칙에 따라 해석하여야 한다고 다음과 같이 규정하고 있다.

  조약은 조약문의 문맥 및 조약의 대상과 목적으로 보아, 그 조약의 문면에 부여되는 통상적 의미에 따라 성실하게 해석되어야 한다.
  a treaty shall be interpreted in good faith in accordance with the ordinary meaning to be given to the terms of the treaty in their context and in the light of its object and purpose.

(2) 제31조 제2항의 규정
그리고 제31조 제2항은 문맥의 범위를 다음과 같이 규정하여 조약은 통합의 원칙에 따라 해석하여야 한다고 역시 통합의 원칙을 규정한 것이다.

조약의 해석 목적상 문맥은 조약문에 추가하여 조약의 전문 및 부속서와 함께 다음의 것을 포함한다.

(a) 조약의 체결에 관련하여 모든 당사국간에 이루어진 그 조약에 관한 합의

(b) 조약의 체결에 관련하여 2 또는 2 이상의 당사국이 작성하고 또한 다른 당사국이 그 조약이 관련되는 문서로서 수락한 문서

The context for the purpose of the interpretation of a treaty shall comprise, in addition to the text, including its preamble and annexes:

(a) any agreement relating to the treaty which was made between all the parties in connexion with the conclusion of the treaty;

(b) any instrument which was made by one or more parties in connexion with the conclusion of the treaty and accepted by the other parties as an instrument related to the treaty.

(3) 제31조 제3항의 규정

또한 제31조 제3항은 문맥과 함께 참작하여야할 사항으로 추후의 관행에 관해 다음과 같이 규정하고 있다.

문맥과 함께 다음의 것이 참작되어야 한다.

(a) 조약의 해석 또는 그 조약규정의 적용에 관한 당사국간의 추후의 합의

(b) 조약의 해석에 관한 당사국의 합의를 확정하는 그 조약 적용에 있어서의 추후의 관행

There shall be taken into account, together with the context:

(a) any subsequent agreement between the parties regarding the interpretation of the treaty or the application of its provisions;

(b) any subsequent practice in the application of the treaty which establishes the agreement of the parties regarding its interpretation;

나. 조약법 협약의 대일평화조약에의 적용

여기서 "조약법 협약"이 효력을 발생하기 전에 체결·발효된 "대일평화조약"에 적용되느냐의 시제법의 문제를 검토하기로 한다.

(1) 조약법 협약의 규정
"조약법 협약" 제4조는 그의 시간적 적용범위에 관해 불소급의 원칙을 다음과 같이 규정하고 있다.

> 협약은 그 발효 후에 국가에 의하여 체결된 조약에 대해서만 그 국가에 대하여 적용된다.
> the Convention applies only to treaties which are concluded by States after the entry into force of the present Convention with regard to such states.

이와 같이 동 협약 제4조는 동 협약이 발효된 이후에 체결된 조약에 관하여서는 즉, 동 협약의 효력 발생일인 1980년 1월 27일 이후에 체결된 조약에만 동 협약이 적용된다고 불소급의 원칙을 규정하고 있다. 그러나 학설은 동 조에 의한 "불소급의 원칙의 적용"을 부정하고 있다.

다. 통합의 원칙을 규정한 국제협약
"조약법 협약" 제4조의 불소급의 원칙의 규정에도 불구하고 대부분의 학자는 동 협약 발효 전에 즉 1980년 1월 27일 전에 체결된 조약에도 동 협약이 적용된다고 논하고 있다.

(1) Shabtai Rosenne
Rosenne는 "조약법 협약"의 대부분은 현존 국제관습법을 성문화한 것이므로 불소급 규정의 법적 효과는 별 것이 아니라고 다음과 같이 기술하고 있다.

> 협약의 대부분은 아마도 현존하는 관습 국제법을 법전화한 것이므로 이 불소급의 규정의 효과는 별 것이 아니다.
> Since most of the convention probably codificativary of existing customary International Law, the effect of this non-retroactivity provision may not be great.[7]

---

7) Shabtai Rosenne, "Vienna Convention on the Law of Treaties", *EPIL*, Vol.7, 1984,

Rosenne은 동 협약 제4조의 규정에도 불구하고 동 협약이 효력을 발생한 1980년 7월 27일 이전에 체결된 조약에도 동 협약이 작용된다고 보고 있다.

(2) Ian Sinclair

Sinclair는 "조약법 협약"은 현존하는 관습법을 성문화한 것이므로 협약은 협약의 규정에도 불구하고 협약 발효일 이전에 소급하여 적용될 수 있다고 다음과 같이 논하고 있다.

> 협약은 현존하는 관습법의 선언으로 간주되므로 협약은 협약과 독립 하에 적용될 수 있다.
> Convention may be regarded as declaratory of pre-existing customary law and therefore applicable independently of the Convention.[8]

Sinclair도 동 협약이 발효한 1980년 1월 27일 이전에 체결된 조약에도 동 협약이 적용된다고 논하고 있다. 즉, 불소급의 원칙의 적용을 부정하고 있다.

(3) Alina Koczorowska

Koczorowska도 "조약법 협약"에 규정된 관습법은 동 협약이 발효되기 이전에 체결된 조약에 동 협약이 적용된다고 다음과 같이 논하고 있다.

> 관습법을 규정한 조약법 협약의 규정은 조약법 협약이 발효되기 이전에 체결된 조약에 적용된다.
> the provisions of the VCLT which embody customary law will apply to treaties concluded before the entry into force of the VCLT.[9]

---

p.528.
8) Ian Sinclair, *The Vienna Convention on the Law of Treaties*, 2nd ed., (Manchester: Manchester University Press, 1984), p.12
9) Alina Koczorowske, *Public International Law*, 4th ed., (London: iRoutledge, 2010), p.89.

(4) OraKheashivili와 Sarah Williams

OraKheashivili와 Williams도 "조약법 협약"은 소급적 적용을 허용하지 아니하나 국제사법재판소는 소급적 적용을 해오고 있다고 다음과 같이 논하고 있다.

> 조약법 협약의 시간적 적용범위에 관한 조항에 있어서 조약법 협약은 소급적 적용을 허용하지 아니한다. 그러나 국제사법재판소는 조약법 협약의 발효 이전에 채택된 조약에 대해 협약의 규정을 적용해 왔다.
>
> in terms of its temperal application, the VCLT does not allow for retrospective application, although the International court of Justice has applied its provisions to treaties adopted before its entry into force.[10]

Williams는 "조약법 협약"의 발효 이전에 체결된 조약에 대해 국제사법재판소가 "조약법 협약"의 규정을 적용해 왔다고 하여 동 협약은 동 협약이 발효 이전에 체결된 조약에 적용된다고 논하고 있다.

(5) Anthony Aust

Aust는 국제재판소가 "조약법 협약"을 국제관습으로 보고 있다는 것을 근거로 소급효 금지의 규정에도 불구하고 동 협약은 협약 이전의 조약에 적용된다고 다음과 같이 논하고 있다.

> 조약법 협약은 국제사법재판소(그리고 국제 및 국내재판소와 법정)에 의해 거의 모든 점에 관습국제법을 기술하는 문안으로 인정된다. 협약은 소급적 효력을 가지지 아니함에도 불구하고(제4조) 실제적인 목적을 위하여 협약은 조약에 관한 국제관습법의 권위적 서술이다. 그러므로 수년간 협약 이전의 조약을 포함하는 조약에 적용될 수 있다.
>
> the Convention is regarded by the International Court of Justice(and other international and national courts and tribunals) as in almost all respects stating

---

10) Alexander OraKheashivili and Sarah Williams(eds.), *40 Year of VCLOT*, (British Institute of International Law and Comparative Law, 2010), p. xiv.

customary international law, Despite the Convention not having retroactive effect (Article 4), for practical purposes the convention is nevertheless an authoritative statement of customary international law on treaties and so can be applied to treaties including those which pre-date the Convention by many years.[11]

이와 같이 Aust는 "조약법 협약"은 국제관습법의 기술이므로 동 협약의 효력 발생 이전의 조약에 적용된다고 한다.

(6) Rebeca M. M. Wallace

Wallace는 "조약법 협약"은 확립된 규칙을 규정하고 있으므로 동 협약은 동 협약 이전의 합의에 적용될 수 있다고 다음과 같이 기술하고 있다.

조약법 협약은 하나의 협약으로서 소급적 효력을 가지지 아니한다. 그러나 동 협약은 확립된 규칙을 규정하고 있으므로 동 협약 이전의 합의에 적용될 수 있다.

the Convention as a Convention, does not have retroactive effect. However, because it spells out established rules, the Convention may be applied to agreements pre-dating the Convention.[12]

이와 같이 Wallace는 "조약법 협약"은 기확립된 규칙을 규정하고 있으므로 동 협약은 소급하여 적용된다고 한다.

라. 통합의 원칙을 승인한 학설

통합의 원칙은 조약의 해석 원칙으로 학설에 의해 일반적으로 승인되어 있다.

---

11) Antony Aust, *Handbook of International Law*, (Cambridge: Cambridge University Press, 2010), p.50.
12) Wallace Rebecca M.M., 5th ed. (London: Sweet and Maxwell, 2005), pp.253~54.

(1) E. T. Elias

Elias는 "조약법 협약" 제27조의 4개의 요소는 통합된 전체 또는 독립된 전체로서 적용된다고 하여 통합의 원칙을 다음과 같이 강조하고 있다.

> 이 조(제27조)의 4개의 주요 요소는 통합된 전체 또는 독립된 전체로서 적용되어야 하는 것이다 … 문맥이란 단어의 사용을 통합적 체계를 강조하기 위해 디자인된 것이다
>
> the four main elements of this Article … to be applied as an integrated of independent whole. The use of the word "context" in the three paragraphs of the Article is designed to emphasize this integrates scheme.[13]

(2) Gideon Boas

Boas는 "조약의 전체(treaty as a whole)"를 해석이 선호되어야 한다고 하여 "통합의 원칙"을 다음과 같이 주장하고 있다.

> 조약에 있어서 모든 규정에 효과를 주는 해석이 선호되어야 한다.
>
> The interpretation giving effect to every provision in the treaty is to be preferred.[14]

(3) Clive Parry

Parry는 "통합의 원칙"을 다음과 같이 인정하고 있다.

> 조약의 해석에 있어서 어떤 조약문도 공정하게 그리고 전체로서 읽어야 하고, 조약문의 조항도 전체의 문맥으로 읽어야 한다.
>
> Any text must be read fairy and as a whole, clause in it must be read entire context.[15]

---

13) E. T. Elias, *The Modern Law of Treaties*, (Leiden: Sijfoff, 1972), p.74.

14) Gideon Boas, *Public International Law*, (Cheltenham: Edward Elgar, 2012), pp.64~65.

15) Claire Parry, "The Law of Treaty" in Max Sorensen(ed.), *A Manual of International Law*, (New York: Macmillan, 1968), p.211.

(4) Ian Sinclair

Sinclair는 "통합의 원칙"을 다음과 같이 강조하고 있다.

> 조약의 문언은 물론 전체로서 읽어야 한다. 누구도 단순히 하나의 항, 하나
> 의 조, 하나의 절, 하나의 장, 또는 하나의 부에만 집중할 수는 없다.
> The text of the treaty must of course be read as a whole. One can not simply
> concentrate on a paragraph, a article, a section, a chapter, of a part.[16]

(5) Hugh Thirlway

Thirlway는 조약은 그의 대상, 목적, 원칙과 함께 전체로 해석되어야 한
다고 하여 다음과 같이 "통합의 원칙"을 인정하고 있다.

> 조약은 전체로서 해석되어야 한다. 그리고 그들의 선언되거나 명백한 대
> 상, 목적, 그리고 원칙도 참고하여 해석되어야 한다.
> Treaties are to be interpreted as a whole, and with reference to their declared
> or apparent objects, purposes and principles.[17]

(6) Gerald Fitzmaurice

Fitzmaurice는 다음과 같이 "통합의 원칙"을 인정하고 있다.

> 조약은 전체로서 해석되어야 한다. 그리고 특정의 부, 장, 절 역시 전체로
> 서 해석되어야 한다.
> Treaties are to be interpreted as a whole. Particular parts, chapters, or sections
> also as a whole.[18]

---

16) Sinclair, *supra* n.8, p.127.
17) Hugh Thirlway, "The Law and Procedure of the International Court of Justice,
    1960-1989", *BYIL*, Vol.62, 1997, p.37.
18) Gerald Fitzmaurice, "The Law and Procedure of the International Court of Justice,
    1951-4: Treaty Interpretation and Other Treaty Points", *BYIL*, Vol.33, 1957, p.211.

(7) Lord McNair

McNair는 "통합의 원칙"을 다음과 같이 표시했다.

조약은 전체로 읽지 않으면 안 되고 조약의 의미는 단순히 특정의 구에 따라 결정되어지지 않는다는 것은 자명한 일이다.

it is obvious that the treaty must be read as a whole, and that its meaning is not to be determined merely upon particular phrases.[19]

(8) Rudolf Bernhardt

Bernhardt는 다음과 같이 "통합의 원칙"을 주장하고 있다.

단어는 격리되어 정확히 이해하기 어려운 것이며, 오히려 관련된 조약문의 문맥 속에서 보지 않으면 안 된다. … 이러한 체계해석은 보편적으로 승인되어 있다.

In the context of the relevant text, words can hardly be correctly understood in isolation instead they have to be seen in the context of the relevant text. … Systematic interpretation seems to be universally recognize.[20]

마. 통합의 원칙을 승인한 판례

"통합의 원칙"은 조약의 해석원칙의 하나로 국제·국내 재판소의 판결에 의해 승인되어 왔다.

(1) *Competence of the ILO to Regulate Agricultural Labour* Case(1922)

Competence of the ILO to Regulate Agricultural Labour Case(1922)에서 상설국제재판소는 다음과 같이 "통합의 원칙"을 인정하는 판결을 한 바 있다.

문맥은 제기된 문언이 있는 조약의 조항이나 절 뿐만 아니라 전체로서의 조약의 문맥이다.

---

19) McNair, *The Law of Treaties,* (Oxford: Clardon, 1961), pp.381~82.
20) Bernhardt Rudolf, "Interpretation in International Law", *EPIL*, Vol.7, 1984.

the context is not merely the article or section of the treaty in which the term occurs but also the context of the treaty as a whole.[21)]

(2) *South-West Africa* Case(1950)

South-West Africa Case(1950)에서 de Visscher 국제사법재판소 판사는 다음과 같이 "통합의 원칙"을 인정하는 판시를 했다.

조약의 조항은 전체로서 고려되지 않으면 안 된다는 것은 승인된 해석의 규칙이다.… 이 규칙은 국제연합헌장과 같은 헌법적 성격의 조약의 조약문의 해석에 특별히 적용될 수 있다 ….

It is an acknowledge rule of interpretation that treaty clauses must not only be considered as a whole. … this rule is particularly applicable to the interpretation of a text of a treaty of a constitutional character like the United Nations Charter ….[22)]

(3) *Peace Treaties* Case(1950)

Peace Treaties Case(1950)에서 국제사법재판소의 Read 판사는 다음과 같이 "통합의 원칙"을 인정했다.

조약은 전체로서 읽혀지지 않으면 조약의 의미는 단순히 특정의 구절로만 결정되어서는 아니 된다 ….

treaty must be read as a whole. … its meaning is not to be determined merely particular phrase ….[23)]

(4) *Moroco* Case(1952)

Moroco Case(1952)에서 국제사법재판소는 다음과 같이 "통합의 원칙"을 인정하는 판결을 한 바 있다.

---

21) PCIJ, *Series B* Nos.2 and 3, 1922, p.23.
22) ICJ, *Reports*, 1950, p.187.
23) ICJ, *Reports*, 1950, p.235.

전체로서 고려된 Algeciras Act의 제5장의 ⋯ 제 규정은 결정적인 증거 ⋯ 등을 제시하지 아니한다.

the provisions of ⋯ chapter Ⅴ of the Act of Algeciras considered as a whole, do not afford decisive evidence ⋯ etc.[24]

(5) *Ambatielos* Case(2nd Phase, 1953)

Ambatielos Case(2nd Phase, 1953)에서 국제사법재판소는 다음과 같이 "통합의 원칙"을 승인하는 판결을 하였다.

그 선언은 전체로서 읽는 것은 그 견해 ⋯ 등을 확인한다.
a reading of the Declaration as a whole confirms the view ⋯ etc.[25]

(6) *Eck v. Unite Arab Airlines* Case(1964)

Eck v. Unite Arab Airlines Case(1964)에서 미국 제2지방법원(뉴욕)(US. Second District Court(New York)은 다음과 같이 "통합의 원칙"을 선언한 바 있다.

법원은 조약을 조약 전체로서, 그의 역사에 따라 검토하는 것, 그리고 특별히 조약이 해결하기를 의도했던 문제들을 고찰하는 것은 정상적인 절차라고 결정한다.

decided that the proper procedure to examine the treaty as a whole along with its history and particular, to look into the problems which it was intended to solve.[26]

이상의 판결 이외에 특히 *South-West Africa* Case(1950)[27]와 *Western Sahara* Case(1975)[28]에서 넓은 의미의 체계해석을 위한 "통합의 원칙"을 승인하는

---

24) ICJ, *Reports*, 1950, p.209.
25) ICJ, *Reports*, 1950, p.30.
26) ICJ, *Reports*, 1950, p.227.
27) ICJ, *Reports*, 1950, p.336.
28) ICJ, *Reports*, 1950, p.26.

판결이 있었다.29)

요컨대, "통합의 원칙"은 판례에 의해 일반적으로 인정되어 왔다.

따라서 "대일평화조약" 제2조 (a)항을 해석함에 있어서는 "조약법 협약" 제36조 제1항 및 제2항의 규정에 따라 "대일평화조약" 제19조 (d)항의 문맥을 신의 성실하게 해석하여야 한다. 즉, "대일평화조약" 제2조 (a)항은 동 조항만으로 해석하는 것이 아니라 동 조약을 전체로(as a whole) 보아 해석하여야 하므로 제19조 (d)의 규정도 함께 보아 해석하여야 하므로 "대일평화조약" 제2조 (a)항과 동 조약 제19조 (d)항은 "조약법 협약" 제36조에 의해 해석상 연계되어 있다.

V. 대일평화조약 제2조 (a)항의 제19조 (d)항에 의거한 해석

"대일평화조약" 제2조 (a)항을 해석함에 있어서 "조약법 협약" 제31조에 규정된 "통합의 원칙"에 따라 동 조약 제19조 (d)항의 규정에 비추어 해석할 때, 제19조 (d)항의 "일본은 점령기간 중 점령당국의 지령에 의거하여 in consequence of directives of the occupation authorities"의 규정 중 지령에는 독도의 영유권과 관련되어 있는 중요한 지령으로 "SCAPIN 제1033호"와 "SCAPIN 제677호"를 들 수 있다.

1. SCAPIN 제1033호

"SCAPIN 제1033호"는 일본 선박과 인원은 독도의 12해리 이내에 접근하지 못한다고 다음과 같이 규정하고 있다.

(b) 일본의 선박이나 인원은 금후 리앙꼬르암(북위 37도 15분 동경 131도

---

29) Thirlway, *supra* n.17, pp.31~32.

53분)의 12해리 이내에 접근하지 못하며 또한 동 도에 어떠한 접근도 하지 못한다.

(b) Japanese vessels or personnel there of will not approach close then 12miles to Liancourt(37°15′ North Latitude 131°53′ Est latitude)nor have any contact with said island).[30]

"대일평화조약" 제19조 (d)항에 의거 일본이 "SCAPIN 제1033호"의 효력을 승인한 것은 한국의 독도영토 주권을 승인한 것이다. 따라서 "대일평화조약" 제2조 (d)항에 일본이 포기하는 도서로 독도가 명시되어 있지 아니해도 독도는 일본이 승인한 한국의 영토로 해석된다.

2. SCAPIN 제677호

"SCAPIN 제677호" 제3항은 독도는 일본의 정의에서 제외된다고 다음과 같이 규정하고 있다.

3. 본 지령의 목적상 일본은 일본의 4개 도서(홋카이도, 혼슈, 큐슈 및 시코쿠)와 대마도를 포함한 약 1,000개의 인접한 보다 작은 도서들과 북위 30도의 북쪽 유구(난세이) 열도(구찌노시마 도서 제외)로 한정되며, (a) 우쓰료(울릉)도, 리앙꼬르 암석(다케시마, 독도) 및 퀠파트(사이슈 또는 제주도), (b) 북위 30도 이남 유구(난세이) 열도(구찌노시마 섬 포함), 이즈, 난포, 보닌, (오가사와라) 및 화산(오시가시 또는 오아가리) 군도 및 파레스 벨라(오기노도리), 마아카스(미나미도리) 및 간지스(나까노도리) 도서들과 (c) 쿠릴(지시마) 열도, 하보마이(수우이쇼, 유리, 아까유리, 시보츠 및 다라쿠 도서들 포함하는 하포마츠 군도)와 시고탄도를 제외한다.

3. For the purpose of this directive, Japan is defined to include the four main islands of Japan (Hokkaido, Honshu, Kyushu and Shikoku) and the approximately 1,000 smaller adjacent islands, including the Tsushima Islands and the Ryukyu (Nansei) Islands north of 30°North Latitude (excluding Kuchinoshima Island), and excluding (a) Utsryo (Ullung) Island, Liancourt Rocks (Take Island) and Quelpart

---

30) SCAPIN, File room 600-1.

(Saishu or Cheju Island, (b) the Ryukyu (Nansei) Islands south of 30°North
Latitude (including Kuchinoshima Island), the Izu, Nanpo, Bonin (Ogasawara) and
Volcano(Kazan or Iwo) Island Groups, and all the outlying Pacific Islands
(including the Daito (Ohigashi or Oagari) Island Group, and Parece Vela
(Okinotori), Marcus (Minami-tori) and Ganges Habomai (Hapomaze Island Group
(including Suisho, Yuri, Akiyuri, Shibotsu and Taraku Islands) and Shikotan
Island.

"대일평화조약" 제19조 (d)항의 규정에 의거 일본이 "SCAPIN 제677호"의
효력을 승인한 것은 한국의 독도영유권을 승인한 것이다. 따라서 "대일평
화조약" 제2조 (a)항에 일본이 포기하는 도서로 독도가 명시되어 있지 아
니해도 독도는 일본이 승인한 한국의 영토로 해석된다.

VI. 제기되는 제문제

"대일평화조약" 제19조 (d)항은 일본은 점령기간 중 점령당국의 지시의
효력을 승인한다고 규정하고 있다. "대일평화조약" 제2조 (a)항에 일본이
포기하는 도서의 하나로 독도가 명시되어 있지 아니하다. "조약법 협약"
제31호는 조약의 해석원칙의 하나로 "통합의 원칙"을 규정하고 있으며, 점
령기간 중 연합국의 지시의 하나로 "SCAPIN 제677호"가 있으며 동 SCAPIN
제3항은 독도를 일본의 정의에서 제외되는 것으로 규정하고 있다. 일본은
"대일평화조약" 제19조 (a)항의 규정에 의거 "SCAPIN 제677호"의 규정의 효
력을 승인하여 독도의 영유권이 한국에 귀속됨을 승인한 것이다. 따라서
독도는 한국의 영토로 해석된다.
그러나 다음과 같은 제문제가 제기된다.

1. 한일합방조약의 유효 승인 문제

이상의 독도영토주권이 한국에 귀속된다는 해석은 "대일평화조약" 제2조 (a)항의 해석에 기초한 것이다. 그런데 동 조항의 "독립승인규정"과 "권리 포기규정"은 모두 "한일합방조약"의 유효를 전제로 한 것이다.

독립승인 이전에는 한국이 비독립 상태에 있음을 전제로 한 것이며 또 한 권리 포기 이전에는 일본이 권리를 갖고 있었음을 전제로 한 것이므로 이는 결국 "한일합방조약"의 유효를 전제로 한 것이다.

그러므로 독도의 영유권이 한국에 귀속된다는 위의 해석은 "한일합방조약"이 유효했었음을 묵시적으로 승인하는 것으로 된다는 문제가 제기된다. 이에 대한 대책 방안은 후술하기로 한다.

2. 제2조 (a)항의 적용 또는 제19조 (d)항의 적용문제

이상의 해석은 "대일평화조약" 제2조 (a)항의 적용 문제로 볼 것이냐 제 19조 (d)항의 적용문제로 볼 것이냐의 문제가 제기된다. 즉, 권리로서 주 장할 것이냐 반사적 이익으로 대할 것이냐의 문제가 제기된다.

이상의 독도영토주권이 한국에 귀속된다는 해석을 "대일평화조약" 제21조 의 규정에 의한 제2조 (a)항의 적용문제로 볼 것인가 제19조 (d)항의 적용 문제로 볼 것인가의 문제가 제기된다. 전자로 본다면 "조약법 협약" 제36조 제1항에 의한 "대일평화조약" 제2조 (a)항의 수락 추정의 문제가 제기된다. 후자로 본다면 제19조 (d)항은 한국에 대한 권리부여 규정이 아니므로 "조 약법 협약" 제36조 제1항에 의한 수락 추정의 문제가 제기되지 아니한다. 전자의 문제로 본다면 위 해석의 결과는 권리로 주장할 수 있으나 (제21조), "한일합방조약"이 유효했음이 추정되는 문제가 제기된다. 후자의 문제로 본다면 "한일합방조약"이 유효했음이 추정되는 문제는 제기되지 아니하나 위의 해석을 권리로 주장할 (제21조) 수 없고 반사적 이익으로만 기대된다는 단점이 있다.

제2조 (a)항의 적용문제로 보고 "한일합방조약"이 유효했음을 추정되는 효과를 배제하기 위해 "대일평화조약"의 어떠한 규정도 "한일합방조약"이 유효했다고 해석되지 아니한다는 해석선언을 하는 정책대안을 제의하기로 한다.

3. 한국의 독도영토주권의 근거는 SCAPIN 제677호이냐 대일평화조약이냐의 문제

한국의 독도영토주권의 근거가 "SCAPIN 제677호"이냐, "대일평화조약"이냐는 견해의 대립이 있다. 전자는 연합국의 일방적 조치이고 후자는 연합국과 일본이 합의한 조치이고 전쟁이 종료된 후 영토의 귀속문제는 평화조약으로 규정하는 것이 일반관행이므로 전자보다 후자가 타당하다고 본다. 후자는 직접적인 근거이고 전자는 간접적인 근거로 봄이 타당하다고 본다. 다만 후자를 직접적 근거로 볼 때 이는 "한일합방조약"의 유효 승인 문제가 제기되나 전자는 이 문제가 제기되지 아니한다.

결국 "대일평화조약" 중 어떠한 규정도 "한일합방조약"이 유효했다는 의미로 해석되지 아니한다는 해석선언 또는 해석유보를 할 것을 조건으로 후자가 타당하다고 본다.

VII. 결언: 독도정책의 기본방향전환의 필요성

"대일평화조약" 제19조 (d)항의 규정에 의해 일본과 연합국은 한국의 독도영토주권을 승인했으므로 일본정부가 일본의 독도영토주권을 주장하는 것은 (i) "대일평화조약" 제19조 (d)항을 위반하는 것이고, (ii) " … 모든 회원국은 어떠한 국가의 영토보전 … 또 국제연합의 목적과 양립하지 아니

하는 다른 여하한 방법에 … 이를 삼가한다." 는 "국제연합헌장" 제2조 제4항
(그리고 대일평화조약 제5조)을 위반한 것이며, (iii) 영토주권의 승인은 그
승인과 모순·저촉되는 주장을 할 수 없다는 금반언의 원칙을 (Malanczuk,
1987: 159; Brownlie, 1998: 158; Schwarzenberger and Brown, 1976: 97;
Eastern Greenland Case(1933): PCIJ, 1933: 68~69) 위반한 것이다. 그러나 한
국은 일본에 대해 "대일평화조약" 제19조 (d)항의 규정에 의해 독도는 일
본이 승인한 한국의 영토라는 주장을 한 번도 제기해 본 바 없다 (The
Korean Ministry of Foreign Affairs, 1953; The Korean Ministry of Foreign
Affairs, 1953; The Korean Ministry of Foreign Affairs, 1954; The Korean
Ministry of Foreign Affairs, 1959).

위의 결론에 의거 정부관계당국에 대해 다음과 같은 정책대안을 제의하
기로 한다.

(i) 한국 정부는 지금까지 한 번도 일본에 대해 주장한 바 없는[31] "대
일평화조약" 제19조 (d)항의 규정에 의해 연합국과 일본이 한국의
독도영토주권을 승인한 바를 일본에 대한 독도정책에 추가한다.

(ii) 위 효과를 연합국에 대한 외교정책과 홍보에 반영한다.

(iii) 일본의 영토인 독도를 한국이 불법점거하고 있다는 일본의 주장에
대한 종래의 방어적 주장을 "대일평화조약" 제19조 (d)항의 규정에
의한 일본정부의 한국독도영토주권을 부정하는 주장에 대해 이러
한 주장은 "대일평화조약" 제19조 (d)항을 위반한 것이라는 공세적
정책으로 전환한다.

이상에서 검토한 바와 같이 이 연구에서는 독도가 일본으로부터 분리된
근거를 "대일평화조약"에 근거한 "SCAPIN 제677호"에서 찾고 있다. 다만
서론에서 언급한 바와 마찬가지로 "대일평화조약"에 근거한 것이 아니고
직접 "SCAPIN 제677호"에 근거하여 독도가 일본에서 분리되어 한국에 귀

---

31) The Korean Ministry of Foreign Affairs, 1953; The Korean Ministry of Foreign
Affairs, 1953; The Korean Ministry of Foreign Affairs, 1954; The Korean Ministry of
Foreign Affairs, 1959.

속되었다는 견해가 있다. 그러나 어느 견해에 의하든 결국은 "SCAPIN 제 677호"에 의해 독도가 일본으로부터 분리되어 한국의 영토로 회복되기 위해서는 한국이라는 국가가 존재해야 한다. 그러나 국가수립론에 의하면 해당 시점인 1948년 8월 15일에 한국이라는 국가가 존재하지 않기 때문에 독도의 영유권이 한국으로 귀속될 수 없다.

VIII. 결론

영토에 대한 실효적 지배는 계속적임을 요한다. 이는 판례와 학설이 인정한 국제법의 원칙이다. 한일합방조약 유효론에 의하면 1910년에서 1948년까지 한국은 독도에 대한 실효적 지배를 할 국제법 주체로서의 대한제국이라는 국가는 부존재하므로 그 기간 동안 한국의 독도에 대한 실효적 지배는 계속되지 못한다. 즉 실효적 지배는 중단된다. 따라서 한국은 실효적 지배를 중단한 독도영토주권을 주장할 수 없게 된다. 그러나 한일합방조약의 부존재론에 의하면 1910년에서 1948년까지 한국의 독도에 대한 실효적 지배는 중단되지 아니하므로 한국은 독도가 한국의 영토라고 주장할 수 있다. 다만, 1910년에서, 1948년까지 한국의 독도에 대한 실효적 지배의 계속은 법적인 실효적 지배(*de jure effective control*)이고 사실적인 실효적 지배(*de facto effective control*)가 아닌 것이다. 그러므로 한국의 독도에 대한 실효적 지배는 1910년에서 1948년까지 계속되어왔다는 주장을 위해서는 영토에 대한 실효적 지배는 사실적인 실효적 지배임을 요하지 아니한다는 법리의 개발이 요구된다.

일응 법적인 실효적지배가 사실적인 실효적 지배에 우선한다고 할 수 있다. 즉 1910년에서 1948년까지 한국의 법적인 실효적 지배와 일본의 사실적인 실효적 지배가 충돌하는 것으로 이 경우 법적인 실효적 지배가 사실적인 실효적 지배에 우선하므로 한국의 독도에 대한 실효적 지배가 일본의 독도에 대한 실효적 지배에 우선하며 위 기간 동안 한국은 독도에 대한 실효적 지배를 계속한 것으로 본다.

제3절 한일합방조약의 부존재와 일본정부의 한국독도영토주권의 묵시적 승인

1951년 이래 일본정부가 그의 국내법 규정에 대해 독도를 한국의 영토로 묵시적으로 승인한 것은 한일합방조약의 부존재를 전제로 한 것이다. 이는 한일합방조약의 부존재를 묵시적으로 승인한 것이다. 이 묵시적 승인은 항복문서, 포츠담선언, 카이로 선언에 근거한 것이다. 이 근거는 포츠담선언 수락에 발표되는 명령(직령 제542호)에 근거한 것이라는 점에서 명백하다. 정령 제40호는 "내각은 포츠담선언 수락선언에 따라 발표되는 명령(칙령 제542호)에 의거 이 정령을 제정한다."라고 규정하고 (전문) 있기 때문이다.

Ⅰ. 일본정부의 총리부령 제24호와 대장성령 제4호에 의한 승인

1. 일본정부의 총리부령 제24와 대장성령 제4호의 제정·시행

가. 총리부령

(1) 총리부령의 명칭

일본정부가 제정한 총리부령의 정식명칭은 "조선총독부 교통국 공제조

합의 본방에 있는 재산의 정리에 관한 정령의 시행에 관한 총리부령(총령
부령 제24호, 1951년 6월 6일, 이하 "총리부령 제24호"라 한다)"이다. 이는
1960년 7월 8일 대장성령("대장성령 제43호", 1960년 7월 8일, 이하 "대장성
령 제43호"라 한다)으로 최종 개정되었다.

(2) 총리부령의 제정의 법적 근거

"총리부령 제24호"의 제정근거는 "조선총독부 교통국 공제조합의 본방
에 있는 재산의 정리에 관한 정령(정령 제40호, 1951년 3월 6일, 이하 "정
령 제40호"라 한다)"이다. 즉, "정령 제40호"의 시행을 위해 "총리부령 제24호"
를 제정한 것이다.

"총리부령 제24호"의 제정근거인 "정령 제40호"는 "내각은 포츠담선언
수락선언에 따라 발표하는 명령(칙령 제542호)에 의거 이 정령을 제정한
다"라고 규정하고 있으므로(전문), "정령 제40호"의 제정근거는 "칙령 제
542호"이며, 이의 제정근거는 "항복 후 미국의 초기 대일본정책(United
States Initial Post- Surrender Policy)(1945.9.6.)"이며((a)), 이의 제정근거는
"연합군최고사령관에 대한 일본의 점령 통제를 위한 항복 후 조기기본지
침(Basic Initial Post- Surrender Derective to the SCAP for the Occupation
Control of Japan)(1945.11.3.)"이며, 이의 제정근거는 "항복문서(1945.9.2.)"
이다(제1항). 따라서 "총리부령 제24호"의 제정근거는 결국 "항복문서
(1945.9.2.)"인 것이다. 중요한 것은 "총리부령 제24호"가 "SCAPIN 제677호"
의 시행을 위한 것이라는 점이다.

(3) 독도에 관한 규정의 내용

"총리부령 제24호"는 "정령 제40호"를 적용(정령 제291호 제2조 제1항 제
2호의 준용)함에 있어서 "부속도서"에서 독도는 제외된다고 다음과 같이
규정하고 있다.

정령 제14조의 규정에 의거, 정령 제291호 제2조 제1항 제2호의 규정을
준용하는 경우에 있어서는 부속도서란 다음에 드는 이외의 도서를 말한다.

1. 치시마 열도, 하보마이 군도 및 시코탄섬
2. 오카시와라 제도 및 이오 열도
3. 울릉도, 독도 및 제주도
4. 북위 38도 이남의 남서제도(류큐 열도 제외)
5. 다이토 제도, 오키노도리시마, 미나미토리시마 및 나카노 도리시마
(제2조)

상기 제2조에 규정된 "정령 제291호"의 공식명칭은 "구일본점령지역에 본점을 가지고 있는 회사의 본방 내에 있는 재산의 정리에 관한 정령 (1949.8.1.)"이다(이하 "정령 제291호"라 한다). 동 정령 제2조 제1항 제2호 는 "본방은 혼슈 홋카이도 시코주, 큐슈 및 주무성령에서 정하는 그 부속 의 도를 말한다"라고 규정하고 있다.

상기 제2조에 규정된 5개호의 도서는 "SCAPIN 제677호" 제3항 (a), (b), (c)에 열거된 도서와 거의 동일하다. 동조 제1호는 "SCAPIN 제677호" 제3항 (c)와 동일하고, 동조 제3호는 "SCAPIN 제677호" 제3항 (a)와 동일하다.

요컨대 "총리부령 제24호" 제2조 제3호의 "울릉도, 독도 및 제주도"라는 규정과 "SCAPIN 제677호" 제3항 (a)의 '울릉도, 독도 및 제주도'의 규정은 세 개 도서의 묶음 및 세 개 도서의 열거 순서로 보아 동일하다.

이로 미루어 보아 즉 '울릉도, 독도 및 제주도'를 동일한 묶음으로 그리 고 동일한 순서로 규정한 규정의 동일성으로 보아 "총리부령 제24호"는 "SCAPIN 제677호"의 시행을 위한 것임을 재확인할 수 있다.

여하간 "총리부령 제24호" 제2조 제3호는 독도를 일본의 본방(영토)에서 배제하는, 즉 일본의 영토로 보지 아니하는 규정을 두고 있다.

나. 대장성령

(1) 대장성령의 명칭

일본정부가 제정한 대장성령의 정식명칭은 "구령에 의한 공제조합 등에 서 연급을 받는 자를 위한 구령에 의한 공제조합 등에서 연급을 받는 자

를 위한 특별조치법 제4조 제3항의 규정에 의거 부속도서를 정한 성령"(대장성령 제4호, 1951년 2월 13일,, 이하 "대장성령 제4호"라 한다. 이는 1968년 6월 26일 "대장성령 제37호"(이하 "대장성령 제37"라 한다)로 최종 개정되었다.

(2) 대장성령 제정의 법적 근거

일본 정부가 제정한 "대장성령 제4호"의 제정근거는 "구령에 의한 공제조합으로부터의 연금수급자를 위한 특별조치법(법률 제256호, 1950년 12월 12일, 이하 "법률 제256호"라 한다)"이다(제4조). "대장성령 제4호"와 "법률 제256호"에는 "정령 제40호"에서처럼 "포츠담선언 수락선언에 따라 발표하는 명령(칙령 제542호)에 의거하여 특별조치법 또는 정령을 제정한다"는 명문 규정은 없으나 당시는 "SCAPIN 제677호"가 일본정부에 하달된 때이므로 "총리부령 제24호"와 이의 영향을 받았을 것으로 볼 수 있다.

"SCPIN 제677호" 제3항 (a)의 규정과 "대장성령 제2호"의 규정의 세 개 도서의 묶음과 세 개 도서의 열거 순서의 동일성은 이러한 추측의 근거가 된다.

(3) 독도에 관한 규정의 내용

"대장성령 제4호"는 "법률 제256호" 제4조 제3항에 규정되어 있는 "부속도서"의 범위에 독도를 제외하는 것으로 다음과 같이 규정하고 있다.

> 구령에 의한 공제조합으로부터의 연금수급자를 위한 특별조치법(1950년 법률 제256호) 제4조 제3항에 규정하는 부속도서는 다음에 언급하는 섬 이외의 섬을 말한다.
> 1. 치사마열도, 하보아이 열도 및 시코탄도
> 2. 울릉도, 독도 및 제주도

상기 규정 중 "총리부령 제24호" 제2조에 열거된 제2호·제4호·제5호가 삭제된 것은 제2호·제4호·제5호에 열거된 도서가 1969년 "미일협정"에 의해 일본으로 환수되어 "총리부령 제29호"를 1968년 6월 26일 "대장성령 제37호"로 개정되었기 때문인 것으로 보여진다.

상기 규정 중 "연금수급자를 위한 특별조치법"(1950년 법률 제256호) 제4조 제3항은 "제1조의 규정에 의한 연금을 지급해야 하는 자는 … 본방(혼슈, 시코쿠, 큐슈 및 홋카이도 및 재무성령으로 정하는 그 부속도서를 말하며 …)를 포함한다."라고 규정하고 있다. "대장성령 제4호"에 의해 독도는 "법률 제256호"의 적용이 배제되는 도서로 규정되게 되었다. "대장성령 제4호" 제2호의 "울릉도, 독도 및 제주도"와 "SCAPIN 제677호" 제3항 (a)의 울릉도, 독도 및 제주도의 규정은 3개 도서의 묶음과 3개 도서의 열거순서가 동일하다. 이로 미루어 보아 "대장성령 제4호"는 "SCAPIN 제677호"의 시행을 위한 것으로 볼 수 있음은 전술한 바와 같다.

2. 일본정부의 총리부령과 대장성령의 제정 · 시행에 의한 한국의 독도영토주권의 묵시적 승인

가. 묵시적 승인 일반

승인은 그것이 국가의 승인(recognition of state)이든, 정부의 승인(recognition of government)이든, 교전단체의 승인(recognition of belligerency)이든, 외국판결의 승인(recognition of foreign judgement)이든, 영토주권의 승인(recognition of territorial sovereignty)이든, 불문하고 승인을 하는 주체의 의도(intention)의 문제이다.[1]

1) Georg Schwazenberger and E.D. Brown, *A Manual of International Law*, 6th ed., (Milton: Professional Books, 1976), p.57; Robert Jennings and Arthur Watts(eds.), *Oppenheim's International Law*, 9th ed., Vol.1(London: Longman, 1992), p.169; H. Lauterpact, *Recognition in International Law* (Cambrige: Cambrige Univ. Press, 1948), pp.370~71; US Department of State, G.H. Hackworth Memorandum, December 13, 1940 (Whiteman, *Digest of International Law*, Vol.2, 1963, p.48); Malcolm N. Shaw, *International Law*, 4th. ed., (Cambrige: Cambrige University. Press, 1997), p.310;

이 승인의 의도는 명시적으로(express) 표시될 수도 있고 묵시적으로 (implied) 표시될 수도 있다.[2]

명시적인 표시는 선언(declaration)이나 통고(notification)와 같은 공개된 애매하지 아니한 형태(an open unambiguous form) 또는 의사소통의 형태 (communication form)에 의할 수도 있다.[3] 묵시적 표시는 어떤 승인으로 이해되는 것으로 해석되는 특별한 조치(particular action to be interpreted as comprehending any recognition)에 의할 수 있다.[4] 이는 승인으로 수락 하는 의도에 대해 합리적인 의문이 없는 모든 경우(in all cases in which there is no reasonable doubt as to the intention … to grant recognition)이 다.[5] 이는 승인의 의도를 명시적 승인에 직접적으로 표시하는 것이 아니 나 승인으로 추정되는 다른 행위를 통하여 승인의 의도를 간접적으로 표 시하는 것이므로 이를 간접적 승인(indirect recognition) 이라고도 한다.[6]

묵시적 승인으로 해석되는 행위는 승인의 추정을 창출한다(such act creates a presumption of recognition).[7] 즉, 묵시적 승인은 승인의 의도의 추정을 본질로 한다.[8] 추정은 법(rule of law)에 의한 사실의 인정이다.[9]

---

2) Shaw, *supra* n.1, p.310, Henry Campel Brack, *Brack's Law Dictionary* (St. Paul: West, 1979), p.678; Jennings and Watts, *supra* n.2, p.169; US Department of State, Hackworth Memorandum, Dec. 13, 1940, p.49 (Majorie M. Whiteman, *Digest of International Law* 9th volume, Washington, D.C: USPO, 1968, p.48); R. Higgings, *The Development of International Law by the Political Organs of the United Nations,* (Oxford: Oxford University Press, 1963), p.140; Jochen Abr. Frowein, "Recognition", *EPIL*, Vol.10, 1987, p.345; J.P. Frand and J.C. Barker, *Encyclopedic Dictionary of International Law*, 3rd ed., (Oxford: Oxford University Press, 2009), pp.507~508; Article 7, Montevideo Convention on Rights and Duties of States 1933.

3) Shaw, *supra* n.1, p.310.

4) *Ibid.*

5) Lauterpact, *supra* n.1, p.378.

6) Shaw, *supra* n.1, p.310.

7) Q. Wright, "Recognition, Intervention and Ideologies," *Indian Yearbook of International Affairs*, Vol.7, 1858, p.92. (Whiteman, supra n.2, p.52).

8) Ian Brownlie, *Principle of Public International Law,* 5th ed., (Oxford: Oxford Univ. Press, 1998), p.94; Lauterpact, *supra* n.1, p.369; Jennings and Watts, *supra* n.1,

추정은 간주(regard)와 달리 반증(contrary evidence)이 허용된다. 반증에 의해 추정에 의해 인정된 진실이 전복되게 된다.[10] 따라서 승인으로 인지되는 조치를 한 당사자는 승인으로 인정되는 효과를 배제하기 위해서는 승인의 효과를 배제하는 명시적 선언을 할 수 있다(may make an express declaration).[11]

요컨대, 묵시적 승인은 승인의 의도가 있는 것으로 해석되는 행위를 통해 간접적으로 승인의 의도를 표시하는 간접적 승인이며, 묵시적 승인은 승인으로 해석되는 행위에 의해 법에 의해 승인의 의도가 추정되는 것이다.

추정은 증거에 의해서가 아니라 법(rule of law)에 의한 사실의 인정이다. 추정은 반증이 허용되는 것이므로 묵시적 승인으로 해석되는 행위를 하는 당사자는 법에 의해 인정되는 승인의 효과를 배제하기 위해서는 명시적인 반대의 의사를 표시하여 묵시적 승인으로 추정되는 효과를 배제할 수 있다.

묵시적 승인은 본질적으로 금반언과 같은 범주에 속한다.[12] 따라서 묵시적인 승인을 한 국가는 그 승인 이후 승인과 모순·저촉되는 행위는 금지되게 된다.

또한 승인은 더욱 더 큰 상호이해를 향한 불가피한 추세에 의해 영향을 받는다(the more and more affected by the inevitable trend towards greater mutual understanding).[13]

나. 총리부령 제24호와 대장성령 제4호에 의한 독도영토주권의 승인

"총리부령 제24호" 제2조와 "대장성령 제4호" 제2호가 각각 독도에 동 법령이 적용되지 아니한다라고 규정한 것은 일본 정부가 동 법령을 적용하

---

p.94; Lauterpact, *supra* n.1, p.369; Q. Wright, *supra* n.7, p.92.

9) Brack, *supra* n.2, p.1067.

10) *Ibid.*

11) Shaw, *supra* n.1, p.310.

12) Schwarzenberger and Brown, *supra* n.1, p.56; Lauterpact, *supra* n.1, p.369.

13) M. Lachs, "Recognition and International Co-operation," *BYIL*, Vol.35, 1959, p.259.

지 아니한다라고 규정하고 이를 관보에 게재하고 공한 것은 일본 정부가 한국의 독도 영유권을 묵시적으로 승인한 것이다.

그 이유는 다음과 같다.

첫째로, "총리부령 제24호" 제2조와 "대장성령 제4호" 제2호에 규정된 "울릉도, 독도, 제주도"와 "SCAPIN 제677호" 제3항에 규정된 "울릉도, 독도, 제주도"가 그 묶음과 순서가 동일하므로 동 법령은 "SCAPIN 제677호"의 시행을 위한 것으로 보이며, "SCAPIN 제677호" 제3항은 독도를 일본의 영토에서 배제한다는 명시적 규정을 두고 있다.

둘째로, 일본 정부가 "대장성령 제4호"와 "총리부령 제24호"에 의해 동 법령을 독도에 적용하지 아니한다고 규정한 것은 일본 정부가 한국의 독도영토주권의 "승인으로 이해되는 것으로 해석되는 특별조치(particular action to be interpreted as comprehending any recognition)"를[14] 한 것이다.

셋째로, 일본정부가 독도의 상공을 제외한 공역에 일본방공식별구역을 설정한 것은 한국의 독도영토주권의 "승인을 수락하는 의도에 대해 합리적인 의문이 없다(there is no reasonable doubt as to the intention … to great recognition)"[15]

넷째로, 일본 정부의 승인으로 추정되는 효과를 배제하기 위한 특별선언(an express declaration to exclude the legal effect of th presumption)[16]을 한 바 없다.

요컨대, 일본정부가 "총리부령 제24호"와 "대장성령 제4호"를 제정하면서 독도를 이들 법령의 적용 외로 규정한 것은 한국의 독도영유권을 묵시적으로 승인한 것이다.

이는 한일합방조약의 무효 또는 부존재를 전제로 한 것이며 그 이유는 다음과 같다.

(ⅰ) 동조약이 성립-유효하면 독도는 일본의 영토이며 한국의 영토가 아

---

14) Lauterpact, *supra* n.1, p.378.
15) Shaw, *supra* n.1, p.310.
16) Wright, *supra* n.7, p.92.

니다.

(ⅱ) 총리부령 제24호의 제정근거인 정령 제40호는 "내각은 포츠담선언 수락선언에 따라 발표하는 명령(칙령 제542호)에 의거 이 정령을 제정한다"라고 규정하고 있다(전문).

(ⅲ) 칙령 제542호의 제정근거는 항복문서이다. 항복문서는 일본정부는 포츠담 선언의 모든 항을 성실히 이행한다 라고 규정하고 있다.

(ⅳ) 포츠담선언에 카이로선언의 조건은 이행되어야 한다 라고 규정되어 있다(제8항).

(ⅴ) 카이로선언은 한국이 상당한 경로를 밟아 한국이 해방되고 독립될 것을 결의한다라고 규정하고 있어 한국이 해방되고 독립될 것을 결의한 바, 한일합방조약의 무효 또는 부존재를 전재로 한다.

II. 일본방공식별구역의 설치에 의한 승인

1. 일본정부의 일본 방공식별구역의 설정

가. 방공식별구역의 개념과 선례

방공식별구역(air defense identification zone: ADIZ)은 연안국이 그들의 주권적 공역의 한계를 넘어 외국항공기에 대한 통제행사권을 주장하는 공역(some coastal states claim the right to exercise control over foreign aircraft beyond the limits of their sovereign airspace)을 의미한다.[17]

즉, 방공식별구역이란 연안국이 영공에 접속된 일정한 범위의 공해 상공에 자국의 안전을 위하여 설정하는 공역으로 예고 없이 고속으로 접근

17) Nicholas Grief, *Publick International Law in the Airspace of the High Seas,* (Dordrecht: Nijhoff, 1994), p.147.: Gerhard von Glahn and James Larry Taulbee, *Law among Nations,* 9th ed., (London, Pearson 2009.), p.335., 대한민국 국방부 「전쟁법 해설」 (서울: 대한민국 국방부, 2010), 51쪽.

하는 외국 항공기로부터 연안국의 안전을 보장하기 위해 설치되는 경계구역(warning zone)이며 안전구역(zone of security)이다.[18] 이는 "국가 안보목적상 항공기의 용이한 식별, 위치확인 및 통제가 요구되는 지상 및 해상의 공역(空域)"을[19] 뜻한다.

1950년 12월 미국이 최초로 대서양과 태평양 상공에 방공식별구역을 설정했으며 이 원래의 방공식별구역은 수차에 걸쳐 수정되었다.[20] 1951년 캐나다가 방공식별구역을 설정했다. 그 후 일본·필리핀·대만·인도·미얀마·아이슬란드·영국·스웨덴·오만·한국 등 세계 20여개 국가가 방공식별구역을 설정하고 있다.[21]

나. 일본 방공식별구역의 설정

일본은 1969년부터 일본 열도 주변의 공역에 약 100km의 "내부 일본방공식별구역(Inner JADIZ)"과 그 외측에 약 600km의 "외부 일본방공식별구역(Outer JADIZ)"을 설치 운영하고 있다.[22]

1953년 3월 23일에 국제연합군사령부에 의해 설치된 "한국방공식별구역"은 독도의 상공을 포함하고 있다.

전술한 바와 같이 일본도 "일본방공식별구역"을 설치 운영하고 있는바 동 구역은 독도의 상공을 포함하고 있지 않다. 이는 일본이 독도의 상공을 포함하는 "한국방공식별구역"을 설정한 1951년 이래 이에 대해 어떠한 항의를 제기한 바 없을 뿐만 아니라 일본이 1972년 5월에 오키나와를 포함하도록 "외부 일본방공식별구역"을 확정 수정했으나 독도를 포함하도록

18) Ian Brownlie, *International Law and the Use of Force by States* (Oxford: Clarendon, 1963), p.304.
19) "군용항공기 운용 등에 관한 법률" 제2조 제3호.
20) Grief, *supra* n.17, p.147.
21) *Ibid;*, Majorie. M. Whiteman, *Digest of International Law,* Vol.9, (Washington, D.C: USPO, 1953), p.321: Edmound Jan Osmanczyk, *The Encyclopedia of the United Nations,* 2nd ed, (New York: Taylor and Francis, 1990), p.20.
22) 대한민국 국방부, 전주 1, 51쪽; 신용하, 「독도영유권자료의 탐구」, (서울: 독도연구보전협회, 2000), 262쪽.

확장 수정한 바 없다.[23] 따라서 일본이 독도의 상공을 포함하는 "한국방공
식별구역"을 승인하고 있다는 데 큰 의의가 있다.

2. 일본정부의 일본 방공식별구역 설정에 의한 한국의 독도영토 주권의 묵시적 승인

가. 묵시적 승인 일반

승인은 그것이 국가의 승인(recognition of state)이든, 정부의 승인
(recognition of government)이든, 교전단체의 승인(recognition of belligerency)
이든, 외국판결의 승인(recognition of foreign judgement)이든, 영토주권의
승인(recognition of territorial sovereignty)이든, 불문하고 승인을 하는 주체
의 의도(intention)의 문제이다.[24]

이 승인의 의도는 명시적으로(express) 표시될 수도 있고 묵시적으로
(implied) 표시될 수도 있다.[25]

명시적인 표시는 선언(declaration)이나 통고(notification)와 같은 공개된

---

23) 신용하, 전주 22, 209~210쪽.

24) Georg Schwazenberger and E.D. Brown, *A Manual of International Law*, 6th ed.,
(Milton: Professional Books, 1976), p.57; Robert Jennings and Arthur Watts(eds.),
Oppenheim's International Law, 9th ed., Vol.1, (London: Longman, 1992), p.169;
H. Lauterpact, *Recognition in International Law,* (Cambrige: Cambrige University
Press, 1948), pp.370~71; US Department of State, G.H. Hackworth Memorandum,
December 13, 1940 (Whiteman, *Digest of International Law,* Vol.2, 1963, p.48);
Malcolm N. Shaw, *International Law,* 4th. ed., (Cambrige: Cambrige University
Press, 1997), p.310.

25) Shaw, *supra* n.24, p.310, Henry Campel Brack, *Brack's Law Dictionary,* (St. Paul:
West, 1979), p.678; Jennings and Watts(eds.), *supra* n.8, p.169; US Department of
State, Hackworth Memorandum, Dec. 13, 1940, p.49 (Whiteman, *supra* n.5, p.48);
R. Higgings, *The Development of International Law by the Political Organs of the
United Nations* (Oxford: Oxford University Press, 1963), p.140; Jochen Abr. Frowein,
"Recognition", *EPIL*, Vol.10, 1987, p.345; J.P. Frand and J.C. Barker, *Encyclopedic
Dictionary of International Law*, 3rd ed., (Oxford: Oxford University Press, 2009),
pp.507~508; Article 7, Montevideo Convention on Rights and Duties of States 1933.

애매하지 아니한 형태(an open unambiguous form) 또는 의사소통의 형태 (communication form)에 의할 수도 있다.[26] 묵시적 표시는 어떤 승인으로 이해되는 것으로 해석되는 특별한 조치(particular action to be interpreted as comprehending any recognition)에 의할 수 있다.[27] 이는 승인으로 수락 하는 의도에 대해 합리적인 의문이 없는 모든 경우(in all cases in which there is no reasonable doubt as to the intention … to grant recognition)이 다.[28] 이는 승인의 의도를 명시적 승인에 직접적으로 표시하는 것이 아니 나 승인으로 추정되는 다른 행위를 통하여 승인의 의도를 간접적으로 표 시하는 것이므로 이를 간접적 승인(indirect recognition) 이라고도 한다.[29]

묵시적 승인으로 해석되는 행위는 승인의 추정을 창출한다(such act creates a presumption of recognition).[30] 즉, 묵시적 승인은 승인의 의도의 추 정을 본질로 한다.[31] 추정은 법(rule of law)에 의한 사실의 인정이다.[32] 추정 은 간주(regard)와 달리 반증(contrary evidence)이 허용된다. 반증에 의해 추 정에 의해 인정된 진실이 전복되게 된다.[33] 따라서 승인으로 인지되는 조치 를 한 당사자는 승인으로 인정되는 효과를 배재하기 위해서는 승인의 효과 를 배재하는 명시적 선언을 할 수 있다(may make an express declaration).[34]

요컨대, 묵시적 승인은 승인의 의도가 있는 것으로 해석되는 행위를 통해 간접적으로 승인의 의도를 표시하는 간접적 승인이며, 묵시적 승인은 승인으 로 해석되는 행위에 의해 법에 의해 승인의 의도가 추정되는 것이다.

---

26) Shaw, *supra* n.24, p.310.
27) *Ibid.*
28) Lauterpact, *supra* n.24, p.378.
29) Shaw, *supra* n.24, p.310.
30) Q. Wright, "Recognition, Intervention and Ideologies," *Indian Yearbook of International Affairs*, Vol.7, 1858, p.92. (Whiteman, *supra* n.9, p.52).
31) Ian Brownlie, *Principle of Public International Law*, 5th ed. (Oxford: Oxford Univ. Press, 1998), p.94; Lauterpact, *supra* n.24, p.369; Jennings and Watts, *supra* n.8, p.94; Lauterpact, *supra* n.24, p.369; Q. Wright, *supra* n.30, p.92.
32) Brack, *supra* n.29, p.1067.
33) *Ibid.*
34) Shaw, *supra* n.24, p.310.

추정은 증거에 의해서가 아니라 법(rule of law)에 의한 사실의 인정이다. 추정은 반증이 허용되는 것이므로 묵시적 승인으로 해석되는 행위를 하는 당사자는 법에 의해 인정되는 승인의 효과를 배제하기 위해서는 명시적인 반대의 의사를 표시하여 묵시적 승인으로 추정되는 효과를 배제할 수 있다.

묵시적 승인은 본질적으로 금반언과 같은 범주에 속한다.[35] 따라서 묵시적인 승인을 한 국가는 그 승인 이후 승인과 모순·저촉되는 행위는 금지되게 된다.

또한 승인은 더욱 더 큰 상호이해를 향한 불가피한 추세에 의해 영향을 받는다(the more and more affected by the inevitable trend towards greater mutual understanding).[36]

나. 한국의 방공식별구역 설치에 대한 묵인

일본이 한국이 한국방공식별구역을 설정하면서 독도의 상공을 포함하고 있으나 이에 관해 일본정부가 한국정부에 대해 어떠한 항의도 하지 아니했다. 이는 한국의 독도영토주권을 일본정부가 "묵인"한 것이다. 이는 일본정부의 어떠한 행위에 수반되는 효과가 아니라 일본정부가 아무런 행위도 하지 아니하는 부작위의 효과인 것이다. 그러므로 이는 국제법상 "묵인"이고 묵시적 승인이 아니다. "묵인"은 어떠한 행위도 동반하지 아니하는 부작위 자체이다. "묵시적 승인"은 어떠한 행위를 동반하는 작위이다. 여기서는 묵시적 승인만을 보기로 한다.

다. 한국의 방공식별구역에 대한 묵시적 승인

일본방공식별구역을 설정하면서 독도의 상공을 제외한 것은 그 행위를 통해 즉 일본방공식별구역의 설정을 통해 일본정부가 한국의 독도영유권을 묵시적으로 승인한 것이다. 즉, 독도의 상공을 제외한 일본방공식별구역을 설정한 행위는 간접적으로 독도의 영토주권이 한국에 귀속된다고 수

---

35) Schwarzenberger and Brown, *supra* n.24, p.56; Lauterpact, *supra* n.24, p.369.
36) M. Lachs, "Recognition and International Co-operation," *BYIL*, Vol.35, 1959, p.259.

락한 의도가 있는 것으로 추정함에 충분하다.

그 이유는 다음과 같다.

첫째로, 일본 정부가 독도의 상공을 제외한 공역에 일본방공식별구역을 설정한 것은 일본 정부가 한국의 독도영토주권의 "승인으로 이해되는 것으로 해석되는 특별조치(particular action to be interpreted as comprehending any recognition)"를[37] 한 것이다.

둘째로, 일본정부가 독도의 상공을 제외한 공역에 일본방공식별구역을 설정한 것은 한국의 독도영토주권의 "승인을 수락하는 의도에 대해 합리적인 의문이 없다(there is no reasonable doubt as to the intention … to great recognition)"[38]

셋째로, 일본 정부의 승인으로 추정되는 효과를 배제하기 위한 특별선언(an express declaration to exclude the legal effect of th presumption)[39]을 한 바 없다.

요컨대, 일본정부가 일본방공식별구역을 설정하면서 독도의 상공을 포함하지 아니한 것은 한국의 독도영유권을 묵시적으로 승인한 것이다. 그것은 일본의 방공식별구역의 설정이라는 작위의 효과이다.

한국의 방공식별구역은 연합군사령관에 의해 선언된다. 일본정부가 한국의 독도영토주권을 승인한 것은 한일합방조약의 부존재를 전제로 한다.

(i) 한일합방조약의 유효를 전재로 하는 한 일본은 한국 독도영토주권을 승인할 수 없다.

(ii) 유엔은 1948년 12월 12일 총회의 결과로 한국정부의 수립을 승인했으며 이는 한일합방조약의 부존재를 근거로 한 것이다. 한일합방조약이 성립되어 있으면 대한제국이 국가로서 소멸했으므로 정부의 수립이 아리라 국가의 수립을 승인해야 하는 것이기 때문이다.

---

37) Shaw, *supra* n.24, p.310.
38) Lauterpact, *supra* n.24, p.378.
39) Wright, *supra* n.30, p.92.

결론

Ⅰ. 요약

상술한 바를 다음과 같이 요약하기로 한다.

(i) '조약의 무효와' 조약의 불성립은 구별되는 개념이다. 전자는 성립된 조약이 '효력요건'을 구비하지 못해 효력이 없는 것을 의미하고, 후자는 조약 자체가 성립되지 아니한 "조약의 부존재"로 효력이 없는 것을 의미한다. 양자는 법적 효력이 없다는 점에서 동일하다.

(ⅱ) 전권위임장 없이 체결된 조약, 비준되지 아니한 조약은 '조약의 불성립'으로 법적 효력이 없는 것이다.

(ⅲ) 정부수석이 조약체결권자의 전권위임장 없이 조약을 체결할 수 있는 것은 1938년 이후에 성립된 관행이다. 따라서 "한일합방조약"이 체결된 1910년 당시 정부수석이 조약을 체결함에는 전권위임을 요했다.

(ⅳ) 1910년 8월 22일의 "통치권 이양에 관한 조칙"은 일본의 강박에 의해 작성되어 무효이고, 그것이 무효가 아니라 할지라도 이를 일본 측대표의 전권위임장과 상호 교환한바 없으므로 이는 전권위임장이 아니다. 그리고 1910년 8월 29일의 "칙유"는 그 내용으로 보아 조약문의 승인이 아니라 대국민 공포문이므로 비준서라 할 수 없고, 또 황제의 친필 서명이 없으며 어새의 날인이 있고 국새의 날인이 없어 무효이다.

(ⅴ) 따라서 내각총리대신에 의해 전권위임장 없이 체결되고, 황제의 비준이 없는 "한일합방조약"은 '조약의 불성립'으로 법적 효력이 없는 것이다. 이는 내각총리대신에게 강박을 가하여 서명되어 '효력요건'을 결하여 법적 효력이 없는 무효와 구별된다.[1]

---

1) "한일합방조약"의 무효론과 부존재론의 조화 문제로 연구를 요하는 새로운 과제이다.

둘째로, 한일기본관계에 관한 조약의 1910년 8월 22일 그 이전에 대한제국과 대일본제국과 체결된 조약은 이미 무효이다.

이 규정에서 일본은 이미 무효를 1910년 그 이전부터 무효가 아니라 1945년 8월 15일 한국정부가 수립된 날부터 무효가 된 것이다. 이 문제를 해결하기 위해서는 한일합방조약의 부존재 이론에 의거 가능하다. 한일기본관계에 관한 조약 제2조는 한일합방조약이 무효라고 규정하고 있으나 한일합방조약은 부존재 이므로 우리정부는 무효가 아니라 부존재를 이유로 조약법에 관한조약 48조의 규정에 의거 무효선언을 할 수 있다.

만일 이 무효선언에 대해 일본이 이의를 제기하면 국제연합헌장에 규정에 따른 분쟁의 평화적 해결절차에 의거 이 문제를 해결하여야 한다.

이런 취지에서 다음과 같은 정책대안을 제의하기로 한다.

첫째, 한일합방조약이 무효가 아니라 부존재라는 사실과 법리를 정리하기 위해 학계와 관계의 전문가를 중심으로 FT를 조직 운영한다.

둘째로, 특히 한일합방조약이 부존재이므로 한일합방조약을 부존재로 본 한일기본관계에 관한 조약은 한국정부의 착오로 체결된 것이므로 조약법에 관한 협약 제 48조에 의거 무효선언을 할 수 있는지를 중점으로 한다.

II. 정책 제안의 제시

다음과 같은 정책 대안을 제안하기로 한다.

1. 한일합방조약 무효론에서 한일합방조약 불성립론으로 정책의 전환

장차 한일관계의 모든 분야에서 한일합방조약 무효론에서 한일합방조약 불성립론으로 정책을 과감히 전환한다.

2. 한일기본관계조약의 무효선언

1965년 한일기본관계조약 제2조는 한일합방조약의 성립 무효론에 입각한 것이다. 때문에 동 조약이 일본의 과거사 정리에 도움이 되지 못하고 오히려 일본의 과오에 대한 면죄부를 부여한 것으로 되어 있다. 동 조약을 폐기하지 아니 하고는 일본의 과거사를 정리할 수 없다.

한일합방조약 불성립론 부존재론에 의하면 동조의 무효는 부존재의 착오로 규정되게 된 것이다. 그러므로 한국은 조약법에 관한 비엔나협약 제46조의 규정에 따라 착오를 이유로 동 조약의 무효를 선언할 수 있다. 동 조약이 무효화된 다음 일본의 과거사 정리를 위한 재교섭이 이루어져야 한다.

3. TF의 구성

한일합방조약의 불성립 부존재론을 확립하고 이에 입각한 한일기본관계조약 무효화 과업을 수행하기 위해서는 상당수준의 전문적 지식이 요구된다. 그러므로 정부부처 학계의 전문가로 구성된 TF의 조직이 시급히 요청된다. TF는 최소한 분기 1회 이상 연구결과와 정책의 추진을 국무회의에 보고하도록 하여 정부당국의 의견을 수렴하도록 한다.

4. 국제연합에의 보고

만일 한국이 한일기본관계조약의 무효를 선언하였음에도 불구하고 일본이 이를 부정하고 일본의 과거사 정리 협상에 불응할 경우 국제연합 헌장 규정에 따라 이를 총회, 안보리에 보고하여 일본의 잔악상을 국제여론화하여야 한다.

| 참고문헌 |

강경선, 『헌법 헌문 주해』, 서울: 이피스테머, 2017.

高野雄一, "영토", 국제법학회, 평화조약의 종합연구, 상권, 동경: 유비각, 소화27.

국사편찬위원회, 『한국사』 제52권, 서울: 국사편찬위원회, 2002.

국회도서관, 『헌법제정회의록』 헌정사자료 제1집, 1967.

김동희, 『대한민국의 정통성에 관한 법적근거』, 서울: 국제통일원, 1976.

김명기, 『국제법원론』 상, 서울: 박영사, 1996.

_____, 『대한제국과 국제인도법』, 서울: 책과 사람들, 2008.

_____, 『독도강의』, 서울: 독도조사연구학회, 2007.

_____, 『국제법상 남북한의 법적 지위』, 서울: 화학사, 1980.

김영구, 『잘 몰랐던 한일 과거사 문제』, 부산: 다솜출판사, 2010.

김영수, "대한민국 임시정부 헌법", 한국정신문화연구원, 제6권.

김학성, 『헌법학원론』, 서울: P and C 미디어, 2011.

남기환, "현행헌법상 평화통일", 『외교 · 안보논총』 제1권, 1978.

대한민국정부, 「한일회담백서」, 광명인쇄공사, 1965.

_____ , 『한 · 일회담백서』, 서울: 광명인쇄공사, 1965.

동북아 역사재단 독도연구소, 「근대 한국 조약 자료집」, 서울 동북아 역사재단, 2009.

동아일보/브리타니카, 『브리타니카』 제14권, 서울: 브리타니카, 1993.

류수현, "제1공화국 헌법제정과정", 『한국의 사회와 문화』 제7권, 1986.10.

박관숙, "독도의 법적지위에 관한 연구", 연세대학교 대학원 박사학위논문, 1968.

박영하, 『한국헌법론』, 서울: 청목출판사, 2016.

배제식, "한 · 일기본조약연구", 『대한국제법학회논총』, 제15권 제1호, 1970.

『세종실록』, 세종 7년(1425년), 10월 을류조.

_____, 세종 7년(1425년), 12월 계사조

신용하, 『독도의 민족영토사연구』, 서울: 지식산업사, 1996.

_____, "대한제국", 한국정신문화연구원, 『한국민족문화 백과사전』 제6권, 서울: 웅진출판, 1966.

여명록, 『우리헌법의 탄생』 서울: 서해문집, 2006.

외무부, 대한제국이 체결한 다자조약의 효력확인 설명자료, 1986.7.31.

유진오, 『헌법기초록회고』 서울: 일조각, 1980.

이기백, 『한국사신론』, 서울: 일조각, 1976.

이태진, "근대일본 소수 번벌의 한국침략," 동북아역사재단, 「일본의 한국병합과정」 한일강제병합 100년 재조명 국제학술회의 2010년 8월 23-24일.

_____, 『조약으로 본 한국병합』, 서울: 동북아역사재단, 2010.

이한기, 『한국의 영토』, 서울: 서울대학교 출판부, 1969.

이현희, "대한민국 임시정부", 『두산세계대백과사전』, 제7권, 서울: 두산동아, 1996.

임영정 · 김호동 · 김인우, 한국해양수산개발원, 『독도사전』, 서울: 한국해양수산개발원, 2011.

헌재 2008 헌바 141. 2011.3.31.

Akehurst Michael, *A Modern Introduction to International Law*, 4th ed., London: George Allen, 1984.

_____, "The Hierarchy of the Sources of International Law," *BYIL*, Vol. 47, 1974-75.

Allen Stephen, *International Law*, London: Pearson, 2013.

Anzilotti Dionisio, *Corso di Diritto Internationale*, 3rd ed., Vol.1, 1928.

Ballreich Hans, "Trearies Effect on Third States,", *EPIL* Vol.7, 1984.

Baxter R., "Treaties and Custom," *Recueil des Cours*, Vol.29, 1970.

Bernhardt Rudolf, "Interioretatuin in International Law", *EPIL* Vol.7, 1984.

Bernardez Satiago Torres, "Territory, Acquisition", *EPIL*, Vol.10, 1989.

Bishop William W., *International Law: Cases and Materials*, New York: Prentice-Hall, 1954.

Blix H., "The Requirement of Ratification," *BYIL*, Vol.30, 1953.

Brownlie Ian, *Principles of Public International Law*, 3rd ed., Oxford: Clarendon, 1979.

_____, *Principles of Public International Law*, 5th ed., Oxford: Oxford University Pross, 1998.

_____, *Principles of Public International Law* 7th ed, Oxford: Oxford University Press, 2008.

_____, *Principles of Public International Law* 8th ed, Oxford: Oxford university press, 2012.

Burr Sherri L., *International Law*, 2nd Edition, Eagan: Thomson West, 2008.

Carter Barry E., Phillip R. Trim and Allen S. Weiner, *International Law*, 4th ed., New York: Walters Kluwer, 2007.

Cassese Antomio, *International law*, Oxford: Oxford University Press, 2001.

Connell D.P.O', *International Law*, Vol. 1, 2nd ed., London: Stevens, 1970.

Corbett P.E., "The Consent of States and the Source of the Law of Nations." *BYIL.*, Vol.6, 1925.

Convention Vienna, Art, 2,1(a); ICJ., *Reports*, 1952.

Conforti Benedetto, *International Law and the Roles of Domestic Legal Systems*, Boston, Martinus, 1993.

Crandal S. B., *Treaties, Their Making and Enforcement* 2nd ed, 1916.

Crarford James, *Creation of State in International Law*, Oxford: Oxford University Press, 1979.

Cruz A., *International Law*, Quezon: Central Lawbook, 1985.

Danilenko G.M., *Law-Making in the International Community*, Dordrecht: Martinus, 1994.

Dixon Martin, *International Law*, 7th, ed., Oxford: Oxford University Press, 2013.

_____, *Textbook on International Law*, 6th ed, Oxford: Oxford University Press, 2007.

Elias T. O., *The Modern Law of Treaties*, Leiden: Sijthoff, 1974.

Epps Valerie, *International Law*, 4th ed., Durham: Carolina Academic Press, 2009.

Fenwick Charles G., *International Law*, 3rd ed., New York: Appleton, 1948.

Fitzmaurice Gerald, "Do Treaties Need Ratification?," *BYIL*, Vol.15, 1934.

Fitzmaurice G. G., "The Law and Procedure of the International Court of Justice," *BYIL*, Vol.33, 1957.

Gardiner Richard K., *International Law*, Boston: Pearson, 2003.

G. G. Wilson, *International Law*, 9th ed, New York: Silver, 1935.

Germer Peter, "Interpretation of Plurilingual Treaties: A Study of Article 33 of the Vienna Convention of the Law of Treaties," *Harvard International Law Journal*, Vol.11, 1970.

Glahn Gerhard von, *Law Among Nations*, 4th ed., New York: Macmillan, 1981.

Grotius Hugo, *De Jure Belli ac Pacis*, Prolegmena, Vol.11.

Goodrich Leland M., Edrard Hambro and Anne Patricia Simons, *Charter of the United Nations*, 3rd ed., New York: Columbia University Press, 1969.

Gould W.L., *An Introduction to International Law*, New York: Harper and Brothers, 1957.

Hall W. E., *International Law*, 8th ed.(Higgins), Oxford: Clarendon, 1890.

Halleck H. W., *Elaments of International Law*, 4th ed.(G. Sh Baker), London: Paul Trench, 1908.

Hoof GJH. van, *Rethinking the Source of International Law* Deventer: Kluwer Law and Taxation, 1983.

Hyde C. C., *International Law*, Vol.2, 2nd ed., Boston: Litlle Brown, 1947.

ICJ., *Reports*, 1950.

___, *Reports*, 1951.

___, *Reports*, 1960

___, *Reports*, 1962.

Jan Esmond, Osmanceyk, *Encyclopedia of the United Nations* 2nd ed., New York: Taylor and Francis, 1990.

Jacobini B.H., *International Law*, Homewood: Dosey, 1962.

Janis Mark W., *An Introduction of International Law*, Boston: Little Brown, 1988.

Jennings Robert and Arthur Watts(eds.), *Oppenhein's International Law*, 9th eds., Vol.1, London: Longman, 1992.

Jellinek Georg, Die rechtliche Natur der Staatenverträge Vienna, 1880, Wesley.

J.G. Starke, *Introduction to International Law*, 9th ed., London: Butterworth, 1984.

Jones Mervyn, "International Agreement," *BYIL*, Vol.27, 1944.

_____, "The Retroactive Effect of the Ratification of Treaties," *AJIL*, Vol.29, 1935.

Kaczowska Alina, *Public International Law*, 4th ed, London: Routledge, 2010.

Karl Wolfram, "Treaties, Conflicts between", *EPIL*, Vol.7, 1984.

Kelsen Hans, *The Law of the United Nations*, New York: Praeger, 1951.

_____, *The Law of the United Nations*, New York: Praeger, 1959.

_____, *Principles of International Law*, 2nd, New York: Holt, 1966.

Kearney Richard D. and Robert E. Dalton, "The Treaty on Treaties," *A.J.I.L*, Vol.64, 1970.

Klein Eckart, "Treaties Effect of Territorial Changes", *EPIL*, Vol.7, 1984.

Krabbe Hugo, *The Modern Idea of State*, New York: Appleton, 1922.

Kunz Joseph, "Revolutionary Creation of Norms of International Law," *AJIL*, Vol.41, 1947.

L. Gould, *An Introduction to International Law*, New York: Harper, 1957.

Langsam W.C., *Historic Documents of World War II*, West point: Greenwood, 1958.

Lauterpacht Hersch, "Some Observation on the Preparatory Work in their Interpretation of Treties", *Harvaed Law Review*, Vol.48, 1935.

_____, (ed.), *Oppenheim's International Law*, Vol.2, 7th ed., London: Longmans, 1952.

_____, (ed.), *Oppenheim's International Law*, 8th ed., Vol.1, London: Longmans, 1954.

_____, (ed.), Oppenheim's International Law, Vol.1, 8th ed, London: Longmans, 1955.

Levi Werner, *Contemporary International Law*, Boulder: Westview, 1979.

League of Nations, *Official Journal*, Supp. No. 126.

Leon Duguit, "Objective Law," trans. Margaret Grandgent and Ralph W. Gifford, *Columbia Law Review*, Vol.20, 1920, 1921.

Lowe Vaughan, *International Law*, Oxford: Oxford University Press, 2007.

Mangone Gerard J., *The Elements of International Law: Casebook*, Homewood: Dorsey, 1963.

Malanczuk Peter(ed.), *Akehurst's Moden Introduction to International Law*, 7th ed., London; Routledge, 1987.

McNair Lord, *The Law of Treaties*, Oxford: Clarendon, 1961.

Moore J.B., *Digest of International Law*, Washington. D.C.: USGPO, 1961.

Nahlik S.E., "The Ground of Invalidity and termination of treaties," *AJIL*, Vol.65, 1971.

O'Brien John, *International Law*, London: Cavendish, 2001.

O'Connell D.P., *International Law*, 2nd ed., Vol.1, London: Stevens, 1970.

Oda S., "The Normalization of Relations Between Japan and the Republic of Korea," *AJIL*, Vol.61, 1967.

Ott David H., Public *International Law in the Modern World*, London; Pitman, 1987.

Oppenheim L., *International Law*, 4th ed., London: Longmans, 1905.

Oxford, *Oxford English Dictionary*, Oxford University Press.

Parry Clive, "The Law of Treaties", in Max Sorensen(ed.), *Manual of Public International Law*, London: Macmillian, 1968.

_____., *The Sources and Evidences of International Law* Manchester: Manchester University Press.

Phillipson Coleman, *Termination of War and Treaties of Peace* London: T. Fisher Unwin, 1916.

Rosenne Shabta;, "Treaties, Conclusion and Entry into Force," *EPIL*, Vol.7, 1984.

Ross Alf, *A Textbook of International Law*, London: Longmans, 1947.

Rozakis Christos L., The Concept of Jus Cogens in the Law of Treaties, Amsterdam: North-Holland, 1976.

Reuter Paul, *Introduction to the Law of Treaties*, London: Pinter, 1989.

RIAA, Vol.1, 1948.

Shaw Malcolm N., *International Law*, 4th ed, Cambridge; Cambridge University Press, 1997.

Shearer I.A.(ed.), *Starke's International Law*, 11th ed, London: Butterworths, 1994.

Schroder Meinhard, "Treaty, Validity", *EPIL*, Vol.7, 1984.

Schwarzenberger George, *International Law*, Vol.1, London: Stevens, 1957.

Schwarzenberger G. and E. D. Brown, *A Manual of International Law*, 6th ed., Milton; Professional Books, 1976.

Schermers Henry G., "International Organizations, Resolutions," *EPIL*, Vol.5, 1983.

Starke JG., *Introduction to International Law*, 9th ed., London: Butterworth, 1984.

Sinclair Ian, *The Vienna Convention on the Law of Treaties*, 2nd ed. Manchester:

Manchester University Press, 1984.

Silva Nascimeto E, "Full Powers" *EPIL*, Vol.9, 1986.

Svarlien Oscar, *An Introduction to the Law of Nations*, New York; McGraw-Hill, 1955.

Swift Richard N., *International Law*, New York: John Wiley & Sons, 1969.

Triggs Gillian D., *International Law: Contemporary Principles and Practices*, LexisNexis: Butterworths, 2006.

Triepel Henrich, *Völkerrecht und Londesrecht*, Leipzig, 1897.

Tunkin G. I., *International Law*, Moscow: Progress, 1986.

Thirlway H. W. A., *International Customary Law and Codification*, Leiden: Sijthoff, 1972.

U. S. Department of State, *Bulletin*, 4 Dec. 1943.

_____, *Foreign Attairs Manual* Vol.1, Washington D. C.: USGPO, 1964.

U. N. Conterence on the Law of Treaties, Doc. ALCONF 39/27, May 23, 1969.

Verosta Stephan, "Holly Alliance," *EPIL*, Vol.7, 1984.

Verdross Adolf, *Einheit des rechtlichen Weltbildes auf Grundlage der Völkerrecht Verfassung*, Tübingen, J.C.B. Mohr, 1923.

Vially Michael, "The Sources of International Law," in Max Sorensen(ed.), *Manual of Public International Law*, New York: Macmillan, 1968.

Villiger Mark E, *Customary International Law and Treaties*, Dordrecht: Martinus, 1985.

War History Compilation Committee, Ministry of National Defense, The Republic of Korea.

Wallance Rebecca M. M., *International Law* 5th Edition, London: Sweet & Maxwell, 2005.

_____, *International Law*, 5th ed., London: Tomson, 2005.

Wilson George Grafton, International Law, Vol.1, 3rd ed., London: Stevens, 1957.

_____, *International Law*, 9th ed., New York: Silver, 1935.

Whiteman Majorie M., *Digest of International Law*, Vol.14, Washington, D. C.: USPO, 1970.

| 필자의 독도연구 목록 |

Ⅰ. 독도연구 저서목록

1. 『독도와 국제법』, 서울: 화학사, 1987.
2. 『독도연구』(편), 서울: 법률출판사, 1997.
3. 『독도의용수비대와 국제법』, 서울: 다물, 1998.
4. 『독도의 영유권과 국제법』, 안산: 투어웨이사, 1999.
5. Territorial Sovereignty over Dokdo, Claremont, California: Paige Press, 2000.
6. 『독도특수연구』(편), 서울: 법서출판사, 2001.
7. 『독도의 영유권과 신한일어업협정』, 서울: 우리영토, 2007.
8. 『독도의 영유권과 실효적 지배』, 서울: 우리영토, 2007.
9. 『독도의 영유권과 대일평화조약』, 서울: 우리영토, 2007.
10. 『독도강의』, 서울: 독도조사연구학회 / 책과사람들, 2009.
11. 『독도 100문 100답집』, 서울: 우리영토, 2008.
12. 『독도영유권의 역사적·국제법적근거』, 서울: 우리영토, 2009.
13. 『일본외무성 다케시마문제의 개요 비판』(공저), 서울: 독도조사연구학회 / 책과사람들, 2010.
14. 『안용복의 도일활동과 국제법』, 서울: 독도조사연구학회 / 책과사람들, 2011.
15. 『독도의 영유권과 국제재판』, 서울: 한국학술정보, 2012.
16. 『독도의 영유권과 권원의 변천』, 서울: 독도조사연구학회 / 책과사람들, 2012.
17. 『독도 객관식문제연습』, 서울: 한국학술정보, 2013.

18. 『간도의 영유권과 국제법』, 서울: 한국학술정보, 2013.
19. 『독도영유권 확립을 위한 연구 V』(공저)(영남대 독도연구소 독도연구총서 9), 서울: 선인, 2014.
20. 『독도총람』, 서울: 선인, 2014.
21. 『독도의 영유권과 국제해양법』(공저), 서울: 선인, 2015.
22. 『독도의 영유권 확립을 위한 연구Ⅵ』(공저)(영남대 독도연구소 독도연구총서 10), 서울: 선인, 2015.
23. 『독도의 영유권 확립을 위한 연구Ⅶ』(공저)(영남대 독도연구소 독도연구총서 11), 서울: 선인, 2015.
24. 『한국의 독도영토주권의 국제적 승인』, 서울: 선인, 2016.
25. 『대일평화조약상 독도의 법적 지위』, 서울: 선인, 2016.
26. 『독도영유권 확립을 위한 연구』Ⅷ, 영남대 독도연구소, 서울: 선인, 2015.
27. 『남중국해 사건에 관한 상성중재재판소의 판정』, 서울: 선인, 2017.
28. 『대한민국정부의 독도정책과 국제법』, 파주: 한국학술정보, 2018.
29. 『정부수립론의 타당성과 한국의 독도 영토주권』, 서울: 선인, 2019.

II. 독도연구 논문목록

1. "독도의 영유권 귀속", 육군사관학교, 『육사신보』 제185호, 1978.6.30.
2. "국제법상 독도의 영유권", 국가고시학회, 『고시계 上』 제23권 제9호, 1978.9.
3. "*The Minquiers and Ecrehos* Case의 분석과 독도문제", 지학사, 『월간고시』 제6권 제3호, 1979.3.
4. "독도의 영유권문제에 관한국제사법재판소의 관할권"(상), 국가고시학회, 『고시계』 제6권 제3호, 1979.3.
5. "독도영유권문제에 관한 국제사법재판소의 관할권"(하), 국가고시학회, 『고시계』 제24권 제11호, 1979.11.
6. "독도 문제에 관한 국제사법재판소의 관할권에 관한 연구", 대한국제법학회, 『국제법학회논총』 제27권 제2호, 1982.12.
7. "독도에 대한 일본의 선점 주장과 통고 의무", 국가고시학회, 『고시계』 제28권

제8호, 1983.8.

 8. "국제법상도근현고시 제40호의 법적 성격", 법지사, 『월간고시』 제10권 제11호, 1983.11.

 9. "독도의 영유권과 제2차 대전의 종료", 대한국제법학회, 『국제법학회논총』 제30권 제1호, 1985.6.

10. "국제법상 일본으로부터 한국의 분리에 관한 연구", 대한국제법학회, 『국제법학회논총』 제33권 제1호, 1988.6.

11. "한일 간 영토분쟁(독도): 독도의 영유권에 관한 일본정부 주방에 대한 법적 비판", 광복 50주년 기념사업회, 『청산하지 못한 일제시기의 문제』, 서울: 광복 50주년기념사업회, 1995.6.30.

12. "한일 간 영토분쟁", 광복50주년기념사업회 · 학술진흥재단, 『일제식민정책 연구논문』, 서울: 학술진흥재단, 1995.8.

13. "자존의 땅 – 독도는 우리의 것", 경인일보사, 『메트로포리스탄』 제26호, 1996.2.

14. "한일 배타적 경제수역 설정과 독도 영유권", 자유총연맹, 『자유 공론』 제348호, 1996.3.

15. "국제법상독도영유권과 한일 경제수역", 국제문제연구소, 『국제문제』 제27권 제4호, 1996.4.

16. "독도의 영유권에 관한 한국과 일본의 주장 근거", 독도학회, 『독도의 영유권과 독도 정책』, 독도학회 창립기념 학술심포지움, 1996.4.

17. "독도에 대한 일본의 영유권 주장의 부당성", 도서출판 소화, 『지성의 현장』 제6권, 제7호, 1996.7.

18. "독도에 대한 일본의 무력행사시 제기되는 국제법상 제 문제", 한국군사학회, 『군사논단』 제7호, 1996.7.

19. "한국의 독도 영유권 주장 이론", 한국군사문제연구소, 『한국군사』 제3호, 1996.8.

20. "독도의 영유권 문제와 민족의식", 한국독립운동사연구소 · 독도학회, 제10회 독립운동사 학술심포지움, 1996.8.8.

21. "국제법 측면에서 본독도문제", 국제교과서연구소, 국제역사교과서 학술회의, 프레스센타, 1996.10.23-24.

22. "국제법으로 본 독도영유권", 한국독립운동연구소, 『한국독립운동사연구』 제10집, 1996.

23. "독도의 영유권과 한일합방 조약의 무효", 한국외교협회, 『외교』 제38호, 1996.

24. "독도와 대일 강화조약 제2조", 김명기 편, 『독도연구』, 서울: 법률출판사, 1996.

25. "대일 강화조약 제2조에 관한 연구", 대한국제법학회, 『국제법학회논총』 제41권 제2호, 1996.12.

26. "독도와 조어도의 비교 고찰", 국제문제연구소, 『국제문제』 제28권 제1호, 1997.1.

27. "독도에 대한 일본의 영유권 주장에 대한 소고", 명지대학교, 『명대신문』 제652호, 1997.11.7.

28. "A Study on Legal of Japan's Claim to Dokdo", The Institute of Korean Studies, *Korea Observer*, Vol.28, No.3, 1997.

29. "독도의 영유권에 관한 연구: 독도에 대한 일본의 무력행사의 위법성", 대한국제법학회, 『국제법학회논총 上』 제42권 제2호, 1997.6.

30. "독도에 대한 일본의 무력행사시 국제연합의 제재", 아세아 사회과학연구원 『연구논총』 『한일간의 국제법 현안문제』 제7권, 1998.4.

31. "*The Island of Palmas* Case(1928)의 판결요지의 독도문제에의 적용", 판례월보사, 『판례월보』 제336호, 1998.9.

32. "독도문제 해결을 위한 새 제언", 한국외교협회, 『외교』 제47호, 1998.10.

33. "독도문제와 조어도 문제의 비교고찰", 강원대학교 비교법학연구소, 『강원법학』 제10권(김정후교수 회갑기념 논문집), 1998.10.

34. "*The Clipperton Island* Case(1931) 판결요지의 독도문제에의 적용", 판례월보사, 『판례월보』 제346호, 1999.7.

35. "독도에 대한 일본정부의 주장과 국제사법재판소의 관할권에 관한 연구", 명지대학교 사회과학연구소, 『사회과학논총』 제15집, 1999.12.

36. "독도영유권과신 한일어업협정", 독도학회, 한일어업협정의 재개정준비와 독도 EEZ 기선문제 세미나, 2000.9.

37. "한일 간 독도영유권 시비의 문제점과 대책", 한국군사학회, 『한국의 해양안보와 당면 과제』(국방·군사세미나논문집), 2000.10.

38. "독도의 영유권과 신 한일어업협정 개정의 필요성", 독도학회, 『독도영유권연구논집』, 서울: 독도연구보전협회, 2002.

39. "A Study an Territioral Sovereignty over Dokdo in International Law-Refutation to the Japanese Gerenment's "Assertions of the Occupied Territory", 독도학회, 『독도영유권 연구논집』, 서울: 독도연구보전협회, 2002.

40. "헌법재판소의 신 한일어업협정의 위헌확인 청구에 대한 기각 이유 비판", 판

레월보사, 『쥬리스트』, 2002.3.

41. "독도영유권에 관한 일본정부 주장에 대한 법적 비판", 독도학회, 『한국의 독도 영유권 연구사』, 서울: 독도연구보전협회, 2003.

42. "독도개발 특별법에 관한 공청회를 위한 의견서", 국회농림해양수산위원회, 『독도개발특별법안에 관한공청회』 2004.2.2. 국회의원회관.

43. "한일어업협정 폐기의 법리", 『한겨레신문』, 2005.5.13.

44. "독도의 실효적 지배 강화와신 한일어업협정의 폐기", 국제문제연구소, 『국제문제』 제36권 제6호, 2005.6.

45. "한일어업협정과 독도영유권 수호정책", 한국영토학회, 『독도 영유권수호의 정책방안』, 한국영토학회주최학술토론회, 국회헌정기념관별관 대회의실, 2005.11.

46. "독도문제와 국제재판/국제재판소의 기능과 영향력", 자유총연맹, 『자유공론』 제464호, 2005.11.

47. "독도의 실효적 지배 강화와 역사적 응고 취득의 법리", 국제문제연구소, 『국제문제』 제36권 제11호, 2005.11.

48. "독도의 영유권문제에 대한국제사법재판소의 관할권", 국제문제연구소, 『국제문제』 제37권 제1호, 2006.1.

49. "독도와 연합군 최고사령부 훈령 제677호에 관한 연구", 한국 외교협회, 『외교』 제76호, 2006.1.

50. "신 한일어업협정과 금반언의 효과", 독도조사 연구학회, 『독도논총』 제1권 제1호, 2006.4.

51. "제2차 대전 이후 한국의 독도에 대한 실효적 지배의 증거", 독도조사 연구학회, 『독도논총』 제1권 제1호, 2006.4.

52. "맥아더 라인과 독도", 국제문제연구소, 『국제문제』 제37권 제5호, 2006.5.

53. "대일 평화조약 제2조 (a)항과 한국의 독도 영유권에 관한 연구", 한국외교협회, 『외교』 제78호, 2006.7.

54. "독도 영유권에 관한 대일 평화조약 제2조에 대한 일본정부의 해석 비판", 국제문제연구소, 『국제문제』 제37권 제7호, 2006.7.

55. "Sovereignty over Dokdo Island and Interpretation of Article 2 of the Peace Treaty with Japan", The Institute for East Asian Studies, *East Asian Review*, Vol.18, No.2, 2006.

56. "독도를 기점으로 하지 아니한 신 한일어업협정 비판", 독도조사연구학회, 『독

도논총』 제1권 제2호, 2006.9.

57. "대일 평화조약 제2조의 해석과 Critical Date", 독도조사연구학회, 『독도논총』 제1권 제2호, 2006.9.

58. "독도의 실효적 지배 강화와 Critical Date", 법조협회, 『법조』, 통권 제602호, 2006.11.

59. "국제연합에 의한 한국의 독도영유권승인", 한국외교협회, 『외교』 제81호, 2007.4.

60. "한일어업협정 제9조 제2항과 합의 의사록의 위법성. 유효성", 독도본부, 제15회 학술토론회(토론), 2007.1.16.

61. "한일공동관리수역의 추적권 배제는 독도영유권 침해행위", 독도본부, 제16회 학술토론회, 2007.2.24.

62. "한일어업협정 폐기해도 금반언의 원칙에 의한 일본의 권리는 그대로 남는다", 독도본부, 제17회 학술토론회, 2007.3.31.

63. "한일어업협정은 어업협정인가?", 독도본부, 제18회 학술토론회, 2007.4.18.

64. "대일평화조약상 독도의 영유권과 uti possidetis 원칙", 한국외교협회, 『외교』 제81호, 2007.5.

65. "국제법학자 41인의 '독도영유권과 신한일어업협정에 대한 우리의 견해'(2005.4.5)에 대한 의견", 독도본부, 제19회 학술토론회, 2007.5.23.

66. "한일어업협정 폐기 후 이에 국제법상 대책방안 모색", 독도본부, 제20회 학술토론회, 2007.6.20.

67. "한일어업협정 폐기 후 대안 협정 초안 주석", 독도본부, 제21회 학술토론회, 2007.7.18.

68. "한일어업협정 폐기 후 대안 협정 초안 주석(I)", 독도본부, 제22회 학술토론회, 2007.8.21.

69. "국제연합과 독도영유권", 국제문제연구원, 『국제문제』 제38권 제10호, 2007.10.

70. "독도연구의 회고와 전망", 동북아역사재단주최, 주제강연(2007.11.7, 아카데미하우스).

71. "국제연합에 의한 한국독도영유권의 승인에 관한 연구", 외교협회, 『외교』 제85호, 2005.4.

72. "대한민국국가지도집중 영토와 해양의 동측 경계의 오류", 독도조사연구학회, 2008년도 정기학술세미나(2008.6.28, 독도본부 강당).

73. "The Territorial Sovereignty over Dokdo in The Peace Treaty with Japan and the

Principle of uti possidetis", *Korean Observation of Foreign Relations*, Vol.10, No. 1, August 2008.

74. 『독도 100문 100답집』, 서울: 우리영토, 2008.8.

75. "독도 연구의 회고와 전망", 동북아역사재단, 『독도시민사회백서 2006-2007』, 2008.4.

76. "국제법상 일본의 독도영유권 주장에 대한 대일항의에 관한 연구", 영남대학교 독도연구소, 『독도연구』 제5호, 2008.12.

77. "일본의 기망행위에 의해 대일평화조약 제2조에서 누락된 독도의 영유권", 외교통상부, 『국제법 동향과 실무』 제7권 제3.4호, 2008.12.

78. "패드라 브랑카 사건(2008) 판결과 독도영유권", 법률신문사, 『법률신문』 제3714호, 2009.1.15.

79. "페드라 브랑카 사건과 중간수역 내의 독도"(상), 한국국제문화연구원, 『국제문제』 제40권 제3호, 2009.3.

80. "독도영유권문제와 국제법상묵인의 법적 효과", 한국외교협회, 『외교』 제89호, 2009.4.

81. "페드라 브랑카 사건과 중간수역 내의 독도"(하), 한국 국제문화연구원, 『국제문제』 제40권 제4호, 2009.4.

82. 『독도영유권의 역사적 · 국제법적 근거』, 서울: 우리영토, 2009.6.

83. "독도의 실효적 지배강화 입법정책 검토", 동북아역사재단발표, 2009.6.5.

84. "독도의 실효적 지배강화 입법정책의 국제법상 검토", 법률신문사, 『법률신문』 제3757호, 2009.6.25.

85. "페드라 브랑카 사건(2008)의 판결취지와 독도영유권문제에 주는 시사점", 영남대학교 독도연구소, 『독도연구』 제6호, 2009.6.

86. "한일 해양수색 및 구조훈련과 독도영유권", 법률신문사, 『법률신문』 제3778호, 2009.9.17.

87. "정부의 독도시책과 학자의 독도연구 성찰", 동북아역사재단 독도연구소 콜로키움, 제천, 2009.10.15.

88. "다케시마 10포인트 대일평화조약 관련조항 제3항 비판", 한국해양수산개발원, 『독도연구저널』 제17권, 2009.가을.

89. "국제법상지도의 증명력", 독도보전협회, 서울역사박물관, 토론발표, 2009.10.11.

90. "간도영유권회복, 대책 시급", 자유총연맹, 『자유공론』 제7호, 2008.8.

91. "조중국경조약과 간도", 북한연구소, 『북한』 제441호, 2008.9.
92. "간도영유권 100년 시효실의 긍정적 수용제의"(상), 천지일보사, 『천지일보』 제 11호, 2009.11.18.
93. "안용복의 도일활동의 국제법싱; 효과에 관한 연구" 동북아역사재단 위촉연구, 2009.12.20.
94. "안용복의 도일활동과 국제법", 『독도저널』, (08-09) 2009.9.
95. "국제법상대한제국칙령 제41호에 의한 역사적 권원의 대체", 한국해양수산개 발원, 『독도연구저널』 제9권, 2010.3.
96. "독도영유권과 porum progatum", 외교협회, 『외교』 제94호, 2010.7.
97. "독도를 일본영토가 아닌 것으로 규정한 일본법령 연구", 동북아역사재단 독도 연구소, 『제6회 독도연구 골로키움』, 2010.7.6-8.
98. "한국의 대응전략은 어떻게 세울 것인가?", 한국독도연구원, 『한국독도 어떻게 지킬 것인가?』, 2010.6.17. 전쟁기념관.
99. "한일합방조약의 부존재와 독도영유권", 독도조사연구학회, 2010년 정기학술토 론회의, 『독도영유권의 새로운 논리개발』, 2010.10.28, 서울역사박물관.
100. "한일기본조약 제2조의 해석", 법률신문 제3863호, 2010.8.12.
101. "일본총리부령 제24호와 대장성령 제4호에 의한 한국의 독도영토주권의 승 인", 영남대 독도연구소, 『독도연구』 제9호, 2010.12.
102. "국제법상 한국의 독도영유권의 근거", 독도문화 심기운동본부, 『한민족의 구 심점』, 서울: 독도문화심기운동본부, 2010.12.
103. "국제법상 신라이사부의 우산국 정복의 합법성에 관한 연구", 이사부학회, 『이 사부와 동해』 제2호, 2010.12.
104. "국제법상독도영유권의 법적 근거", 『법률신문』 제3899호, 2010.12.28.
105. "한일합방조약 체결 100년, 성찰의 해", 『천지 일보』 제99호, 2010.12.29.
106. "국제법상 신라 이사부의 우산국 정복의 합법성에 관한 연구", 강원일보·강 원도·삼척시, 『이사부총서』(Ⅲ), 2010.12.
107. "대한제국칙령 제41호에 의한 역사적 권원의 대체에 관한 연구", 독도조사연 구학회, 『독도논총』 제5권 제1-2 통합호, 2010.12.
108. "한일합방조약의 부존재에 관한 연구", 법조협회, 『법조』 통권 제655호, 2011.4.
109. "대일민족소송 기각결정의 국제법상효과에 관한 연구", 대한변호사협회, 『인 권과 정의』 제417호, 2011.5.

110. "국제법상 쇄환정책에 의한 독도영토주권의 포기여부 검토", 영남대학교 독도
연구소, 『독도연구』 제10호, 2011.6.

111. "이사부의 우산국 부속에 의한 독도의 고유영토론 검토", 한국이사부학회,
『2011년 전국해양문화 학자대회』 주제발표, 2011.8.4.

112. "페드라 브랑카 사건판결과 중간수역 내에 위치한 독도의 법적 지위", 동북아
역사재단 독도연구소, 『제17회 정기 독도연구 콜로키움』, 2011.8.4.

113. "통일 이후 한국의 국경문제와 조중국경조약의 처리문제", 법제처, 『2011년 남
북법제연구 보고서』, 2011.8.

114. "독도영유권 강화사업의 필요성 검토", 법률신문사, 『법률신문』 제3639호, 2011.
8.29.

115. "일본 자위대의 독도 상륙의 국제법상 문제점과 법적 대처방안", 한국독도연
구원, 국회 독도 지킴이, 『한국독도 어떻게 지킬 것인가』, 국회도서관 회의실,
2011.10.4.

116. "독도의 역사적 연구의 기본방향", 세계국제법협회 한국본부 독도 조사연구학
회, 『독도의 영유권과 해양주권에 관한 심포리 임』, 코리아나 호텔, 2001.12.13.

117. "일본 자위대 독도 상륙시 국제법상 문제점과 법적 대처 방안", 해병대 전략
연구소, 『전략논단』 제14호, 2011.가을.

118. "국제법상 독도의용수비대의 법적 지위에 관한 연구", 대한적십자사인도법연
구소, 『인도법논총』 제31호, 2011.

119. "국제법상 지리적 접근성의 원칙과독도", 영남대 독도연구소, 『독도연구』 제11
호, 2011.12.

120. "대마도 영유권 주장의 국제법적 근거는 무엇인가?", 독도연구원, 『대마도를
어떻게 찾을 것인가?』, 2012.9.18, 국회의원회관.

121. "국제법상 이어도의 법적 지위에 관한 기초적연구", 해양문화연구원, 『제3회
전국 해양문화학과 대회』, 2012.8.2~4, 여수세계박물관의장.

122. "독도영유권의 중단권원의 회복에 관한 연구", 독도조사연구학회, 『독도논총』
제6권 제1호, 2012.

123. "사법적 판결의 사실상 법원성과 독도영유권의 역사적 권원의 대체", 영남대
독도연구소, 『독도연구』 제12호, 2012.6.

124. "독도의 배타적 경제수역", 해양문화연구언, 『제4회 전국해양문화학자대회』,
2013.8.22~24, 여수 리조트.

125. "대일평화조약 제2조의 해석과 Critical Date", 이사부학회, 『이사부와 동해』제 6호, 2013.

126. "독도영유권 문제/분쟁에 대한 국제사법재판소의 강제적 관할권", 독도시민연 대, 『국제사법재판소의 강제적 관할권 어떻게 대항할 것인가?』, 독도시민연 대, 2013.10. 국회의원회관.

127. "시마네현 고시 제40호의 무효확인소송의 국제법상 효과에 관한 연구", 독도 연, 『소위 시마네현고시 제40호에 의한 독도편입의 허구성 검토 학술대회』, 독도연, 2013.12.01, 서울역사박물관.

128. "국제법상 독도의 영유권 강화사업의 법적 타당성 검토", 독도조사연구학회, 『독도논총』제7권 제1호, 2013.11.

129. "맥아더라인의 독도영토주권에 미치는 법적 효과, 영남대 독도연구소, 『독도 연구』제15호, 2013.12.

130. "국제법에서 본 한국의 독도영유권", 이사부학회, 『동해와 이사부』제7호, 2014.

131. "한일어업협정 폐기 후 이에 대한 국제법상 대책방안 모색", 『동해와 이사부』 제8권, 2014.8.

132. "국제법상 국군에 대한 작전지휘권 환수에 따라 제기되는 법적 문제에 관한 연구", 『인도법논총』제34호, 2014.12.

133. "일본자위대의 독도상륙작전의 전쟁법상 위법성과 한국의 독도방위능력의 강 화방안", 『군사논단』제82호, 2015. 여름.

134. "국제법상 국제연합에 의한 한국의 독도영토주권 승인의 효과", 『국제법학회 논총』제60권 제1호, 2015.3.

135. "대일평화조약 제23조 (a)항에 규정된 울릉도에 독도의 포함여부 검토", 『독도 연구』제18호, 2015.6.

136. "대일평화조약 제19조 (b)항과 일본정부에 대한 한국의 독도영토주권의 승 인", 독도조사연구학회, 2015.

137. 정기 학술토론회, 『국제법상 독도연구의 정책 및 연구의 당면 과제』, 2015.9.19, 동북아역사재단 대강당.

138. "콜프해협사건과 안전보장이사회에 의한 독도영유권분쟁의 평화적 해결", 『독도논총』제8권 제1 · 2호, 2015.8.

139. "밴프리트 귀국보고서의 조약의 준비작업여부 및 후속적 관행여부 검토", 『독 도연구』제19호, 2015.12.

140. "국제법상작전통제권 환수에 따라 제기되는 법적제문제와 그에 대한 대책방안", 『입법과 정책』 제9권 제2호, 2015.12.

141. "대일평화조약 제21조와 제25조의 저촉에 관한 연구", 독도군사연구학회 2016년 학술토론회, 2016.6.16., 동북아역사재단 대회의실.

142. "윌리엄 시볼트의 기망행위에 의해 규정된 대일평화조약 제2조 (a)항의 효력과 보충적 수단에 의한 해석", 『독도논총』 통권 제10호, 2016.

143. "대일평화조약 제19조 (d)항과 일본정부에 의한 한국의 독도영토주권의 승인", 독도조사연구학회, 2015.9.19., 동북아재단회의실, 2015년 정기학술토론회.

144. "독도연구의 기본방향제외", 『독도연구』 제22호, 2017.

145. "기죽도약도", 『영토와 해양』.

146. "국제법상 태정관 지령문의 법적 효적에 관한 연구", 『영토해양연구』 제11호, 2016.여름.

147. "일본자위대의 독도상륙은 국제인도법상 허용되는가", 『인도법논총』 제36호, 2016.

148. "남중국해 중재판정을 총해 본 독도문제, 독도조사연구학회, 창립 제20주년 기념 학술토론회, 2017. 6. 23. 동북아 역사재단 대회의실

149. "미8군부사령관 Coulter 장군의 독도폭격연습기지의 사용허가 신청에 의한 미국정보의 한국의 독도영토주권승인" 『독도연구』 제24호, 2018.12

150. "대한국제법학회의 김명기 대령의 독도학술조사에 의한 독도의 실효적지배" 『독도논총』 제10권, 제1, 2호, 2017.10.

151. "윌리엄시볼트의 기망행위에 의해 규정된 대일평화조약 제2조 (a)항의 효력과 보충적 수단에 의한 해석" 『독도논총』 제9권 제1, 2호. 2016.12.

152. 김명기, 김도은, "대한제국칙령 제41호 전후 조선의 독도에 대한 실효적 지배", 『독도연구』 제25호, 2018.

153. "한일어업협정의 폐기" 동북아역사재단회의실 정책연구 2019.06.30.

154. "대일평화조약 제19조 (d)항에 관한 연구", 독도조사연구학회 학술토론회, 역대정부의 독도정책, 2020.10.20., 동북아역사재단 회의실.

부 록

1. 한일합방조약

(1910.08.22.)

한국 황제 폐하와 일본국 황제 폐하는 두 나라 사이의 특별히 친밀한 관계를 고려하여 상호 행복을 증진시키며 동양의 평화를 영구히 확보하자고 하며 이 목적을 달성하고자 하면 한국을 일본국에 합병하는 것이 낫다는 것을 확신하고 이에 두 나라 사이에 합병 조약을 체결하기로 결정하였다. 이를 위하여 한국 황제 폐하는 내각 총리 대신(內閣總理大臣) 이완용(李完用)을, 일본 황제 폐하는 통감(統監)인 자작(子爵) 사내정의[寺內正毅, 데라우치 마사타케]를 각각 그 전권 위원(全權委員)으로 임명하는 동시에 위의 전권 위원들이 공동으로 협의하여 아래에 적은 모든 조항들을 협정하게 한다.

1. 한국 황제 폐하는 한국 전체에 관한 일체 통치권을 완전히 또 영구히 일본 황제 폐하에게 넘겨준다.

2. 일본국 황제 폐하는 앞 조항에 기재된 넘겨준다고 지적한 것을 수락하는 동시에 완전히 한국을 일본 제국에 병합하는 것을 승락한다.

3. 일본국 황제 폐하는 한국 황제 폐하, 태황제 폐하, 황태자 전하와 그들의 황후, 황비 및 후손들로 하여금 각각 그 지위에 따라서 적당한 존칭, 위신과 명예를 받도록 하는 동시에 이것을 유지하는 데 충분한 연금을 줄 것을 약속한다.

4. 일본국 황제 폐하는 앞의 조항 이외에 한국의 황족(皇族) 및 후손에 대하여 각각 상당한 명예와 대우를 받게 하는 동시에 이것을 유지하는 데 필요한 자금을 줄 것을 약속한다.

5. 일본국 황제 폐하는 공로가 있는 한국인으로서 특별히 표창하는 것이 적당

하다고 인정되는 경우에 대하여 영예 작위를 주는 동시에 은금(恩金)을 준다.

6. 일본국 정부는 앞에 지적된 병합의 결과 전 한국의 통치를 담당하며 이 땅에서 시행할 법규를 준수하는 한국인의 신변과 재산에 대하여 충분히 보호해주는 동시에 그 복리의 증진을 도모한다.

7. 일본국 정부는 성의있게 충실히 새 제도를 존중하는 한국인으로서 상당한 자격이 있는 자를 사정이 허락하는 범위에서 한국에 있는 제국(帝國)의 관리에 등용한다.

8. 본 조약은 한국 황제 폐하와 일본국 황제 폐하의 결재를 받을 것이니 공포하는 날로부터 이 조약을 실행한다. 이상의 증거로써 두 전권 위원은 본 조약에 이름을 쓰고 조인한다.

융희 4년 8월 22일
통   감   데라우치 마사타케
내각총리대신   이   완   용

Treaty of Annexation
[Annexation of Korea by Japan]

(August 22, 1910)
The Proclamation
Notwithstanding the earnest and laborious work of reforms in the administration of
    Korea in which the Governments of Japan and Korea have been engaged for
    more than four years since the conclusion of the Agreement of 1905, the
    existing system of government in that country has not proved entirely equal to
    the duty of preserving public order and tranquillity; and in addition, the spirit
    of suspicion and misgiving dominates the whole peninsula.

In order to maintain peace and stability in Korea, to promote the prosperity and
    welfare of Koreans, and at the same time to ensure the safety and repose of

foreign residents, it has been made abundantly clear that fundamental changes in the actual regime of government are absolutely essential. The Governments of Japan and Korea, being convinced of the urgent necessity of introducing reforms responsive to the requirements of the situation and of furnishing sufficient guarantee for the future, have, with the approval of His Majesty the Emperor of Japan and His Majesty the Emperor of Korea, concluded, through their plenipotentiaries, a treaty providing for complete annexation of Korea to the Empire of Japan. By virtue of that important act, which shall take effect on its promulgation on August 29, 1910, the Imperial Government of Japan shall undertake the entire government and administration of Korea, and they hereby declare that the matters relating to foreigners and foreign trade in Korea shall be conducted in accordance with the following rules:

The Treaty

His Majesty the Emperor of Japan and His Majesty the Emperor of Korea, having in view the special and close relations between their respective countries, desiring to promote the common wealth of the two nations and to assure the permanent peace in the Far East, and being convinced that these objectives can be best attained by the annexation of Korea to the Empire of Japan, have resolved to conclude a treaty of such annexation and have, for that purpose, appointed as their plenipotentiaries, that is to say, His Majesty the Emperor of Japan Viscount Terauchi Masatake, Resident-General, and His Majesty the Emperor of Korea Yi Wan-Yong, Prime Minister, who upon mutual conference and deliberation have agreed to the following articles:

Article 1. His Majesty the Emperor of Korea makes the complete and permanent cession to His Majesty the Emperor of Japan of all rights of sovereignty over the whole of Korea.

Article 2. His Majesty the Emperor of Japan accepts the cession mentioned in the preceding article and consents to the complete annexation of Korea to the Empire of Japan.

Article 3. His Majesty the Emperor of Japan will accord to their Majesties the Emperor and ex-Emperor and His Imperial Highness the Crown Prince of Korea and their consorts and heirs such titles, dignity, and honor as are appropriate to their respective ranks, and sufficient annual grants will be made for the maintenance of such titles, dignity and honor.

Article 4. His Majesty the Emperor of Japan will also accord appropriate honor and treatment to the members of the Imperial House of Korea and their heirs other than those mentioned in the preceding article, and the funds necessary for the maintenance of such honor and treatment will be granted.

Article 5. His Majesty the Emperor of Japan will confer peerage and monetary grants upon those Koreans who, on account of meritorious services, are regarded as deserving such special recognition. Article 6. In consequence of the aforesaid annexation the Government of Japan assume the entire government and administration of Korea, and undertake to afford full protection for the persons and property of Koreans obeying the laws there in force to promote the welfare of all such Koreans.

Article 7. The Government of Japan will, so far as circumstances permits, employ in the public service of Japan in Korea those Koreans who accept the new regime loyally and in good faith and who are duly qualified for such service.

Article 8. This treaty, having been approved by His Majesty the Emperor of Japan and His Majesty the Emperor of Korea, shall take effect from the state of its promulgation.

In faith thereof :

Resident General Viscount Terauchi Masatake

Prime Minister Yi, Wan-yong

2. 국제연합헌장
Charter of the United Nations

(1945.10.24)

WE THE PEOPLES OF THE UNITED NATIONS DETERMINED

· to save succeeding generations from the scourge of war, which twice in our lifetime has brought untold sorrow to mankind, and

· to reaffirm faith in fundamental human rights, in the dignity and worth of the human person, in the equal rights of men and women and of nations large and small, and

· to establish conditions under which justice and respect for the obligations arising from treaties and other sources of international law can be maintained, and

· to promote social progress and better standards of life in larger freedom,

AND FOR THESE ENDS

· to practice tolerance and live together in peace with one another as good neighbours, and

· to unite our strength to maintain international peace and security, and

· to ensure, by the acceptance of principles and the institution of methods, that armed force shall not be used, save in the common interest, and

· to employ international machinery for the promotion of the economic and social advancement of all peoples,

HAVE RESOLVED TO COMBINE OUR EFFORTS TO ACCOMPLISH THESE AIMS

Accordingly, our respective Governments, through representatives assembled in the city of San Francisco, who have exhibited their full powers found to be in good and due form, have agreed to the present Charter of the United Nations and do hereby establish an international organization to be known as the United Nations.

CHAPTER I - PURPOSES AND PRINCIPLES

Article 1 The Purposes of the United Nations are:

1. To maintain international peace and security, and to that end: to take effective collective measures for the prevention and removal of threats to the peace, and for the suppression of acts of aggression or other breaches of the peace, and to bring about by peaceful means, and in conformity with the principles of justice and international law, adjustment or settlement of international disputes or situations which might lead to a breach of the peace;

2. To develop friendly relations among nations based on respect for the principle of equal rights and self-determination of peoples, and to take other appropriate measures to strengthen universal peace;

3. To achieve international co-operation in solving international problems of an economic, social, cultural, or humanitarian character, and in promoting and encouraging respect for human rights and for fundamental freedoms for all without distinction as to race, sex, language, or religion; and

4. To be a centre for harmonizing the actions of nations in the attainment of these common ends.

Article 2

The Organization and its Members, in pursuit of the Purposes stated in Article 1, shall act in accordance with the following Principles.

1. The Organization is based on the principle of the sovereign equality of all its Members.

2. All Members, in order to ensure to all of them the rights and benefits resulting

from membership, shall fulfill in good faith the obligations assumed by them in accordance with the present Charter.

3. All Members shall settle their international disputes by peaceful means in such a manner that international peace and security, and justice, are not endangered.

4. All Members shall refrain in their international relations from the threat or use of force against the territorial integrity or political independence of any state, or in any other manner inconsistent with the Purposes of the United Nations.

5. All Members shall give the United Nations every assistance in any action it takes in accordance with the present Charter, and shall refrain from giving assistance to any state against which the United Nations is taking preventive or enforcement action.

6. The Organization shall ensure that states which are not Members of the United Nations act in accordance with these Principles so far as may be necessary for the maintenance of international peace and security.

7. Nothing contained in the present Charter shall authorize the United Nations to intervene in matters which are essentially within the domestic jurisdiction of any state or shall require the Members to submit such matters to settlement under the present Charter; but this principle shall not prejudice the application of enforcement measures under Chapter Vll.

CHAPTER II - MEMBERSHIP

Article 3

The original Members of the United Nations shall be the states which, having participated in the United Nations Conference on International Organization at San Francisco, or having previously signed the Declaration by United Nations of 1 January 1942, sign the present Charter and ratify it in accordance with Article 110.

Article 4

1. Membership in the United Nations is open to all other peace-loving states which

accept the obligations contained in the present Charter and, in the judgment of the Organization, are able and willing to carry out these obligations.

2. The admission of any such state to membership in the United Nations will be effected by a decision of the General Assembly upon the recommendation of the Security Council.

Article 5

A Member of the United Nations against which preventive or enforcement action has been taken by the Security Council may be suspended from the exercise of the rights and privileges of membership by the General Assembly upon the recommendation of the Security Council. The exercise of these rights and privileges may be restored by the Security Council.

Article 6

A Member of the United Nations which has persistently violated the Principles contained in the present Charter may be expelled from the Organization by the General Assembly upon the recommendation of the Security Council.

CHAPTER III - ORGANS

Article 7

1. There are established as the principal organs of the United Nations: a General Assembly, a Security Council, an Economic and Social Council, a Trusteeship Council, an International Court of Justice and a Secretariat.

2. Such subsidiary organs as may be found necessary may be established in accordance with the present Charter.

Article 8

The United Nations shall place no restrictions on the eligibility of men and women to participate in any capacity and under conditions of equality in its principal and subsidiary organs.

CHAPTER Ⅳ - THE GENERAL ASSEMBLY

〈composition〉

Article 9

1. The General Assembly shall consist of all the Members of the United Nations.
2. Each Member shall have not more than five representatives in the General Assembly.

〈functions and powers〉

Article 10

The General Assembly may discuss any questions or any matters within the scope of the present Charter or relating to the powers and functions of any organs provided for in the present Charter, and, except as provided in Article 12, may make recommendations to the Members of the United Nations or to the Security Council or to both on any such questions or matters.

Article 11

1. The General Assembly may consider the general principles of co-operation in the maintenance of international peace and security, including the principles governing disarmament and the regulation of armaments, and may make recommendations with regard to such principles to the Members or to the Security Council or to both.
2. The General Assembly may discuss any questions relating to the maintenance of international peace and security brought before it by any Member of the

United Nations, or by the Security Council, or by a state which is not a Member of the United Nations in accordance with Article 35, paragraph 2, and, except as provided in Article 12, may make recommendations with regard to any such questions to the state or states concerned or to the Security Council or to both. Any such question on which action is necessary shall be referred to the Security Council by the General Assembly either before or after discussion.

3. The General Assembly may call the attention of the Security Council to situations which are likely to endanger international peace and security.

4. The powers of the General Assembly set forth in this Article shall not limit the general scope of Article 10.

Article 12

1. While the Security Council is exercising in respect of any dispute or situation the functions assigned to it in the present Charter, the General Assembly shall not make any recommendation with regard to that dispute or situation unless the Security Council so requests.

2. The Secretary-General, with the consent of the Security Council, shall notify the General Assembly at each session of any matters relative to the maintenance of international peace and security which are being dealt with by the Security Council and shall similarly notify the General Assembly, or the Members of the United Nations if the General Assembly is not in session, immediately the Security Council ceases to deal with such matters.

Article 13

1. The General Assembly shall initiate studies and make recommendations for the purpose of:

   a. promoting international co-operation in the political field and encouraging the progressive development of international law and its codification;

   b. promoting international co-operation in the economic, social, cultural, educational and health fields, and assisting in the realization of human rights and fundamental

freedoms for all without distinction as to race, sex, language, or religion.
2. The further responsibilities, functions and powers of the General Assembly with respect to matters mentioned in paragraph 1 (b) above are set forth in Chapters IX and X.

Article 14

Subject to the provisions of Article 12, the General Assembly may recommend measures for the peaceful adjustment of any situation, regardless of origin, which it deems likely to impair the general welfare or friendly relations among nations, including situations resulting from a violation of the provisions of the present Charter setting forth the Purposes and Principles of the United Nations.

Article 15

1. The General Assembly shall receive and consider annual and special reports from the Security Council; these reports shall include an account of the measures that the Security Council has decided upon or taken to maintain international peace and security.
2. The General Assembly shall receive and consider reports from the other organs of the United Nations.

Article 16

The General Assembly shall perform such functions with respect to the international trusteeship system as are assigned to it under Chapters XII and XIII, including the approval of the trusteeship agreements for areas not designated as strategic.

Article 17

1. The General Assembly shall consider and approve the budget of the Organization.
2. The expenses of the Organization shall be borne by the Members as apportioned by the General Assembly.
3. The General Assembly shall consider and approve any financial and budgetary

arrangements with specialized agencies referred to in Article 57 and shall examine the administrative budgets of such specialized agencies with a view to making recommendations to the agencies concerned.

〈voting〉

Article 18

1. Each member of the General Assembly shall have one vote.
2. Decisions of the General Assembly on important questions shall be made by a two-thirds majority of the members present and voting. These questions shall include: recommendations with respect to the maintenance of international peace and security, the election of the non-permanent members of the Security Council, the election of the members of the Economic and Social Council, the election of members of the Trusteeship Council in accordance with paragraph 1 (c) of Article 86, the admission of new Members to the United Nations, the suspension of the rights and privileges of membership, the expulsion of Members, questions relating to the operation of the trusteeship system, and budgetary questions.
3. Decisions on other questions, including the determination of additional categories of questions to be decided by a two-thirds majority, shall be made by a majority of the members present and voting.

Article 19

A Member of the United Nations which is in arrears in the payment of its financial contributions to the Organization shall have no vote in the General Assembly if the amount of its arrears equals or exceeds the amount of the contributions due from it for the preceding two full years. The General Assembly may, nevertheless, permit such a Member to vote if it is satisfied that the failure to pay is due to conditions beyond the control of the Member.

⟨procedure⟩

Article 20

The General Assembly shall meet in regular annual sessions and in such special sessions as occasion may require. Special sessions shall be convoked by the Secretary-General at the request of the Security Council or of a majority of the Members of the United Nations.

Article 21

The General Assembly shall adopt its own rules of procedure. It shall elect its President for each session.

Article 22

The General Assembly may establish such subsidiary organs as it deems necessary for the performance of its functions.

CHAPTER V - THE SECURITY COUNCIL

⟨composition⟩

Article 23

1. The Security Council shall consist of fifteen Members of the United Nations. The Republic of China, France, the Union of Soviet Socialist Republics, the United Kingdom of Great Britain and Northern Ireland, and the United States of America shall be permanent members of the Security Council. The General Assembly shall elect ten other Members of the United Nations to be non-permanent members of the Security Council, due regard being specially paid, in the first instance to the contribution of Members of the United Nations to the maintenance of international peace and security and to the other purposes of the Organization,

and also to equitable geographical distribution.

2. The non-permanent members of the Security Council shall be elected for a term of two years. In the first election of the non-permanent members after the increase of the membership of the Security Council from eleven to fifteen, two of the four additional members shall be chosen for a term of one year. A retiring member shall not be eligible for immediate re-election.

3. Each member of the Security Council shall have one representative.

⟨functions and powers⟩

Article 24

1. In order to ensure prompt and effective action by the United Nations, its Members confer on the Security Council primary responsibility for the maintenance of international peace and security, and agree that in carrying out its duties under this responsibility the Security Council acts on their behalf.

2. In discharging these duties the Security Council shall act in accordance with the Purposes and Principles of the United Nations. The specific powers granted to the Security Council for the discharge of these duties are laid down in Chapters VI, VII, VIII, and XII.

3. The Security Council shall submit annual and, when necessary, special reports to the General Assembly for its consideration.

Article 25

The Members of the United Nations agree to accept and carry out the decisions of the Security Council in accordance with the present Charter.

Article 26

In order to promote the establishment and maintenance of international peace and security with the least diversion for armaments of the world's human and economic resources, the Security Council shall be responsible for formulating, with the assistance of the Military Staff Committee referred to in Article 47, plans to be submitted to the Members of the United Nations for the establishment of a system for the regulation of armaments.

〈voting〉

Article 27

1. Each member of the Security Council shall have one vote.
2. Decisions of the Security Council on procedural matters shall be made by an affirmative vote of nine members.
3. Decisions of the Security Council on all other matters shall be made by an affirmative vote of nine members including the concurring votes of the permanent members; provided that, in decisions under Chapter VI, and under paragraph 3 of Article 52, a party to a dispute shall abstain from voting.

〈procedure〉

Article 28

1. The Security Council shall be so organized as to be able to function continuously. Each member of the Security Council shall for this purpose be represented at all times at the seat of the Organization.
2. The Security Council shall hold periodic meetings at which each of its members may, if it so desires, be represented by a member of the government or by some other specially designated representative.
3. The Security Council may hold meetings at such places other than the seat of the Organization as in its judgment will best facilitate its work.

Article 29

The Security Council may establish such subsidiary organs as it deems necessary for the performance of its functions.

Article 30

The Security Council shall adopt its own rules of procedure, including the method of selecting its President.

Article 31

Any Member of the United Nations which is not a member of the Security Council may participate, without vote, in the discussion of any question brought before the Security Council whenever the latter considers that the interests of that Member are specially affected.

Article 32

Any Member of the United Nations which is not a member of the Security Council or any state which is not a Member of the United Nations, if it is a party to a dispute under consideration by the Security Council, shall be invited to participate, without vote, in the discussion relating to the dispute. The Security Council shall lay down such conditions as it deems just for the participation of a state which is not a Member of the United Nations.

CHAPTER VI - PACIFIC SETTLEMENT OF DISPUTES

Article 33

1. The parties to any dispute, the continuance of which is likely to endanger the maintenance of international peace and security, shall, first of all, seek a solution by negotiation, enquiry, mediation, conciliation, arbitration, judicial settlement, resort to regional agencies or arrangements, or other peaceful means of their own choice.
2. The Security Council shall, when it deems necessary, call upon the parties to settle their dispute by such means.

Article 34

The Security Council may investigate any dispute, or any situation which might lead to international friction or give rise to a dispute, in order to determine whether the continuance of the dispute or situation is likely to endanger the maintenance of international peace and security.

Article 35

1. Any Member of the United Nations may bring any dispute, or any situation of the nature referred to in Article 34, to the attention of the Security Council or of the General Assembly.

2. A state which is not a Member of the United Nations may bring to the attention of the Security Council or of the General Assembly any dispute to which it is a party if it accepts in advance, for the purposes of the dispute, the obligations of pacific settlement provided in the present Charter.

3. The proceedings of the General Assembly in respect of matters brought to its attention under this Article will be subject to the provisions of Articles 11 and 12.

Article 36

1. The Security Council may, at any stage of a dispute of the nature referred to in Article 33 or of a situation of like nature, recommend appropriate procedures or methods of adjustment.

2. The Security Council should take into consideration any procedures for the settlement of the dispute which have already been adopted by the parties.

3. In making recommendations under this Article the Security Council should also take into consideration that legal disputes should as a general rule be referred by the parties to the International Court of Justice in accordance with the provisions of the Statute of the Court.

Article 37

1. Should the parties to a dispute of the nature referred to in Article 33 fail to settle

it by the means indicated in that Article, they shall refer it to the Security Council.

2. If the Security Council deems that the continuance of the dispute is in fact likely to endanger the maintenance of international peace and security, it shall decide whether to take action under Article 36 or to recommend such terms of settlement as it may consider appropriate.

Article 38

Without prejudice to the provisions of Articles 33 to 37, the Security Council may, if all the parties to any dispute so request, make recommendations to the parties with a view to a pacific settlement of the dispute.

CHAPTER VII - ACTION WITH RESPECT TO THREATS TO THE PEACE, BREACHES OF THE PEACE, AND ACTS OF AGGRESSION

Article 39

The Security Council shall determine the existence of any threat to the peace, breach of the peace, or act of aggression and shall make recommendations, or decide what measures shall be taken in accordance with Articles 41 and 42, to maintain or restore international peace and security.

Article 40

In order to prevent an aggravation of the situation, the Security Council may, before making the recommendations or deciding upon the measures provided for in Article 39, call upon the parties concerned to comply with such provisional measures as it deems necessary or desirable. Such provisional measures shall be without prejudice to the rights, claims, or position of the parties concerned. The Security Council shall duly take account of failure to comply with such provisional measures.

Article 41

The Security Council may decide what measures not involving the use of armed force are to be employed to give effect to its decisions, and it may call upon the Members of the United Nations to apply such measures. These may include complete or partial interruption of economic relations and of rail, sea, air, postal, telegraphic, radio, and other means of communication, and the severance of diplomatic relations.

Article 42

Should the Security Council consider that measures provided for in Article 41 would be inadequate or have proved to be inadequate, it may take such action by air, sea, or land forces as may be necessary to maintain or restore international peace and security. Such action may include demonstrations, blockade, and other operations by air, sea, or land forces of Members of the United Nations.

Article 43

1. All Members of the United Nations, in order to contribute to the maintenance of international peace and security, undertake to make available to the Security Council, on its call and in accordance with a special agreement or agreements, armed forces, assistance, and facilities, including rights of passage, necessary for the purpose of maintaining international peace and security.

2. Such agreement or agreements shall govern the numbers and types of forces, their degree of readiness and general location, and the nature of the facilities and assistance to be provided.

3. The agreement or agreements shall be negotiated as soon as possible on the initiative of the Security Council. They shall be concluded between the Security Council and Members or between the Security Council and groups of Members and shall be subject to ratification by the signatory states in accordance with their respective constitutional processes.

Article 44

When the Security Council has decided to use force it shall, before calling upon a Member not represented on it to provide armed forces in fulfillment of the obligations assumed under Article 43, invite that Member, if the Member so desires, to participate in the decisions of the Security Council concerning the employment of contingents of that Member's armed forces.

Article 45

In order to enable the United Nations to take urgent military measures, Members shall hold immediately available national air-force contingents for combined international enforcement action. The strength and degree of readiness of these contingents and plans for their combined action shall be determined within the limits laid down in the special agreement or agreements referred to in Article 43, by the Security Council with the assistance of the Military Staff Committee.

Article 46

Plans for the application of armed force shall be made by the Security Council with the assistance of the Military Staff Committee.

Article 47

1. There shall be established a Military Staff Committee to advise and assist the Security Council on all questions relating to the Security Council's military requirements for the maintenance of international peace and security, the employment and command of forces placed at its disposal, the regulation of armaments, and possible disarmament.

2. The Military Staff Committee shall consist of the Chiefs of Staff of the permanent members of the Security Council or their representatives. Any Member of the United Nations not permanently represented on the Committee shall be invited by the Committee to be associated with it when the efficient discharge of the Committee's responsibilities requires the participation of that Member in its work.

3. The Military Staff Committee shall be responsible under the Security Council for the strategic direction of any armed forces placed at the disposal of the Security Council. Questions relating to the command of such forces shall be worked out subsequently.

4. The Military Staff Committee, with the authorization of the Security Council and after consultation with appropriate regional agencies, may establish regional sub-committees.

Article 48

1. The action required to carry out the decisions of the Security Council for the maintenance of international peace and security shall be taken by all the Members of the United Nations or by some of them, as the Security Council may determine.

2. Such decisions shall be carried out by the Members of the United Nations directly and through their action in the appropriate international agencies of which they remembers.

Article 49

The Members of the United Nations shall join in affording mutual assistance in carrying out the measures decided upon by the Security Council.

Article 50

If preventive or enforcement measures against any state are taken by the Security Council, any other state, whether a Member of the United Nations or not, which finds itself confronted with special economic problems arising from the carrying out of those measures shall have the right to consult the Security Council with regard to a solution of those problems.

Article 51

Nothing in the present Charter shall impair the inherent right of individual or collective self-defence if an armed attack occurs against a Member of the United Nations, until the Security Council has taken measures necessary to maintain international peace and security. Measures taken by Members in the exercise of this right of self-defence shall be immediately reported to the Security Council and shall not in any way affect the authority and responsibility of the Security Council under the present Charter to take at any time such action as it deems necessary in order to maintain or restore international peace and security.

CHAPTER VIII - REGIONAL ARRANGEMENTS

Article 52

1. Nothing in the present Charter precludes the existence of regional arrangements or agencies for dealing with such matters relating to the maintenance of international peace and security as are appropriate for regional action provided that such arrangements or agencies and their activities are consistent with the Purposes and Principles of the United Nations.
2. The Members of the United Nations entering into such arrangements or constituting such agencies shall make every effort to achieve pacific settlement of local disputes through such regional arrangements or by such regional agencies before referring them to the Security Council.
3. The Security Council shall encourage the development of pacific settlement of local disputes through such regional arrangements or by such regional agencies either on the initiative of the states concerned or by reference from the Security Council.
4. This Article in no way impairs the application of Articles 34 and 35.

Article 53

1. The Security Council shall, where appropriate, utilize such regional arrangements or agencies for enforcement action under its authority. But no enforcement action shall be taken under regional arrangements or by regional agencies without the authorization of the Security Council, with the exception of measures against

any enemy state, as defined in paragraph 2 of this Article, provided for pursuant to Article 107 or in regional arrangements directed against renewal of aggressive policy on the part of any such state, until such time as the Organization may, on request of the Governments concerned, be charged with the responsibility for preventing further aggression by such a state.

2. The term enemy state as used in paragraph 1 of this Article applies to any state which during the Second World War has been an enemy of any signatory of the present Charter.

Article 54

The Security Council shall at all times be kept fully informed of activities undertaken or in contemplation under regional arrangements or by regional agencies for the maintenance of international peace and security.

CHAPTER IX - INTERNATIONAL ECONOMIC AND SOCIAL CO-OPERATION

Article 55

With a view to the creation of conditions of stability and well-being which are necessary for peaceful and friendly relations among nations based on respect for the principle of equal rights and self-determination of peoples, the United Nations shall promote:

a. higher standards of living, full employment, and conditions of economic and social progress and development;

b. solutions of international economic, social, health, and related problems; and international cultural and educational cooperation; and

c. universal respect for, and observance of, human rights and fundamental freedoms for all without distinction as to race, sex, language, or religion.

Article 56

All Members pledge themselves to take joint and separate action in co-operation with the Organization for the achievement of the purposes set forth in Article 55.

Article 57

1. The various specialized agencies, established by intergovernmental agreement and having wide international responsibilities, as defined in their basic instruments, in economic, social, cultural, educational, health, and related fields, shall be brought into relationship with the United Nations in accordance with the provisions of Article 63.
2. Such agencies thus brought into relationship with the United Nations are hereinafter referred to as specialized agencies.

Article 58

The Organization shall make recommendations for the co-ordination of the policies and activities of the specialized agencies.

Article 59

The Organization shall, where appropriate, initiate negotiations among the states concerned for the creation of any new specialized agencies required for the accomplishment of the purposes set forth in Article 55.

Article 60

Responsibility for the discharge of the functions of the Organization set forth in this Chapter shall be vested in the General Assembly and, under the authority of the General Assembly, in the Economic and Social Council, which shall have for this purpose the powers set forth in Chapter X.

CHAPTER X - THE ECONOMIC AND SOCIAL COUNCIL

⟨composition⟩

Article 61

1. The Economic and Social Council shall consist of fifty-four Members of the United Nations elected by the General Assembly.

2. Subject to the provisions of paragraph 3, eighteen members of the Economic and Social Council shall be elected each year for a term of three years. A retiring member shall be eligible for immediate re-election.

3. At the first election after the increase in the membership of the Economic and Social Council from twenty-seven to fifty-four members, in addition to the members elected in place of the nine members whose term of office expires at the end of that year, twenty-seven additional members shall be elected. Of these twenty-seven additional members, the term of office of nine members so elected shall expire at the end of one year, and of nine other members at the end of two years, in accordance with arrangements made by the General Assembly.

4. Each member of the Economic and Social Council shall have one representative.

⟨fuctions and powers⟩

Article 62

1. The Economic and Social Council may make or initiate studies and reports with respect to international economic, social, cultural, educational, health, and related matters and may make recommendations with respect to any such matters to the General Assembly to the Members of the United Nations, and to the specialized agencies concerned.

2. It may make recommendations for the purpose of promoting respect for, and observance of, human rights and fundamental freedoms for all.

3. It may prepare draft conventions for submission to the General Assembly, with respect to matters falling within its competence.

4. It may call, in accordance with the rules prescribed by the United Nations, international conferences on matters falling within its competence.

Article 63

1. The Economic and Social Council may enter into agreements with any of the agencies referred to in Article 57, defining the terms on which the agency concerned shall be brought into relationship with the United Nations. Such agreements shall be subject to approval by the General Assembly.
2. It may co-ordinate the activities of the specialized agencies through consultation with and recommendations to such agencies and through recommendations to the General Assembly and to the Members of the United Nations.

Article 64

1. The Economic and Social Council may take appropriate steps to obtain regular reports from the specialized agencies. It may make arrangements with the Members of the United Nations and with the specialized agencies to obtain reports on the steps taken to give effect to its own recommendations and to recommendations on matters falling within its competence made by the General Assembly.
2. It may communicate its observations on these reports to the General Assembly.

Article 65

The Economic and Social Council may furnish information to the Security Council and shall assist the Security Council upon its request.

Article 66

1. The Economic and Social Council shall perform such functions as fall within its competence in connexion with the carrying out of the recommendations of the General Assembly.
2. It may, with the approval of the General Assembly, perform services at the request of Members of the United Nations and at the request of specialized agencies.

3. It shall perform such other functions as are specified elsewhere in the present Charter or as may be assigned to it by the General Assembly.

〈voting〉

Article 67
1. Each member of the Economic and Social Council shall have one vote.
2. Decisions of the Economic and Social Council shall be made by a majority of the members present and voting.

〈procedure〉

Article 68
The Economic and Social Council shall set up commissions in economic and social fields and for the promotion of human rights, and such other commissions as may be required for the performance of its functions.

Article 69
The Economic and Social Council shall invite any Member of the United Nations to participate, without vote, in its deliberations on any matter of particular concern to that Member.

Article 70
The Economic and Social Council may make arrangements for representatives of the specialized agencies to participate, without vote, in its deliberations and in those of the commissions established by it, and for its representatives to participate in the deliberations of the specialized agencies.

Article 71
The Economic and Social Council may make suitable arrangements for consultation

with non-governmental organizations which are concerned with matters within its competence. Such arrangements may be made with international organizations and, where appropriate, with national organizations after consultation with the Member of the United Nations concerned.

Article 72

1. The Economic and Social Council shall adopt its own rules of procedure, including the method of selecting its President.
2. The Economic and Social Council shall meet as required in accordance with its rules, which shall include provision for the convening of meetings on the request of a majority of its members.

CHAPTER XI - DECLARATION REGARDING NON-SELF-GOVERNING TERRITORIES

Article 73

Members of the United Nations which have or assume responsibilities for the administration of territories whose peoples have not yet attained a full measure of self-government recognize the principle that the interests of the inhabitants of these territories are paramount, and accept as a sacred trust the obligation to promote to the utmost, within the system of international peace and security established by the present Charter, the well-being of the inhabitants of these territories, and, to this end:

a. to ensure, with due respect for the culture of the peoples concerned, their political, economic, social, and educational advancement, their just treatment, and their protection against abuses;
b. to develop self-government, to take due account of the political aspirations of the peoples, and to assist them in the progressive development of their free political institutions, according to the particular circumstances of each territory

and its peoples and their varying stages of advancement;

c. to further international peace and security;

d. to promote constructive measures of development, to encourage research, and to co-operate with one another and, when and where appropriate, with specialized international bodies with a view to the practical achievement of the social, economic, and scientific purposes set forth in this Article; and

e. to transmit regularly to the Secretary-General for information purposes, subject to such limitation as security and constitutional considerations may require, statistical and other information of a technical nature relating to economic, social, and educational conditions in the territories for which they are respectively responsible other than those territories to which Chapters XII and XIII apply.

Article 74

Members of the United Nations also agree that their policy in respect of the territories to which this Chapter applies, no less than in respect of their metropolitan areas, must be based on the general principle of good-neighbourliness, due account being taken of the interests and well-being of the rest of the world, in social, economic, and commercial matters.

CHAPTER XII - INTERNATIONAL TRUSTEESHIP SYSTEM

Article 75

The United Nations shall establish under its authority an international trusteeship system for the administration and supervision of such territories as may be placed thereunder by subsequent individual agreements. These territories are hereinafter referred to as trust territories.

Article 76

The basic objectives of the trusteeship system, in accordance with the Purposes of the United Nations laid down in Article 1 of the present Charter, shall be:

a. to further international peace and security;

b. to promote the political, economic, social, and educational advancement of the inhabitants of the trust territories, and their progressive development towards self-government or independence as may be appropriate to the particular circumstances of each territory and its peoples and the freely expressed wishes of the peoples concerned, and as may be provided by the terms of each trusteeship agreement;

c. to encourage respect for human rights and for fundamental freedoms for all without distinction as to race, sex, language, or religion, and to encourage recognition of the interdependence of the peoples of the world; and

d. to ensure equal treatment in social, economic, and commercial matters for all Members of the United Nations and their nationals, and also equal treatment for the latter in the administration of justice, without prejudice to the attainment of the foregoing objectives and subject to the provisions of Article 80.

Article 77

1. The trusteeship system shall apply to such territories in the following categories as may be placed thereunder by means of trusteeship agreements:

a. territories now held under mandate;

b. territories which may be detached from enemy states as a result of the Second World War; and

c. territories voluntarily placed under the system by states responsible for their administration.

2. t will be a matter for subsequent agreement as to which territories in the foregoing categories will be brought under the trusteeship system and upon what terms.

Article 78

The trusteeship system shall not apply to territories which have become Members of the United Nations, relationship among which shall be based on respect for the principle of sovereign equality.

Article 79

The terms of trusteeship for each territory to be placed under the trusteeship system, including any alteration or amendment, shall be agreed upon by the states directly concerned, including the mandatory power in the case of territories held under mandate by a Member of the United Nations, and shall be approved as provided for in Articles 83 and 85.

Article 80

1. Except as may be agreed upon in individual trusteeship agreements, made under Articles 77, 79, and 81, placing each territory under the trusteeship system, and until such agreements have been concluded, nothing in this Chapter shall be construed in or of itself to alter in any manner the rights whatsoever of any states or any peoples or the terms of existing international instruments to which Members of the United Nations may respectively be parties.

2. Paragraph 1 of this Article shall not be interpreted as giving grounds for delay or postponement of the negotiation and conclusion of agreements for placing mandated and other territories under the trusteeship system as provided for in Article 77.

Article 81

The trusteeship agreement shall in each case include the terms under which the trust territory will be administered and designate the authority which will exercise the administration of the trust territory. Such authority, hereinafter called the administering authority, may be one or more states or the Organization itself.

Article 82

There may be designated, in any trusteeship agreement, a strategic area or areas which may include part or all of the trust territory to which the agreement applies, without prejudice to any special agreement or agreements made under Article 43.

Article 83

1. All functions of the United Nations relating to strategic areas, including the approval of the terms of the trusteeship agreements and of their alteration or amendment shall be exercised by the Security Council.

2. The basic objectives set forth in Article 76 shall be applicable to the people of each strategic area.

3. The Security Council shall, subject to the provisions of the trusteeship agreements and without prejudice to security considerations, avail itself of the assistance of the Trusteeship Council to perform those functions of the United Nations under the trusteeship system relating to political, economic, social, and educational matters in the strategic areas.

Article 84

It shall be the duty of the administering authority to ensure that the trust territory shall play its part in the maintenance of international peace and security. To this end the administering authority may make use of volunteer forces, facilities, and assistance from the trust territory in carrying out the obligations towards the Security Council undertaken in this regard by the administering authority, as well as for local defence and the maintenance of law and order within the trust territory.

Article 85

1. The functions of the United Nations with regard to trusteeship agreements for all areas not designated as strategic, including the approval of the terms of the trusteeship agreements and of their alteration or amendment, shall be exercised by the General Assembly.

2. The Trusteeship Council, operating under the authority of the General Assembly shall assist the General Assembly in carrying out these functions.

CHAPTER XIII - THE TRUSTEESHIP COUNCIL

〈composition〉

Article 86

1. The Trusteeship Council shall consist of the following Members of the United Nations:
   a. those Members administering trust territories;
   b. such of those Members mentioned by name in Article 23 as are not administering trust territories; and
   c. as many other Members elected for three-year terms by the General Assembly as may be necessary to ensure that the total number of members of the Trusteeship Council is equally divided between those Members of the United Nations which administer trust territories and those which do not.
2. Each member of the Trusteeship Council shall designate one specially qualified person to represent it therein.

〈fuctions and powerds〉

Article 87

The General Assembly and, under its authority, the Trusteeship Council, in carrying out their functions, may:
   a. consider reports submitted by the administering authority;
   b. accept petitions and examine them in consultation with the administering authority;
   c. provide for periodic visits to the respective trust territories at times agreed upon with the administering authority; and
   d. take these and other actions in conformity with the terms of the trusteeship agreements.

Article 88

The Trusteeship Council shall formulate a questionnaire on the political, economic, social, and educational advancement of the inhabitants of each trust territory, and the administering authority for each trust territory within the competence of the General Assembly shall make an annual report to the General Assembly upon the basis of such questionnaire.

⟨voting⟩

Article 89

1. Each member of the Trusteeship Council shall have one vote.
2. Decisions of the Trusteeship Council shall be made by a majority of the members present and voting.

⟨procedure⟩

Article 90

1. The Trusteeship Council shall adopt its own rules of procedure, including the method of selecting its President.
2. The Trusteeship Council shall meet as required in accordance with its rules, which shall include provision for the convening of meetings on the request of a majority of its members.

Article 91

The Trusteeship Council shall, when appropriate, avail itself of the assistance of the Economic and Social Council and of the specialized agencies in regard to matters with which they are respectively concerned.

CHAPTER XIV - THE INTERNATIONAL COURT OF JUSTICE

Article 92

The International Court of Justice shall be the principal judicial organ of the United Nations. It shall function in accordance with the annexed Statute, which is based upon the Statute of the Permanent Court of International Justice and forms an integral part of the present Charter.

Article 93

1. All Members of the United Nations are ipso facto parties to the Statute of the International Court of Justice.
2. A state which is not a Member of the United Nations may become a party to the Statute of the International Court of Justice on conditions to be determined in each case by the General Assembly upon the recommendation of the Security Council.

Article 94

1. Each Member of the United Nations undertakes to comply with the decision of the International Court of Justice in any case to which it is a party.
2. If any party to a case fails to perform the obligations incumbent upon it under a judgment rendered by the Court, the other party may have recourse to the Security Council, which may, if it deems necessary, make recommendations or decide upon measures to be taken to give effect to the judgment.

Article 95

Nothing in the present Charter shall prevent Members of the United Nations from entrusting the solution of their differences to other tribunals by virtue of agreements already in existence or which may be concluded in the future.

Article 96

1. The General Assembly or the Security Council may request the International Court of Justice to give an advisory opinion on any legal question.

2. Other organs of the United Nations and specialized agencies, which may at any time be so authorized by the General Assembly, may also request advisory opinions of the Court on legal questions arising within the scope of their activities.

CHAPTER XV - THE SECRETARIAT

Article 97

The Secretariat shall comprise a Secretary-General and such staff as the Organization may require. The Secretary-General shall be appointed by the General Assembly upon the recommendation of the Security Council. He shall be the chief administrative officer of the Organization.

Article 98

The Secretary-General shall act in that capacity in all meetings of the General Assembly, of the Security Council, of the Economic and Social Council, and of the Trusteeship Council, and shall perform such other functions as are entrusted to him by these organs. The Secretary-General shall make an annual report to the General Assembly on the work of the Organization.

Article 99

The Secretary-General may bring to the attention of the Security Council any matter which in his opinion may threaten the maintenance of international peace and security.

Article 100

1. In the performance of their duties the Secretary- General and the staff shall not

seek or receive instructions from any government or from any other authority external to the Organization. They shall refrain from any action which might reflect on their position as international officials responsible only to the Organization.

2. Each Member of the United Nations undertakes to respect the exclusively international character of the responsibilities of the Secretary-General and the staff and not to seek to influence them in the discharge of their responsibilities.

Article 101

1. The staff shall be appointed by the Secretary-General under regulations established by the General Assembly.

2. Appropriate staffs shall be permanently assigned to the Economic and Social Council, the Trusteeship Council, and, as required, to other organs of the United Nations. These staffs shall form a part of the Secretariat.

3. The paramount consideration in the employment of the staff and in the determination of the conditions of service shall be the necessity of securing the highest standards of efficiency, competence, and integrity. Due regard shall be paid to the importance of recruiting the staff on as wide a geographical basis as possible.

CHAPTER XVI - MISCELLANEOUS PROVISIONS

Article 102

1. Every treaty and every international agreement entered into by any Member of the United Nations after the present Charter comes into force shall as soon as possible be registered with the Secretariat and published by it.

2. No party to any such treaty or international agreement which has not been registered in accordance with the provisions of paragraph 1 of this Article may invoke that treaty or agreement before any organ of the United Nations.

Article 103

In the event of a conflict between the obligations of the Members of the United Nations under the present Charter and their obligations under any other international agreement, their obligations under the present Charter shall prevail.

Article 104

The Organization shall enjoy in the territory of each of its Members such legal capacity as may be necessary for the exercise of its functions and the fulfilment of its purposes.

Article 105

1. The Organization shall enjoy in the territory of each of its Members such privileges and immunities as are necessary for the fulfilment of its purposes.
2. Representatives of the Members of the United Nations and officials of the Organization shall similarly enjoy such privileges and immunities as are necessary for the independent exercise of their functions in connexion with the Organization.
3. The General Assembly may make recommendations with a view to determining the details of the application of paragraphs 1 and 2 of this Article or may propose conventions to the Members of the United Nations for this purpose.

CHAPTER XVII – TRANSITIONAL SECURITY ARRANGEMENTS

Article 106

Pending the coming into force of such special agreements referred to in Article 43 as in the opinion of the Security Council enable it to begin the exercise of its responsibilities under Article 42, the parties to the Four-Nation Declaration, signed at Moscow, 30 October 1943, and France, shall, in accordance with the provisions of paragraph 5 of that Declaration, consult with one another and as occasion requires with other Members of the United Nations with a view to such joint action on behalf of the Organization as may be necessary for the purpose of maintaining international peace and security.

Article 107

Nothing in the present Charter shall invalidate or preclude action, in relation to any state which during the Second World War has been an enemy of any signatory to the present Charter, taken or authorized as a result of that war by the Governments having responsibility for such action.

CHAPTER XVIII - AMENDMENTS

Article 108

Amendments to the present Charter shall come into force for all Members of the United Nations when they have been adopted by a vote of two thirds of the members of the General Assembly and ratified in accordance with their respective constitutional processes by two thirds of the Members of the United Nations, including all the permanent members of the Security Council.

Article 109

1. A General Conference of the Members of the United Nations for the purpose of reviewing the present Charter may be held at a date and place to be fixed by a two-thirds vote of the members of the General Assembly and by a vote of any nine members of the Security Council. Each Member of the United Nations shall have one vote in the conference.

2. Any alteration of the present Charter recommended by a two-thirds vote of the conference shall take effect when ratified in accordance with their respective constitutional processes by two thirds of the Members of the United Nations including all the permanent members of the Security Council.

3. If such a conference has not been held before the tenth annual session of the

General Assembly following the coming into force of the present Charter, the proposal to call such a conference shall be placed on the agenda of that session of the General Assembly, and the conference shall be held if so decided by a majority vote of the members of the General Assembly and by a vote of any seven members of the Security Council.

CHAPTER XIX - RATIFICATION AND SIGNATURE

Article 110

1. The present Charter shall be ratified by the signatory states in accordance with their respective constitutional processes.
2. The ratifications shall be deposited with the Government of the United States of America, which shall notify all the signatory states of each deposit as well as the Secretary-General of the Organization when he has been appointed.
3. The present Charter shall come into force upon the deposit of ratifications by the Republic of China, France, the Union of Soviet Socialist Republics, the United Kingdom of Great Britain and Northern Ireland, and the United States of America, and by a majority of the other signatory states. A protocol of the ratifications deposited shall thereupon be drawn up by the Government of the United States of America which shall communicate copies thereof to all the signatory states.
4. The states signatory to the present Charter which ratify it after it has come into force will become original Members of the United Nations on the date of the deposit of their respective ratifications.

Article 111

The present Charter, of which the Chinese, French, Russian, English, and Spanish texts are equally authentic, shall remain deposited in the archives of the Government of the United States of America. Duly certified copies thereof shall be transmitted by that Government to the Governments of the other signatory states.

IN FAITH WHEREOF the representatives of the Governments of the United Nations have signed the present Charter. DONE at the city of San Francisco the twenty-sixth day of June, one thousand nine hundred and forty-five.

2. 국제연합헌장

전문

우리 연합국 국민들은

· 우리 일생 중에 두 번이나 말할 수 없는 슬픔을 인류에 가져온 전쟁의 불행에서 다음 세대를 구하고,

· 기본적 인권, 인간의 존엄 및 가치, 남녀 및 대소 각국의 평등권에 대한 신념을 재확인하며,

· 정의와 조약 및 기타 국제법의 연원으로부터 발생하는 의무에 대한 존중이 계속 유지될 수 있는 조건을 확립하며,

· 더 많은 자유속에서 사회적 진보와 생활수준의 향상을 촉진할 것을 결의하였다.

그리고 이러한 목적을 위하여

· 관용을 실천하고 선량한 이웃으로서 상호간 평화롭게 같이 생활하며,

· 국제평화와 안전을 유지하기 위하여 우리들의 힘을 합하며,

· 공동이익을 위한 경우 이외에는 무력을 사용하지 아니한다는 것을, 원칙의 수락과 방법의 설정에 의하여, 보장하고,

· 모든 국민의 경제적 및 사회적 발전을 촉진하기 위하여 국제기관을 이용한다는 것을 결의하면서,

이러한 목적을 달성하기 위하여 우리의 노력을 결집할 것을 결정하였다.

따라서 우리 각자의 정부는, 샌프란시스코에 모인, 유효하고 타당한 것으로 인정된 전권위임장을 제시한 대표를 통하여, 이 국제연합헌장에 동의하고, 국제연합이라는 국제기구를 이에 설립한다.

제1장 목적과 원칙

제1조 국제연합의 목적은 다음과 같다.

1. 국제평화와 안전을 유지하고, 이를 위하여 평화에 대한 위협의 방지, 제거 그리고 침략행위 또는 기타 평화의 파괴를 진압하기 위한 유효한 집단적 조치를 취하고 평화의 파괴로 이를 우려가 있는 국제적 분쟁이나 사태의 조정·해결을 평화적 수단에 의하여 또한 정의와 국제법의 원칙에 따라 실현한다.

2. 사람들의 평등권 및 자결의 원칙의 존중에 기초하여 국가 간의 우호관계를 발전시키며, 세계평화를 강화하기 위한 기타 적절한 조치를 취한다.

3. 경제적·사회적·문화적 또는 인도적 성격의 국제문제를 해결하고 또한 인종·성별·언어 또는 종교에 따른 차별 없이 모든 사람의 인권 및 기본적 자유에 대한 존중을 촉진하고 장려함에 있어 국제적 협력을 달성한다.

4. 이러한 공동의 목적을 달성함에 있어서 각국의 활동을 조화시키는 중심이 된다.

제2조 [편집] 이 기구 및 그 회원국은 제1조에 명시한 목적을 추구함에 있어서 다음의 원칙에 따라 행동한다.

1. 기구는 모든 회원국의 주권평등 원칙에 기초한다.

2. 모든 회원국은 회원국의 지위에서 발생하는 권리와 이익을 그들 모두에 보장하기 위하여, 이 헌장에 따라 부과되는 의무를 성실히 이행한다.

3. 모든 회원국은 그들의 국제분쟁을 국제평화와 안전 그리고 정의를 위태롭게 하지 아니하는 방식으로 평화적 수단에 의하여 해결한다.

4. 모든 회원국은 그 국제관계에 있어서 다른 국가의 영토보전이나 정치적 독립에 대하여 또는 국제연합의 목적과 양립하지 아니하는 어떠한 기타 방식으로도 무력의 위협이나 무력행사를 삼간다.

5. 모든 회원국은 국제연합이 이 헌장에 따라 취하는 어떠한 조치에 있어서도 모든 원조를 다하며, 국제연합이 방지조치 또는 강제조치를 취하는 대상이 되는 어떠한 국가에 대하여도 원조를 삼간다.

6. 기구는 국제연합의 회원국이 아닌 국가가, 국제평화와 안전을 유지하는데 필요한 한, 이러한 원칙에 따라 행동하도록 확보한다.

7. 이 헌장의 어떠한 규정도 본질상 어떤 국가의 국내 관할권안에 있는 사항에 간섭할 권한을 국제연합에 부여하지 아니하며, 또는 그러한 사항을 이 헌장에 의한 해결에 맡기도록 회원국에 요구하지 아니한다. 다만, 이 원칙은 제7장에 의한 강제조치의 적용을 해하지 아니한다.

제2장 회원국의 지위

제3조 국제연합의 원회원국은, 샌프란시스코에서 국제기구에 관한 연합국 회의에 참가한 국가 또는 1942년 1월 1일의 연합국 선언에 서명한 국가로서, 이 헌장에 서명하고 제110조에 따라 이를 비준한 국가이다.

제4조 1. 국제연합의 회원국 지위는 이 헌장에 규정된 의무를 수락하고, 이러한 의무를 이행할 능력과 의사가 있다고 기구가 판단하는 그밖의 평화애호국 모두에 개방된다.

2. 그러한 국가의 국제연합회원국으로의 승인은 안전보장이사회의 권고에 따라 총회의 결정에 의하여 이루어진다.

제5조 안전보장이사회에 의하여 취하여지는 방지조치 또는 강제조치의 대상이 되는 국제연합회원국에 대하여는 총회가 안전보장이사회의 권고에 따라 회원국으로서의 권리와 특권의 행사를 정지시킬 수 있다. 이러한 권리와 특권의 행사는 안전보장이사회에 의하여 회복될 수 있다.

제6조 이 헌장에 규정된 원칙을 끈질기게 위반하는 국제연합회원국은 총회가 안전보장이사회의 권고에 따라 기구로부터 제명할 수 있다.

제3장 기관

제7조 1. 국제연합의 주요기관으로서 총회 · 안전보장이사회 · 경제사회 이사회 · 신탁통치이사회 · 국제사법재판소 및 사무국을 설치한다.

2. 필요하다고 인정되는 보조기관은 이 헌장에 따라 설치될 수 있다.

제8조 국제연합은 남녀가 어떠한 능력으로서든 그리고 평등의 조건으로 그 주

요기관 및 보조기관에 참가할 자격이 있음에 대하여 어떠한 제한도 두어서는 아니된다.

제4장 총회

구 성

제9조 1. 총회는 모든 국제연합회원국으로 구성된다.

2. 각 회원국은 총회에 5인 이하의 대표를 가진다.

임무 및 권한

제10조 총회는 이 헌장의 범위 안에 있거나 또는 이 헌장에 규정된 어떠한 기관의 권한 및 임무에 관한 어떠한 문제 또는 어떠한 사항도 토의할 수 있으며, 그리고 제12조에 규정된 경우를 제외하고는, 그러한 문제 또는 사항에 관하여 국제연합회원국 또는 안전보장이사회 또는 이 양자에 대하여 권고할 수 있다.

제11조 1. 총회는 국제평화와 안전의 유지에 있어서의 협력의 일반원칙을, 군비축소 및 군비규제를 규율하는 원칙을 포함하여 심의하고, 그러한 원칙과 관련하여 회원국이나 안전보장이사회 또는 이 양자에 대하여 권고할 수 있다.

2. 총회는 국제연합회원국이나 안전보장이사회 또는 제35조 제2항에 따라 국제연합회원국이 아닌 국가에 의하여 총회에 회부된 국제평화와 안전의 유지에 관한 어떠한 문제도 토의할 수 있으며, 제12조에 규정된 경우를 제외하고는 그러한 문제와 관련하여 1 또는 그 이상의 관계국이나 안전보장이사회 또는 이 양자에 대하여 권고할 수 있다. 그러한 문제로서 조치를 필요로 하는 것은 토의의 전 또는 후에 총회에 의하여 안전보장 이사회에 회부된다.

3. 총회는 국제평화와 안전을 위태롭게 할 우려가 있는 사태에 대하여 안전보장이사회의 주의를 환기할 수 있다.

4. 이 조에 규정된 총회의 권한은 제10조의 일반적 범위를 제한하지 아니한다.

제12조 1. 안전보장이사회가 어떠한 분쟁 또는 사태와 관련하여 이 헌장에서 부여된 임무를 수행하고 있는 동안에는 총회는 이 분쟁 또는 사태에 관하여 안전보장이사회가 요청하지 아니하는 한 어떠한 권고도 하지 아니한다.

2. 사무총장은 안전보장이사회가 다루고 있는 국제평화와 안전의 유지에 관한 어떠한 사항도 안전보장이사회의 동의를 얻어 매 회기중 총회에 통고하며, 또한 사무총장은, 안전보장이사회가 그러한 사항을 다루는 것을 중지한 경우, 즉시 총회 또는 총회가 회기중이 아닐 경우에는 국제연합회원국에 마찬가지로 통고한다.

제13조 1. 총회는 다음의 목적을 위하여 연구를 발의하고 권고한다.

　　가. 정치적 분야에 있어서 국제협력을 촉진하고, 국제법의 점진적 발달 및 그 법전화를 장려하는 것.

　　나. 경제, 사회, 문화, 교육 및 보건분야에 있어서 국제협력을 촉진하며 그리고 인종, 성별, 언어 또는 종교에 관한 차별없이 모든 사람을 위하여 인권 및 기본적 자유를 실현하는데 있어 원조하는 것.

2. 전기 제1항 나호에 규정된 사항에 관한 총회의 추가적 책임, 임무 및 권한은 제9장과 제10장에 규정된다.

제14조 제12조 규정에 따를 것을 조건으로 총회는 그 원인에 관계없이 일반적 복지 또는 국가 간의 우호관계를 해할 우려가 있다고 인정되는 어떠한 사태도 이의 평화적 조정을 위한 조치를 권고할 수 있다. 이 사태는 국제연합의 목적 및 원칙을 정한 이 헌장규정의 위반으로부터 발생하는 사태를 포함한다.

제15조 1. 총회는 안전보장이사회로부터 연례보고와 특별보고를 받아 심의한다. 이 보고는 안전보장이사회가 국제평화와 안전을 유지하기 위하여 결정하거나 또는 취한 조치의 설명을 포함한다.

2. 총회는 국제연합의 다른 기관으로부터 보고를 받아 심의한다.

제16조 총회는 제12장과 제13장에 의하여 부과된 국제신탁통치제도에 관한 임무를 수행한다. 이 임무는 전략지역으로 지정되지 아니한 지역에 관한 신탁통치협정의 승인을 포함한다.

제17조 1. 총회는 기구의 예산을 심의하고 승인한다.

2. 기구의 경비는 총회에서 배정한 바에 따라 회원국이 부담한다.

3. 총회는 제57조에 규정된 전문기구와의 어떠한 재정약정 및 예산약정도 심

의하고 승인하며, 당해 전문기구에 권고할 목적으로 그러한 전문기구의
행정적 예산을 검사한다.

표 결

제18조 1. 총회의 각 구성국은 1개의 투표권을 가진다.

  2. 중요문제에 관한 총회의 결정은 출석하여 투표하는 구성국의 3분의 2의
다수로 한다. 이러한 문제는 국제평화와 안전의 유지에 관한 권고, 안전
보장이사회의 비상임이사국의 선출, 경제사회이사회의 이사국의 선출, 제
86조 제1항 다호에 의한 신탁통치이사회의 이사국의 선출, 신회원국의 국
제연합 가입의 승인, 회원국으로서의 권리 및 특권의 정지, 회원국의 제
명, 신탁통치제도의 운영에 관한 문제 및 예산문제를 포함한다.

  3. 기타 문제에 관한 결정은 3분의 2의 다수로 결정될 문제의 추가적 부문의
결정을 포함하여 출석하여 투표하는 구성국의 과반수로 한다.

제19조 기구에 대한 재정적 분담금의 지불을 연체한 국제연합회원국은 그 연
체금액이 그때까지의 만 2년간 그 나라가 지불하였어야 할 분담금의 금액과
같거나 또는 초과하는 경우 총회에서 투표권을 가지지 못한다. 그럼에도 총
회는 지불의 불이행이 그 회원국이 제어할 수 없는 사정에 의한 것임이 인
정되는 경우 그 회원국의 투표를 허용할 수 있다.

절 차

제20조 총회는 연례정기회기 및 필요한 경우에는 특별회기로서 모인다. 특별
회기는 안전보장이사회의 요청 또는 국제연합회원국의 과반수의 요청에 따
라 사무총장이 소집한다.

제21조 총회는 그 자체의 의사규칙을 채택한다. 총회는 매회기마다 의장을 선
출한다.

제22조 총회는 그 임무의 수행에 필요하다고 인정되는 보조기관을 설치할 수
있다.

제5장 안전보장이사회[편집]

구 성[편집]

제23조[편집] 1. 안전보장이사회는 15개 국제연합회원국으로 구성된다. 중화민국, 불란서, 소비에트사회주의공화국연방, 영국 및 미합중국은 안전보장이사회의 상임이사국이다. 총회는 먼저 국제평화와 안전의 유지 및 기구의 기타 목적에 대한 국제연합회원국의 공헌과 또한 공평한 지리적 배분을 특별히 고려하여 그 외 10개의 국제연합회원국을 안전보장이사회의 비상임이사국으로 선출한다.

2. 안전보장이사회의 비상임이사국은 2년의 임기로 선출된다. 안전보장이사회의 이사국이 11개국에서 15개국으로 증가된 후 최초의 비상임이사국 선출에서는, 추가된 4개이사국중 2개이사국은 1년의 임기로 선출된다. 퇴임 이사국은 연이어 재선될 자격을 가지지 아니한다.

3. 안전보장이사회의 각 이사국은 1인의 대표를 가진다.

임무와 권한

제24조 1. 국제연합의 신속하고 효과적인 조치를 확보하기 위하여, 국제연합회원국은 국제평화와 안전의 유지를 위한 일차적 책임을 안전보장이사회에 부여하며, 또한 안전보장이사회가 그 책임하에 의무를 이행함에 있어 회원국을 대신하여 활동하는 것에 동의한다.

2. 이러한 의무를 이행함에 있어 안전보장이사회는 국제연합의 목적과 원칙에 따라 활동한다. 이러한 의무를 이행하기 위하여 안전보장이사회에 부여된 특정한 권한은 제6장, 제7장, 제8장 및 제12장에 규정된다.

3. 안전보장이사회는 연례보고 및 필요한 경우 특별보고를 총회에 심의하도록 제출한다.

제25조 국제연합회원국은 안전보장이사회의 결정을 이 헌장에 따라 수락하고 이행할 것을 동의한다.

제26조 세계의 인적 및 경제적 자원을 군비를 위하여 최소한으로 전용함으로써 국제평화와 안전의 확립 및 유지를 촉진하기 위하여, 안전보장이사회는 군비규제체제의 확립을 위하여 국제연합회원국에 제출되는 계획을 제47조

에 규정된 군사참모위원회의 원조를 받아 작성할 책임을 진다.

표 결

제27조 1. 안전보장이사회의 각 이사국은 1개의 투표권을 가진다.

2. 절차사항에 관한 안전보장이사회의 결정은 9개 이사국의 찬성투표로써 한다.

3. 그 외 모든 사항에 관한 안전보장이사회의 결정은 상임이사국의 동의 투표를 포함한 9개 이사국의 찬성투표로써 한다. 다만, 제6장 및 제52조 제3항에 의한 결정에 있어서는 분쟁당사국은 투표를 기권한다.

절 차

제28조 1. 안전보장이사회는 계속적으로 임무를 수행할 수 있도록 조직된다. 이를 위하여 안전보장이사회의 각 이사국은 기구의 소재지에 항상 대표를 둔다.

2. 안전보장이사회는 정기회의를 개최한다. 이 회의에 각 이사국은 희망하는 경우, 각료 또는 특별히 지명된 다른 대표에 의하여 대표될 수 있다.

3. 안전보장이사회는 그 사업을 가장 쉽게 할 수 있다고 판단되는 기구의 소재지외의 장소에서 회의를 개최할 수 있다.

제29조 안전보장이사회는 그 임무의 수행에 필요하다고 인정되는 보조기관을 설치할 수 있다.

제30조 안전보장이사회는 의장선출방식을 포함한 그 자체의 의사규칙을 채택한다.

제31조 안전보장이사회의 이사국이 아닌 어떠한 국제연합회원국도 안전보장이사회가 그 회원국의 이해에 특히 영향이 있다고 인정하는 때에는 언제든지 안전보장이사회에 회부된 어떠한 문제의 토의에도 투표권없이 참가할 수 있다.

제32조 안전보장이사회의 이사국이 아닌 국제연합회원국 또는 국제연합 회원국이 아닌 어떠한 국가도 안전보장이사회에서 심의중인 분쟁의 당사자인 경우에는 이 분쟁에 관한 토의에 투표권없이 참가하도록 초청된다. 안전보장이사회는 국제연합회원국이 아닌 국가의 참가에 공정하다고 인정되는 조건을 정한다.

제6장 분쟁의 평화적 해결

제33조 1. 어떠한 분쟁도 그의 계속이 국제평화와 안전의 유지를 위태롭게 할 우려가 있는 것일 경우, 그 분쟁의 당사자는 우선 교섭, 심사, 중개, 조정, 중재재판, 사법적 해결, 지역적 기관 또는 지역적 약정의 이용 또는 당사자가 선택하는 다른 평화적 수단에 의한 해결을 구한다.

   2. 안전보장이사회는 필요하다고 인정하는 경우 당사자에 대하여 그 분쟁을 그러한 수단에 의하여 해결하도록 요청한다.

제34조 안전보장이사회는 어떠한 분쟁에 관하여도, 또는 국제적 마찰이 되거나 분쟁을 발생하게 할 우려가 있는 어떠한 사태에 관하여도, 그 분쟁 또는 사태의 계속이 국제평화와 안전의 유지를 위태롭게 할 우려가 있는지 여부를 결정하기 위하여 조사할 수 있다.

제35조 1. 국제연합회원국은 어떠한 분쟁에 관하여도, 또는 제34조에 규정된 성격의 어떠한 사태에 관하여도, 안전보장이사회 또는 총회의 주의를 환기할 수 있다.

   2. 국제연합회원국이 아닌 국가는 자국이 당사자인 어떠한 분쟁에 관하여도, 이 헌장에 규정된 평화적 해결의 의무를 그 분쟁에 관하여 미리 수락하는 경우에는 안전보장이사회 또는 총회의 주의를 환기할 수 있다.

   3. 이 조에 의하여 주의가 환기된 사항에 관한 총회의 절차는 제11조 및 제12조의 규정에 따른다.

제36조 1. 안전보장이사회는 제33조에 규정된 성격의 분쟁 또는 유사한 성격의 사태의 어떠한 단계에 있어서도 적절한 조정절차 또는 조정방법을 권고할 수 있다.

   2. 안전보장이사회는 당사자가 이미 채택한 분쟁해결절차를 고려하여야 한다.

   3. 안전보장이사회는, 이 조에 의하여 권고를 함에 있어서, 일반적으로 법률적 분쟁이 국제사법재판소규정의 규정에 따라 당사자에 의하여 동 재판소에 회부되어야 한다는 점도 또한 고려하여야 한다.

제37조 1. 제33조에 규정된 성격의 분쟁당사자는, 동조에 규정된 수단에 의하여 분쟁을 해결하지 못하는 경우, 이를 안전보장이사회에 회부한다.

2. 안전보장이사회는 분쟁의 계속이 국제평화와 안전의 유지를 위태롭게 할
우려가 실제로 있다고 인정하는 경우 제36조에 의하여 조치를 취할 것인
지 또는 적절하다고 인정되는 해결조건을 권고할 것인지를 결정한다.
제38조 제33조 내지 제37조의 규정을 해하지 아니하고, 안전보장이사회는 어떠
한 분쟁에 관하여도 모든 당사자가 요청하는 경우 그 분쟁의 평화적 해결을
위하여 그 당사자에게 권고할 수 있다.

제7장 평화에 대한 위협, 평화의 파괴 및 침략행위에 관한 조치

제39조 안전보장이사회는 평화에 대한 위협, 평화의 파괴 또는 침략행위의 존
재를 결정하고, 국제평화와 안전을 유지하거나 이를 회복하기 위하여 권고하
거나 또는 제41조 및 제42조에 따라 어떠한 조치를 취할 것인지를 결정한다.
제40조 사태의 악화를 방지하기 위하여 안전보장이사회는 제39조에 규정된 권
고를 하거나 조치를 결정하기 전에 필요하거나 바람직하다고 인정되는 잠정
조치에 따르도록 관계당사자에게 요청할 수 있다. 이 잠정조치는 관계당사
자의 권리, 청구권 또는 지위를 해하지 아니한다. 안전보장 이사회는 그러한
잠정조치의 불이행을 적절히 고려한다.
제41조 안전보장이사회는 그의 결정을 집행하기 위하여 병력의 사용을 수반하
지 아니하는 어떠한 조치를 취하여야 할 것인지를 결정할 수 있으며, 또한
국제연합회원국에 대하여 그러한 조치를 적용하도록 요청할 수 있다. 이 조
치는 경제관계 및 철도, 항해, 항공, 우편, 전신, 무선통신 및 다른 교통통신
수단의 전부 또는 일부의 중단과 외교관계의 단절을 포함할 수 있다.
제42조 안전보장이사회는 제41조에 규정된 조치가 불충분할 것으로 인정하거
나 또는 불충분한 것으로 판명되었다고 인정하는 경우에는, 국제평화와 안
전의 유지 또는 회복에 필요한 공군, 해군 또는 육군에 의한 조치를 취할 수
있다. 그러한 조치는 국제연합회원국의 공군, 해군 또는 육군에 의한 시위,
봉쇄 및 다른 작전을 포함할 수 있다.
제43조 1. 국제평화와 안전의 유지에 공헌하기 위하여 모든 국제연합회원국은
안전보장이사회의 요청에 의하여 그리고 1 또는 그 이상의 특별협정에 따

라, 국제평화와 안전의 유지 목적상 필요한 병력, 원조 및 통과권을 포함
한 편의를 안전보장이사회에 이용하게 할 것을 약속한다.

2. 그러한 협정은 병력의 수 및 종류, 그 준비정도 및 일반적 배치와 제공될
편의 및 원조의 성격을 규율한다.

3. 그 협정은 안전보장이사회의 발의에 의하여 가능한 한 신속히 교섭되어야
한다. 이 협정은 안전보장이사회와 회원국간에 또는 안전보장이사회와 회
원국집단간에 체결되며, 서명국 각자의 헌법상의 절차에 따라 동 서명국
에 의하여 비준되어야 한다.

제44조 안전보장이사회는 무력을 사용하기로 결정한 경우 이사회에서 대표되
지 아니하는 회원국에게 제43조에 따라 부과된 의무의 이행으로서 병력의
제공을 요청하기 전에 그 회원국이 희망한다면 그 회원국 병력중 파견부대의
사용에 관한 안전보장이사회의 결정에 참여하도록 그 회원국을 초청한다.

제45조 국제연합이 긴급한 군사조치를 취할 수 있도록 하기 위하여, 회원국은
합동의 국제적 강제조치를 위하여 자국의 공군파견부대를 즉시 이용할 수
있도록 유지한다. 이러한 파견부대의 전력과 준비정도 및 합동조치를 위한
계획은 제43조에 규정된 1 또는 그 이상의 특별협정에 규정된 범위 안에서
군사참모위원회의 도움을 얻어 안전보장이사회가 결정한다.

제46조 병력사용계획은 군사참모위원회의 도움을 얻어 안전보장이사회가 작성
한다.

제47조 1. 국제평화와 안전의 유지를 위한 안전보장이사회의 군사적 필요, 안
전보장이사회의 재량에 맡기어진 병력의 사용 및 지휘, 군비규제 그리고
가능한 군비축소에 관한 모든 문제에 관하여 안전보장이사회에 조언하고
도움을 주기 위하여 군사참모위원회를 설치한다.

2. 군사참모위원회는 안전보장이사회 상임이사국의 참모총장 또는 그의 대
표로 구성된다. 이 위원회에 상임위원으로서 대표되지 아니하는 국제연
합회원국은 위원회의 책임의 효과적인 수행을 위하여 위원회의 사업에
동 회원국의 참여가 필요한 경우에는 위원회에 의하여 그와 제휴하도록
초청된다.

3. 군사참모위원회는 안전보장이사회하에 안전보장이사회의 재량에 맡기어
진 병력의 전략적 지도에 대하여 책임을 진다. 그러한 병력의 지휘에 관

한 문제는 추후에 해결한다.

4. 군사참모위원회는 안전보장이사회의 허가를 얻어 그리고 적절한 지역기구와 협의한 후 지역소위원회를 설치할 수 있다.

제48조 1. 국제평화와 안전의 유지를 위한 안전보장이사회의 결정을 이행 하는데 필요한 조치는 안전보장이사회가 정하는 바에 따라 국제연합 회원국의 전부 또는 일부에 의하여 취하여진다.

2. 그러한 결정은 국제연합회원국에 의하여 직접적으로 또한 국제연합 회원국이 그 구성국인 적절한 국제기관에 있어서의 이들 회원국의 조치를 통하여 이행된다.

제49조 국제연합회원국은 안전보장이사회가 결정한 조치를 이행함에 있어 상호원조를 제공하는 데에 참여한다.

제50조 안전보장이사회가 어느 국가에 대하여 방지조치 또는 강제조치를 취하는 경우, 국제연합회원국인지 아닌지를 불문하고 어떠한 다른 국가도 자국이 이 조치의 이행으로부터 발생하는 특별한 경제문제에 직면한 것으로 인정하는 경우, 동 문제의 해결에 관하여 안전보장이사회와 협의할 권리를 가진다.

제51조 이 헌장의 어떠한 규정도 국제연합회원국에 대하여 무력공격이 발생한 경우, 안전보장이사회가 국제평화와 안전을 유지하기 위하여 필요한 조치를 취할 때까지 개별적 또는 집단적 지위의 고유한 권리를 침해하지 아니한다. 자위권을 행사함에 있어 회원국이 취한 조치는 즉시 안전보장이사회에 보고된다. 또한 이 조치는, 안전보장이사회가 국제평화와 안전의 유지 또는 회복을 위하여 필요하다고 인정하는 조치를 언제든지 취한다는, 이 헌장에 의한 안전보장 이사회의 권한과 책임에 어떠한 영향도 미치지 아니한다.

제8장 지역적 약정

제52조 1. 이 헌장의 어떠한 규정도, 국제평화와 안전의 유지에 관한 사항으로서 지역적 조치에 적합한 사항을 처리하기 위하여 지역적 약정 또는 지역적 기관이 존재하는 것을 배제하지 아니한다. 다만, 이 약정 또는 기관 및

그 활동이 국제연합의 목적과 원칙에 일치하는 것을 조건으로 한다.

2. 그러한 약정을 체결하거나 그러한 기관을 구성하는 국제연합 회원국은 지역적 분쟁을 안전보장이사회에 회부하기 전에 이 지역적 약정 또는 지역적 기관에 의하여 그 분쟁의 평화적 해결을 성취하기 위하여 모든 노력을 다한다.

3. 안전보장이사회는 관계국의 발의에 의하거나 안전보장이사회의 회부에 의하여 그러한 지역적 약정 또는 지역적 기관에 의한 지역적 분쟁의 평화적 해결의 발달을 장려한다.

4. 이 조는 제34조 및 제35조의 적용을 결코 해하지 아니한다.

제53조 1. 안전보장이사회는 그 권위하에 취하여지는 강제조치를 위하여 적절한 경우에는 그러한 지역적 약정 또는 지역적 기관을 이용한다. 다만, 안전보장이사회의 허가없이는 어떠한 강제조치도 지역적 약정 또는 지역적 기관에 의하여 취하여져서는 아니된다. 그러나 이 조 제2항에 규정된 어떠한 적국에 대한 조치이든지 제107조에 따라 규정된 것 또는 적국에 의한 침략 정책의 재현에 대비한 지역적 약정에 규정된 것은, 관계정부의 요청에 따라 기구가 그 적국에 의한 새로운 침략을 방지할 책임을 질 때까지는 예외로 한다.

2. 이 조 제1항에서 사용된 적국이라는 용어는 제2차 세계대전 중에 이 헌장 서명국의 적국이었던 어떠한 국가에도 적용된다.

제54조 안전보장이사회는 국제평화와 안전의 유지를 위하여 지역적 약정 또는 지역적 기관에 의하여 착수되었거나 또는 계획되고 있는 활동에 대하여 항상 충분히 통보받는다.

제9장 경제적 및 사회적 국제협력

제55조 사람의 평등권 및 자결원칙의 존중에 기초한 국가 간의 평화롭고 우호적인 관계에 필요한 안정과 복지의 조건을 창조하기 위하여, 국제연합은 다음을 촉진한다.

가. 보다 높은 생활수준, 완전고용 그리고 경제적 및 사회적 진보와 발전의

조건

나. 경제, 사회, 보건 및 관련국제문제의 해결 그리고 문화 및 교육상의 국제
협력

다. 인종, 성별, 언어 또는 종교에 관한 차별이 없는 모든 사람을 위한 인권
및 기본적 자유의 보편적 존중과 준수

제56조 모든 회원국은 제55조에 규정된 목적의 달성을 위하여 기구와 협력하
여 공동의 조치 및 개별적 조치를 취할 것을 약속한다.

제57조 1. 정부 간 협정에 의하여 설치되고 경제, 사회, 문화, 교육, 보건분야
및 관련분야에 있어서 기본적 문서에 정한대로 광범위한 국제적 책임을
지는 각종 전문기구는 제63조의 규정에 따라 국제연합과 제휴관계를 설정
한다.

2. 이와 같이 국제연합과 제휴관계를 설정한 기구는 이하 전문기구라 한다.

제58조 기구는 전문기구의 정책과 활동을 조정하기 위하여 권고한다.

제59조 기구는 적절한 경우 제55조에 규정된 목적의 달성에 필요한 새로운 전
문기구를 창설하기 위하여 관계국간의 교섭을 발의한다.

제60조 이 장에서 규정된 기구의 임무를 수행할 책임은 총회와 총회의 권위 하
에 경제사회이사회에 부과된다. 경제사회이사회는 이 목적을 위하여 제10장
에 규정된 권한을 가진다.

제10장 경제사회이사회

구 성

제61조 1. 경제사회이사회는 총회에 의하여 선출된 54개 국제연합회원국으로
구성된다.

2. 제3항의 규정에 따를 것을 조건으로, 경제사회이사회의 18개 이사국은 3년
의 임기로 매년 선출된다. 퇴임이사국은 연이어 재선될 자격이 있다.

3. 경제사회이사회의 이사국이 27개국에서 54개국으로 증가된 후 최초의 선
거에서는, 그 해 말에 임기가 종료되는 9개 이사국을 대신하여 선출되는
이사국에 더하여, 27개 이사국이 추가로 선출된다. 총회가 정한 약정에 따

라, 이러한 추가의 27개 이사국 중 그렇게 선출된 9개 이사국의 임기는 1
년의 말에 종료되고, 다른 9개 이사국의 임기는 2년의 말에 종료된다.

4. 경제사회이사회의 각 이사국은 1인의 대표를 가진다.

임무와 권한

제62조 1. 경제사회이사회는 경제, 사회, 문화, 교육, 보건 및 관련국제사항에
관한 연구 및 보고를 하거나 또는 발의할 수 있으며, 아울러 그러한 사항
에 관하여 총회, 국제연합회원국 및 관계전문기구에 권고할 수 있다.

2. 이사회는 모든 사람을 위한 인권 및 기본적 자유의 존중과 준수를 촉진하
기 위하여 권고할 수 있다.

3. 이사회는 그 권한에 속하는 사항에 관하여 총회에 제출하기 위한 협약안
을 작성할 수 있다.

4. 이사회는 국제연합이 정한 규칙에 따라 그 권한에 속하는 사항에 관하여
국제회의를 소집할 수 있다.

제63조 1. 경제사회이사회는 제57조에 규정된 어떠한 기구와도, 동 기구가 국
제연합과 제휴관계를 설정하는 조건을 규정하는 협정을 체결할 수 있다. 그
러한 협정은 총회의 승인을 받아야 한다.

2. 이사회는 전문기구와의 협의, 전문기구에 대한 권고 및 총회와 국제연합회
원국에 대한 권고를 통하여 전문기구의 활동을 조정할 수 있다.

제64조 1. 경제사회이사회는 전문기구로부터 정기보고를 받기 위한 적절한 조
치를 취할 수 있다. 이사회는, 이사회의 권고와 이사회의 권한에 속하는
사항에 관한 총회의 권고를 실시하기 위하여 취하여진 조치에 관하여 보
고를 받기 위하여, 국제연합회원국 및 전문기구와 약정을 체결할 수 있다.

2. 이사회는 이러한 보고에 관한 의견을 총회에 통보할 수 있다.

제65조 경제사회이사회는 안전보장이사회에 정보를 제공할 수 있으며, 안전보
장이사회의 요청이 있을 때에는 이를 원조한다.

제66조 1. 경제사회이사회는 총회의 권고의 이행과 관련하여 그 권한에 속하는
임무를 수행한다.

2. 이사회는 국제연합회원국의 요청이 있을 때와 전문기구의 요청이 있을 때
에는 총회의 승인을 얻어 용역을 제공할 수 있다.

3. 이사회는 이 헌장의 다른 곳에 규정되거나 총회에 의하여 이사회에 부과된 다른 임무를 수행한다.

표 결

제67조 1. 경제사회이사회의 각 이사국은 1개의 투표권을 가진다.

　　2. 경제사회이사회의 결정은 출석하여 투표하는 이사국의 과반수에 의한다.

절 차

제68조 경제사회이사회는 경제적 및 사회적 분야의 위원회, 인권의 신장을 위한 위원회 및 이사회의 임무수행에 필요한 다른 위원회를 설치한다.

제69조 경제사회이사회는 어떠한 국제연합회원국에 대하여도, 그 회원국과 특히 관계가 있는 사항에 관한 심의에 투표권 없이 참가하도록 초청한다.

제70조 경제사회이사회는 전문기구의 대표가 이사회의 심의 및 이사회가 설치한 위원회의 심의에 투표권없이 참가하기 위한 약정과 이사회의 대표가 전문기구의 심의에 참가하기 위한 약정을 체결할 수 있다.

제71조 경제사회이사회는 그 권한 내에 있는 사항과 관련이 있는 비정부간 기구와의 협의를 위하여 적절한 약정을 체결할 수 있다. 그러한 약정은 국제기구와 체결할 수 있으며 적절한 경우에는 관련 국제연합회원국과의 협의 후에 국내기구와도 체결할 수 있다.

제72조 1. 경제사회이사회는 의장의 선정방법을 포함한 그 자체의 의사규칙을 채택한다.

　　2. 경제사회이사회는 그 규칙에 따라 필요한 때에 회합하며, 동 규칙은 이사국 과반수의 요청에 의한 회의소집의 규정을 포함한다.

제11장 비자치지역에 관한 선언

제73조 주민이 아직 완전한 자치를 행할 수 있는 상태에 이르지 못한 지역의 시정(施政)의 책임을 지거나 또는 그 책임을 맡는 국제연합회원국은, 그 지역 주민의 이익이 가장 중요하다는 원칙을 승인하고, 그 지역주민의 복지를

이 헌장에 의하여 확립된 국제평화와 안전의 체제안에서 최고도로 증진시킬
의무와 이를 위하여 다음을 행할 의무를 신성한 신탁으로서 수락한다.

가. 관계주민의 문화를 적절히 존중함과 아울러 그들의 정치적, 경제적, 사회
적 및 교육적 발전, 공정한 대우, 그리고 학대로부터의 보호를 확보한다.

나. 각 지역 및 그 주민의 특수사정과 그들의 서로 다른 발전단계에 따라 자
치를 발달시키고, 주민의 정치적 소망을 적절히 고려하며, 또한 주민의
자유로운 정치제도의 점진적 발달을 위하여 지원한다.

다. 국제평화와 안전을 증진한다.

라. 이 조에 규정된 사회적, 경제적 및 과학적 목적을 실제적으로 달성하기
위하여 건설적인 발전조치를 촉진하고 연구를 장려하며 상호간 및 적절
한 경우에는 전문적 국제단체와 협력한다.

마. 제12장과 제13장이 적용되는 지역외의 위의 회원국이 각각 책임을 지는
지역에서의 경제적, 사회적 및 교육적 조건에 관한 기술적 성격의 통계
및 다른 정보를, 안전보장과 헌법상의 고려에 따라 필요한 제한을 조건
으로 하여, 정보용으로 사무총장에 정기적으로 송부한다.

제74조 국제연합회원국은 이 장이 적용되는 지역에 관한 정책이, 그 본국 지역
에 관한 정책과 마찬가지로 세계의 다른 지역의 이익과 복지가 적절히 고려
되는 가운데에, 사회적, 경제적 및 상업적 사항에 관하여 선린주의의 일반원
칙에 기초하여야 한다는 점에 또한 동의한다.

제12장 국제신탁통치제도

제75조 국제연합은 금후의 개별적 협정에 의하여 이 제도하에 두게 될 수 있는
지역의 시정 및 감독을 위하여 그 권위하에 국제신탁통치제도를 확립한다.
이 지역은 이하 신탁통치지역이라 한다.

제76조 신탁통치제도의 기본적 목적은 이 헌장 제1조에 규정된 국제연합의 목
적에 따라 다음과 같다.

가. 국제평화와 안전을 증진하는 것.

나. 신탁통치지역 주민의 정치적, 경제적, 사회적 및 교육적 발전을 촉진하

고, 각 지역 및 그 주민의 특수사정과 관계주민이 자유롭게 표명한 소망
에 적합하도록, 그리고 각 신탁통치협정의 조항이 규정하는 바에 따라
자치 또는 독립을 향한 주민의 점진적 발달을 촉진하는 것.

다. 인종, 성별, 언어 또는 종교에 관한 차별 없이 모든 사람을 위한 인권과
기본적 자유에 대한 존중을 장려하고, 전 세계 사람들의 상호의존의 인
식을 장려하는 것.

라. 위의 목적의 달성에 영향을 미치지 아니하고 제80조의 규정에 따를 것을
조건으로, 모든 국제연합회원국 및 그 국민을 위하여 사회적, 경제적 및
상업적 사항에 대한 평등한 대우 그리고 또한 그 국민을 위한 사법상의
평등한 대우를 확보하는 것.

제77조 1. 신탁통치제도는 신탁통치협정에 의하여 이 제도하에 두게 될 수 있
는 다음과 같은 범주의 지역에 적용된다.

가. 현재 위임통치하에 있는 지역

나. 제2차 세계대전의 결과로서 적국으로부터 분리될 수 있는 지역

다. 시정에 책임을 지는 국가가 자발적으로 그 제도하에 두는 지역

2. 위의 범주안의 어떠한 지역을 어떠한 조건으로 신탁통치제도하에 두게 될
것인가에 관하여는 금후의 협정에서 정한다.

제78조 국제연합회원국간의 관계는 주권평등원칙의 존중에 기초하므로 신탁통
치제도는 국제연합회원국이 된 지역에 대하여는 적용하지 아니한다.

제79조 신탁통치제도하에 두게 되는 각 지역에 관한 신탁통치의 조항은, 어떤
변경 또는 개정을 포함하여 직접 관계국에 의하여 합의되며, 제83조 및 제85
조에 규정된 바에 따라 승인된다. 이 직접 관계국은 국제연합회원국의 위임
통치하에 있는 지역의 경우, 수임국을 포함한다.

제80조 1. 제77조, 제79조 및 제81조에 의하여 체결되고, 각 지역을 신탁통치제
도하에 두는 개별적인 신탁통치협정에서 합의되는 경우를 제외하고 그리
고 그러한 협정이 체결될 때까지, 이 헌장의 어떠한 규정도 어느 국가 또
는 국민의 어떠한 권리, 또는 국제연합회원국이 각기 당사국으로 되는 기
존의 국제문서의 조항도 어떠한 방법으로도 변경하는 것으로 직접 또는
간접으로 해석되지 아니한다.

2. 이 조 제1항은 제77조에 규정한 바에 따라 위임통치지역 및 기타지역을

신탁통치제도하에 두기 위한 협정의 교섭 및 체결의 지체 또는 연기를 위한 근거를 부여하는 것으로 해석되지 아니한다.

제81조 신탁통치협정은 각 경우에 있어 신탁통치지역을 시정하는 조건을 포함하며, 신탁통치지역의 시정을 행할 당국을 지정한다. 그러한 당국은 이하 시정권자라 하며 1 또는 그 이상의 국가, 또는 기구 자체일 수 있다.

제82조 어떠한 신탁통치협정에 있어서도 제43조에 의하여 체결되는 특별 협정을 해하지 아니하고 협정이 적용되는 신탁통치지역의 일부 또는 전부를 포함하는 1 또는 그 이상의 전략지역을 지정할 수 있다.

제83조 1. 전략지역에 관한 국제연합의 모든 임무는 신탁통치협정의 조항과 그 변경 또는 개정의 승인을 포함하여 안전보장이사회가 행한다.

　2. 제76조에 규정된 기본목적은 각 전략지역의 주민에 적용된다.

　3. 안전보장이사회는, 신탁통치협정의 규정에 따를 것을 조건으로 또한 안전보장에 대한 고려에 영향을 미치지 아니하고, 전략지역에서의 정치적, 경제적, 사회적 및 교육적 사항에 관한 신탁통치제도하의 국제연합의 임무를 수행하기 위하여 신탁통치이사회의 원조를 이용한다.

제84조 신탁통치지역이 국제평화와 안전유지에 있어 그 역할을 하는 것을 보장하는 것이 시정권자의 의무이다. 이 목적을 위하여, 시정권자는 이점에 관하여 시정권자가 안전보장이사회에 대하여 부담하는 의무를 이행함에 있어서 또한 지역적 방위 및 신탁통치지역 안에서의 법과 질서의 유지를 위하여 신탁통치지역의 의용군, 편의 및 원조를 이용할 수 있다.

제85조 1. 전략지역으로 지정되지 아니한 모든 지역에 대한 신탁통치협정과 관련하여 국제연합의 임무는, 신탁통치협정의 조항과 그 변경 또는 개정의 승인을 포함하여, 총회가 수행한다.

　2. 총회의 권위하에 운영되는 신탁통치이사회는 이러한 임무의 수행에 있어 총회를 원조한다.

제13장 신탁통치이사회

구 성

제86조 1. 신탁통치이사회는 다음의 국제연합회원국으로 구성한다.

가. 신탁통치지역을 시정하는 회원국

나. 신탁통치지역을 시정하지 아니하나 제23조에 국명이 언급된 회원국

다. 총회에 의하여 3년의 임기로 선출된 다른 회원국. 그 수는 신탁통치이
사회의 이사국의 총수를 신탁통치지역을 시정하는 국제연합회원국과
시정하지 아니하는 회원국간에 균분하도록 확보하는 데 필요한 수로
한다.

2. 신탁통치이사회의 각 이사국은 이사회에서 자국을 대표하도록 특별한 자
격을 가지는 1인을 지명한다.

임무와 권한 제87조 총회와, 그 권위하의 신탁통치이사회는 그 임무를 수
행함에 있어 다음을 할 수 있다.

가. 시정권자가 제출하는 보고서를 심의하는 것

나. 청원의 수리 및 시정권자와 협의하여 이를 심사하는 것

다. 시정권자와 합의한 때에 각 신탁통치지역을 정기적으로 방문하는 것

라. 신탁통치협정의 조항에 따라 이러한 조치 및 다른 조치를 취하는 것

제88조 신탁통치이사회는 각 신탁통치지역 주민의 정치적, 경제적, 사회적 및
교육적 발전에 질문서를 작성하며, 또한 총회의 권능안에 있는 각 신탁통치
지역의 시정권자는 그러한 질문서에 기초하여 총회에 연례보고를 행한다.

표 결

제89조 1. 신탁통치이사회의 각 이사국은 1개의 투표권을 가진다.

2. 신탁통치이사회의 결정은 출석하여 투표하는 이사국의 과반수로 한다.

절 차

제90조 1. 신탁통치이사회는 의장 선출방식을 포함한 그 자체의 의사규칙을 채
택한다.

2. 신탁통치이사회는 그 규칙에 따라 필요한 경우 회합하며, 그 규칙은 이사

국 과반수의 요청에 의한 회의의 소집에 관한 규정을 포함한다.

제91조 신탁통치이사회는 적절한 경우 경제사회이사회 그리고 전문기구가 각각 관련된 사항에 관하여 전문기구의 원조를 이용한다.

제14장 국제사법재판소

제92조 국제사법재판소는 국제연합의 주요한 사법기관이다. 재판소는 부속된 규정에 따라 임무를 수행한다. 이 규정은 상설국제사법재판소 규정에 기초하며, 이 헌장의 불가분의 일부를 이룬다.

제93조 1. 모든 국제연합회원국은 국제사법재판소 규정의 당연 당사국이다.

2. 국제연합회원국이 아닌 국가는 안전보장이사회의 권고에 의하여 총회가 각 경우에 결정하는 조건으로 국제사법재판소 규정의 당사국이 될 수 있다.

제94조 1. 국제연합의 각 회원국은 자국이 당사자가 되는 어떤 사건에 있어서도 국제사법재판소의 결정에 따를 것을 약속한다.

2. 사건의 당사자가 재판소가 내린 판결에 따라 자국이 부담하는 의무를 이행하지 아니하는 경우에는 타방의 당사자는 안전보장이사회에 제소할 수 있다. 안전보장이사회는 필요하다고 인정하는 경우 판결을 집행하기 위하여 권고하거나 취하여야 할 조치를 결정할 수 있다.

제95조 이 헌장의 어떠한 규정도 국제연합회원국이 그들 간의 분쟁의 해결을 이미 존재하거나 장래에 체결될 협정에 의하여 다른 법원에 의뢰하는 것을 방해하지 아니한다.

제96조 1. 총회 또는 안전보장이사회는 어떠한 법적 문제에 관하여도 권고적 의견을 줄 것을 국제사법재판소에 요청할 수 있다.

2. 총회에 의하여 그러한 권한이 부여될 수 있는 국제연합의 다른 기관 및 전문기구도 언제든지 그 활동범위 안에서 발생하는 법적 문제에 관하여 재판소의 권고적 의견을 또한 요청할 수 있다.

제15장 사무국

제97조 사무국은 1인의 사무총장과 기구가 필요로 하는 직원으로 구성한다. 사
무총장은 안전보장이사회의 권고로 총회가 임명한다. 사무총장은 기구의 수
석행정직원이다.

제98조 사무총장은 총회, 안전보장이사회, 경제사회이사회 및 신탁통치 이사회
의 모든 회의에 사무총장의 자격으로 활동하며, 이러한 기관에 의하여 그에
게 위임된 다른 임무를 수행한다. 사무총장은 기구의 사업에 관하여 총회에
연례보고를 한다.

제99조 사무총장은 국제평화와 안전의 유지를 위협한다고 그 자신이 인정하는
어떠한 사항에도 안전보장이사회의 주의를 환기할 수 있다.

제100조 1. 사무총장과 직원은 그들의 임무수행에 있어서 어떠한 정부 또는 기
구외의 어떠한 다른 당국으로부터도 지시를 구하거나 받지 아니한다. 사
무총장과 직원은 기구에 대하여만 책임을 지는 국제공무원으로서의 지위
를 손상할 우려가 있는 어떠한 행동도 삼간다.

　2. 각 국제연합회원국은 사무총장 및 직원의 책임의 전적으로 국제적인 성격
을 존중할 것과 그들의 책임수행에 있어서 그들에게 영향을 행사하려 하
지 아니할 것을 약속한다.

제101조 1. 직원은 총회가 정한 규칙에 따라 사무총장에 의하여 임명된다.

　2. 경제사회이사회, 신탁통치이사회 그리고 필요한 경우에는 국제연합의 다
른 기관에 적절한 직원이 상임으로 배속된다. 이 직원은 사무국의 일부를
구성한다.

　3. 직원의 고용과 근무조건의 결정에 있어서 가장 중요한 고려사항은 최고수
준의 능률, 능력 및 성실성을 확보할 필요성이다. 가능한 한 광범위한 지
리적 기초에 근거하여 직원을 채용하는 것의 중요성에 관하여 적절히 고
려한다.

제16장 잡칙

제102조 1. 이 헌장이 발효한 후 국제연합회원국이 체결하는 모든 조약과 모든 국제협정은 가능한 한 신속히 사무국에 등록되고 사무국에 의하여 공표된다.

2. 이 조 제1항의 규정에 따라 등록되지 아니한 조약 또는 국제협정의 당사국은 국제연합의 어떠한 기관에 대하여도 그 조약 또는 협정을 원용할 수 없다.

제103조 국제연합회원국의 헌장상의 의무와 다른 국제협정상의 의무가 상충되는 경우에는 이 헌장상의 의무가 우선한다.

제104조 기구는 그 임무의 수행과 그 목적의 달성을 위하여 필요한 법적 능력을 각 회원국의 영역 안에서 향유한다.

제105조 1. 기구는 그 목적의 달성에 필요한 특권 및 면제를 각 회원국의 영역 안에서 향유한다.

2. 국제연합회원국의 대표 및 기구의 직원은 기구와 관련된 그들의 임무를 독립적으로 수행하기 위하여 필요한 특권과 면제를 마찬가지로 향유한다.

3. 총회는 이 조 제1항 및 제2항의 적용세칙을 결정하기 위하여 권고하거나 이 목적을 위하여 국제연합회원국에게 협약을 제안할 수 있다.

제17장 과도적 안전보장조치

제106조 안전보장이사회가 제42조상의 책임의 수행을 개시할 수 있다고 인정하는 제43조에 규정된 특별협정이 발효할 때까지, 1943년 10월 30일에 모스크바에서 서명된 4개국 선언의 당사국 및 불란서는 그 선언 제5항의 규정에 따라 국제평화와 안전의 유지를 위하여 필요한 공동조치를 기구를 대신하여 취하기 위하여 상호간 및 필요한 경우 다른 국제연합회원국과 협의한다.

제107조 이 헌장의 어떠한 규정도 제2차 세계대전중 이 헌장 서명국의 적이었던 국가에 관한 조치로서, 그러한 조치에 대하여 책임을 지는 정부가 그 전쟁의 결과로서 취하였거나 허가한 것을 무효로 하거나 배제하지 아니한다.

제18장 개정

제108조 이 헌장의 개정은 총회 구성국의 3분의 2의 투표에 의하여 채택되고, 안전보장이사회의 모든 상임이사국을 포함한 국제연합회원국의 3분의 2에 의하여 각자의 헌법상 절차에 따라 비준되었을 때, 모든 국제연합회원국에 대하여 발효한다.

제109조 1. 이 헌장을 재심의하기 위한 국제연합회원국 전체회의는 총회 구성국의 3분의 2의 투표와 안전보장이사회의 9개 이사국의 투표에 의하여 결정되는 일자 및 장소에서 개최될 수 있다. 각 국제연합회원국은 이 회의에서 1개의 투표권을 가진다.

　2. 이 회의의 3분의 2의 투표에 의하여 권고된 이 헌장의 어떠한 변경도, 안전보장이사회의 모든 상임이사국을 포함한 국제연합회원국의 3분의 2에 의하여 그들 각자의 헌법상 절차에 따라 비준되었을 때 발효한다.

　3. 그러한 회의가 이 헌장의 발효 후 총회의 제10차 연례회기까지 개최되지 아니하는 경우에는 그러한 회의를 소집하는 제안이 총회의 동 회기의 의제에 포함되어야 하며, 회의는 총회 구성국의 과반수의 투표와 안전보장이사회의 7개 이사국의 투표에 의하여 결정되는 경우에 개최된다.

제19장 비준 및 서명

제110조 1. 이 헌장은 서명국에 의하여 그들 각자의 헌법상 절차에 따라 비준된다.

　2. 비준서는 미합중국 정부에 기탁되며, 동 정부는 모든 서명국과 기구의 사무총장이 임명된 경우에는 사무총장에게 각 기탁을 통고한다.

　3. 이 헌장은 중화민국, 불란서, 소비에트사회주의공화국연방, 영국과 미합중국 및 다른 서명국의 과반수가 비준서를 기탁한 때에 발효한다. 비준서 기탁 의정서는 발효시 미합중국 정부가 작성하여 그 등본을 모든 서명국에 송부한다.

　4. 이 헌장이 발효한 후에 이를 비준하는 이 헌장의 서명국은 각자의 비준서

기탁일에 국제연합의 원회원국이 된다.

제111조 중국어, 불어, 러시아어, 영어 및 스페인어본이 동등하게 정본인 이 헌장은 미합중국 정부의 문서보관소에 기탁된다. 이 헌장의 인증등본은 동 정부가 다른 서명국 정부에 송부한다.

이상의 증거로서, 연합국 정부의 대표들은 이 헌장에 서명하였다.

1945년 6월 26일 샌프란시스코시에서 작성하였다.

3. 한·일기본관계조약

(1965.06.22.)

대한민국과 일본국간의 기본관계에 관한 조약

대한민국과 일본국은,
양국 국민관계의 역사적 배경과, 선린관계와 주권상호존중의 원칙에 입각한
양국 관계의 정상화에 대한 상호 희망을 고려하며, 양국의 상호 복지와 공통 이
익을 증진하고 국제평화와 안전을 유지하는데 있어서 양국이 국제연합 헌장의
원칙에 합당하게 긴밀히 협력함이 중요하다는 것을 인정하며, 또한 1951.9.8 샌
프란시스코시에서 서명된 일본국과의 평화조약의 관계규정과 1948.12.12 국제
연합 총회에서 채택된 결의 제195호(Ⅲ)을 상기하며, 본 기본관계에 관한 조약
을 체결하기로 결정하여, 이에 다음과 같이 양국간의 전권위원을 임명하였다.

대한민국

대한민국 외무부장관 이동원
대한민국 특명전권대사 김동조

일본국

일본국 외무대신 시이나 에쓰사부로(椎名悅三郎))

다카스끼 신이치(高杉晉一)

이들 전권위원은 그들의 전권위임장을 상호 제시하고 그것이 상호 타당하다고 인정한 후 다음의 제 조항에 합의하였다.

제1조 양 체약 당사국간에 외교 및 영사관계를 수립한다. 양 체약 당사국은 대사급 외교사절을 지체없이 교환한다. 양 체약 당사국은 또한 양국 정부에 의하여 합의되는 장소에 영사관을 설치한다.

제2조 1910년 8월 22일 및 그 이전에 대한제국과 대일본제국간에 체결된 모든 조약 및 협정이 이미 무효임을 확인한다.

제3조 대한민국 정부가 국제연합 총회의 결정 제195호(Ⅲ)에 명시된 바와 같이 한반도에 있어서의 유일한 합법정부임을 확인한다.

제4조 (가) 양 체약 당사국은 양국 상호간의 관계에 있어서 국제연합 헌장의 원칙을 지침으로 한다.
      (나) 양 체약 당사국은 양국의 상호의 복지와 공통의 이익을 증진함에 있어서 국제연합 헌장의 원칙에 합당하게 협력한다.

제5조 양 체약 당사국은 양국의 무역, 해운 및 기타 통상상의 관계를 안정되고 우호적인 기초 위에 두기 위하여 조약 또는 협정을 체결하기 위한 교섭을 실행 가능한 한 조속히 시작한다.

제6조 양 체약 당사국은 민간항공 운수에 관한 협정을 체결하기 위하여 실행 가능한 한 조속히 교섭을 시작한다.

제7조 본 조약은 비준되어야 한다. 비준서는 가능한 한 조속히 서울에서 교환한다.

본 조약은 비준서가 교환된 날로부터 효력을 발생한다.
이상의 증거로써 각 전권위원은 본 조약에 서명 날인한다.
1965년 6월 22일 동경에서 동등히 정본인 한국어, 일본어 및 영어로 2통을 작성
하였다. 해석에 상위가 있을 경우에는 영어본에 따른다.

대한민국을 위하여 이동원 김동조
일본국을 위하여 椎名悅三郎 高杉晋一

TREATY ON BASIC RELATIONS BETWEEN JAPAN AND THE REPUBLIC OF
KOREA. SIGNED AT TOKYO, ON 22 JUNE 1965

Japan and the Republic of Korea,
Considering the historical background of relationship between their peoples
and their mutual desire for good neighborliness and for the normalization of their
relations on the basis of the principle of mutual respect for sovereignty ;
Recognizing the importance of their close cooperation in conformity with the
principles of the Charter of the United Nations to the promotion of their mutual
welfare and common interests and to the maintenance of international peace and
security ; and
Recalling the relevant provisions of the Treaty of Peace with Japan signed at the
city of San Francisco on September 8, 1951 and the Resolution 195 (III) adopted
by the United Nations General Assembly on December 12, 1948 ;
Have resolved to conclude the present Treaty on Basic Relations and have
accordingly appointed as their Plenipotentiaries,
Japan :
Etsusaburo Shiina, Minister for Foreign Affairs of Japan
Shinichi Takasugi

The Republic of Korea :
Tong Won Lee, Minister of Foreign Affairs of the Republic of Korea
Dong Jo Kim, Ambassador Extraordinary and Plenipotentiary of the Republic
of Korea
Who, having communicated to each other their full powers found to be in good
and due form, have agreed upon the following articles :

Article Ⅰ
Diplomatie and consular relations shall be established between the High
Contracting Parties. The High Contracting Parties shall exchange diplomatic envoys
with the Ambassadorial rank without delay. The High Contracting Parties will also
establish consulates at locations to be agreed upon by the two Governments.

Article Ⅱ
It is confirmed that all treaties or agreements concluded between the Empire
of Japan and the Empire of Korea on or before August 22, 1910 are already null
and void.

Article Ⅲ
It is confirmed that the Government of the Republic of Korea is the only lawful
Government in Korea as specified in the Resolution 195 (III) of the United Nations
General Assembly.

Article Ⅳ
(a) The High Contracting Parties will be guided by the principles of the Charter of
the United Nations in their mutual relations.
(b) The High Contracting Parties will cooperate in conformity with the principles
of the Charter of the United Nations in promoting their mutual welfare and
common interests.

Article Ⅴ

The High Contracting Parties will enter into negotiations at the earliest practicable date for the conclusion of treaties or agreements to place their trading, maritime and other commercial relations on a stable and friendly basis.

Article Ⅵ

The High Contracting Parties will enter into negotiations at the earliest practicable date for the conclusion of an agreement relating to civil air transport.

Article Ⅶ

The present Treaty shall be ratified. The instruments of ratification shall be exchanged at Seoul as soon as possible. The present Treaty shall enter into force as from the date on which the instruments of ratification are exchanged.

IN WITNESS WHEREOF, the respective Plenipotentiaries have signed the present Treaty and have affixed thereto their seals.

DONE in duplicate at Tokyo, this twenty-second day of June of the year one thousand nine hundred and sixty-five in the Japanese, Korean, and English languages, each text being equally authentic. In case of any divergence of interpretation, the English text shall prevail.

For Japan :

Etsusaburo SHIINA

Shinichi TAKASUGI

For the Republic of Korea :

TONG WON LEE

DONG Jo KIM

4. 조약법에 관한 비엔나협약

(1969.05.23.)

이 협약의 당사국은, 국제관계의 역사에 있어서 조약의 근본적 역할을 고려하고, 제국가의 헌법상 및 사회적 제도에 관계없이 국제법의 법원으로서 또한 제국가간의 평화적 협력을 발전시키는 수단으로서의 조약의 점증하는 중요성을 인정하며, 자유로운 동의와 신의성실의 원칙 및 『약속은 준수하여야 한다』는 규칙이 보편적으로 인정되고 있음에 유의하며, 다른 국제분쟁과 같이 조약에 관한 분쟁은 평화적 수단에 의하여 또한 정의와 국제법의 원칙에 의거하여 해결되어야 함을 확인하며, 정의가 유지되며 또한 조약으로부터 발생하는 의무에 대한 존중이 유지될 수 있는 조건을 확립하고자 하는 국제연합의 제국민의 결의를 상기하며, 제국민의 평등권과 자결, 모든 국가의 주권 평등과 독립, 제국가의 국내문제에 대한 불간섭, 힘의 위협 또는 사용의 금지 및 모든 자의 인권과 기본적 자유에 대한 보편적 존중과 그 준수의 제 원칙 등 국제연합 헌장에 구현된 국제법의 제 원칙에 유념하며, 이 협약속에 성취된 조약법의 법전화와 점진적 발전은 국제연합헌장에 규정된 국제연합의 제 목적, 즉 국제평화와 안전의 유지, 국가 간의 우호관계의 발전 및 협력의 달성을 촉진할 것임을 확신하며, 관습국제법의 제 규칙은 이 협약의 제 규정에 의하여 규제되지 아니하는 제 문제를 계속 규율할 것임을 확인하여 다음과 같이 합의하였다.

제1부 총강

제1조 (협약의 범위)
이 협약은 국가 간의 조약에 적용된다.

제2조 (용어의 사용)
① 이 협약의 목적상,
　(a) "조약"이라 함은 단일의 문서에 또는 2 또는 그 이상의 관련문서에 구현되고 있는가에 관계없이 또한 그 특정의 명칭에 관계없이, 서면형식으로 국가간에 체결되며 또한 국제법에 의하여 규율되는 국제적 합의를 의미한다.
　(b) "비준" "수락" "승인" 및 "가입"이라 함은, 국가가 국제적 측면에서 조약에 대한 국가의 기속적 동의를 확정하는 경우에, 각 경우마다 그렇게 불리는 국제적 행위를 의미한다.
　(c) "전권위임장"이라 함은, 조약문을 교섭·채택 또는 정본인증하기 위한 목적으로 또는 조약에 대한 국가의 기속적 동의를 표시하기 위한 목적으로 또는 조약에 관한 기타의 행위를 달성하기 위한 목적으로, 국가를 대표하기 위하여 국가의 권한있는 당국이 1 또는 수명을 지정하는 문서를 의미한다.
　(d) "유보"라 함은, 자구 또는 명칭에 관계없이, 조약의 서명·비준·수락·승인 또는 가입시에, 국가가 그 조약의 일부 규정을 자국에 적용함에 있어서 그 조약의 일부 규정의 법적효과를 배제하거나 또는 변경시키고자 의도하는 경우에, 그 국가가 행하는 일방적 성명을 의미한다.
　(e) "교섭국"이라 함은 조약문의 작성 및 채택에 참가한 국가를 의미한다.
　(f) "체약국"이라 함은, 조약이 효력을 발생하였는지의 여부에 관계없이, 그 조약에 대한 기속적 동의를 부여한 국가를 의미한다.
　(g) "당사국"이라 함은 조약에 대한 기속적 동의를 부여하였으며 또한 그에 대하여 그 조약이 발효하고 있는 국가를 의미한다.
　(h) "제3국"이라 함은 조약의 당사국이 아닌 국가를 의미한다.
　(i) "국제기구"라 함은 정부간 기구를 의미한다.
② 이 협약에 있어서 용어의 사용에 관한 상기 1항의 규정은 어느 국가의 국내법상 그러한 용어의 사용 또는 그러한 용어에 부여될 수 있는 의미를 침해하지

아니한다.

제3조 (이 협약의 범위에 속하지 아니하는 국제적 합의)
국가와 국제법의 다른 주체 간 또는 국제법의 그러한 다른 주체 간에 체결되는
국제적 합의, 또는 서면형식에 의하지 아니한 국제적 합의에 대하여, 이 협약
이 적용되지 아니한다는 사실은 다음의 것에 영향을 주지 아니한다.
  (a) 그러한 합의의 법적 효력.
  (b) 이 협약과는 별도로 국제법에 따라 그러한 합의가 복종해야 하는 이 협
약상의 규칙을 그러한 합의에 적용하는 것.
  (c) 다른 국제법 주체도 당사자인 국제적 합의에 따라 그러한 국가간에서 그
들의 관계에 이 협약을 적용하는 것.

제4조 (협약의 불소급)
이 협약과는 별도로 국제법에 따라 조약이 복종해야 하는 이 협약상의 규칙의
적용을 침해함이 없이, 이 협약은 그 발효 후에 국가에 의하여 체결되는 조약
에 대해서만 그 국가에 대하여 적용된다.

제5조 (국제기구를 성립시키는 조약 및 국제기구 내에서 채택되는 조약)
이 협약은, 국제기구의 관계규칙을 침해함이 없이, 국제기구의 성립 문서가 되
는 조약과 국제기구 내에서 채택되는 조약에 적용된다.

제2부 조약의 체결 및 발효

제1절 조약의 체결

제6조 (국가의 조약체결능력)
모든 국가는 조약을 체결하는 능력을 가진다.

제7조 (전권위임장)

① 누구나, 다음의 경우에는, 조약문의 채택 또는 정본인증을 위한 목적으로 또는 조약에 대한 국가의 기속적 동의를 표시하기 위한 목적으로 국가를 대표하는 것으로 간주된다.

　(a) 적절한 전권위임장을 제시하는 경우, 또는

　(b) 관계 국가의 관행 또는 기타의 사정으로 보아, 상기의 목적을 위하여 그 자가 그 국가를 대표하는 것으로 간주되었으며 또한 전권위임장을 필요로 하지 아니하였던 것이 관계 국가의 의사에서 나타나는 경우

② 다음의 자는, 그의 직무상 또한 전권 위임장을 제시하지 않아도, 자국을 대표하는 것으로 간주된다.

　(a) 조약의 체결에 관련된 모든 행위를 수행할 목적으로서는 국가원수·정부수반 및 외무부장관

　(b) 파견국과 접수국간의 조약문을 채택할 목적으로서는 외교공관장

　(c) 국제회의·국제기구 또는 그 국제기구의 어느 한 기관 내에서 조약문을 채택할 목적으로서는, 국가에 의하여 그 국제회의 그 국제기구 또는 그 기구의 그 기관에 파견된 대표

제8조 (권한없이 행한 행위의 추인)

제7조에 따라 조약체결의 목적으로 국가를 대표하기 위하여 권한을 부여받은 것으로 간주될 수 없는 자가 행한 조약체결에 관한 행위는, 그 국가에 의하여 추후 확인되지 아니하는 한, 법적 효과를 가지지 아니한다.

제9조 (조약문의 채택)

① 조약문의 채택은, 하기 2항에 규정된 경우를 제외하고, 그 작성에 참가한 모든 국가의 동의에 의하여 이루어진다.

② 국제회의에서의 조약문의 채택은, 출석하여 투표하는 국가의 3분의 2의 찬성에 의하여 그 국가들이 다른 규칙을 적용하기로 결정하지 아니하는 한, 3분의 2의 다수결에 의하여 이루어진다.

제10조 (조약문의 정본인증)
조약문은 다음의 것에 의하여 정본으로 또한 최종적으로 확정된다.
  (a) 조약문에 규정되어 있거나 또는 조약문의 작성에 참가한 국가가 합의하는 절차, 또는
  (b) 그러한 절차가 없는 경우에는, 조약문의 작성에 참가한 국가의 대표에 의한 조약문 또는 조약문을 포함하는 회의의 최종의정서에의 서명·『조건부서명』또는 가서명

제11조 (조약에 대한 기속적 동의의 표시방법)
조약에 대한 국가의 기속적 동의는 서명, 조약을 구성하는 문서의 교환, 비준·수락·승인 또는 가입에 의하여 또는, 기타의 방법에 관하여 합의하는 경우에, 그러한 기타의 방법으로 표시된다.

제12조 (서명에 의하여 표시되는 조약에 대한 기속적 동의)
① 조약에 대한 국가의 기속적 동의는, 다음의 경우에, 국가 대표에 의한 서명에 의하여 표시된다.
  (a) 서명의 그러한 효과를 가지는 것으로 그 조약이 규정하고 있는 경우
  (b) 서명이 그러한 효과를 가져야 하는 것으로 교섭국간에 합의되었음이 달리 확정되는 경우, 또는
  (c) 서명에 그러한 효과를 부여하고자 하는 국가의 의사가 그 대표의 전권위임장으로부터 나타나는 경우 또는 교섭중에 표시된 경우
② 상기 1항의 목적상
  (a) 조약문의 가서명이 그 조약의 서명을 구성하는 것으로 교섭국간에 합의되었음이 확정되는 경우에 그 가서명은 그 조약문의서명을 구성한다.
  (b) 대표에 의한 조약의 『조건부서명』은 대표의 본국에 의하여 확인되는 경우에 그 조약의 완전한 서명을 구성한다.

제13조 (조약을 구성하는 문서의 교환에 의하여 표시되는 조약에 대한 기속적 동의)
국가 간에 교환된 문서에 의하여 구성되는 조약에 대한 국가의 기속적 동의는,

다음의 경우에 그 교환에 의하여 표시된다.

　(a) 그 교환이 그러한 효과를 가지는 것으로 그 문서가 규정하고 있는 경우 또는

　(b) 문서의 그러한 교환이 그러한 효과를 가져야 하는 것으로 관계국 간에 합의되었음이 달리 확정되는 경우

제14조 (비준·수락 또는 승인에 의하여 표시되는 조약에 대한 기속적동의)
① 조약에 대한 국가의 기속적 동의는 다음의 경우에 비준에 의하여 표시된다.

　(a) 그러한 동의가 비준에 의하여 표시될 것을 그 조약이 규정하고 있는 경우

　(b) 비준이 필요한 것으로 교섭국간에 합의되었음이 달리 확정되는 경우

　(c) 그 국가의 대표가 비준되어야 할 것으로 하여, 그 조약에 서명한 경우, 또는

　(d) 비준되어야 할 것으로 하여 그 조약에 서명하고자 하는 그 국가의 의사가 그 대표의 전권위임장으로부터 나타나거나 또는 교섭 중에 표시된 경우
② 조약에 대한 국가의 기속적 동의는 비준에 적용되는 것과 유사한 조건으로 수락 또는 승인에 의하여 표시된다.

제15조 (가입에 의하여 표시되는 조약에 대한 기속적 동의)
조약에 대한 국가의 기속적 동의는 다음의 경우에 가입에 의하여 표시된다.

　(a) 그러한 동의가 가입의 방법으로 그 국가에 의하여 표시될 수 있음을 그 조약이 규정하고 있는 경우

　(b) 그러한 동의가 가입의 방법으로 그 국가에 의하여 표시될 수 있음을 교섭국 간에 합의하였음이 달리 확정되는 경우

　(c) 그러한 동의가 가입의 방법으로 그 국가에 의하여 표시될 수 있음을 모든 당사국이 추후 동의한 경우

제16조 (비준서·수락서·승인서 또는 가입서의 교환 또는 기탁)
조약이 달리 규정하지 아니하는, 한 비준서·수락서·승인서 또는 가입서는, 다음의 경우에, 조약에 대한 국가의 기속적 동의를 확정한다.

(a) 체약국 간의 그 교환

(b) 수탁자에의 그 기탁, 또는

(c) 합의되는 경우 체약국 또는 수탁자에의 그 통고

제17조 (조약의 일부에 대한 기속적 동의 및 상이한 제 규정의 선택)

① 제19조 내지 제23조를 침해함이 없이, 조약의 일부에 대한 국가의 기속적 동의는 그 조약이 이를 인정하거나 또는 다른 체약국이 이에 동의하는 경우에만 유효하다.

② 상이한 제 규정의 선택을 허용하는 조약에 대한 국가의 기속적 동의는 그 동의가 어느 규정에 관련되는 것인가에 관하여 명백해지는 경우에만 유효하다.

제18조 (조약의 발효 전에 그 조약의 대상과 목적을 저해하지 아니한 의무)

국가는 다음의 경우에, 조약의 대상과 목적을 저해하게 되는 행위를 삼가해야 하는 의무를 진다.

(a) 비준·수락 또는 승인되어야 하는 조약에 서명하였거나 또는 그 조약을 구성하는 문서를 교환한 경우에는, 그 조약의 당사국이 되지 아니하고자 하는 의사를 명백히 표시할 때까지, 또는

(b) 그 조약에 대한 그 국가의 기속적 동의를 표시한 경우에는, 그 조약이 발효 시까지 그리고 그 발효가 부당하게 지연되지 아니할 것을 조건으로 함.

제2절 유보

제19조 (유보의 형성)

국가는, 다음의 경우에 해당하지 아니하는 한, 조약에 서명·비준·수락승인 또는 가입할 때에 유보를 형성할 수 있다.

(a) 그 조약에 의하여 유보가 금지된 경우

(b) 문제의 유보를 포함하지 아니하는 특정의 유보만을 행할 수 있음을 그 조약이 규정하는 경우, 또는

(c) 상기 세항 (a) 및 (b)에 해당되지 아니하는 경우에는 그 유보가 그 조약의 대상 및 목적과 양립하지 아니하는 경우

제20조 (유보의 수락 및 유보에 대한 이의)

① 조약에 의하여 명시적으로 인정된 유보는, 다른 체약국에 의한 추후의 수락이 필요한 것으로 그 조약이 규정하지 아니하는 한, 그러한 추후의 수락을 필요로 하지 아니한다.

② 교섭국의 한정된 수와 또한 조약의 대상과 목적으로 보아, 그 조약의 전체를 모든 당사국간에 적용하는 것이 조약에 대한 각 당사국의 기속적 동의의 필수적 조건으로 보이는 경우에, 유보는 모든 당사국에 의한 수락을 필요로 한다.

③ 조약이 국제기구의 성립문서인 경우로서 그 조약이 달리 규정하지 아니하는 한, 유보는 그 기구의 권한있는 기관에 의한 수락을 필요로 한다.

④ 상기 제 조항에 해당되지 아니하는 경우로서 조약이 달리 규정하지 아니하는 한, 다음의 규칙이 적용된다.

  (a) 다른 체약국에 의한 유보의 수락은, 그 조약이 유보국과 다른 유보 수락국에 대하여 유효한 경우에 또한 유효한 기간 동안, 유보국이 그 다른 유보 수락국과의 관계에 있어서 조약의 당사국이 되도록 한다.

  (b) 유보에 다른 체약국의 이의는 이의 제기국이 확정적으로 반대의사를 표시하지 아니하는 한, 이의제기국과 유보국 간에 있어서의 조약의 발효를 배제하지 아니한다.

  (c) 조약에 대한 국가의 기속적 동의를 표시하며 또한 유보를 포함하는 행위는 적어도 하나의 다른 체약국이 그 유보를 수락한 경우에 유효하다.

⑤ 상기 2항 및 4항의 목적상 또는 조약이 달리 규정하지 아니하는 한, 국가가 유보의 통고를 받은 후 12개월의 기간이 끝날 때까지나 또는 그 조약에 대한 그 국가의 기속적 동의를 표시한 일자까지 중 어느 것이든 나중의 시기까지 그 유보에 대하여 이의를 제기하지 아니한 경우에는, 유보가 그 국가에 의하여 수락된 것으로 간주된다.

제21조 (유보 및 유보에 대한 이의의 법적 효과)

① 제19조, 제20조 및 제23조에 따라 다른 당사국에 대하여 성립된 유보는 다음의 법적효과를 가진다.

  (a) 유보국과 그 다른 당사국과의 관계에 있어서, 유보국에 대해서는, 그 유보에 관련되는 조약규정을 그 유보의 범위 내에서 변경한다.

(b) 다른 당사국과 유보국과의 관계에 있어서, 그 다른 당사국에 대해서는, 그러한 조약규정을 동일한 범위 내에서 변경한다.
② 유보는 『일정 국가간의』 조약에 대한 다른 당사국에 대하여 그 조약규정을 수정하지 아니한다.
③ 유보에 대하여 이의를 제기하는 국가가 동 이의제기국과 유보국 간의 조약의 발효에 반대하지 아니하는 경우에, 유보에 관련되는 규정은 그 유보의 범위 내에서 양국 간에 적용되지 아니한다.

제22조 (유보 및 유보에 대한 이의의 철회)
① 조약이 달리 규정하지 아니하는 한, 유보는 언제든지 철회될 수 있으며 또한 그 철회를 위해서는 동 유보를 수락한 국가의 동의가 필요하지 아니하다.
② 조약이 달리 규정하지 아니하는 한, 유보에 대한 이의는 언제든지 철회될 수 있다.
③ 조약이 달리 규정하지 아니하는 한 또는 달리 합의되지 아니하는 한, 다음의 규칙이 적용된다.
 (a) 유보의 철회는 다른 체약국이 그 통고를 접수한 때에만 그 체약국에 관하여 시행된다.
 (b) 유보에 대한 이의의 철회는 동 유보를 형성한 국가가 그 통고를 접수한 때에만 시행된다.

제23조 (유보에 관한 절차)
① 유보, 유보의 명시적 수락 및 유보에 대한 이의는 서면으로 형성되어야 하며 또한 체약국 및 조약의 당사국이 될 수 있는 권리를 가진 국가에 통고되어야 한다.
② 유보가, 비준·수락 또는 승인에 따를 것으로 하여 조약에 서명한 때에 형성된 경우에는, 유보국이 그 조약에 대한 기속적 동의를 표시하는 때에 유보국에 의하여 정식으로 확인되어야 한다. 그러한 경우에 유보는 그 확인일자에 형성된 것으로 간주된다.
③ 유보의 확인 이전에 형성된 유보의 명시적 수락 또는 유보에 대한 이의는 그 자체 확인을 필요로 하지 아니한다.

④ 유보 또는 유보에 대한 이의의 철회는 서면으로 형성되어야 한다.

제3절 조약의 발효 및 잠정적적용

제24조 (발효)
① 조약은 그 조약이 규정하거나 또는 교섭국이 협의하는 방법으로 또한 그 일자에 발효한다.
② 그러한 규정 또는 합의가 없는 경우에는, 조약에 대한 기속적 동의가 모든 교섭국에 대하여 확정되는 대로 그 조약이 발효한다.
③ 조약에 대한 국가의 기속적 동의가 그 조약이 발효한 후의 일자에 확정되는 경우에는, 그 조약이 달리 규정하지 아니하는 한, 그 동의가 확정되는 일자에 그 조약은 그 국가에 대하여 발효한다.
④ 조약문의 정본인증, 조약에 대한 국가의 기속적 동의의 확정, 조약의 발효 방법 또는 일자, 유보, 수탁자의 기능 및 조약의 발효 전에 필연적으로 발생하는 기타의 사항을 규율하는 조약규정은 조약문의 채택 시로부터 적용된다.

제25조 (잠정적 적용)
① 다음의 경우에 조약 또는 조약의 일부는 그 발효 시까지 잠정적으로 적용된다.
  (a) 조약자체가 그렇게 규정하는 경우, 또는
  (b) 교섭국이 다른 방법으로 그렇게 합의한 경우
② 조약이 달리 규정하지 아니하거나 또는 교섭국이 달리 합의하지 아니한 경우에는, 어느 국가가 조약이 잠정적으로 적용되고 있는 다른 국가에 대하여, 그 조약의 당사국이 되지 아니하고자 하는 의사를 통고한 경우에 그 국가에 대한 그 조약 또는 그 조약의 일부의 잠정적 적용이 종료된다.

제3부 조약의 준수 · 적용 및 해석

제1절 조약의 준수

제26조 (약속은 준수하여야 한다.)
유효한 모든 조약은 그 당사국을 구속하며 또한 당사국에 의하여 성실하게 이행되어야 한다.

제27조 (국내법과 조약의 준수)
어느 당사국도 조약의 불이행에 대한 정당화의 방법으로 그 국내법규정을 원용해서는 아니된다. 이 규칙은 제46조를 침해하지 아니한다.

제2절 조약의 적용

제28조 (조약의 불소급)
별도의 의사가 조약으로부터 나타나지 아니하거나 또는 달리 확정되지 아니하는 한, 그 조약 규정은 그 발효 이전에 당사국에 관련하여 발생한 행위나 사실 또는 없어진 사태에 관하여 그 당사국을 구속하지 아니한다.

제29조 (조약의 영토적 범위)
별도의 의사가 조약으로부터 나타나지 아니하거나 또는 달리 확정되지 아니하는 한, 조약은 각 당사국의 전체 영역에 관하여 각 당사국을 구속한다.

제30조 (동일한 주제에 관한 계승적 조약의 적용)
① 국제연합헌장 제103조에 따를 것으로 하여 동일한 주제에 관한 계승적 조약의 당사국의 권리와 의무는 아래의 조항에 의거하여 결정된다.
② 조약이전조약 또는 후조약에 따를 것을 명시하고 있거나, 또는 전조약 또는 후조약과 양립하지 아니하는 것으로 간주되지 아니함을 명시하고 있는 경우에는 그 다른 조약의 규정이 우선한다.
③ 전조약의 모든 당사국이 동시에 후조약의 당사국이나, 전조약이 제59조에

따라 종료되지 아니하거나 또는 시행 정지되지 아니하는 경우에, 전조약은 그 규정이 후조약의 규정과 양립하는 범위 내에서만 적용된다.

④ 후조약의 당사국이 전조약의 모든 당사국을 포함하지 아니하는 경우에는, 다음의 규칙이 적용된다.

　(a) 양 조약의 당사국간에는 상기 3항과 같은 동일한 규칙이 적용된다.

　(b) 양 조약의 당사국과 어느 한 조약의 당사국 간에는, 그 양국이 다 같이 당사국인 조약이 그들 상호 간의 권리와 의무를 규율한다.

⑤ 상기 4항은 제41조에 대하여, 또는 제60조의 규정에 따른 조약의 종료 또는 시행정지에 관한 문제에 대하여, 또는 다른 조약에 따른 다른 국가에 대한 어느 국가의 의무와 조약규정이 양립하지 아니하는 조약의 체결 또는 적용으로부터 그 어느 국가에 대하여 야기될 수 있는 책임문제를 침해하지 아니한다.

제3절 조약의 해석

제31조 (해석의 일반규칙)

① 조약은 조약문의 문맥 및 조약의 대상과 목적으로 보아, 그 조약의 문면에 부여되는 통상적 의미에 따라 성실하게 해석되어야 한다.

② 조약의 해석 목적상 문맥은 조약문에 추가하여 조약의 전문 및 부속서와 함께 다음의 것을 포함한다.

　(a) 조약의 체결에 관련하여 모든 당사국 간에 이루어진 그 조약에 관한 합의

　(b) 조약의 체결에 관련하여, 1 또는 그 이상의 당사국이 작성하고 또한 다른 당사국이 그 조약에 관련되는 문서로서 수락한 문서

③ 문맥과 함께 다음의 것이 참작되어야 한다.

　(a) 조약의 해석 또는 그 조약규정의 적용에 관한 당사국 간의 추후의 합의

　(b) 조약의 해석에 관한 당사국의 합의를 확정하는 그 조약 적용에 있어서의 추후의 관행

　(c) 당사국 간의 관계에 적용될 수 있는 국제법의 관계규칙

④ 당사국의 특별한 의미를 특정용어에 부여하기로 의도하였음이 확정되는 경우에는 그러한 의미가 부여된다.

제32조 (해석의 보충적 수단)
제31조의 적용으로부터 나오는 의미를 확인하기 위하여, 또는 제31조에 따라
해석하면 다음과 같이 되는 경우에 그 의미를 결정하기 위하여, 조약의 교섭
기록 및 그 체결시의 사정을 포함한 해석의 보충적 수단에 의존할 수 있다.
 (a) 의미가 모호해지거나 또는 애매하게 되는 경우, 또는
 (b) 명백히 불투명하거나 또는 불합리한 결과를 초래하는 경우

제33조 (2 또는 그 이상의언어가 정본인 조약의 해석)
① 조약이 2 또는 그 이상의 언어에 의하여 정본으로 확정된 때에는, 상위가 있
을 경우에 특정의 조약문이 우선함을 그 조약이 규정하지 아니하거나 또는 당
사국이 합의하지 아니하는 한, 각 언어로 작성된 조약문은 동등히 유효하다.
② 조약의 정본으로 사용된 언어중의 어느 하나 이외의 다른 언어로 작성된 조
약의 번역문은 이를 정본으로 간주함을 조약이 규정하거나 또는 당사국이 이
에 합의하는 경우에만 정본으로 간주된다.
③ 조약의 용어는 각 정본상 동일한 의미를 가지는 것으로 추정된다.
④ 상기 1항에 의거하여 특정의 조약문이 우선하는 경우를 제외하고, 제31조
및 제32조의 적용으로 제거되지 아니하는 의미의 차이가 정본의 비교에서 노
정되는 경우에는, 조약의 대상과 목적을 고려하여 최선으로 조약문과 조화되
는 의미를 채택한다.

제4절 조약과 제3국

제34조 (제3국에 관한 일반 규칙)
조약은 제3국에 대하여 그 동의 없이는 의무 또는 권리를 창설하지 아니한다.

제35조 (제3국에 대하여 의무를 규정하는 조약)
조약의 당사국이, 조약규정을 제3국에 대하여 의무를 설정하는 수단으로 의도
하며 또한 그 제3국이 서면으로 그 의무를 명시적으로 수락하는 경우에는, 그
조약의 규정으로부터 그 제3국에 대하여 의무가 발생한다.

제36조 (제3국에 대하여 권리를 규정하는 조약)
① 조약의 당사국이 제3국 또는 제3국이 속하는 국가의 그룹 또는 모든 국가에 대하여 권리를 부여하는 조약규정을 의도하며 또한 그 제3국이 이에 동의하는 경우에는, 그 조약의 규정으로부터 그 제3국에 대하여 권리가 발생한다. 조약이 달리 규정하지 아니하는 한 제3국의 동의는 반대의 표시가 없는 동안 있은 것으로 추정된다.
② 상기 1항에 의거하여 권리를 행사하는 국가는 조약에 규정되어 있거나 또는 조약에 의거하여 확정되는 그 권리행사의 조건에 따라야 한다.

제37조 (제3국의 의무 또는 권리의 취소 또는 변경)
① 제35조에 따라 제3국에 대하여 의무가 발생한 때에는 조약의 당사국과 제3국이 달리 합의하였음이 확정되지 아니하는 한, 그 의무는 조약의 당사국과 제3국의 동의를 얻는 경우에만 취소 또는 변경될 수 있다.
② 제36조에 따라 제3국에 대하여 권리가 발생한 때에는, 그 권리가 제3국의 동의 없이 취소 또는 변경되어서는 아니되는 것으로 의도되었음이 확정되는 경우에 그 권리는 당사국에 의하여 취소 또는 변경될 수 없다.

제38조 (국제 관습을 통하여 제3국을 구속하게 되는 조약상의 규칙)
제34조 내지 제37조의 어느 규정도 조약에 규정된 규칙이 관습 국제법의 규칙으로 인정된 그러한 규칙으로서 제3국을 구속하게 되는 것을 배제하지 아니한다.

제4부 조약의 개정 및 변경

제39조 (조약의 개정에 관한 일반규칙)
조약은 당사국간의 합의에 의하여 개정될 수 있다. 제2부에 규정된 규칙은 조약이 달리 규정하는 경우를 제외하고 그러한 합의에 적용된다.

제40조 (다자조약의 개정)

① 조약이 달리 규정하÷ 아니하는 한, 다자조약의 개정은 아래의 조항에 의하여 규율된다.

② 모든 당사국 간에서 다자조약을 개정하기 위한 제의는 모든 체약국에 통고되어야 하며, 각 체약국은 다음의 것에 참여할 권리를 가진다.

  (a) 그러한 제의에 관하여 취하여질 조치에 관한 결정

  (b) 그 조약의 개정을 위한 합의의 교섭 및 성립

③ 조약의 당사국이 될 수 있는 권리를 가진 모든 국가는 개정되는 조약의 당사국이 될 수 있는 권리를 또한 가진다.

④ 개정하는 합의는 개정하는 합의의 당사국이 되지 아니하는 조약의 기존 당사국인 어느 국가도 구속하지 아니한다. 그러한 국가에 관해서는 제30조 4항 (b)가 적용된다.

⑤ 개정하는 합의의 발효 후에 조약의 당사국이 되는 국가는 그 국가에 의한 별도 의사의 표시가 없는 경우에 다음과 같이 간주된다.

  (a) 개정되는 조약의 당사국으로 간주된다.

  (b) 개정하는 합의에 의하여 구속되지 아니하는 조약의 당사국과의 관계에 있어서는 개정되지 아니한 조약의 당사국으로 간주된다.

제41조 (일부 당사국에서만 다자조약을 변경하는 합의)

① 다자조약의 2 또는 그 이상의 당사국은 다음의 경우에 그 당사국 간에서만 조약을 변경하는 합의를 성립시킬 수 있다.

  (a) 그러한 변경의 가능성이 그 조약에 의하여 규정된 경우 또는

  (b) 문제의 변경이 그 조약에 의하여 금지되지 아니하고 또한

    (i) 다른 당사국이 그 조약에 따라 권리를 향유하며 또는 의무를 이행하는 것에 영향을 주지 아니하며

    (ii) 전체로서의 그 조약의 대상과 목적의 효과적 수행과 일부 변경이 양립하지 아니하는 규정에 관련되지 아니하는 경우

② 상기 1항 (a)에 해당하는 경우에 조약이 달리 규정하지 아니하는 한 문제의 당사국은 그 합의를 성립시키고자 하는 의사와 그 합의가 규정하는 그 조약의 변경을 타방당사국에 통고하여야 한다.

제5부 조약의 부적법·종료 또는 시행정지

제1절 일반 규정

제42조 (조약의 적법성 및 효력의 계속)
① 조약의 적법성 또는 조약에 대한 국가의 기속적 동의의 적법성은 이 협약의
적용을 통해서만 부정될 수 있다.
② 조약의 종료, 그 폐기 또는 당사국의 탈퇴는 그 조약의 규정 또는 이 협약의
적용의 결과로서만 행하여질 수 있다. 동일한 규칙이 조약의 시행정지에 적용
된다.

제43조 (조약과는 별도로 국제법에 의하여 부과되는 의무)
이 협약 또는 조약규정의 적용의 결과로서, 조약의 부적법·종료 또는 폐기, 조
약으로부터의 당사국의 탈퇴 또는 그 시행정지는 그 조약과는 별도로 국제법
에 따라 복종해야 하는 의무로서 그 조약에 구현된 것을 이행해야 하는 국가의
책무를 어떠한 방법으로도 경감시키지 아니한다.

제44조 (조약 규정의 가분성)
① 조약에 규정되어 있거나 또는 제56조에 따라 발생하는 조약의 폐기·탈퇴
또는 시행 정지시킬 수 있는 당사국의 권리는, 조약이 달리 규정하지 아니하거
나 또는 당사국이 달리 합의하지 아니하는 한, 조약 전체에 관해서만 행사될
수 있다.
② 이 협약에서 인정되는 조약의 부적법화·종료·탈퇴 또는 시행정지의 사유
는, 아래의 제 조항 또는 제60조에 규정되어 있는 것을 제외하고, 조약 전체에
관해서만 원용될 수 있다.
③ 그 사유가 특정의 조항에만 관련되는 경우에는, 다음의 경우에, 그러한 조
항에 관해서만 원용될 수 있다.
  (a) 당해 조항이 그 적용에 관련하여 그 조약의 잔여 부분으로부터 분리될
수 있으며
  (b) 당해 조항의 수락이 전체로서의 조약에 대한 1 또는 그 이상의 다른 당사

국의 기속적 동의의 필수적 기초가 아니었던 것이 그 조약으로부터 나타나거나 또는 달리 확정되며, 또한

  (c) 그 조약의 잔여부분의 계속적 이행이 부당하지 아니한 경우

④ 제49조 및 제50조에 해당하는 경우에 기만 또는 부정을 원용하는 권리를 가진 국가는, 조약 전체에 관하여 또는 상기 3항에 따를 것으로 하여, 특정의 조항에 관해서만 그렇게 원용할 수 있다.

⑤ 제50조, 제52조 및 제53조에 해당하는 경우에는 조약규정의 분리가 허용되지 아니한다.

제45조 (조약의 부적법화 · 종료 · 탈퇴 또는 그 시행정지의 사유를 원용하는 권리의 상실)

국가는, 다음의 경우에, 사실을 알게 된 후에는, 제46조 내지 제50조 또는 제60조 및 제62조에 따라 조약의 부적법화 · 종료 · 탈퇴 또는 시행정지의 사유를 원용할 수 없다.

  (a) 경우에 따라, 그 조약이 적법하다는 것 또는 계속 유효하다는 것 또는 계속 시행된다는 것에 그 국가가 명시적으로 동의한 경우, 또는

  (b) 그 국가의 행동으로 보아 조약의 적법성 또는 그 효력이나 시행의 존속을 묵인한 것으로 간주되어야 하는 경우

제2절 조약의 부적법

제46조 (조약 체결권에 관한 국내법 규정)

① 조약체결권에 관한 국내법 규정의 위반이 명백하며 또한 근본적으로 중요한 국내법 규칙에 관련되지 아니하는 한, 국가는 조약에 대한 그 기속적 동의를 부적법화하기 위한 것으로 그 동의가 그 국내법 규정에 위반하여 표시되었다는 사실을 원용할 수 없다.

② 통상의 관행에 의거하고 또한 성실하게 행동하는 어느 국가에 대해서도 위반이 객관적으로 분명한 경우에는 그 위반은 명백한 것이 된다.

제47조 (국가의 동의 표시 권한에 대한 특정의 제한)
어느 조약에 대한 국가의 기속적 동의를 표시하는 대표의 권한이 특정의 제한에 따를 것으로 하여 부여된 경우에, 그 대표가 그 제한을 준수하지 아니한 것은, 그러한 동의를 표시하기 전에 그 제한을 다른 교섭국에 통고하지 아니한 한, 그 대표가 표시한 동의를 부적법화하는 것으로 원용될 수 없다.

제48조 (착오)
① 조약상의 착오는, 그 조약이 체결된 당시에 존재한 것으로 국가가 추정한 사실 또는 사태로서, 그 조약에 대한 국가의 기속적 동의의 본질적 기초를 구성한 것에 관한 경우에, 국가는 그 조약에 대한 그 기속적 동의를 부적법화하는 것으로 그 착오를 원용할 수 있다.
② 문제의 국가가 자신의 행동에 의하여 착오를 유발하였거나 또는 그 국가가 있을 수 있는 착오를 감지할 수 있는 등의 사정하에 있는 μ 우에는 상기 1항이 적용되지 아니한다.
③ 조약문의 자구에만 관련되는 착오는 조약의 적법성에 영향을 주지 아니한다. 그 경우에는 제79조가 적용된다.

제49조 (기만)
국가가 다른 교섭국의 기만적 행위에 의하여 조약을 체결하도록 유인된 경우에 그 국가는 조약에 대한 자신의 기속적 동의를 부적법화하는 것으로 그 기만을 원용할 수 있다.

제50조 (국가 대표의 부정)
조약에 대한 국가의 기속적 동의의 표시가 직접적으로 또는 간접적으로 다른 교섭국에 의한 그 대표의 부정을 통하여 감행된 경우에, 그 국가는 조약에 대한 자신의 기속적 동의를 부적법화하는 것으로 그 부정을 원용할 수 있다.

제51조 (국가 대표의 강제)
국가 대표에게 정면으로 향한 행동 또는 위협을 통하여 그 대표에 대한 강제에 의하여 감행된 조약에 대한 국가의 기속적 동의 표시는 법적효력을 가지지 아니한다.

제52조 (힘의 위협 또는 사용에 의한 국가의 강제)
국제연합 헌장에 구현된 국제법의 제 원칙을 위반하여 힘의 위협 또는 사용에
의하여 조약의 체결이 감행된 경우에 그 조약은 무효이다.

제53조 (일반국제법의 절대규범(강행규범)과 충돌하는 조약)
조약은 그 체결당시에 일반국제법의 절대규범과 충돌하는 경우에 무효이다.
이 협약의 목적상 일반 국제법의 절대규범은, 그 이탈이 허용되지 아니하며 또
한 동일한 성질을 가진 일반 국제법의 추후의 규범에 의해서만 변경될 수 있는
규범으로, 전체로서의 국제 공동사회가 수락하며 또한 인정하는 규범이다.

제3절 조약의 종료 및 시행정지

제54조 (조약규정 또는 당사국의 동의에 따른 조약의 종료 또는 조약으로부터
의 탈퇴)
조약의 종료 또는 당사국의 탈퇴는 다음의 경우에 행하여 질 수 있다.
　(a) 그 조약의 규정에 의거하는 경우, 또는
　(b) 다른 체약국과 협의한 후에 언제든지 모든 당사국의 동의를 얻는 경우

제55조 (다자조약의 발효에 필요한 수 이하로의 그 당사국수의 감소)
조약이 달리 규정하지 아니하는 한, 다자조약은 그 당사국수가 그 발효에 필요
한 수 이하로 감소하는 사실만을 이유로 종료하지 아니한다.

제56조 (종료・폐기 또는 탈퇴에 관한 규정을 포함하지 아니하는 조약의 폐기
또는 탈퇴)
① 종료에 관한 규정을 포함하지 아니하며 또한 폐기 또는 탈퇴를 규정하고 있
지 아니하는 조약은, 다음의 경우에 해당되지 아니하는 한, 폐기 또는 탈퇴가
인정되지 아니한다.
　(a) 당사국이 폐기 또는 탈퇴의 가능성을 인정하고자 하였음이 확정되는 경

우, 또는

(b) 폐기 또는 탈퇴의 권리가 조약의 성질상 묵시되는 경우

② 당사국은 상기 1항에 따라 조약의 폐기 또는 탈퇴 의사를 적어도 12개월 전에 통고하여야 한다.

제57조 (조약 규정 또는 당사국의 동의에 의한 조약의 시행정지)

모든 당사국 또는 특정의 당사국에 대하여 조약의 시행이 다음의 경우에 정지될 수 있다.

(a) 그 조약의 규정에 의거하는 경우, 또는

(b) 다른 체약국과 협의한 후에 언제든지 모든 당사국의 동의를 얻는 경우

제58조 (일부 당사국간만의 합의에 의한 다자조약의 시행정지)

① 다자조약의 2 또는 그 이상의 당사국은, 다음의 경우에, 일시적으로 또한 그 당사국간에서만 조약 규정의 시행을 정지시키기 위한 합의를 성립시킬 수 있다.

(a) 그러한 정지의 가능성이 그 조약에 의하여 규정되어 있는 경우, 또는

(b) 문제의 정지가 조약에 의하여 금지되지 아니하고 또한,

(i) 다른 당사국에 의한 조약상의 권리 향유 또는 의무의 이행에 영향을 주지 아니하며,

(ii) 그 조약의 대상 및 목적과 양립할 수 없는 것이 아닌 경우

② 상기 1항(a)에 해당하는 경우에 조약이 달리 규정하지 아니하는 한 문제의 당사국은 합의를 성립시키고자 하는 그 의사 및 시행을 정지시키고자 하는 조약규정을 타방 당사국에 통고하여야 한다.

제59조 (후조약의 체결에 의하여 묵시되는 조약의 종료 또는 시행정지)

① 조약의 모든 당사국이 동일한 사항에 관한 후조약을 체결하고, 또한 아래의 것에 해당하는 경우에, 그 조약은 종료한 것으로 간주된다.

(a) 후조약에 의하여 그 사항이 규율되어야 함을 당사국이 의도하였음이 그 후조약으로부터 나타나거나 또는 달리 확정되는 경우, 또는

(b) 후조약의 규정이 전조약의 규정과 근본적으로 양립하지 아니하여 양 조

약이 동시에 적용될 수 없는 경우

② 전조약을 시행 정지시킨 것만이 당사국의 의사이었음이 후조약으로부터 나타나거나 또는 달리 확정되는 경우에, 전조약은 그 시행이 정지된 것만으로 간주된다.

제60조 (조약 위반의 결과로서의 조약의 종료 또는 시행정지)

① 양자조약의 일방당사국에 의한 실질적 위반은 그 조약의 종료 또는 그 시행의 전부 또는 일부의 정지를 위한 사유로서 그 위반을 원용하는 권리를 타방당사국에 부여한다.

② 다자조약의 어느 당사국에 의한 실질적 위반은 관계 당사국이 다음의 조치를 취할 수 있는 권리를 부여한다.

  (a) 다른 당사국이 전원일치의 협의에 의하여,

   (i) 그 다른 당사국과 위반국간의 관계에서, 또는

   (ii) 모든 당사국간에서, 그 조약의 전부 또는 일부를 시행정지시키거나 또는 그 조약을 종료시키는 권리

  (b) 위반에 의하여 특별히 영향을 받는 당사국이, 그 자신과 위반국 간의 관계에 있어서 그 조약의 전부 또는 일부의 시행을 정지시키기 위한 사유로서 그 위반을 원용하는 권리

  (c) 어느 당사국에 의한 조약규정의 실질적 위반으로 그 조약상의 의무의 추후의 이행에 관한 모든 당사국의 입장을 근본적으로 변경시키는 성질의 조약인 경우에, 위반국 이외의 다른 당사국에 관하여 그 조약의 전부 또는 일부의 시행정지를 위한 사유로서 그 다른 당사국에 그 위반을 원용하는 권리

③ 본 조의 목적상, 조약의 실질적 위반은 다음의 경우에 해당한다.

  (a) 이 협약에 의하여 용인되지 아니하는 조약의 이행 거부 또는

  (b) 조약의 대상과 목적의 달성에 필수적인 규정의 위반

④ 상기의 제 규정은 위반의 경우에 적용할 수 있는 조약상의 규정을 침해하지 아니한다.

⑤ 상기 1항 내지 3항은 인도적 성질의 조약에 포함된 인신의 보호에 관한 규정 특히 그러한 조약에 의하여 보호를 받는 자에 대한 여하한 형태의 복구를 금지하는 규정에 적용되지 아니한다.

제61조 (후발적 이행불능)

① 조약의 이행불능이 그 조약의 시행에 불가결한 대상의 영구적 소멸 또는 파괴로 인한 경우에, 당사국은 그 조약을 종료시키거나 또는 탈퇴하기 위한 사유로서 그 이행불능을 원용할 수 있다. 그 이행불능이 일시적인 경우에는 조약의 시행정지를 위한 사유로서만 원용될 수 있다.

② 이행불능이 이를 원용하는 당사국에 의한 조약상의 의무나 또는 그 조약의 다른 당사국에 대하여 지고 있는 기타의 국제적 의무의 위반의 결과인 경우에 그 이행 불능은 그 조약을 종료시키거나 또는 탈퇴하거나 또는 그 시행을 정지시키기 위한 사유로서 그 당사국에 의하여 원용될 수 없다.

제62조 (사정의 근본적 변경)

① 조약의 체결 당시에 존재한 사정에 관하여 발생하였으며 또한 당사국에 의하여 예견되지 아니한 사정의 근본적 변경은, 다음 경우에 해당되지 아니하는 한, 조약을 종료시키거나 또는 탈퇴하기 위한 사유로서 원용될 수 없다.

  (a) 그러한 사정의 존재가 그 조약에 대한 당사국의 기속적 동의의 본질적 기초를 구성하였으며, 또한

  (b) 그 조약에 따라 계속 이행되어야 할 의무의 범위를 그 변경의 효과가 급격하게 변환시키는 경우

② 사정의 근본적 변경은, 다음의 경우에는, 조약을 종료시키거나 또는 탈퇴하는 사유로서 원용될 수 없다.

  (a) 그 조약이 경계선을 확정하는 경우, 또는

  (b) 근본적 변경이 이를 원용하는 당사국에 의한 조약상의 의무나 또는 그 조약의 다른 당사국에 대하여 지고 있는 기타의 국제적 의무의 위반의 결과인 경우

③ 상기의 제 조항에 따라 당사국이 조약을 종료시키거나 또는 탈퇴하기 위한 사유로서 사정의 근본적 변경을 원용할 수 있는 경우에, 그 당사국은 그 조약의 시행을 정지시키기 위한 사유로서 그 변경을 또한 원용할 수 있다.

제63조 (외교 또는 영사 관계의 단절)

조약 당사국 간의 외교 또는 영사 관계의 단절은, 외교 또는 영사관계의 존재

가 그 조약의 적용에 불가결한 경우를 제외하고, 그 조약에 의하여 그 당사국 간에 확립된 법적 관계에 영향을 주지 아니한다.

제64조 (일반 국제법의 새 절대규범(강행규범)의 출현)
일반 국제법의 새 절대 규범이 출현하는 경우에, 그 규범과 충돌하는 현행 조약은 무효로 되어 종료한다.

제4절 절차

제65조 (조약의 부적법·종료·탈퇴 또는 시행정지에 관하여 취해지는 절차)
① 이 협약의 규정에 따라, 조약에 대한 국가의 기속적 동의상의 허가를 원용하거나 또는 조약의 적법성을 부정하거나 조약을 종료시키거나 조약으로부터 탈퇴하거나 또는 그 시행을 정지시키기 위한 사유를 원용하는 당사국은, 다른 당사국에 대하여 그 주장을 통고하여야 한다. 그 통고에는 그 조약에 관하여 취하고자 제의하는 조치 및 그 이유를 표시하여야 한다.
② 특별히 긴급한 경우를 제외하고, 그 통고의 접수 후 3개월 이상의 기간이 경과한 후에 어느 당사국도 이의를 제기하지 아니한 경우에는, 그 통고를 행한 당사국은 제67조에 규정된 방법으로 그 당사국이 제의한 조치를 실행할 수 있다.
③ 다만, 다른 당사국에 의하여 이의가 제기된 경우에, 당사국은 국제연합헌장 제33조에 열거되어 있는 수단을 통한 해결을 도모하여야 한다.
④ 상기 제 조항의 어느 규정도 분쟁의 해결에 관하여 당사국을 구속하는 유효한 규정에 따른 당사국의 권리 또는 의무에 영향을 주지 아니한다.
⑤ 제45조를 침해함이 없이, 어느 국가가 상기 1항에 규정된 통고를 사전에 행하지 아니한 사실은, 조약의 이행을 요구하거나 또는 조약의 위반을 주장하는 다른 당사국에 대한 회답으로서 그 국가가 그러한 통고를 행하는 것을 막지 아니한다.

제66조(사법적 해결·중재 재판 및 조정을 위한 절차)
이의가 제기된 일자로부터 12개월의 기간 내에 제65조 3항에 따라 해결에 도달하지 못한 경우에는, 다음의 절차를 진행하여야 한다.

(a) 제53조 또는 제64조의 적용 또는 해석에 관한 분쟁의 어느 한 당사국은, 제 당사국이 공동의 동의에 의하여 분쟁을 중재 재판에 부탁하기로 합의하지 아니하는 한, 분쟁을 국제사법재판소에, 결정을 위하여, 서면 신청으로써 부탁할 수 있다.

(b) 이 협약 제5부의 다른 제조항의 적용 또는 해석에 관한 분쟁의 어느 한 당사국은 협약의 부속서에 명시된 절차의 취지로 요구서를 국제연합 사무총장에게 제출함으로써 그러한 절차를 개시할 수 있다.

제67조 (조약의 부적법선언·종료·탈퇴 또는 시행정지를 위한 문서)
① 제65조 1항에 따라 규정된 통고는 서면으로 행하여져야 한다.
② 조약의 규정 또는 제65조 2항 또는 3항의 규정에 따른 그 조약의 부적법선언·종료·탈퇴 또는 시행정지에 관한 행위는 다른 당사국에 전달되는 문서를 통하여 이행하여야 한다. 동 문서가 국가원수·정부수반 또는 외무부장관에 의하여 서명되지 아니한 경우에는 이를 전달하는 국가의 대표에게 전권위임장을 제시하도록 요구할 수 있다.

제68조 (제65조 및 제67조에 규정된 통고와 문서의 철회)
제65조 또는 제67조에 규정된 통고 또는 문서는 그 효력을 발생하기 전에 언제든지 철회될 수 있다.

제5절 조약의 부적법·종료 또는 시행정지의 효과

제69조(조약의 부적법의 효과)
① 이 협약에 의거하여 그 부적법이 확정되는 조약은 무효이다. 무효인 조약의 규정은 법적 효력을 가지지 아니한다.
② 다만, 그러한 조약에 의존하여 행위가 실행된 경우에는 다음의 규칙이 적용된다.

(a) 각 당사국은, 그 행위가 실행되지 아니하였더라면 존재하였을 상태를, 당사국의 상호관계에 있어서, 가능한 한 확립하도록 다른 당사국에 요구할 수 있

다.

(b) 부적법이 원용되기 전에 성실히 실행된 행위는 그 조약의 부적법만을 이유로 불법화되지 아니한다.

③ 제49조, 제50조, 제51조 또는 제52조에 해당하는 경우에는 기만·부정행위 또는 강제의 책임이 귀속되는 당사국에 관하여 상기 2항이 적용되지 아니한다.

④ 다자조약에 대한 특정 국가의 기속적 동의의 부적법의 경우에 상기의 제 규칙은 그 국가와 그 조약의 당사국 간의 관계에 있어서 적용된다.

제70조 (조약의 종료 효과)

① 조약이 달리 규정하지 아니하거나 또는 당사국이 달리 합의하지 아니하는 한, 조약의 규정에 따르거나 또는 이 협약에 의거한 그 조약의 종료는 다음의 효과를 가져온다.

(a) 당사국에 대하여 추후 그 조약을 이행할 의무를 해제한다.

(b) 조약의 종료 전에 그 조약의 시행을 통하여 생긴 당사국의 권리·의무 또는 법적 상태에 영향을 주지 아니한다.

② 국가가 다자조약을 폐기하거나 또는 탈퇴하는 경우에는 그 폐기 또는 탈퇴가 효력을 발생하는 일자로부터 그 국가와 그 조약의 다른 각 당사국 간의 관계에 있어서 상기 1항이 적용된다.

제71조 (일반국제법의 절대규범과 충돌하는 조약의 부적법의 효과)

① 제53조에 따라 무효인 조약의 경우에 당사국은 다음의 조치를 취한다.

(a) 일반 국제법의 절대규범과 충돌하는 규정에 의존하여 행하여진 행위의 결과를 가능한한 제거하며, 또한

(b) 당사국의 상호관계를 일반국제법의 절대규범과 일치시키도록 한다.

② 제64조에 따라 무효로 되어 종료하는 조약의 경우에 그 조약의 종료는 다음의 효과를 가져온다.

(a) 당사국에 대하여 추후 그 조약을 이행할 의무를 해제한다.

(b) 조약의 종료 전에 그 조약의 시행을 통하여 생긴 당사국의 권리·의무 또는 법적 상태에 영향을 주지 아니한다. 다만, 그러한 권리·의무 또는 상태는 그 유지 자체가 일반 국제법의 새 절대 규범과 충돌하지 아니하는 범위 내에서

만 그 이후 유지될 수 있을 것을 조건으로 한다.

제72조 (조약의 시행정지 효과)
① 조약이 달리 규정하지 아니하거나 또는 당사국이 달리 합의하지 아니하는 한, 조약의 규정에 따르거나 또는 이 협약에 의거한 그 조약의 시행정지는 다음의 효과를 가져온다.
  (a) 조약의 시행이 정지되어 있는 당사국에 대해서는 동 정지기간 동안 그 상호관계에 있어서 그 조약을 이행할 의무를 해제한다.
  (b) 그 조약에 의하여 확립된 당사국간의 법적 관계에 달리 영향을 주지 아니한다.
② 시행정지기간 동안 당사국은 그 조약의 시행 재개를 방해하게 되는 행위를 삼가하여야 한다.

제6부 잡칙

제73조 (국가의 계승·국가 책임 및 적대행위 발발의 경우)
이 협약의 규정은 국가의 계승·국가의 국제 책임 또는 국가간의 적대 행위의 발발로부터 조약에 관하여 발생될 수 있는 문제를 예단하지 아니한다.

제74조 (외교 및 영사관계와 조약의 체결)
2 또는 그 이상의 국가간의 외교 또는 영사관계의 단절 또는 부재는 그러한 국가간의 조약체결을 막지 아니한다. 조약의 체결은 그 자체 외교 또는 영사관계에 관련된 상태에 영향을 주지 아니한다.

제75조(침략국의 경우)
이 협약의 규정은 국제연합헌장에 의거하여 침략국의 침략에 관하여 취해진 조치의 결과로서 그 침략국에 대하여 발생될 수 있는 조약상의 의무를 침해하지 아니한다.

제7부 수탁자·통고·정정 및 등록

제76조 (조약의 수탁자)
① 조약의 수탁자는 조약 그 자체 속에 또는 기타의 방법으로 교섭국에 의하여 지정될 수 있다. 수탁자는 1 또는 그 이상의 국가·국제기구 또는 국제기구의 수석 행정관이 될 수 있다.
② 조약의 수탁자의 기능은 성질상 국제적이며 또한 수탁자는 그 기능을 수행함에 있어서 공평하게 행동할 의무를 진다. 특히, 조약이 일부 당사국간에 발효하지 아니하였거나 또는 수탁자의 기능의 수행에 관하여 국가와 수탁자간에 의견의 차이가 발생한 사실은 그러한 의무에 영향을 주지 아니한다.

제77조 (수탁자의 기능)
① 달리 조약에 규정되어 있지 아니하거나 또는 체약국이 합의하지 아니하는 한, 수탁자의 기능은 특히 다음의 것을 포함한다.
 (a) 수탁자에 송달된 조약 및 전권위임장의 원본 보관
 (b) 원본의 인증등본 작성, 조약에 의하여 요구될 수 있는 추가의 언어에 의한 조약문 작성 및 조약의 당사국과 당사국이 될 수 있는 권리를 가진 국가에의 그 전달
 (c) 조약에 대한 서명의 접수 및 조약에 관련된 문서·통고 및 통첩의 접수와 보관
 (d) 서명 또는 조약에 관련된 문서·통고 또는 통첩이 정당하고 또한 적절한 형식으로 된 것인가의 검토 및 필요한 경우에 문제점에 대하여 당해 국가의 주의 환기
 (e) 조약의 당사국 및 당사국이 될 수 있는 권리를 가진 국가에 대한 그 조약에 관련된 행위의 통고 및 통첩의 통보
 (f) 조약의 발효에 필요한 수의 서명, 또는 비준서·수락서·승인서 또는 가입서가 접수되거나 또는 기탁되는 경우에 조약의 당사국이 될 수 있는 권리를 가진 국가에의 통보
 (g) 국제연합 사무국에의 조약의 등록
 (h) 이 협약의 다른 규정에 명시된 기능의 수행

② 수탁자의 기능의 수행에 관하여 국가와 수탁자 간에 발생하는 의견의 차이의 경우에, 수탁자는 그 문제에 대하여 서명국과 체약국 또는, 적절한 경우에는 관계 국제기구의 권한있는 기관의 주의를 환기시킨다.

제78조 (통고 및 통첩)

조약 또는 이 협약이 달리 규정하는 경우를 제외하고, 이 협약에 따라 국가가 행하는 통고 또는 통첩은 다음과 같이 취급된다.

　(a) 수탁자가 없는 경우에는 통고 또는 통첩을 받을 국가에 직접 전달되며 수탁자가 있는 경우에는 수탁자에게 전달된다.

　(b) 전달 대상 국가가 통고 또는 통첩을 접수한 때에만 또는 경우에 따라 수탁자가 접수한 때에만 문제의 국가가 그 통고 또는 통첩을 행한 것으로 간주된다.

　(c) 수탁자에게 전달된 경우에는, 전달 대상국가가 제77조 1항 (e)에 의거하여 수탁자로부터 통보받은 경우에만 그 국가가 접수한 것으로 간주된다.

제79조 (조약문 또는 인증등본상의 착오 정정)

① 조약문의정본인증후 그 속에 착오가 있다는 것에 서명국 및 체약국이 합의하는 경우에는, 그들이 다른 정정방법에 관하여 결정하지 아니하는 한, 그 착오는 다음과 같이 정정된다.

　(a) 착오문에 적당한 정정을 가하고, 정당히 권한을 위임받은 대표가 그 정정에 가서명하는 것

　(b) 합의된 정정을 기재한 1 또는 그 이상의 문서에 효력을 부여하거나 또는 이를 교환하는 것

　(c) 원본의 경우와 동일한 절차에 의하여 조약 전체의 정정본을 작성하는 것

② 수탁자가 있는 조약의 경우에, 수탁자는 서명국 및 체약국에 대하여 착오와 그 정정 제안을 통보하며 또한 제안된 정정에 대하여 이의를 제기할 수 있는 적절한 기한을 명시한다. 그 기한이 만료되면 다음의 조치가 취하여 진다.

　(a) 이의가 제기되지 아니한 경우에, 수탁자는 착오문에 정정을 가하고 이에 가서명하며 또한 착오문의 정정 「경위서」를 작성하여 그 사본을 조약의 당사국 및 조약의 당사국이 될 수 있는 권리를 가진 국가에 송부한다.

  (b) 이의가 제기된 경우에 수탁자는 그 이의를 서명국 및 체약국에 송부한다.
③ 조약문이 2 또는 그 이상의 언어로 정본인증되고 또한 서명국 및 체약국간의 합의로써 정정되어야 할 합치의 결여가 있다고 보이는 경우에는 상기 1항 및 2항의 규칙이 또한 적용된다.
④ 정정본은 서명국 및 체약국이 달리 결정하지 아니하는 한,『처음부터』흠결본을 대치한다.
⑤ 등록된 조약문의 정정은 국제연합 사무국에 통고된다.
⑥ 조약의 인증등본에서 착오가 발견되는 경우에, 수탁자는 정정을 명시하는「경위서」를 작성하며 또한 그 사본을 서명국 및 체약국에 송부한다.

제80조 (조약의 등록 및 발간)
① 조약은 그 발효 후에, 경우에 따라, 등록 또는 편철과 기록을 위하여 또한 발간을 위하여 국제연합사무국에 송부된다.
② 수탁자의 지정은 상기 전항에 명시된 행위를 수탁자가 수행할 수 있는 권한을 부여하게 된다.

제8부 최종조항

제81조 (서명)
이 협약은 국제연합 또는 전문기구 중의 어느 하나 또는 국제원자력기구의 모든 회원국 또는 국제사법재판소 규정의 당사국 및 국제연합총회에 의하여 이 협약의 당사국이 되도록 초청된 기타의 국가에 의한 서명을 위하여 다음과 같이 개방된다. 즉 1969년 11월 30일까지는 오스트리아 공화국의 연방외무부에서 개방되며 또한 그 이후 1970년 4월 30일까지는 뉴욕의 국제연합 본부에서 개방된다.

제82조 (비준)
이 협약은 비준되어야 한다. 비준서는 국제연합 사무총장에게 기탁된다.

제83조 (가입)

이 협약은 제81조에 언급된 카테고리의 어느 하나에 속하는 국가에 의한 가입을 위하여 계속 개방된다. 가입서는 국제연합 사무총장에게 기탁된다.

제84조 (발효)

① 이 협약은 35번째의 비준서 또는 가입서가 기탁된 날로부터 30일 후에 발효한다.

② 35번째의 비준서 또는 가입서가 기탁된 후 이 협약에 비준하거나 또는 가입하는 각 국가에 대하여, 이 협약은 그 국가에 의한 비준서 또는 가입서의 기탁으로부터 30일 후에 발효한다.

제85조 (정본)

중국어 · 영어 · 불어 · 노어 및 서반아어본이 동등히 정본인 이 협약의 원본은 국제연합 사무총장에게 기탁된다.

이상의 증거로, 하기 전권대표는 각자의 정부에 의하여 정당히 권한을 위임받아 이 협약에 서명하였다.

일천구백육십구년 오월 이십삼일 비엔나에서 작성되었다.

부속서

1. 국제연합 사무총장은 자격있는 법률가로 구성되는 조정관의 명부를 작성하여 유지한다. 이러한 목적으로 국제연합의 회원국 또는 이 협약의 당사국인 모든 국가는 2명의 조정관을 지명하도록 요청되며 또한 이렇게 지명된 자의 명단은 상기명부에 포함된다. 불시의 공석을 보충하기 위하여 지명된 조정관의 임기를 포함하여, 조정관의 임기는 5년이며 또한 연임될 수 있다. 임기가 만료되는 조정관은 하기 2항에 따라 그가 선임된 목적상의 직무를 계속 수행하여야

한다.

2. 제66조에 따라 국제연합 사무총장에게 요청이 제기된 경우에, 사무총장은 다음과 같이 구성되는 조정위원회에 분쟁을 부탁한다.

분쟁당사국의 일방을 구성하는 1 또는 그 이상의 국가는 다음과 같이 조정관을 임명한다.

(a) 상기 1항에 언급된 명부 또는 동 명부외에서 선임될 수 있는 자로서 당해국의 또는 당해 2이상의 국가 중 어느 하나의 국가의 국적을 가진 1명의 조정관을 임명하며, 또한

(b) 상기 명부에서 선임되는 자로서 당해국 또는 당해 2이상의 국가중 어느 하나의 국가의 국적을 가지지 아니한 1명의 조정관을 임명한다.

분쟁 당사국의 타방을 구성하는 1 또는 그 이상의 국가는 동일한 방법으로 2명의 조정관을 임명한다. 분쟁당사국에 의하여 선임되는 4명의 조정관은 사무총장이 요청을 받는 날로부터 60일 이내에 임명되어야 한다. 4명의 조정관은 그들 중 최후에 임명을 받는 자의 임명일자로부터 60일 이내에, 상기명부로부터 선임되는 자로서 조정위원장이 될 제5조의 조정관을 임명한다.

위원장 또는 다른 조정관의 임명을 위하여 상기에 지정한 기간 내에 그러한 임명이 행하여 지지 아니한 경우에는 동 기간이 만료한 후 60일 이내에 사무총장이 임명을 행한다. 위원장의 임명은 명부 중에서 또는 국제법위원회의 위원 중에서 사무총장이 행할 수 있다. 임명이 행하여져야 하는 기간은 분쟁당사국의 합의에 의하여 연장될 수 있다. 공석은 처음의 임명에 관하여 지정된 방법으로 보충된다.

3. 조정위원회는 자체의 절차를 결정한다. 위원회는, 분쟁당사국의 동의를 얻어, 조약의 어느 당사국에 대하여 그 견해를 구두 또는 서면으로 동 위원회에 제출하도록 요청할 수 있다. 위원회의 결정 및 권고는 5명의 구성원의 다수결에 의한다.

4. 위원회는 우호적 해결을 촉진할 수 있는 조치에 대하여 분쟁당사국의 주의를 환기할 수 있다.

5. 위원회는 분쟁당사국의 의견을 청취하고, 청구와 이의를 심사하며 또한 분쟁의 우호적 해결에 도달할 목적으로 당사국에 대한 제안을 작성한다.

6. 위원회는 그 구성 후 12개월 이내에 보고하여야 한다. 그 보고서는 사무총장

에게 기탁되며 또한 분쟁당사국에 송부된다. 사실 또는 법적문제에 관하여 위원회의 보고서에 기술된 결론을 포함한 위원회의 보고서는 분쟁당사국을 구속하지 아니하며, 또한 분쟁의 우호적 해결을 촉진하기 위하여, 분쟁당사국에 의한 고려의 목적으로 제출된 권고 이외의 다른 성질을 가지지 아니한다.

7. 사무총장은 위원회가 필요로 하는 협조와 편의를 위원회에 제공한다. 위원회의 경비는 국제연합이 부담한다.

VIENNA CONVENTION ON THE LAW OF TREATIES SIGNED AT VIENNA 23 May 1969

ENTRY INTO FORCE: 27 January 1980

The States Parties to the present Convention Considering the fundamental role of treaties in the history of international relations, Recognizing the ever-increasing importance of treaties as a source of international law and as a means of developing peaceful co-operation among nations, whatever their constitutional and social systems, Noting that the principles of free consent and of good faith and the pacta sunt servanda rule are universally recognized, Affirming that disputes concerning treaties, like other international disputes, should be settled by peaceful means and in conformity with the principles of justice and international law, Recalling the determination of the peoples of the United Nations to establish conditions under which justice and respect for the obligations arising from treaties can be maintained, Having in mind the principles of international law embodied in the Charter of the United Nations, such as the principles of the equal rights and self-determination of peoples, of the sovereign equality and independence of all States, of non-interference in the domestic affairs of States, of the prohibition of the threat or use of force and of universal respect for, and observance of, human rights and fundamental freedoms for all, Believing that the codification and progressive development of the law of treaties achieved in the present Convention will promote the purposes of the United Nations set forth in the Charter, namely, the maintenance of international peace and security, the development of friendly relations and the achievement of co-operation among nations, Affirming that the rules of customary international law will continue to govern questions not regulated by the provisions of the present Convention, Have agreed as follows:

PART I. INTRODUCTION

Article 1. Scope of the present Convention

The present Convention applies to treaties between States.

Article 2. Use of terms

1. For the purposes of the present Convention:
   (a) 'treaty' means an international agreement concluded between States in written form and governed by international law, whether embodied in a single instrument or in two or more related instruments and whatever its particular designation;
   (b) 'ratification', 'acceptance', 'approval' and 'accession' mean in each case the international act so named whereby a State establishes on the international plane its consent to be bound by a treaty;
   (c) 'full powers' means a document emanating from the competent authority of a State designating a person or persons to represent the State for negotiating, adopting or authenticating the text of a treaty, for expressing the consent of the State to be bound by a treaty, or for accomplishing any other act with respect to a treaty;
   (d) 'reservation' means a unilateral statement, however phrased or named, made by a State, when signing, ratifying, accepting, approving or acceding to a treaty, whereby it purports to exclude or to modify the legal effect of certain provisions of the treaty in their application to that State;
   (e) 'negotiating State' means a State which took part in the drawing up and adoption of the text of the treaty;
   (f) 'contracting State' means a State which has consented to be bound by the treaty, whether or not the treaty has entered into force;
   (g) 'party' means a State which has consented to be bound by the treaty and for which the treaty is in force;
   (h) 'third State' means a State not a party to the treaty;

(i) 'international organization' means an intergovernmental organization.

2. The provisions of paragraph 1 regarding the use of terms in the present Convention are without prejudice to the use of those terms or to the meanings which may be given to them in the internal law of any State.

Article 3. International agreements not within the scope of the present Convention
The fact that the present Convention does not apply to international agreements concluded between States and other subjects of international law or between such other subjects of international law, or to international agreements not in written form, shall not affect:
  (a) the legal force of such agreements;
  (b) the application to them of any of the rules set forth in the present Convention to which they would be subject under international law independently of the Convention;
  (c) the application of the Convention to the relations of States as between themselves under international agreements to which other subjects of international law are also parties.

Article 4. Non-retroactivity of the present Convention
Without prejudice to the application of any rules set forth in the present Convention to which treaties would be subject under international law independently of the Convention, the Convention applies only to treaties which are concluded by States after the entry into force of the present Convention with regard to such States.

Article 5. Treaties constituting international organizations and treaties adopted within
          an international organization
The present Convention applies to any treaty which is the constituent instrument of an international organization and to any treaty adopted within an international organization without prejudice to any relevant rules of the organization.

PART II. CONCLUSION AND ENTRY INTO FORCE OF TREATIES

SECTION 1. CONCLUSION OF TREATIES

Article 6. Capacity of States to conclude treaties
Every State possesses capacity to conclude treaties.

Article 7. Full powers
1. A person is considered as representing a State for the purpose of adopting or authenticating the text of a treaty or for the purpose of expressing the consent of the State to be bound by a treaty if:
   (a) he produces appropriate full powers; or
   (b) it appears from the practice of the States concerned or from other circumstances that their intention was to consider that person as representing the State for such purposes and to dispense with full powers.
2. In virtue of their functions and without having to produce full powers, the following are considered as representing their State:
   (a) Heads of State, Heads of Government and Ministers for Foreign Affairs, for the purpose of performing all acts relating to the conclusion of a treaty;
   (b) heads of diplomatic missions, for the purpose of adopting the text of a treaty between the accrediting State and the State to which they are accredited;
   (c) representatives accredited by States to an international conference or to an international organization or one of its organs, for the purpose of adopting the text of a treaty in that conference, organization or organ.

Article 8. Subsequent confirmation of an act performed without authorization
An act relating to the conclusion of a treaty performed by a person who cannot be considered under article 7 as authorized to represent a State for that purpose is without legal effect unless afterwards confirmed by that State.

Article 9. Adoption of the text

1. The adoption of the text of a treaty takes place by the consent of all the States participating in its drawing up except as provided in paragraph 2.

2. The adoption of the text of a treaty at an international conference takes place by the vote of two-thirds of the States present and voting, unless by the same majority they shall decide to apply a different rule.

Article 10. Authentication of the text

The text of a treaty is established as authentic and definitive:

(a) by such procedure as may be provided for in the text or agreed upon by the States participating in its drawing up; or

(b) failing such procedure, by the signature, signature ad referendum or initialling by the representatives of those States of the text of the treaty or of the Final Act of a conference incorporating the text.

Article 11. Means of expressing consent to be bound by a treaty

The consent of a State to be bound by a treaty may be expressed by signature, exchange of instruments constituting a treaty, ratification, acceptance, approval or accession, or by any other means if so agreed.

Article 12. Consent to be bound by a treaty expressed by signature

1. The consent of a State to be bound by a treaty is expressed by the signature of its representative when:

(a) the treaty provides that signature shall have that effect;

(b) it is otherwise established that the negotiating States were agreed that signature should have that effect; or

(c) the intention of the State to give that effect to the signature appears from the full powers of its representative or was expressed during the negotiation.

2. For the purposes of paragraph 1:

(a) the initialling of a text constitutes a signature of the treaty when it is established that the negotiating States so agreed;

(b) the signature ad referendum of a treaty by a representative, if confirmed by his State, constitutes a full signature of the treaty.

Article 13. Consent to be bound by a treaty expressed by an exchange of instruments constituting a treaty

The consent of States to be bound by a treaty constituted by instruments exchanged between them is expressed by that exchange when:

(a) the instruments provide that their exchange shall have that effect; or

(b) it is otherwise established that those States were agreed that the exchange of instruments should have that effect

Article 14. Consent to be bound by a treaty expressed by ratification, acceptance or approval

1. The consent of a State to be bound by a treaty is expressed by ratification when:

(a) the treaty provides for such consent to be expressed by means of ratification;

(b) it is otherwise established that the negotiating States were agreed that ratification should be required;

(c) the representative of the State has signed the treaty subject to ratification; or

(d) the intention of the State to sign the treaty subject to ratification appears from the full powers of its representative or was expressed during the negotiation.

2. The consent of a State to be bound by a treaty is expressed by acceptance or approval under conditions similar to those which apply to ratification.

Article 15. Consent to be bound by a treaty expressed by accession

The consent of a State to be bound by a treaty is expressed by accession when:

(a) the treaty provides that such consent may be expressed by that State by means of accession;

(b) it is otherwise established that the negotiating States were agreed that such consent may be expressed by that State by means of accession; or

(c) all the parties have subsequently agreed that such consent may be expressed by that State by means of accession.

Article 16. Exchange or deposit of instruments of ratification, acceptance, approval or accession

Unless the treaty otherwise provides, instruments of ratification, acceptance, approval or accession establish the consent of a State to be bound by a treaty upon:

(a) their exchange between the contracting States;

(b) their deposit with the depositary; or

(c) their notification to the contracting States or to the depositary, if 50 agreed.

Article 17. Consent to be bound by part of a treaty and choice of differing provisions

1. Without prejudice to articles 19 to 23, the consent of a State to be bound by part of a treaty is effective only if the treaty so permits or the other contracting States so agree.

2. The consent of a State to be bound by a treaty which permits a choice between differing provisions is effective only if it is made clear to which of the provisions the consent relates.

Article 18. Obligation not to defeat the object and purpose of a treaty prior to its entry into force

A State is obliged to refrain from acts which would defeat the object and purpose of a treaty when:

(a) it has signed the treaty or has exchanged instruments constituting the treaty subject to ratification, acceptance or approval, until it shall have made its intention clear not to become a party to the treaty; or

(b) it has expressed its consent to be bound by the treaty, pending the entry into force of the treaty and provided that such entry into force is not unduly delayed.

SECTION 2. RESERVATIONS

Article 19. Formulation of reservations

A State may, when signing, ratifying, accepting, approving or acceding to a treaty, formulate a reservation unless:

(a) the reservation is prohibited by the treaty;

(b) the treaty provides that only specified reservations, which do not include the reservation in question, may be made; or

(c) in cases not falling under sub-paragraphs (a) and (b), the reservation is incompatible with the object and purpose of the treaty.

Article 20. Acceptance of and objection to reservations

1. A reservation expressly authorized by a treaty does not require any subsequent acceptance by the other contracting States unless the treaty so provides.

2. When it appears from the limited number of the negotiating States and the object and purpose of a treaty that the application of the treaty in its entirety between all the parties is an essential condition of the consent of each one to be bound by the treaty, a reservation requires acceptance by all the parties.

3. When a treaty is a constituent instrument of an international organization and unless it otherwise provides, a reservation requires the acceptance of the competent organ of that organization.

4. In cases not falling under the preceding paragraphs and unless the treaty otherwise provides:

(a) acceptance by another contracting State of a reservation constitutes the reserving State a party to the treaty in relation to that other State if or when the treaty is in force for those States;

(b) an objection by another contracting State to a reservation does not preclude the entry into force of the treaty as between the objecting and reserving States unless a contrary intention is definitely expressed by the objecting State;

(c) an act expressing a State's consent to be bound by the treaty and containing a reservation is effective as soon as at least one other contracting State has accepted the reservation.

5. For the purposes of paragraphs 2 and 4 and unless the treaty otherwise provides, a reservation is considered to have been accepted by a State if it shall have raised no objection to the reservation by the end of a period of twelve months after it was notified of the reservation or by the date on which it expressed its consent to be bound by the treaty, whichever is later.

Article 21. Legal effects of reservations and of objections to reservations

1. A reservation established with regard to another party in accordance with articles 19, 20 and 23:

   (a) modifies for the reserving State in its relations with that other party the provisions of the treaty to which the reservation relates to the extent of the reservation; and

   (b) modifies those provisions to the same extent for that other party in its relations with the reserving State.

2. The reservation does not modify the provisions of the treaty for the other parties to the treaty inter se.

3. When a State objecting to a reservation has not opposed the entry into force of the treaty between itself and the reserving State, the provisions to which the reservation relates do not apply as between the two States to the extent of the reservation.

Article 22. Withdrawal of reservations and of objections to reservations

1. Unless the treaty otherwise provides, a reservation may be withdrawn at any time and the consent of a State which has accepted the reservation is not required for its withdrawal.

2. Unless the treaty otherwise provides, an objection to a reservation may be withdrawn at any time.

3. Unless the treaty otherwise provides, or it is otherwise agreed:

(a) the withdrawal of a reservation becomes operative in relation to another contracting State only when notice of it has been received by that State;

(b) the withdrawal of an objection to a reservation becomes operative only when notice of it has been received by the State which formulated the reservation.

Article 23. Procedure regarding reservations

1. A reservation, an express acceptance of a reservation and an objection to a reservation must be formulated in writing and communicated to the contracting States and other States entitled to become parties to the treaty.

2. If formulated when signing the treaty subject to ratification, acceptance or approval, a reservation must be formally confirmed by the reserving State when expressing its consent to be bound by the treaty. In such a case the reservation shall be considered as having been made on the date of its confirmation.

3. An express acceptance of, or an objection to, a reservation made previously to confirmation of the reservation does not itself require confirmation.

4. The withdrawal of a reservation or of an objection to a reservation must be formulated in writing.

SECTION 3. ENTRY INTO FORCE AND PROVISIONAL APPLICATION OF TREATIES

Article 24. Entry into force

1. A treaty enters into force in such manner and upon such date as it may provide or as the negotiating States may agree.

2. Failing any such provision or agreement, a treaty enters into force as soon as consent to be bound by the treaty has been established for all the negotiating States.

3. When the consent of a State to be bound by a treaty is established on a date after the treaty has come into force, the treaty enters into force for that State on that date, unless the treaty otherwise provides.

4. The provisions of a treaty regulating the authentication of its text, the establishment

of the consent of States to be bound by the treaty, the manner or date of its entry into force, reservations, the functions of the depositary and other matters arising necessarily before the entry into force of the treaty apply from the time of the adoption of its text.

Article 25. Provisional application

1. A treaty or a part of a treaty is applied provisionally pending its entry into force if:
   (a) the treaty itself so provides; or
   (b) the negotiating States have in some other manner so agreed.

2. Unless the treaty otherwise provides or the negotiating States have otherwise agreed, the provisional application of a treaty or a part of a treaty with respect to a State shall be terminated if that State notifies the other States between which the treaty is being applied provisionally of its intention not to become a party to the treaty.

PART III. OBSERVANCE, APPLICATION AND INTERPRETATION OF TREATIES

SECTION 1. OBSERVANCE OF TREATIES

Article 26. Pacta sunt servanda

Every treaty in force is binding upon the parties to it and must be performed by them in good faith.

Article 27. Internal law and observance of treaties

A party may not invoke the provisions of its internal law as justification for its failure to perform a treaty. This rule is without prejudice to article 46.

SECTION 2. APPLICATION OF TREATIES

Article 28. Non-retroactivity of treaties

Unless a different intention appears from the treaty or is otherwise established, its provisions do not bind a party in relation to any act or fact which took place or any situation which ceased to exist before the date of the entry into force of the treaty with respect to that party.

Article 29. Territorial scope of treaties

Unless a different intention appears from the treaty or is otherwise established, a treaty is binding upon each party in respect of its entire territory.

Article 30. Application of successive treaties relating to the same subject-matter

1. Subject to Article 103 of the Charter of the United Nations, the rights and obligations of States parties to successive treaties relating to the same subject-matter shall be determined in accordance with the following paragraphs.

2. When a treaty specifies that it is subject to, or that it is not to be considered as incompatible with, an earlier or later treaty, the provisions of that other treaty prevail.

3. When all the parties to the earlier treaty are parties also to the later treaty but the earlier treaty is not terminated or suspended in operation under article 59, the earlier treaty applies only to the extent that its provisions are compatible with those of the latter treaty.

4. When the parties to the later treaty do not include all the parties to the earlier one:

    (a) as between States parties to both treaties the same rule applies as in paragraph 3;

    (b) as between a State party to both treaties and a State party to only one of the treaties, the treaty to which both States are parties governs their mutual rights and obligations.

5. Paragraph 4 is without prejudice to article 41, or to any question of the termination

or suspension of the operation of a treaty under article 60 or to any question of responsibility which may arise for a State from the conclusion or application of a treaty, the provisions of which are incompatible with its obligations towards another State under another treaty.

SECTION 3. INTERPRETATION OF TREATIES

Article 31. General rule of interpretation

1. A treaty shall be interpreted in good faith in accordance with the ordinary meaning to be given to the terms of the treaty in their context and in the light of its object and purpose.
2. The context for the purpose of the interpretation of a treaty shall comprise, in addition to the text, including its preamble and annexes:
   (a) any agreement relating to the treaty which was made between all the parties in connexion with the conclusion of the treaty;
   (b) any instrument which was made by one or more parties in connexion with the conclusion of the treaty and accepted by the other parties as an instrument related to the treaty.
3. There shall be taken into account, together with the context:
   (a) any subsequent agreement between the parties regarding the interpretation of the treaty or the application of its provisions;
   (b) any subsequent practice in the application of the treaty which establishes the agreement of the parties regarding its interpretation;
   (c) any relevant rules of international law applicable in the relations between the parties.
4. A special meaning shall be given to a term if it is established that the parties so intended.

Article 32. Supplementary means of interpretation

Recourse may be had to supplementary means of interpretation, including the preparatory work of the treaty and the circumstances of its conclusion, in order to confirm the meaning resulting from the application of article 31, or to determine the meaning when the interpretation according to article 31:

    (a) leaves the meaning ambiguous or obscure; or

    (b) leads to a result which is manifestly absurd or unreasonable.

Article 33. Interpretation of treaties authenticated in two or more languages

1. When a treaty has been authenticated in two or more languages, the text is equally authoritative in each language, unless the treaty provides or the parties agree that, in case of divergence, a particular text shall prevail.

2. A version of the treaty in a language other than one of those in which the text was authenticated shall be considered an authentic text only if the treaty so provides or the parties so agree.

3. The terms of the treaty are presumed to have the same meaning in each authentic text.

4. Except where a particular text prevails in accordance with paragraph 1, when a comparison of the authentic texts discloses a difference of meaning which the application of articles 31 and 32 does not remove, the meaning which best reconciles the texts, having regard to the object and purpose of the treaty, shall be adopted.

SECTION 4. TREATIES AND THIRD STATES

Article 34. General rule regarding third States

A treaty does not create either obligations or rights for a third State without its consent.

Article 35. Treaties providing for obligations for third States

An obligation arises for a third State from a provision of a treaty if the parties to the treaty intend the provision to be the means of establishing the obligation and the third State expressly accepts that obligation in writing.

Article 36. Treaties providing for rights for third States

1. A right arises for a third State from a provision of a treaty if the parties to the treaty intend the provision to accord that right either to the third State, or to a group of States to which it belongs, or to all States, and the third State assents thereto. Its assent shall be presumed so long as the contrary is not indicated, unless the treaty otherwise provides.

2. A State exercising a right in accordance with paragraph 1 shall comply with the conditions for its exercise provided for in the treaty or established in conformity with the treaty.

Article 37. Revocation or modification of obligations or rights of third States

1. When an obligation has arisen for a third State in conformity with article 35, the obligation may be revoked or modified only with the consent of the parties to the treaty and of the third State, unless it is established that they had otherwise agreed.

2. When a right has arisen for a third State in conformity with article 36, the right may not be revoked or modified by the parties if it is established that the right was intended not to be revocable or subject to modification without the consent of the third State.

Article 38. Rules in a treaty becoming binding on third States through international custom

Nothing in articles 34 to 37 precludes a rule set forth in a treaty from becoming binding upon a third State as a customary rule of international law, recognized as such.

PART IV. AMENDMENT AND MODIFICATION OF TREATIES

Article 39. General rule regarding the amendment of treaties
A treaty may be amended by agreement between the parties. The rules laid down in Part II apply to such an agreement except in so far as the treaty may otherwise provide.

Article 40. Amendment of multilateral treaties
1. Unless the treaty otherwise provides, the amendment of multilateral treaties shall be governed by the following paragraphs.
2. Any proposal to amend a multilateral treaty as between all the parties must be notified to all the contracting States, each one of which shall have the right to take part in:
    (a) the decision as to the action to be taken in regard to such proposal;
    (b) the negotiation and conclusion of any agreement for the amendment of the treaty.
3. Every State entitled to become a party to the treaty shall also be entitled to become a party to the treaty as amended.
4. The amending agreement does not bind any State already a party to the treaty which does not become a party to the amending agreement; article 30, paragraph 4(b), applies in relation to such State.
5. Any State which becomes a party to the treaty after the entry into force of the amending agreement shall, failing an expression of a different intention by that State:
    (a) be considered as a party to the treaty as amended; and
    (b) be considered as a party to the unamended treaty in relation to any party to the treaty not bound by the amending agreement.

Article 41. Agreements to modify multilateral treaties between certain of the parties only
1. Two or more of the parties to a multilateral treaty may conclude an agreement

to modify the treaty as between themselves alone if:

(a) the possibility of such a modification is provided for by the treaty; or

(b) the modification in question is not prohibited by the treaty and:

(i) does not affect the enjoyment by the other parties of their rights under the treaty or the performance of their obligations;

(ii) does not relate to a provision, derogation from which is incompatible with the effective execution of the object and purpose of the treaty as a whole.

2. Unless in a case falling under paragraph 1(a) the treaty otherwise provides, the parties in question shall notify the other parties of their intention to conclude the agreement and of the modification to the treaty for which it provides.

PART V. INVALIDITY, TERMINATION AND SUSPENSION OF THE OPERATION OF TREATIES

SECTION 1. GENERAL PROVISIONS

Article 42. Validity and continuance in force of treaties

1. The validity of a treaty or of the consent of a State to be bound by a treaty may be impeached only through the application of the present Convention.

2. The termination of a treaty, its denunciation or the withdrawal of a party, may take place only as a result of the application of the provisions of the treaty or of the present Convention. The same rule applies to suspension of the operation of a treaty.

Article 43. Obligations imposed by international law independently of a treaty

The invalidity, termination or denunciation of a treaty, the withdrawal of a party from it, or the suspension of its operation, as a result of the application of the present Convention or of the provisions of the treaty, shall not in any way impair the duty of any State to fulfil any obligation embodied in the treaty to which it would be subject under international law independently of the treaty.

Article 44. Separability of treaty provisions

1. A right of a party, provided for in a treaty or arising under article 56, to denounce, withdraw from or suspend the operation of the treaty may be exercised only with respect to the whole treaty unless the treaty otherwise provides or the parties otherwise agree.

2. A ground for invalidating, terminating, withdrawing from or suspending the operation of a treaty recognized in the present Convention may be invoked only with respect to the whole treaty except as provided in the following paragraphs or in article 60.

3. If the ground relates solely to particular clauses, it may be invoked only with respect to those clauses where:

   (a) the said clauses are separable from the remainder of the treaty with regard to their application;

   (b) it appears from the treaty or is otherwise established that acceptance of those clauses was not an essential basis of the consent of the other party or parties to be bound by the treaty as a whole; and

   (c) continued performance of the remainder of the treaty would not be unjust.

4. In cases falling under articles 49 and 50 the State entitled to invoke the fraud or corruption may do so with respect either to the whole treaty or, subject to paragraph 3, to the particular clauses alone.

5. In cases falling under articles 51, 52 and 53, no separation of the provisions of the treaty is permitted.

Article 45. Loss of a right to invoke a ground for invalidating, terminating, withdrawing from or suspending the operation of a treaty

A State may no longer invoke a ground for invalidating, terminating, withdrawing from or suspending the operation of a treaty under articles 46 to 50 or articles 60 and 62 if, after becoming aware of the facts:

(a) it shall have expressly agreed that the treaty is valid or remains in force or continues in operation, as the case may be; or

(b) it must by reason of its conduct be considered as having acquiesced in the validity of the treaty or in its maintenance in force or in operation, as the case may be.

SECTION 2. INVALIDITY OF TREATIES

Article 46. Provisions of internal law regarding competence to conclude treaties

1. A State may not invoke the fact that its consent to be bound by a treaty has been expressed in violation of a provision of its internal law regarding competence to conclude treaties as invalidating its consent unless that violation was manifest and concerned a rule of its internal law of fundamental importance.

2. A violation is manifest if it would be objectively evident to any State conducting itself in the matter in accordance with normal practice and in good faith.

Article 47. Specific restrictions on authority to express the consent of a State

If the authority of a representative to express the consent of a State to be bound by a particular treaty has been made subject to a specific restriction, his omission to observe that restriction may not be invoked as invalidating the consent expressed by him unless the restriction was notified to the other negotiating States prior to his expressing such consent.

Article 48. Error

1. A State may invoke an error in a treaty as invalidating its consent to be bound by the treaty if the error relates to a fact or situation which was assumed by that State to exist at the time when the treaty was concluded and formed an essential basis of its consent to be bound by the treaty.

2. Paragraph 1 shall not apply if the State in question contributed by its own conduct to the error or if the circumstances were such as to put that State on

notice of a possible error.

3. An error relating only to the wording of the text of a treaty does not affect its validity; article 79 then applies.

Article 49. Fraud

If a State has been induced to conclude a treaty by the fraudulent conduct of another negotiating State, the State may invoke the fraud as invalidating its consent to be bound by the treaty.

Article 50. Corruption of a representative of a State

If the expression of a State's consent to be bound by a treaty has been procured through the corruption of its representative directly or indirectly by another negotiating State, the State may invoke such corruption as invalidating its consent to be bound by the treaty.

Article 51. Coercion of a representative of a State

The expression of a State's consent to be bound by a treaty which has been procured by the coercion of its representative through acts or threats directed against him shall be without any legal effect.

Article 52. Coercion of a State by the threat or use of force

A treaty is void if its conclusion has been procured by the threat or use of force in violation of the principles of international law embodied in the Charter of the United Nations.

Article 53. Treaties conflicting with a peremptory norm of general international law
(jus cogens)

A treaty is void if, at the time of its conclusion, it conflicts with a peremptory norm of general international law. For the purposes of the present Convention, a peremptory norm of general international law is a norm accepted and recognized by the

international community of States as a whole as a norm from which no derogation
is permitted and which can be modified only by a subsequent norm of general
international law having the same character.

SECTION 3. TERMINATION AND SUSPENSION OF THE OPERATION OF TREATIES

Article 54. Termination of or withdrawal from a treaty under its provisions or by
consent of the parties

The termination of a treaty or the withdrawal of a party may take place:

(a) in conformity with the provisions of the treaty; or

(b) at any time by consent of all the parties after consultation with the other
contracting States.

Article 55. Reduction of the parties to a multilateral treaty below the number necessary
for its entry into force

Unless the treaty otherwise provides, a multilateral treaty does not terminate by
reason only of the fact that the number of the parties falls below the number
necessary for its entry into force.

Article 56. Denunciation of or withdrawal from a treaty containing no provision
regarding termination, denunciation or withdrawal

1. A treaty which contains no provision regarding its termination and which does
not provide for denunciation or withdrawal is not subject to denunciation or
withdrawal unless:

(a) it is established that the parties intended to admit the possibility of denunciation
or withdrawal; or

(b) a right of denunciation or withdrawal may be implied by the nature of the
treaty.

2. A party shall give not less than twelve months' notice of its intention to denounce
or withdraw from a treaty under paragraph 1.

Article 57. Suspension of the operation of a treaty under its provisions or by consent
of the parties

The operation of a treaty in regard to all the parties or to a particular party may
be suspended:

(a) in conformity with the provisions of the treaty; or

(b) at any time by consent of all the parties after consultation with the other
contracting States.

Article 58. Suspension of the operation of a multilateral treaty by agreement between
certain of the parties only

1. Two or more parties to a multilateral treaty may conclude an agreement to
suspend the operation of provisions of the treaty, temporarily and as between
themselves alone, if:

(a) the possibility of such a suspension is provided for by the treaty; or

(b) the suspension in question is not prohibited by the treaty and:

(i) does not affect the enjoyment by the other parties of their rights under the
treaty or the performance of their obligations;

(ii) is not incompatible with the object and purpose of the treaty.

2. Unless in a case falling under paragraph 1(a) the treaty otherwise provides, the
parties in question shall notify the other parties of their intention to conclude
the agreement and of those provisions of the treaty the operation of which they
intend to suspend.

Article 59. Termination or suspension of the operation of a treaty implied by conclusion
of a later treaty

1. A treaty shall be considered as terminated if all the parties to it conclude a later
treaty relating to the same subject-matter and:

(a) it appears from the later treaty or is otherwise established that the parties
intended that the matter should be governed by that treaty; or

(b) the provisions of the later treaty are so far incompatible with those of the earlier one that the two treaties are not capable of being applied at the same time.

2. The earlier treaty shall be considered as only suspended in operation if it appears from the later treaty or is otherwise established that such was the intention of the parties.

Article 60. Termination or suspension of the operation of a treaty as a consequence of its breach

1. A material breach of a bilateral treaty by one of the parties entitles the other to invoke the breach as a ground for terminating the treaty or suspending its operation in whole or in part.

2. A material breach of a multilateral treaty by one of the parties entitles:
   (a) the other parties by unanimous agreement to suspend the operation of the treaty in whole or in part or to terminate it either:
      (i) in the relations between themselves and the defaulting State, or
      (ii) as between all the parties;
   (b) a party specially affected by the breach to invoke it as a ground for suspending the operation of the treaty in whole or in part in the relations between itself and the defaulting State;
   (c) any party other than the defaulting State to invoke the breach as a ground for suspending the operation of the treaty in whole or in part with respect to itself if the treaty is of such a character that a material breach of its provisions by one party radically changes the position of every party with respect to the further performance of its obligations under the treaty.

3. A material breach of a treaty, for the purposes of this article, consists in:
   (a) a repudiation of the treaty not sanctioned by the present Convention; or
   (b) the violation of a provision essential to the accomplishment of the object or purpose of the treaty.

4. The foregoing paragraphs are without prejudice to any provision in the treaty applicable in the event of a breach.

5. Paragraphs 1 to 3 do not apply to provisions relating to the protection of the human person contained in treaties of a humanitarian character, in particular to provisions prohibiting any form of reprisals against persons protected by such treaties.

Article 61. Supervening impossibility of performance

1. A party may invoke the impossibility of performing a treaty as a ground for terminating or withdrawing from it if the impossibility results from the permanent disappearance or destruction of an object indispensable for the execution of the treaty. If the impossibility is temporary, it may be invoked only as a ground for suspending the operation of the treaty.

2. Impossibility of performance may not be invoked by a party as a ground for terminating, withdrawing from or suspending the operation of a treaty if the impossibility is the result of a breach by that party either of an obligation under the treaty or of any other international obligation owed to any other party to the treaty.

Article 62. Fundamental change of circumstances

1. A fundamental change of circumstances which has occurred with regard to those existing at the time of the conclusion of a treaty, and which was not foreseen by the parties, may not be invoked as a ground for terminating or withdrawing from the treaty unless:

   (a) the existence of those circumstances constituted an essential basis of the consent of the parties to be bound by the treaty; and

   (b) the effect of the change is radically to transform the extent of obligations still to be performed under the treaty.

2. A fundamental change of circumstances may not be invoked as a ground for terminating or withdrawing from a treaty:

   (a) if the treaty establishes a boundary; or

   (b) if the fundamental change is the result of a breach by the party invoking it either of an obligation under the treaty or of any other international obligation owed to any other party to the treaty.

3. If, under the foregoing paragraphs, a party may invoke a fundamental change of circumstances as a ground for terminating or withdrawing from a treaty it may also invoke the change as a ground for suspending the operation of the treaty.

Article 63. Severance of diplomatic or consular relations

The severance of diplomatic or consular relations between parties to a treaty does not affect the legal relations established between them by the treaty except in so far as the existence of diplomatic or consular relations is indispensable for the application of the treaty.

Article 64. Emergence of a new peremptory norm of general international law(jus cogens)

If a new peremptory norm of general international law emerges, any existing treaty which is in conflict with that norm becomes void and terminates.

SECTION 4. PROCEDURE

Article 65. Procedure to be followed with respect to invalidity, termination, withdrawal from or suspension of the operation of a treaty

1. A party which, under the provisions of the present Convention, invokes either a defect in its consent to be bound by a treaty or a ground for impeaching the validity of a treaty, terminating it, withdrawing from it or suspending its operation, must notify the other parties of its claim. The notification shall indicate the measure proposed to be taken with respect to the treaty and the reasons therefor.

2. If, after the expiry of a period which, except in cases of special urgency, shall not be less than three months after the receipt of the notification, no party has raised any objection, the party making the notification may carry out in the manner provided in article 67 the measure which it has proposed.

3. If, however, objection has been raised by any other party, the parties shall seek

a solution through the means indicated in article 33 of the Charter of the United Nations.

4. Nothing in the foregoing paragraphs shall affect the rights or obligations of the parties under any provisions in force binding the parties with regard to the settlement of disputes.

5. Without prejudice to article 45, the fact that a State has not previously made the notification prescribed in paragraph 1 shall not prevent it from making such notification in answer to another party claiming performance of the treaty or alleging its violation.

Article 66. Procedures for judicial settlement, arbitration and conciliation

If, under paragraph 3 of article 65, no solution has been reached within a period of 12 months following the date on which the objection was raised, the following procedures shall be followed:

(a) any one of the parties to a dispute concerning the application or the interpretation of articles 53 or 64 may, by a written application, submit it to the International Court of Justice for a decision unless the parties by common consent agree to submit the dispute to arbitration;

(b) any one of the parties to a dispute concerning the application or the interpretation of any of the other articles in Part V of the present Convention may set in motion the procedure specified in the Annexe to the Convention by submitting a request to that effect to the Secretary-General of the United Nations.

Article 67. Instruments for declaring invalid, terminating, withdrawing from or suspending the operation of a treaty

1. The notification provided for under article 65 paragraph 1 must be made in writing.

2. Any act declaring invalid, terminating, withdrawing from or suspending the operation of a treaty pursuant to the provisions of the treaty or of paragraphs 2 or 3 of article 65 shall be carried out through an instrument communicated to the other parties.

If the instrument is not signed by the Head of State, Head of Government or Minister for Foreign Affairs, the representative of the State communicating it may be called upon to produce full powers.

Article 68. Revocation of notifications and instruments provided for in articles 65 and 67

A notification or instrument provided for in articles 65 or 67 may be revoked at any time before it takes effect.

SECTION 5. CONSEQUENCES OF THE INVALIDITY, TERMINATION OR SUSPENSION OF THE OPERATION OF A TREATY

Article 69. Consequences of the invalidity of a treaty

1. A treaty the invalidity of which is established under the present Convention is void. The provisions of a void treaty have no legal force.
2. If acts have nevertheless been performed in reliance on such a treaty:
   (a) each party may require any other party to establish as far as possible in their mutual relations the position that would have existed if the acts had not been performed;
   (b) acts performed in good faith before the invalidity was invoked are not rendered unlawful by reason only of the invalidity of the treaty.
3. In cases falling under articles 49, 50, 51 or 52, paragraph 2 does not apply with respect to the party to which the fraud, the act of corruption or the coercion is imputable.
4. In the case of the invalidity of a particular State's consent to be bound by a multilateral treaty, the foregoing rules apply in the relations between that State and the parties to the treaty.

Article 70. Consequences of the termination of a treaty

1. Unless the treaty otherwise provides or the parties otherwise agree, the termination

of a treaty under its provisions or in accordance with the present Convention:

(a) releases the parties from any obligation further to perform the treaty;

(b) does not affect any right, obligation or legal situation of the parties created through the execution of the treaty prior to its termination.

2. If a State denounces or withdraws from a multilateral treaty, paragraph 1 applies in the relations between that State and each of the other parties to the treaty from the date when such denunciation or withdrawal takes effect.

Article 71. Consequences of the invalidity of a treaty which conflicts with a peremptory norm of general international law

1. In the case of a treaty which is void under article 53 the parties shall:

(a) eliminate as far as possible the consequences of any act performed in reliance on any provision which conflicts with the peremptory norm of general international law; and

(b) bring their mutual relations into conformity with the peremptory norm of general international law.

2. In the case of a treaty which becomes void and terminates under article 64, the termination of the treaty:

(a) releases the parties from any obligation further to perform the treaty;

(b) does not affect any right, obligation or legal situation of the parties created through the execution of the treaty prior to its termination; provided that those rights, obligations or situations may thereafter be maintained only to the extent that their maintenance is not in itself in conflict with the new peremptory norm of general international law.

Article 72. Consequences of the suspension of the operation of a treaty

1. Unless the treaty otherwise provides or the parties otherwise agree, the suspension of the operation of a treaty under its provisions or in accordance with the present Convention:

(a) releases the parties between which the operation of the treaty is suspended from the obligation to perform the treaty in their mutual relations during the period of the suspension;

  (b) does not otherwise affect the legal relations between the parties established by the treaty.

2. During the period of the suspension the parties shall refrain from acts tending to obstruct the resumption of the operation of the treaty.

PART VI. MISCELLANEOUS PROVISIONS

Article 73. Cases of State succession, State responsibility and outbreak of hostilities
The provisions of the present Convention shall not prejudge any question that may arise in regard to a treaty from a succession of States or from the international responsibility of a State or from the outbreak of hostilities between States.

Article 74. Diplomatic and consular relations and the conclusion of treaties
The severance or absence of diplomatic or consular relations between two or more States does not prevent the conclusion of treaties between those States. The conclusion of a treaty does not in itself affect the situation in regard to diplomatic or consular relations.

Article 75. Case of an aggressor State
The provisions of the present Convention are without prejudice to any obligation in relation to a treaty which may arise for an aggressor State in consequence of measures taken in conformity with the Charter of the United Nations with reference to that State's aggression.

PART VII. DEPOSITARIES, NOTIFICATIONS, CORRECTIONS AND REGISTRATION

Article 76. Depositaries of treaties

1. The designation of the depositary of a treaty may be made by the negotiating States, either in the treaty itself or in some other manner. The depositary may be one or more States, an international organization or the chief administrative officer of the organization.

2. The functions of the depositary of a treaty are international in character and the depositary is under an obligation to act impartially in their performance. In particular, the fact that a treaty has not entered into force between certain of the parties or that a difference has appeared between a State and a depositary with regard to the performance of the latter's functions shall not affect that obligation.

Article 77. Functions of depositaries

1. The functions of a depositary, unless otherwise provided in the treaty or agreed by the contracting States, comprise in particular:

   (a) keeping custody of the original text of the treaty and of any full powers delivered to the depositary;

   (b) preparing certified copies of the original text and preparing any further text of the treaty in such additional languages as may be required by the treaty and transmitting them to the parties and to the States entitled to become parties to the treaty;

   (c) receiving any signatures to the treaty and receiving and keeping custody of any instruments, notifications and communications relating to it;

   (d) examining whether the signature or any instrument, notification or communication relating to the treaty is in due and proper form and, if need be, bringing the matter to the attention of the State in question;

   (e) informing the parties and the States entitled to become parties to the treaty of acts, notifications and communications relating to the treaty;

(f) informing the States entitled to become parties to the treaty when the number of signatures or of instruments of ratification, acceptance, approval or accession required for the entry into force of the treaty has been received or deposited;

(g) registering the treaty with the Secretariat of the United Nations;

(h) performing the functions specified in other provisions of the present Convention.

2. In the event of any difference appearing between a State and the depositary as to the performance of the latter's functions, the depositary shall bring the question to the attention of the signatory States and the contracting States or, where appropriate, of the competent organ of the international organization concerned.

Article 78. Notifications and communications

Except as the treaty or the present Convention otherwise provide, any notification or communication to be made by any State under the present Convention shall:

(a) if there is no depositary, be transmitted direct to the States for which it is intended, or if there is a depositary, to the latter;

(b) be considered as having been made by the State in question only upon its receipt by the State to which it was transmitted or, as the case may be, upon its receipt by the depositary;

(c) if transmitted to a depositary, be considered as received by the State for which it was intended only when the latter State has been informed by the depositary in accordance with article 77, paragraph 1 (e).

Article 79. Correction of errors in texts or in certified copies of treaties

1. Where, after the authentication of the text of a treaty, the signatory States and the contracting States are agreed that it contains an error, the error shall, unless they decide upon some other means of correction, be corrected:

(a) by having the appropriate correction made in the text and causing the correction to be initialled by duly authorized representatives;

(b) by executing or exchanging an instrument or instruments setting out the correction which it has been agreed to make; or

(c) by executing a corrected text of the whole treaty by the same procedure as in the case of the original text.

2. Where the treaty is one for which there is a depositary, the latter shall notify the signatory States and the contracting States of the error and of the proposal to correct it and shall specify an appropriate time-limit within which objection to the proposed correction may be raised. If, on the expiry of the time-limit:

(a) no objection has been raised, the depositary shall make and initial the correction in the text and shall execute a procŠs-verbal of the rectification of the text and communicate a copy of it to the parties and to the States entitled to become parties to the treaty;

(b) an objection has been raised, the depositary shall communicate the objection to the signatory States and to the contracting States.

3. The rules in paragraphs 1 and 2 apply also where the text has been authenticated in two or more languages and it appears that there is a lack of concordance which the signatory States and the contracting States agree should be corrected.

4. The corrected text replaces the defective text ab initio, unless the signatory States and the contracting States otherwise decide.

5. The correction of the text of a treaty that has been registered shall be notified to the Secretariat of the United Nations.

6. Where an error is discovered in a certified copy of a treaty, the depositary shall execute a procŠs-verbal specifying the rectification and communicate a copy of it to the signatory States and to the contracting Slates.

Article 80. Registration and publication of treaties

1. Treaties shall, after their entry into force, be transmitted to the Secretariat of the United Nations for registration or filing and recording, as the case may be, and for publication.

2. The designation of a depositary shall constitute authorization for it to perform the acts specified in the preceding paragraph.

PART VIII. FINAL PROVISIONS

Article 81. Signature

The present Convention shall be open for signature by all States Members of the United Nations or of any of the specialized agencies or of the International Atomic Energy Agency or parties to the Statute of the International Court of Justice, and by any other State invited by the General Assembly of the United Nations to become a party to the Convention, as follows: until 30 November 1969, at the Federal Ministry for Foreign Affairs of the Republic of Austria, and subsequently, until 30 April 1970, at United Nations Headquarters, New York.

Article 82. Ratification

The present Convention is subject to ratification. The instruments of ratification shall be deposited with the Secretary-General of the United Nations.

Article 83. Accession

The present Convention shall remain open for accession by any State belonging to any of the categories mentioned in article 81. The instruments of accession shall be deposited with the Secretary-General of the United Nations.

Article 84. Entry into force

1. The present Convention shall enter into force on the thirtieth day following the date of deposit of the thirty-fifth instrument of ratification or accession.

2. For each State ratifying or acceding to the Convention after the deposit of the thirty-fifth instrument of ratification or accession, the Convention shall enter into force on the thirtieth day after deposit by such State of its instrument of ratification or accession.

Article 85. Authentic texts

The original of the present Convention, of which the Chinese, English, French,

Russian and Spanish texts are equally authentic, shall be deposited with the Secretary-General of the United Nations.

IN WITNESS WHEREOF the undersigned Plenipotentiaries, being duly authorized thereto by their respective Governments, have signed the present Convention.

DONE at Vienna, this twenty-third day of May, one thousand nine hundred and sixty-nine.

ANNEX

1. A list of conciliators consisting of qualified jurists shall be drawn up and maintained by the Secretary-General of the United Nations. To this end, every State which is a Member of the United Nations or a party to the present Convention shall be invited to nominate two conciliators, and the names of the persons so nominated shall constitute the list. The term of a conciliator, including that of any conciliator nominated to fill a casual vacancy, shall be five years and may be renewed. A conciliator whose term expires shall continue to fulfil any function for which he shall have been chosen under the following paragraph.

2. When a request has been made to the Secretary-General under article 66, the Secretary-General shall bring the dispute before a conciliation commission constituted as follows:

   The State or States constituting one of the parties to the dispute shall appoint:

   (a) one conciliator of the nationality of that State or of one of those States, who may or may not be chosen from the list referred to in paragraph 1; and

   (b) one conciliator not of the nationality of that State or of any of those States, who shall be chosen from the list.

   The State or States constituting the other party to the dispute shall appoint two conciliators in the same way. The four conciliators chosen by the parties shall be appointed within sixty days following the date on which the Secretary-General receives the request.

The four conciliators shall, within sixty days following the date of the last of their own appointments, appoint a fifth conciliator chosen from the list, who shall be chairman.

If the appointment of the chairman or of any of the other conciliators has not been made within the period prescribed above for such appointment, it shall be made by the Secretary-General within sixty days following the expiry of that period. The appointment of the chairman may be made by the Secretary-General either from the list or from the membership of the International Law Commission. Any of the periods within which appointments must be made may be extended by agreement between the parties to the dispute.

Any vacancy shall be filled in the manner prescribed for the initial appointment.

3. The Conciliation Commission shall decide its own procedure. The Commission, with the consent of the parties to the dispute, may invite any party to the treaty to submit to it its views orally or in writing. Decisions and recommendations of the Commission shall be made by a majority vote of the five members.

4. The Commission may draw the attention of the parties to the dispute to any measures which might facilitate an amicable settlement.

5. The Commission shall hear the parties, examine the claims and objections, and make proposals to the parties with a view to reaching an amicable settlement of the dispute.

6. The Commission shall report within twelve months of its constitution. Its report shall be deposited with the Secretary-General and transmitted to the parties to the dispute. The report of the Commission, including any conclusions stated therein regarding the facts or questions of law, shall not be binding upon the parties and it shall have no other character than that of recommendations submitted for the consideration of the parties in order to facilitate an amicable settlement of the dispute.

7. The Secretary-General shall provide the Commission with such assistance and

facilities as it may require. The expenses of the Commission shall be borne by the United Nations.

5. 대일평화조약

(1951.09.08.)

연합국과 일본은 앞으로의 관계는 동등한 주권국가로서 그들의 공동 복지를 증진시키고, 국제 평화 및 안보를 유지하기 위해 우호적으로 협력하는 관계가 될 것이라고 결의하거니와, 그들 간에 전쟁 상태가 지속됨으로써 여전히 미해결 중인 여러 문제들을 해결할 평화조약을 체결하기를 바라는 까닭에 일본은 유엔에 가입하여, 어떤 상황하에서도 유엔 헌장의 원칙들을 준수하고, 세계인권선언의 취지를 실현하기 위해 힘을 쓰고, 일본 내에서 유엔 헌장 55조 및 56조에 규정된, 그리고 일본이 항복한 이후 이미 일본의 입법에 의해 시작된 안정과 복지에 관한 조건들을 조성하기 위해 노력하며, 공적 및 사적 무역 및 통상에서 국제적으로 인정된 공정한 관행들을 준수할 의향이 있으므로, 연합국들이 위에서 언급된 일본의 의향을 환영하므로, 연합국들과 일본은 현재 평화조약을 체결하기로 결정하며, 그에 따라 서명자인 전권대사들을 임명했다. 그들은 자신들의 전권 위임장을 제시하여, 그것이 적절하고 타당하다는 것이 확인된 후 다음 조항들에 동의했다.

제1장 평화

제1조

(a) 일본과 각 연합국들과의 전쟁 상태는 제23조에 규정된 바와 같이, 일본과 관련된 연합국 사이에서 현 조약이 시행되는 날부터 중지된다.

(b) 연합국들은 일본과 그 영해에 대한 일본 국민들의 완전한 주권을 인정한다.

제2장 영토

제2조

(a) 일본은 한국의 독립을 인정하고, 제주도, 거문도 및 울릉도를 비롯한 한국에 대한 모든 권리와 소유권 및 청구권을 포기한다.

(b) 일본은 타이완과 펑후제도에 대한 모든 권리와 소유권 및 청구권을 포기한다.

(c) 일본은 쿠릴 열도에 대한, 그리고 일본이 1905년 9월 5일의 포츠머스 조약에 의해 주권을 획득한 사할린의 일부와 그것에 인접한 도서에 대한 모든 권리와 소유권 및 청구권을 포기한다.

(d) 일본은 국제연맹의 위임통치제도와 관련된 모든 권리와 소유권 및 청구권을 포기하고, 신탁통치를 이전에 일본의 위임통치권하에 있었던 태평양 제도에 이르기까지 확대하는 1947년 4월 2일의 유엔안전보장이사회의 조치를 수용한다.

(e) 일본은 일본 국민의 활동으로부터 비롯된 건이건, 아니면 그 밖의 활동으로부터 비롯된 건이건 간에, 남극 지역의 어떤 부분과 관련된 어떤 권리나, 소유권 또는 이익에 대한 모든 권리를 포기한다.

(f) 일본은 남사군도와 서사군도에 대한 모든 권리와 소유권 및 청구권을 포기한다.

제3조

일본은 [남서제도와 대동제도를 비롯한] 북위 29도 남쪽의 남서제도와 (보닌제도, Rosario섬 및 화산열도를 비롯한) 소후칸 남쪽의 남방제도, 그리고 오키노토리 섬과 미나미토리 섬을 유일한 통치 당국인 미국의 신탁통치 하에 두려는 미국이 유엔에 제시한 어떤 제안도 동의한다. 그러한 제안과 그에 대한 긍정적인 조치가 있을 때까지 미국은 그 영해를 포함한 그 섬들의 영토와 주민들에 대한 모든 행정, 입법, 사법권을 행사할 권리를 가지게 될 것이다.

제4조

(a) 이 조항의 (b)의 규정에 따라, 일본의 부동산 및 제2조에 언급된 지역의 일

본 국민들의 부동산의 처분 문제와, 현재 그 지역들을 통치하고 있는 당국자들과 그곳의 (법인을 비롯한) 주민들에 대한 (채무를 비롯한) 그들의 청구권들, 그리고 그러한 당국자들과 주민들의 부동산의 처분과 일본과 그 국민들에 대한 그러한 당국자들과 주민들의 채무를 비롯한 청구권들의 처분은 이본과 그 당국자들 간에 특별한 협의의 대상이 된다. 그리고 일본에 있는, 그 당국이나 거류민의 재산의 처분과, 일본과 일본국민을 상대로 하는 그 당국과 거류민의 청구권(부채를 포함한)의 처분은 일본과 그 당국 간의 별도 협정의 주제가 될 것이다. 제2조에서 언급된 지역에서의 어떤 연합국이나 그 국민의 재산은, 현재까지 반환되지 않았다면, 현존하는 그 상태로 행정당국에 의해 반환될 것이다.

(b) 일본은 제2조와 제3조에 언급된 지역에 있는 일본과 일본국민 재산에 대해, 미군정청 지침이나 이에 준해서 제정된 처분권의 적법성을 인정한다.

(c) 본 조약에 의해서 일본의 지배에서 벗어난 지역과 일본을 연결하는, 일본소유의 해저 케이블은 균등하게 분할될 것이다. 일본은 일본 측 터미널과 그에 접하는 절반의 케이블을 갖고, 분리된 지역은 나머지 케이블과 터미널 시설을 갖는다.

제3장 보장

제5조

(a) 일본은 유엔헌장 제2조에서 설명한 의무를 수락한다. 특별히 다음과 같은 의무이다.

  (i) 국제평화와 안전, 정의가 위협받지 않는 평화적인 방법으로 국제적 논쟁을 해결해야 할 의무

  (ii) 일본의 국제적인 관계에서, 어떤 나라의 영토보전이나 정치적인 독립을 해하건, 어떤 식으로든 유엔의 목적에 상반되는 위협이나 군사력의 행사를 금하는(자제하는) 의무

  (iii) 유엔이 헌장에 따라 하는 활동이라면 어떤 것이든 유엔을 지원하고, 유엔이 예방적이거나 제재하는 활동을 하는 어떤 나라도 지원하지 말아야

할 의무

(b) 연합국은, 그들과 일본과의 관계는 유엔헌장 제2조의 원칙에 의거해서 정해질 것임을 확인한다.

(c) 일본은 주권국가로서, 유엔헌장 제51조에 언급된 개별적 혹은 집단적 고유자위권을 소유하며 자발적으로 집단안보 조약에 가입할 수 있음을 연합국 입장에서 인정한다.

제6조

(a) 본 조약이 시행되고 난 후 가능한 빠른 시일 내에, 그리고 어떤 경우라도 시행 후 90일 이전에, 연합국의 모든 점령군은 일본에서 철수할 것이다. 그러나 이 조항의 어떤 내용도, 1개 혹은 그 이상의 연합국을 일방으로 하고 일본을 다른 일방으로 해서 체결되었거나 체결될 상호간, 혹은 다자간협정에 의해서 외국군을 일본영토 내에 주둔시키거나 유지하는 것을 막을 수는 없다.

(b) 일본군의 귀환과 관련한, 1945년 7월 26일 포츠담 선언 제9조의 조항은, 아직 (귀환이) 완료되지 않은 범위에서는, 실행될 것이다.

(c) 그 보상비가 아직 지급되지 않았으며, 점령군의 사용을 위해 제공되어, 본 조약이 시행되는 시점까지 점령군이 소유하고 있는 일본의 모든 부동산은 상호 합의에 의해 다른 약정이 만들어지지 않는 한, 90일 이내에 일본 정부에 반환된다.

제4장 정치적 및 경제적 조항들

제7조

(a) 각 연합국은 본 조약이 시행된 지 1년 안에 이본에게 전쟁 전에 체결된 일본과의 양자간 조약이나, 협약에 대해, 그것을 계속 유지 또는 부활시킬 의사가 있는지를 통지한다. 그와 같이 통지된 어떤 조약이나 협약은 본 조약의 이행에 필요할 수 있는 것과 같은 그러한 변경사항들을 준수하기만 한다면, 계속 유지되거나, 부활된다. 그와 같이 통지된 조약 및 협약은 통지된

지 3개월 후에 계속 효력을 발생하거나, 재개되며, 국제연합 사무국에 등록된다. 일본에게 그와 같이 통지되지 않은 모든 조약들과 협약들은 폐기된 것으로 간주된다.

(b) 이 조의 (a)항에 의해 실시되는 모든 통지는 어떤 조약이나 협약을 실행하거나, 재개하면서 통지하는 나라가 책임이 있는 국제관계를 위해 어떤 영토를 제외시킬 수 있다. 일본에게 그러한 통지를 한 날로부터 3개월 뒤에는 그러한 예외는 중단될 것이다.

제8조

(a) 일본은 연합국에 의한 또는 평화 회복과 관련한 다른 협정들 뿐 아니라, 1939년 9월 1일에 시작된 전쟁 상태를 종료하기 위해 현재 또는 앞으로 연합국에 의해 체결되는 모든 조약들의 완전한 효력을 인정한다. 일본은 또한 종전의 국제연맹과 상설 국제사법재판소를 폐지하기 위해 행해진 협약들을 수용한다.

(b) 일본은 1919년 9월 10일의 생 제르메넁 라이 협약과 1936년 7월 20일의 몽트뢰 조약의 서명국 신분으로부터 유래될 수 있는, 그리고 1923년 7월 24일 로잔에서 터키와 체결한 평화조약 제16조에 의해 발생될 수 있는 모든 권리와 이익들을 포기한다.

(c) 일본은 1930년 1월 20일에 독일과 채권국들 간에 체결한 협정과, 1930년 5월 17일자 신탁협정을 비롯한 그 부속 협정들인 1930년 1월 20일의 국제결재은행에 관한 조약 및 국제결재은행의 정관들에 의해 획득한 모든 권리와 소유권 및 이익들을 포기하는 동시에, 그러한 협정 등으로부터 비롯되는 모든 의무로부터 해방된다. 일본은 본 조약이 최초로 효력을 발생한 뒤 6개월 이내에 이 항과 관련된 권리와 소유권 및 이익들의 포기를 프랑스 외무성에 통지한다.

제9조

일본은 공해상의 어업의 규제나 제한, 그리고 어업의 보존 및 발전을 규정하는 양자 간 및 다자 간 협정을 체결하기를 바라는 연합국들과 즉각 협상을 시작한다.

제10조
일본은 1901년 9월 7일에 베이징에서 서명된 최종 의정서의 규정들로부터 발생
되는 모든 이익과 특권을 비롯하여, 중국에 대한 모든 특별한 권리와 이익을
포기한다. 그리고 모든 조항들과 문안 그리고 보충 서류들은 이로써, 이른바 요
령, 조항, 문구, 서류들을 폐기하기로 일본과 합의한다.

제11조
일본은 일본 안팎의 극동 및 기타국가 연합의 전범 재판소의 국제 군사재판 판
결을 수용하고 이로써 일본 내 일본인에게 선고된 형량을 수행한다. 형량감경
이나 가석방 같은 관용은 정부로부터 또는 사안별로 형량을 선고한 연합정부의
결정이 있을 경우 또는 일본심사결과가 있을 경우 이외에는 적용하지 않는다.
극동지역에 대한 국제 군사재판에서 선고받은 피고인 경우 재판소를 대표하는
정부 구성원이나 이본심사결과상 과반수의 결정이 있을 경우 이외에는 적용하
지 않는다.

제12조
(a) 일본은 안정적이고 호혜적 관계를 바탕으로 한 거래와 해상무역을 위하여
    연합국과 조약을 맺거나 협상결과를 이끌어 내기 위하여 신속한 협정에 임
    할 준비가 되어있음을 선언한다.
(b) 관련 조약이나 협정상 합의사항 보류 시 현행 협정사항이 효력을 얻는 초
    년도부터 4년 기간 동안 일본은,
   (1) 연합군의 권력과 구성국가들, 생산물자와 선박들을 수용한다.
    (i) 최혜국 협정을 수용하여 관세율 적용과 부과, 제한사항 그리고 기타
        물자수출입과 연관해서는 관련규정을 따른다.
    (ii) 해운, 항해 및 수입상품에 대한 내국민 대우와, 자연인, 법인 및 그들
         의 이익에 대한 내국민 대우. 다시 말해 그러한 대우는 세금의 부과
         및 징수, 재판을 받는 것, 계약의 체결 및 이행, (유,무형) 재산권, 일
         본법에 따라 구성된 자치단체의 참여 및 일반적으로 모든 종류의
         사업활동 및 직업활동의 수행에 관한 모든 사항들을 포함한다.
   (2) 일본 공기업들의 대외적인 매매는 오로지 상업적 고려만을 기준으로 하

고 있다는 것을 보장한다.

(c) 하지만, 어떤 문제에 대해 일본은 관련된 연합국이 같은 문제에 대해 일본에게 경우에 따라 내국민 대우나, 최혜국 대우를 주는 범위 내에서만, 그 연합국에게 내국민 대우나, 최혜국 대우를 주어야 한다.

앞에서 말한 상호주의는 연합국의 어떤 비수도권 지역의 생산품, 선박 및 자치단체, 그리고 그 지역에 거주하는 사람들의 경우에, 그리고 연방정부를 가지고 있는 어떤 연합국의 준, 지방의 자치단체와 그 주나 지방에 거주하는 사람들의 경우에, 그러한 지역이나, 주 또는 지방에서 일본에게 제공하는 대우를 참조하여 결정된다.

(d) 이 조를 적용함에 있어서, 차별적 조치는 그것을 적용하는 당사국의 통상조약에서 통상적으로 규정하고 있는 예외에 근거를 둔 것이라면, 또는 그 당사국의 대외적 재정 상태나, (해운 및 항해에 관한 부분을 제외한) 국제수지를 보호해야 할 필요요에 근거를 둔 것이라면, 또는 긴요한 안보상의 이익을 유지해야할 필요성에 건거를 둔 것이라면, 그리고 그러한 조치가 주변 상황과 조화를 이루면서, 자의적이거나, 비합리적으로 적용되지 않는다면, 경우에 따라서 내국민 대우나 최혜국 대우를 허용하는 것과 상충하는 것으로 간주되지는 않는다.

(e) 이 조에 의한 일본의 의무는 본 조약의 제14조에 의한 연합국의 어떤 권리 행사에 의해서도 영향을 받지 않는다. 아울러 이 조의 규정들은 본 조약의 제15조에 따라 일본이 감수해야 할 약속들을 제한하는 것으로 해석되어서는 안 된다.

제13조

(a) 일본은 국제 민간항공운송에 관한 양자간, 또는 다자간 협정을 체결하자는 어떤 연합국의 요구가 있을 때에는 즉시 해당 연합국들과 협상을 시작한다.

(b) 일본은 그러한 협정들이 체결될 때까지, 본 조약이 최초로 발효된 때부터 4년간, 항공 교통권에 대해 그 효력이 발생하는 날에 어떤 해당 연합국이 행사하는 것에 못지않은 대우를 해당 연합국에 제공하는 한편, 항공업무의 운영 및 개발에 관한 완전한 기회균등을 제공한다.

(c) 일본은 국제민간항공조약 제93조에 따라 동 조약의 당사국이 될 때까지, 항

공기의 국제 운항에 적용할 수 있는 동 조약의 규정들을 준수하는 동시에, 동 조약의 규정에 따라 동 조약의 부속서로 채택된 표준과 관행 및 절차들을 준수한다.

제5장 청구권과 재산

제14조

(a) 일본이 전쟁 중 일본에 의해 발생된 피해와 고통에 대해 연합국에 배상을 해야 한다는 것은 주지의 사실이다. 그럼에도 불구하고, 일본이 생존 가능한 경제를 유지하면서, 그러한 모든 피해와 고통에 대한 완전한 배상을 하는 동시에, 다른 의무들을 이행하기에는 일본의 자원이 현재 충분하지 않다는 것 또한 익히 알고 있는 사실이다.

따라서,

1. 일본은 즉각 현재의 영토가 일본군에 의해 점령당한, 그리고 일본에 의해 피해를 입은 연합국들에게 그들의 생산, 복구 및 다른 작업에 일본의 역무를 제공하는 등, 피해 복구 비용의 보상을 지원하기 위한 협상을 시작한다. 그러한 협상은 다른 연합국들에게 추가적인 부담을 부과하지 않아야 한다. 그리고 원자재의 제조가 필요하게 되는 경우, 일본에게 어떤 외환 부담이 돌아가지 않도록 원자재는 해당 연합국들이 공급한다.

2. (Ⅰ), 아래 (Ⅱ)호의 규정에 따라, 각 연합국은 본 조약의 최초의 효력 발생 시에 각 연합국의 관할 하에 있는 다음의 모든 재산과 권리 및 이익을 압수하거나, 보유하건, 또는 처분할 권리를 가진다.

(a) 일본 및 일본 국민,

(b) 일본 또는 일본 국민의 대리자 또는 대행자,

(c) 일본 또는 일본 국민이 소유하건, 지배하는 단체,

이 (Ⅰ)호에서 명시하는 재산, 권리 및 이익은 현재 동결되었거나, 귀속되었거나, 연합국 적산관리 당국이 소유하건, 관리하고 있는 것들을 포함하는데, 그것들은 앞의 (a)나, (b) 또는 (c)에 언급된 사람이나, 단체에 속하거나, 그들을 대신해서 보유했거나, 관리했던 것들인 동시에 그러한 당국의

관리하에 있던 것들이었다.

(Ⅱ) 다음은 위의 (Ⅰ)호에 명기된 권리로부터 제외된다.

(i) 전쟁 중, 일본이 점령한 영토가 아닌, 어떤 연합국의 영토에 해당 정부의 허가를 얻어 거주한 일본의 자연인 재산. 다만, 전쟁 중에 제한 조치를 받고서, 본 조약이 최초로 효력을 발생하는 날에 그러한 제한 조치로부터 해제되지 않은 재산은 제외한다.

(ii) 일본 정부 소유로 외교 및 영사 목적으로 사용한 모든 부동산과 가구 및 비품, 그리고 일본의 대사관 및 영사관 직원들이 소유한 것으로 통상적으로 대사관 및 영사관 업무를 수행하는데 필요한 모든 개인용 가구와 용구 및 투자 목적이 아닌 다른 개인 재산

(iii) 종교단체나, 민간 자선단체에 속하는 재산으로 종교적 또는 자선적 목적으로만 사용한 재산

(iv) 관련 국가와 일본 간에 1945년 9월 2일 이후에 재개된 무역 및 금융 관계에 의해 일본이 관할하게 된 재산과 권리 및 이익. 다만 관련 연합국의 법에 위반되는 거래로부터 발생한 것은 제외된다.

(v) 일본 또는 일본 국민의 채무, 일본에 소재하는 유형 재산에 관한 권리나, 소유권 또는 이익, 일본의 법률에 따라 조직된 기업에 과난 이익 또는 그것들에 대한 증서, 다만, 이 예외는, 일본의 통화로 표시된 일본 및 일본 국민의 채무에게만 적용한다.

(Ⅲ) 앞에서 언급된 예외 (i)로부터 (v)까지의 재산은 그 보존 및 관리를 위한 합리적인 비용의 지불을 조건으로 반환된다. 그러한 재산이 청산되었다면, 그 재산을 반환하는 대신에 그 매각대금을 반환한다.

(Ⅳ) 앞에 나온 (Ⅰ)호에 규정된 일본 재산을 압류하고, 유치하고, 청산하거나, 그 외 어떠한 방법으로 처분할 권리는 해당 연합국의 법률에 따라 행사되며, 그 소유자는 그러한 법률에 의해 본인에게 주어질 권리만을 가진다.

(V) 연합국은 일본의 상표권과 문학 및 예술 재산권을 각국의 일반적 사정이 허용하는 한, 일본에 유리하게 취급하는 것에 동의한다.

(b) 연합국은 본 조약에 특별한 규정이 있는 경우를 제외하고, 연합국의 모든 배상 청구권과 전쟁 수행과정에서 일본 및 그 국민이 자행한 어떤 행동으

로부터 발생된 연합국 및 그 국민의 다른 청구권, 그리고 점령에 따른 직접적인 군사적 비용에 관한 연합국의 청구권을 포기한다.

제15조

(a) 본 조약이 일본과 해당 연합국 간에 효력이 발생된지 9개월 이내에 신청이 있을 경우, 일본은 그 신청일로부터 6개월 이내에, 1941년 12월 7일부터 1945년 9월 2일까지 일본에 있던 각 연합국과 그 국민의 유형 및 무형 재산과, 종류의 여하를 불문한 모든 권리 또는 이익을 반환한다. 다만, 그 소유주가 강박이나, 사기를 당하지 않고 자유로이 처분한 것은 제외한다. 그러한 재산은 전쟁으로 말미암아 부과될 수 있는 모든 부담금 및 과금을 지불하지 않는 동시에, 그 반환을 위한 어떤 과금도 지불하지 않고서 반환된다. 소유자나 그 소유자를 대신하여, 또는 그 소유자의 정부가 소장기간 내에 반환을 신청하지 않는 재산은 일본 정부가 임의로 처분할 수 있다. 그러한 재산이 1941년 12월 7일에 일본 내에 존재하고 있었으나, 반환될 수 없거나, 전쟁의 결과로 손상이나 피해를 입은 경우, 1951년 7월 13일에 일본 내각에서 승인된 연합국 재산보상법안이 정하는 조건보다 불리하지 않는 조건으로 보상된다.

(b) 전쟁 중에 침해된 공업 재산권에 대해서, 일본은 현재 모두 수정되었지만, 1949년 9월 1일 시행 각령 제309호, 1950년 1월 28일 시행 각령 제12호 및 1950년 2월 1일 시행 각령 제9호에 의해 지금까지 주어진 것보다 불리하지 않는 이익을 계속해서 연합국 및 그 국민에게 제공한다. 다만, 그 연합국의 국민들이 각령에 정해진 기한까지 그러한 이익을 제공해주도록 신청한 경우에만 그러하다.

(c) (ⅰ) 1941년 12월 6일에 일본에 존재했던, 출판여부를 불문하고, 연합국과 그 국민들의 작품들에 대해서, 문학과 예술의 지적재산권이 그 날짜 이후로 계속해서 유효했음을 인정하고, 전쟁의 발발로 인해서 일본 국내법이나 관련 연합국의 법률에 의해서 어떤 회의나 협정이 폐기 혹은 중지 되었거나 상관없이, 그 날짜에 일본이 한 쪽 당사자였던 그런 회의나 협정의 시행으로, 그 날짜 이후로 일본에서 발생했거나, 전쟁이 없었다면 발생했을 권리를 승인한다.

(ⅱ) 그 권리의 소유자 신청할 필요도 없이, 또 어떤 수수료의 지불이나 다른
어떤 형식에 구애됨이 없이, 1941년 12월 7일부터, 일본과 관련 연합국
간의 본 협정이 시행되는 날까지의 기간은 그런 권리의 정상적인 사용
기간에서 제외될 것이다. 그리고 그 기간은, 추가 6개월의 기간을 더해
서, 일본에서 번역판권을 얻기 위해서 일본어로 번역되어야 한다고 정
해진 시간에서 제외될 것이다.

제16조

일본의 전쟁포로로서 부당하게 고통을 겪은 연합국 군인들을 배상하는 한 가
지 방식으로, 일본은 전쟁기간 동안 중립국이었던 나라나, 연합국과 같이 참전
했던 나라에 있는 연합국과 그 국민의 재산, 혹은 선택사항으로 그것과 동등한
가치를, 국제적십자 위원회에 이전해 줄 것이고, 국제적십자위원회는 그 재산
을 청산해서 적절한 국재 기관에 협력기금으 분배하게 될 것이다. 공정하다고
판단될 수 있는 논리로, 과거 전쟁포로와 그 가족들의 권익을 위해서. (앞문장
의 일부분)본 협정의 제14조(a)2(Ⅱ)(ⅱ)부터 (Ⅴ)까지에 규정된 범위의 재산은,
본 협정이 시행되는 첫 날, 일본에 거주하지 않는 일본국민들의 재산과 마찬가
지로 이전대상에서 제외될 것이다. 이 항의 이전조항은 현재 일본 재정기관이
보유한 국제결재은행의 주식 19,770주에 대해서는 적용되지 않는다는 것도 동
시에 양해한다.

제17조

(a) 어떤 연합국이든지 요청하면, 연합국 국민의 소유권과 관련된 사건에서, 일
본정부는 국제법에 따라서 일본 상벌위원회의 결정이나 명령을 재검토하거
나 수정해야 하고, 결정이나 명령을 포함해서, 이런 사건들의 기록을 포함
한 모든 문서의 사본을 제공해야 한다. 원상복구가 옳다는 재검토나 수정이
나온 사건에서는, 제15조의 조항이 관련 소유권에 적용되어야 할 것이다.

(b) 일본정부는 필요한 조치를 취해서, 일본과 관련 연합국 간의 본 협정이 시
행되는 첫날로부터 일년 이내에 언제라도, 어떤 연합 국민이든지 1941년
12월 7일과 시행되는 날 사이에 일본법정으로부터 받은 어떤 판결에 대해
서도, 일본 관계당국에 재심을 신청할 수 있도록 해야 하며, 이것은 그 국민

이 원고나 피고로서 적절한 제청을 할 수 있는 어떤 소추에서라도 적용되어야 한다. 일본정부는 해당 국민이 그러한 어떤 재판에 의해 손해를 입었을 경우에는, 그 사람을 그 재판을 하기 전의 상태로 원상복구시켜 주도록 하거나, 그 사람이 공정하고 정당한 구제를 받을 수 있도록 조치해야 한다.

제18조

(a) 전쟁상태의 개입은, (채권에 관한 것을 포함한)기존의 의무 및 계약으로부터 금전상의 채무를 상환할 의무, 그리고 전쟁상태 이전에 취득된 권리로서, 일본정부나 그 국민들이 연합국의 한 나라의 정부나 그 국민들에게 또는 연합국의 한 나라의 정부나 그 국민들이 일본정부나 그 국민들에게 주어야 하는 권리에 영향을 미치지 않는다는 것을 인정한다. 그와 마찬가지로 전쟁상태의 개입은 전쟁상태 이전에 발생한 것으로, 연합국의 한 나라의 정부가 일본정부에 대해, 또는 일본정부가 연합국의 한나라의 정부에 대해 제개하건, 재제기할 수 있는 재산의 멸실이나, 손해 또는 개인적 상해나, 사망으로 인한 청구권을 검토할 의무에 영향을 미치는 것으로 간주되지 않는다. 이 항의 규정은 제41조에 의해 부여되는 권리를 침해하지 않는다.

(b) 일본은 일본의 전쟁 전의 대외채무에 관한 책임과, 뒤에 일본의 책임이라고 선언된 단체들의 채무에 관한 책임을 질 것을 천명하면서, 빠른 시일 내에 그러한 채무의 지불 재개에 대해 채권자들과 협상을 시작하고, 전쟁 전의 다른 청구권들과 의무들에 대한 협상을 촉진하며, 그에 따라 상환을 용이하게 하겠다는 의향을 표명한다.

제19조

(a) 일본은 전쟁으로부터 발생했건, 전쟁상태의 존재로 말미암아 취해진 조치들로부터 발생한 연합국들과 그 국민들에 대한 일본 및 일본 국민들의 모든 청구권을 포기하는 한편, 본 조약이 발효되기 전에 일본영토 내에서 연합국 군대나 당국의 존재, 직무수행 또는 행동들로부터 생긴 모든 청구권을 포기한다.

(b) 앞에서 언급한 포기에는 1939년 9월 1일부터 본 조약의 효력발생시까지의 사이에 일본의 선박에 관해서 연합국이 취한 조치로부터 생긴 청구권은 물

론 연합국의 수중에 있는 일본전쟁포로와 민간인 피억류자에 관해서 생긴 모든 청구권 및 채권이 포함된다. 다만, 1945년 9월 2일 이후 어떤 연합국이 제정한 법률로 특별히 인정된 일본인의 청구권은 포함되지 않는다.

(c) 일본정부는 또한 상호포기를 조건으로 정부 간의 청구권 및 전쟁 중에 입은 멸실 또는 손해에 관한 청구권을 포함한 독일과 독일 국민에 대한 (채권을 포함한) 모든 청구권을 일본정부와 일본국민을 위해서 포기한다. 다만, (a)1939녀 9월 1일 이전에 체결된 계약 및 취득된 권리에 관한 청구권과, (b)1945년 9월 2일 후에 일본과 독일 간의 무역 및 금융의 관계로부터 생긴 청구권은 제외한다. 그러한 포기는 본 조약 제16조 및 제20조에 따라 취해진 조치들에 저촉되지 않는다.

(d) 일본은 점령기간 동안, 점령당국의 지시에 따라 또는 그 지시의 결과로 행해졌거나 당시의 일본법에 의해 인정된 모든 작위 또는 부작위 행위의 효력을 인정하며, 연합국 국민들에게 그러한 작위 또는 부작위 행위로부터 발생하는 민사 또는 형사책임을 묻는 어떤 조치도 취하지 않는다.

제20조
일본은 1945년 베를린 회의의 협약의정서에 따라 일본 내의 독일재산을 처분할 권리를 가지게 되는 제국이 그러한 재산의 처분을 결정하거나 결정할 수 있도록 보장하기 위한 필요한 모든 조치를 취한다. 그리고 그러한 재산이 최종적으로 처분될 때까지 그 보존 및 관리에 대한 책임을 진다.

제21조
중국은 본 조약 제25조의 규정에 관계없이, 제10조 및 제14조(a)2의 이익을 받을 권리를 가지며, 한국은 본 조약의 제2조, 제4조, 제9조 및 제12조의 이익을 받을 권리를 가진다.

제6장 분쟁의 해결

제22조

본 조약의 어떤 당사국이 볼 때, 특별청구권재판소나 다른 합의된 방법으로 해결되지 않는 본 조약의 해석 또는 실행에 관한 분쟁이 발생한 경우, 그러한 분쟁은 어떤 분쟁 당사국의 요청에 의해 그러한 분쟁에 대한 결정을 얻기 위해 국제사법재판소로 회부된다. 일본과, 아직 구제사법재판소 규정상의 당사국이 아닌 연합국은 각각 본 조약을 비준할 때, 그리고 1946년 10월 15일의 국제연합 안전보장이사회의 결의에 따라, 특별한 합의 없이, 이 조항에서 말하는 모든 분쟁에 대한 국제사법재판소의 전반적인 관할권을 수락하는 일반선언서를 동 재판소 서기에 기탁한다.

제7장 최종조항

제23조

(a) 본 조약은 일본을 포함하여 본 조약에 서명하는 나라에 의해 비준된다. 본 조약은 비준서가 일본에 의해, 그리고 호주, 캐나다, 실론, 프랑스, 인도네시아, 네더란드, 뉴질랜드, 필리핀, 영국과 북아일랜드, 미국 중, 가장 중요한 점령국인 미국을 포함한 과반수에 의해 기탁되었을 대, 그것을 비준한 모든 나라들에게 효력을 발한다.

(b) 일본이 비준서를 기탁한 후 9개월 이내에 본 조약이 발효되지 않는다면, 본 조약을 비준한 나라는 모두 일본이 비준서를 기탁한 후 3년 이내에 일본정부 및 미국정부에 그러한 취지를 통고함으로써 자국과 일본 사이에 본 조약을 발효시키게 할 수 있다.

제24조

모든 비준서는 미국정부에 기탁해야 한다. 미국정부는 제23조 (a)에 의거한 본 조약의 효력발생일과 제23조 (b)에 따라 행해지는 어떤 통고를 모든 서명국에 통지한다.

제25조
본 조약의 적용상, 연합국이란 일본과 전쟁하고 있던 나라들이나, 이전 제23조
에 명명된 나라의 영토의 일부를 이루고 있었던 어떤 나라를 말한다. 다만, 각
경우 관련된 나라가 본 조약에 서명하여, 본 조약을 비준하는 것으로 조건으로
한다. 본 조약은 제21조의 규정에 따라 여기에 정의된 연합국이 아닌 나라에
대해서는 어떠한 권리나, 소유권 또는 이익도 주지 않는다. 아울러 본 조약의
어떠한 규정에 의해 앞에서 정의된 연합국이 아닌 나라를 위해 일본의 어떠한
권리나, 소유권 또는 이익이 제한되건, 훼손되지 않는다.

제26조
일본은 1942년 1월 1일 국제연합선언문에 서명하건, 동의하는 어떤 국가와, 일
본과 전쟁상태에 있는 어떤 국가, 또는 이전에 본 조약의 서명국이 아닌 제23
조에 명명된 어떤 국가의 영토의 일부를 이루고 있던 어떤 나라와 본 조약에
규정된 것과 동일하거나, 실질적으로 동일한 조건으로 양자 간의 평화조약을
체결할 준비를 해야 한다. 다만, 이러한 일본의 의무는 본 조약이 최초로 발효
된 지 3년 뒤에 소멸된다. 일본이 조약이 체결할 준비를 해야 한다. 다만, 이러
한 의무는 본 조약이 최초로 발효된 지 3년 뒤에 소멸된다. 일본이 본 조약이
제공하는 것보다 더 많은 이익을 주는 어떤 국가와 평화적인 해결을 하건, 전
쟁청구권을 처리할 경우, 그러한 이익은 본 조약의 당사국들에게도 적용되어
야 한다.

제27조
본 조약은 미국정부의 기록보관소에 저장된다. 미국정부는 인증된 등본을 각
서명국에 교부한다.
이상으로 서명의 전권대표는 본 조약에 서명했다.

1951년 9월 8일, 샌프란시스코시에서 동일한 자격의 정문인 영어, 프랑스어 및
스페인어로, 그리고 일본어로 작성되었다.

TREATY OF PEACE WITH JAPAN

WHEREAS the Allied Powers and Japan are resolved that henceforth their relations shall be those of nations which, as sovereign equals, cooperate in friendly association to promote their common welfare and to maintain international peace and security, and are therefore desirous of concluding a Treaty of Peace which will settle questions still outstanding as a result of the existence of a state of war between them;

WHEREAS Japan for its part declares its intention to apply for membership in the United Nations and in all circumstances to conform to the principles of the Charter of the United Nations; to strive to realize the objectives of the Universal Declaration of Human Rights; to seek to create within Japan conditions of stability and well-being as defined in Articles 55 and 56 of the Charter of the United Nations and already initiated by post-surrender Japanese legislation; and in public and private trade and commerce to conform to internationally accepted fair practices;

WHEREAS the Allied Powers welcome the intentions of Japan set out in the foregoing paragraph;

THE ALLIED POWERS AND JAPAN have therefore determined to conclude the present Treaty of Peace, and have accordingly appointed the undersigned Plenipotentiaries, who, after presentation of their full powers, found in good and due form, have agreed on the following provisions:

CHAPTER I. PEACE

Article 1

(a) The state of war between Japan and each of the Allied Powers is terminated as from the date on which the present Treaty comes into force between Japan and the Allied Power concerned as provided for in Article 23.

(b) The Allied Powers recognize the full sovereignty of the Japanese people over Japan and its territorial waters.

CHAPTER II. TERRITORY

Article 2

(a) Japan recognizing the independence of Korea, renounces all right, title and claim to Korea, including the islands of Quelpart, Port Hamilton and Dagelet.

(b) Japan renounces all right, title and claim to Formosa and the Pescadores.

(c) Japan renounces all right, title and claim to the Kurile Islands, and to that portion of Sakhalin and the islands adjacent to it over which Japan acquired sovereignty as a consequence of the Treaty of Portsmouth of 5 September 1905.

(d) Japan renounces all right, title and claim in connection with the League of Nations Mandate System, and accepts the action of the United Nations Security Council of 2 April 1947, extending the trusteeship system to the Pacific Islands formerly under mandate to Japan.

(e) Japan renounces all claim to any right or title to or interest in connection with any part of the Antarctic area, whether deriving from the activities of Japanese nationals or otherwise.

(f) Japan renounces all right, title and claim to the Spratly Islands and to the Paracel Islands.

Article 3

Japan will concur in any proposal of the United States to the United Nations to place under its trusteeship system, with the United States as the sole administering authority, Nansei Shoto south of 29deg. north latitude (including the Ryukyu Islands and the Daito Islands), Nanpo Shoto south of Sofu Gan (including the Bonin Islands, Rosario Island and the Volcano Islands) and Parece Vela and Marcus Island. Pending the making of such a proposal and affirmative action thereon, the United States will have the right to exercise all and any powers of administration, legislation and jurisdiction over the territory and inhabitants of these islands, including their territorial waters.

Article 4

(a) Subject to the provisions of paragraph (b) of this Article, the disposition of property of Japan and of its nationals in the areas referred to in Article 2, and their claims, including debts, against the authorities presently administering such areas and the residents (including juridical persons) thereof, and the disposition in Japan of property of such authorities and residents, and of claims, including debts, of such authorities and residents against Japan and its nationals, shall be the subject of special arrangements between Japan and such authorities. The property of any of the Allied Powers or its nationals in the areas referred to in Article 2 shall, insofar as this has not already been done, be returned by the administering authority in the condition in which it now exists. (The term nationals whenever used in the present Treaty includes juridical persons.)

(b) Japan recognizes the validity of dispositions of property of Japan and Japanese nationals made by or pursuant to directives of the United States Military Government in any of the areas referred to in Articles 2 and 3.

(c) Japanese owned submarine cables connection Japan with territory removed from Japanese control pursuant to the present Treaty shall be equally divided, Japan retaining the Japanese terminal and adjoining half of the cable, and the detached territory the remainder of the cable and connecting terminal facilities.

CHAPTER III. SECURITY

Article 5

(a) Japan accepts the obligations set forth in Article 2 of the Charter of the United Nations, and in particular the obligations

(i) to settle its international disputes by peaceful means in such a manner that international peace and security, and justice, are not endangered;

(ii) to refrain in its international relations from the threat or use of force against the territorial integrity or political independence of any State or in any other manner inconsistent with the Purposes of the United Nations;

(iii) to give the United Nations every assistance in any action it takes in accordance with the Charter and to refrain from giving assistance to any State against which the United Nations may take preventive or enforcement action.

(b) The Allied Powers confirm that they will be guided by the principles of Article 2 of the Charter of the United Nations in their relations with Japan.

(c) The Allied Powers for their part recognize that Japan as a sovereign nation possesses the inherent right of individual or collective self-defense referred to in Article 51 of the Charter of the United Nations and that Japan may voluntarily enter into collective security arrangements.

Article 6

(a) All occupation forces of the Allied Powers shall be withdrawn from Japan as soon as possible after the coming into force of the present Treaty, and in any case not later than 90 days thereafter. Nothing in this provision shall, however, prevent the stationing or retention of foreign armed forces in Japanese territory under or in consequence of any bilateral or multilateral agreements which have been or may be made between one or more of the Allied Powers, on the one hand, and Japan on the other.

(b) The provisions of Article 9 of the Potsdam Proclamation of 26 July 1945, dealing with the return of Japanese military forces to their homes, to the extent not already completed, will be carried out.

(c) All Japanese property for which compensation has not already been paid, which was supplied for the use of the occupation forces and which remains in the possession of those forces at the time of the coming into force of the present Treaty, shall be returned to the Japanese Government within the same 90 days unless other arrangements are made by mutual agreement.

CHAPTER IV. POLITICAL AND ECONOMIC CLAUSES

Article 7

(a) Each of the Allied Powers, within one year after the present Treaty has come into force between it and Japan, will notify Japan which of its prewar bilateral treaties or conventions with Japan it wishes to continue in force or revive, and any treaties or conventions so notified shall continue in force or by revived subject only to such amendments as may be necessary to ensure conformity with the present Treaty. The treaties and conventions so notified shall be considered as having been continued in force or revived three months after the date of notification and shall be registered with the Secretariat of the United Nations. All such treaties and conventions as to which Japan is not so notified shall be regarded as abrogated.

(b) Any notification made under paragraph (a) of this Article may except from the operation or revival of a treaty or convention any territory for the international relations of which the notifying Power is responsible, until three months after the date on which notice is given to Japan that such exception shall cease to apply.

Article 8

(a) Japan will recognize the full force of all treaties now or hereafter concluded by the Allied Powers for terminating the state of war initiated on 1 September 1939, as well as any other arrangements by the Allied Powers for or in connection with the restoration of peace. Japan also accepts the arrangements made for terminating the former League of Nations and Permanent Court of International Justice.

(b) Japan renounces all such rights and interests as it may derive from being a signatory power of the Conventions of St. Germain-en-Laye of 10 September 1919, and the Straits Agreement of Montreux of 20 July 1936, and from Article 16 of the Treaty of Peace with Turkey signed at Lausanne on 24 July 1923.

(c) Japan renounces all rights, title and interests acquired under, and is discharged from all obligations resulting from, the Agreement between Germany and the Creditor Powers of 20 January 1930 and its Annexes, including the Trust Agreement, dated 17 May 1930, the Convention of 20 January 1930, respecting the Bank for International Settlements; and the Statutes of the Bank for International Settlements. Japan will notify to the Ministry of Foreign Affairs in Paris within six months of the first coming into force of the present Treaty its renunciation of the rights, title and interests referred to in this paragraph.

Article 9

Japan will enter promptly into negotiations with the Allied Powers so desiring for the conclusion of bilateral and multilateral agreements providing for the regulation or limitation of fishing and the conservation and development of fisheries on the high seas.

Article 10

Japan renounces all special rights and interests in China, including all benefits and privileges resulting from the provisions of the final Protocol signed at Peking on 7 September 1901, and all annexes, notes and documents supplementary thereto, and agrees to the abrogation in respect to Japan of the said protocol, annexes, notes and documents.

Article 11

Japan accepts the judgments of the International Military Tribunal for the Far East and of other Allied War Crimes Courts both within and outside Japan, and will carry out the sentences imposed thereby upon Japanese nationals imprisoned in Japan. The power to grant clemency, to reduce sentences and to parole with respect to such prisoners may not be exercised except on the decision of the Government or Governments which imposed the sentence in each instance, and on recommendation of Japan. In the case of persons sentenced by the International Military Tribunal for the Far East, such power may not be exercised except on the decision of a majority of the Governments represented on the Tribunal, and on the recommendation of Japan.

Article 12

(a) Japan declares its readiness promptly to enter into negotiations for the conclusion with each of the Allied Powers of treaties or agreements to place their trading, maritime and other commercial relations on a stable and friendly basis.

(b) Pending the conclusion of the relevant treaty or agreement, Japan will, during a period of four years from the first coming into force of the present Treaty

  (1) accord to each of the Allied Powers, its nationals, products and vessels

    (i) most-favoured-nation treatment with respect to customs duties, charges, restrictions and other regulations on or in connection with the importation and exportation of goods;

    (ii) national treatment with respect to shipping, navigation and imported goods, and with respect to natural and juridical persons and their interests - such treatment to include all matters pertaining to the levying and collection of taxes, access to the courts, the making and performance of contracts, rights to property (tangible and intangible), participating in juridical entities constituted under Japanese law, and generally the conduct of all kinds of business and professional activities;

  (2) ensure that external purchases and sales of Japanese state trading enterprises

shall be based solely on commercial considerations.

(c) In respect to any matter, however, Japan shall be obliged to accord to an Allied Power national treatment, or most-favored-nation treatment, only to the extent that the Allied Power concerned accords Japan national treatment or most-favored-nation treatment, as the case may be, in respect of the same matter. The reciprocity envisaged in the foregoing sentence shall be determined, in the case of products, vessels and juridical entities of, and persons domiciled in, any non-metropolitan territory of an Allied Power, and in the case of juridical entities of, and persons domiciled in, any state or province of an Allied Power having a federal government, by reference to the treatment accorded to Japan in such territory, state or province.

(d) In the application of this Article, a discriminatory measure shall not be considered to derogate from the grant of national or most-favored-nation treatment, as the case may be, if such measure is based on an exception customarily provided for in the commercial treaties of the party applying it, or on the need to safeguard that party's external financial position or balance of payments (except in respect to shiping and navigation), or on the need to maintain its essential security interests, and provided such measure is proportionate to the circumstances and not applied in an arbitrary or unreasonable manner.

(e) Japan's obligations under this Article shall not be affected by the exercise of any Allied rights under Article 14 of the present Treaty; nor shall the provisions of this Article be understood as limiting the undertakings assumed by Japan by virtue of Article 15 of the Treaty.

Article 13

(a) Japan will enter into negotiations with any of the Allied Powers, promptly upon the request of such Power or Powers, for the conclusion of bilateral or multilateral agreements relating to international civil air transport.

(b) Pending the conclusion of such agreement or agreements, Japan will, during a period of four years from the first coming into force of the present Treaty, extend to such Power treatment not less favorable with respect to air-traffic rights and privileges than those exercised by any such Powers at the date of such coming into force, and will accord complete equality of opportunity in respect to the operation and development of air services.

(c) Pending its becoming a party to the Convention on International Civil Aviation in accordance with Article 93 thereof, Japan will give effect to the provisions of that Convention applicable to the international navigation of aircraft, and will give effect to the standards, practices and procedures adopted as annexes to the Convention in accordance with the terms of the Convention.

CHAPTER V. CLAIMS AND PROPERTY

Article 14

(a) It is recognized that Japan should pay reparations to the Allied Powers for the damage and suffering caused by it during the war. Nevertheless it is also recognized that the resources of Japan are not presently sufficient, if it is to maintain a viable economy, to make complete reparation for all such damage and suffering and at the same time meet its other obligations.

Therefore,

1. Japan will promptly enter into negotiations with Allied Powers so desiring, whose present territories were occupied by Japanese forces and damaged by Japan, with a view to assisting to compensate those countries for the cost of repairing the damage done, by making available the services of the Japanese people in production, salvaging and other work for the Allied Powers in question. Such arrangements shall avoid the imposition of additional liabilities on other Allied Powers, and, where the manufacturing of raw materials is called for, they shall be supplied by the Allied Powers in question, so as not to throw any foreign exchange burden upon Japan.

2. (I) Subject to the provisions of subparagraph (II) below, each of the Allied

Powers shall have the right to seize, retain, liquidate or otherwise dispose of all property, rights and interests of

(a) Japan and Japanese nationals,

(b) persons acting for or on behalf of Japan or Japanese nationals, and

(c) entities owned or controlled by Japan or Japanese nationals,

which on the first coming into force of the present Treaty were subject to its jurisdiction. The property, rights and interests specified in this subparagraph shall include those now blocked, vested or in the possession or under the control of enemy property authorities of Allied Powers, which belong to, or were held or managed on behalf of, any of the persons or entities mentioned in (a), (b) or (c) above at the time such assets came under the controls of such authorities.

(Ⅱ) The following shall be excepted from the right specified in subparagraph (I) above:

(i) property of Japanese natural persons who during the war resided with the permission of the Government concerned in the territory of one of the Allied Powers, other than territory occupied by Japan, except property subjected to restrictions during the war and not released from such restrictions as of the date of the first coming into force of the present Treaty;

(ii) all real property, furniture and fixtures owned by the Government of Japan and used for diplomatic or consular purposes, and all personal furniture and furnishings and other private property not of an investment nature which was normally necessary for the carrying out of diplomatic and consular functions, owned by Japanese diplomatic and consular personnel;

(iii) property belonging to religious bodies or private charitable institutions and used exclusively for religious or charitable purposes;

(iv) property, rights and interests which have come within its jurisdiction in consequence of the resumption of trade and financial relations subsequent to 2 September 1945, between the country concerned and Japan, except such as have resulted from transactions contrary to the laws of the Allied

Power concerned;

(v) obligations of Japan or Japanese nationals, any right, title or interest in tangible property located in Japan, interests in enterprises organized under the laws of Japan, or any paper evidence thereof; provided that this exception shall only apply to obligations of Japan and its nationals expressed in Japanese currency.

(Ⅲ) Property referred to in exceptions (i) through (v) above shall be returned subject to reasonable expenses for its preservation and administration. If any such property has been liquidated the proceeds shall be returned instead.

(Ⅳ) The right to seize, retain, liquidate or otherwise dispose of property as provided in subparagraph (I) above shall be exercised in accordance with the laws of the Allied Power concerned, and the owner shall have only such rights as may be given him by those laws.

(Ⅴ) The Allied Powers agree to deal with Japanese trademarks and literary and artistic property rights on a basis as favorable to Japan as circumstances ruling in each country will permit.

(b) Except as otherwise provided in the present Treaty, the Allied Powers waive all reparations claims of the Allied Powers, other claims of the Allied Powers and their nationals arising out of any actions taken by Japan and its nationals in the course of the prosecution of the war, and claims of the Allied Powers for direct military costs of occupation.

Article 15

(a) Upon application made within nine months of the coming into force of the present Treaty between Japan and the Allied Power concerned, Japan will, within six months of the date of such application, return the property, tangible and intangible, and all rights or interests of any kind in Japan of each Allied Power and its nationals which was within Japan at any time between 7 December 1941 and 2 September 1945, unless the owner has freely disposed thereof without duress or fraud. Such property shall be returned free of all encumbrances and charges to which it may have become subject because of the war, and without any charges for its return. Property whose return is not applied for by or on behalf of the owner or by his Government within the prescribed period may be disposed of by the Japanese Government as it may determine. In cases where such property was within Japan on 7 December 1941, and cannot be returned or has suffered injury or damage as a result of the war, compensation will be made on terms not less favorable than the terms provided in the draft Allied Powers Property Compensation Law approved by the Japanese Cabinet on 13 July 1951.

(b) With respect to industrial property rights impaired during the war, Japan will continue to accord to the Allied Powers and their nationals benefits no less than those heretofore accorded by Cabinet Orders No. 309 effective 1 September 1949, No. 12 effective 28 January 1950, and No. 9 effective 1 February 1950, all as now amended, provided such nationals have applied for such benefits within the time limits prescribed therein.

(c) (i) Japan acknowledges that the literary and artistic property rights which existed in Japan on 6 December 1941, in respect to the published and unpublished works of the Allied Powers and their nationals have continued in force since that date, and recognizes those rights which have arisen, or but for the war would have arisen, in Japan since that date, by the operation of any conventions and agreements to which Japan was a party on that date, irrespective of whether or not such conventions or agreements were abrogated or suspended upon or since the outbreak of war by the domestic law of Japan or of the Allied Power concerned.

(ii) Without the need for application by the proprietor of the right and without the payment of any fee or compliance with any other formality, the period from 7 December 1941 until the coming into force of the present Treaty between Japan and the Allied Power concerned shall be excluded from the running of the normal term of such rights; and such period, with an additional period of six months, shall be excluded from the time within which a literary work must be translated into Japanese in order to obtain translating rights in Japan.

Article 16

As an expression of its desire to indemnify those members of the armed forces of the Allied Powers who suffered undue hardships while prisoners of war of Japan, Japan will transfer its assets and those of its nationals in countries which were neutral during the war, or which were at war with any of the Allied Powers, or, at its option, the equivalent of such assets, to the International Committee of the Red Cross which shall liquidate such assets and distribute the resultant fund to appropriate national agencies, for the benefit of former prisoners of war and their families on such basis as it may determine to be equitable. The categories of assets described in Article 14(a)2(II)(ii) through (v) of the present Treaty shall be excepted from transfer, as well as assets of Japanese natural persons not residents of Japan on the first coming into force of the Treaty. It is equally understood that the transfer provision of this Article has no application to the 19,770 shares in the Bank for International Settlements presently owned by Japanese financial institutions.

Article 17

(a) Upon the request of any of the Allied Powers, the Japanese Government shall review and revise in conformity with international law any decision or order of the Japanese Prize Courts in cases involving ownership rights of nationals of that Allied Power and shall supply copies of all documents comprising the records of these cases, including the decisions taken and orders issued. In any case in which such review or revision shows that restoration is due, the provisions of Article 15 shall apply to the property concerned.

(b) The Japanese Government shall take the necessary measures to enable nationals of any of the Allied Powers at any time within one year from the coming into force of the present Treaty between Japan and the Allied Power concerned to submit to the appropriate Japanese authorities for review any judgment given by a Japanese court between 7 December 1941 and such coming into force, in any proceedings in which any such national was unable to make adequate presentation of his case either as plaintiff or defendant. The Japanese Government shall provide that, where the national has suffered injury by reason of any such judgment, he shall be restored in the position in which he was before the judgment was given or shall be afforded such relief as may be just and equitable in the circumstances.

Article 18

(a) It is recognized that the intervention of the state of war has not affected the obligation to pay pecuniary debts arising out of obligations and contracts (including those in respect of bonds) which existed and rights which were acquired before the existence of a state of war, and which are due by the Government or nationals of Japan to the Government or nationals of one of the Allied Powers, or are due by the Government or nationals of one of the Allied Powers to the Government or nationals of Japan. The intervention of a state of war shall equally not be regarded as affecting the obligation to consider on their merits claims for loss or damage to property or for personal injury or death which arose before the existence of a state of war, and which may be presented or re-presented by the Government of one of the Allied Powers to the Government of Japan, or by the Government of Japan to any of the Governments of the Allied Powers. The provisions of this paragraph are without prejudice to the rights conferred by Article 14.

(b) Japan affirms its liability for the prewar external debt of the Japanese State and for debts of corporate bodies subsequently declared to be liabilities of the Japanese State, and expresses its intention to enter into negotiations at an early date with its creditors with respect to the resumption of payments on those debts; to encourage negotiations in respect to other prewar claims and obligations; and to facilitate the transfer of sums accordingly.

Article 19

(a) Japan waives all claims of Japan and its nationals against the Allied Powers and their nationals arising out of the war or out of actions taken because of the existence of a state of war, and waives all claims arising from the presence, operations or actions of forces or authorities of any of the Allied Powers in Japanese territory prior to the coming into force of the present Treaty.

(b) The foregoing waiver includes any claims arising out of actions taken by any of the Allied Powers with respect to Japanese ships between 1 September 1939 and the coming into force of the present Treaty, as well as any claims and debts arising in respect to Japanese prisoners of war and civilian internees in the hands of the Allied Powers, but does not include Japanese claims specifically recognized in the laws of any Allied Power enacted since 2 September 1945.

(c) Subject to reciprocal renunciation, the Japanese Government also renounces all claims (including debts) against Germany and German nationals on behalf of the Japanese Government and Japanese nationals, including intergovernmental claims and claims for loss or damage sustained during the war, but excepting (a) claims in respect of contracts entered into and rights acquired before 1 September 1939, and (b) claims arising out of trade and financial relations between Japan and Germany after 2 September 1945. Such renunciation shall not prejudice actions taken in accordance with Articles 16 and 20 of the present Treaty.

(d) Japan recognizes the validity of all acts and omissions done during the period of occupation under or in consequence of directives of the occupation authorities or authorized by Japanese law at that time, and will take no action subjecting Allied nationals to civil or criminal liability arising out of such acts or omissions.

Article 20

Japan will take all necessary measures to ensure such disposition of German assets in Japan as has been or may be determined by those powers entitled under the Protocol of the proceedings of the Berlin Conference of 1945 to dispose of those assets, and pending the final disposition of such assets will be responsible for the conservation and administration thereof.

Article 21

Notwithstanding the provisions of Article 25 of the present Treaty, China shall be entitled to the benefits of Articles 10 and 14(a)2; and Korea to the benefits of Articles 2, 4, 9 and 12 of the present Treaty.

CHAPTER VI. SETTLEMENT OF DISPUTES

Article 22

If in the opinion of any Party to the present Treaty there has arisen a dispute concerning the interpretation or execution of the Treaty, which is not settled by reference to a special claims tribunal or by other agreed means, the dispute shall, at the request of any party thereto, be referred for decision to the International Court of Justice. Japan and those Allied Powers which are not already parties to the Statute of the International Court of Justice will deposit with the Registrar of the Court, at the time of their respective ratifications of the present Treaty, and in conformity with the resolution of the United Nations Security Council, dated 15 October 1946, a general declaration accepting the jurisdiction, without special agreement, of the Court generally in respect to all disputes of the character referred to in this Article.

CHAPTER VII. FINAL CLAUSES

Article 23

(a) The present Treaty shall be ratified by the States which sign it, including Japan, and will come into force for all the States which have then ratified it, when instruments of ratification have been deposited by Japan and by a majority, including the United States of America as the principal occupying Power, of the following States, namely Australia, Canada, Ceylon, France, Indonesia, the Kingdom of the Netherlands, New Zealand, Pakistan, the Republic of the Philippines, the United Kingdom of Great Britain and Northern Ireland, and the United States of America. The present Treaty shall come into force of each State which subsequently ratifies it, on the date of the deposit of its instrument of ratification.

(b) If the Treaty has not come into force within nine months after the date of the deposit of Japan's ratification, any State which has ratified it may bring the Treaty into force between itself and Japan by a notification to that effect given to the Governments of Japan and the United States of America not later than three years after the date of deposit of Japan's ratification.

Article 24

All instruments of ratification shall be deposited with the Government of the United States of America which will notify all the signatory States of each such deposit, of the date of the coming into force of the Treaty under paragraph (a) of Article 23, and of any notifications made under paragraph (b) of Article 23.

Article 25

For the purposes of the present Treaty the Allied Powers shall be the States at war with Japan, or any State which previously formed a part of the territory of a State named in Article 23, provided that in each case the State concerned has signed and ratified the Treaty. Subject to the provisions of Article 21, the present Treaty shall not confer any rights, titles or benefits on any State which is not an Allied Power as herein defined; nor shall any right, title or interest of Japan be deemed to be diminished or prejudiced by any provision of the Treaty in favour of a State which is not an Allied Power as so defined.

Article 26

Japan will be prepared to conclude with any State which signed or adhered to the

United Nations Declaration of 1 January 1942, and which is at war with Japan, or with any State which previously formed a part of the territory of a State named in Article 23, which is not a signatory of the present Treaty, a bilateral Treaty of Peace on the same or substantially the same terms as are provided for in the present Treaty, but this obligation on the part of Japan will expire three years after the first coming into force of the present Treaty. Should Japan make a peace settlement or war claims settlement with any State granting that State greater advantages than those provided by the present Treaty, those same advantages shall be extended to the parties to the present Treaty.

Article 27
The present Treaty shall be deposited in the archives of the Government of the United States of America which shall furnish each signatory State with a certified copy thereof.

IN FAITH WHEREOF the undersigned Plenipotentiaries have signed the present Treaty.

DONE at the city of San Francisco this eighth day of September 1951, in the English, French, and Spanish languages, all being equally authentic, and in the Japanese language.

For Argentina: Hipólito J. PAZ
For Australia: Percy C. SPENDER
For Belgium: Paul VAN ZEELAND SILVERCRUYS
For Bolivia: Luis GUACHALLA
For Brazil: Carlos MARTINS
                A. DE MELLO-FRANCO
For Cambodia: PHLENG
For Canada: Lester B. PEARSON

R.W. MAYHEW

For Ceylon: J.R. JAYEWARDENE

G.C.S. COREA

R.G. SENANAYAKE

For Chile: F. NIETO DEL RÍO

For Colombia: Cipríano RESTREPO JARAMILLO

Sebastián OSPINA

For Costa Rica: J. Rafael OREAMUNO

V. VARGAS

Luis DOBLES SÁNCHEZ

For Cuba: O. GANS

L. MACHADO

Joaquín MEYER

For the Dominican Republic: V. ORDÓÑEZ

Luis F. THOMEN

For Ecuador: A. QUEVEDO

R.G. VALENZUELA

For Egypt: Kamil A. RAHIM

For El Salvador: Héctor DAVID CASTRO

Luis RIVAS PALACIOS

For Ethiopia: Men YAYEJIJRAD

For France: SCHUMANN

H. BONNET

Paul-Émile NAGGIAR

For Greece: A.G. POLITIS

For Guatemala: E. CASTILLO A.

A.M. ORELLANA

J. MENDOZA

For Haiti: Jacques N. LÉGER

Gust. LARAQUE

For Honduras: J.E. VALENZUELA

                 Roberto GÁLVEZ B.

                 Raúl ALVARADO T.

For Indonesia: Ahmad SUBARDJO

For Iran: A.G. ARDALAN

For Iraq: A.I. BAKR

For Laos: SAVANG

For Lebanon: Charles MALIK

For Liberia: Gabriel L. DENNIS

             James ANDERSON

             Raymond HORACE

             J. Rudolf GRIMES

For the Grand Duchy of Luxembourg: Hugues LE GALLAIS

For Mexico: Rafael DE LA COLINA

              Gustavo DÍAZ ORDAZ

              A.P. GASGA

For the Netherlands: D.U. STIKKER

                   J.H. VAN ROIJEN

For New Zealand: C. BERENDSEN

For Nicaragua: G. SEVILLA SACASA

              Gustavo MANZANARES

For Norway: Wilhelm Munthe MORGENSTERNE

For Pakistan: ZAFRULLAH KHAN

For Panama: Ignacio MOLINO

             José A. REMON

             Alfredo ALEMÁN

             J. CORDOVEZ

For Peru: Luis Oscar BOETTNER

For the Republic of the Philippines: Carlos P. RÓMULO

                        J.M. ELIZALDE

                    Vicente FRANCISCO

                    Diosdado MACAPAGAL

                    Emiliano T. TIRONA

                    V.G. SINCO

For Saudi Arabia: Asad AL-FAQIH

For Syria: F. EL-KHOURI

For Turkey: Feridun C. ERKIN

For the Union of South Africa: G.P. JOOSTE

For the United Kingdom of Great Britain and Northern Ireland:

        Herbert MORRISON

        Kenneth YOUNGER

        Oliver FRANKS

For the United States of America: Dean ACHESON

                    John Foster DULLES

                    Alexander WILEY

                    John J. SPARKMAN

For Uruguay: José A. MORA

For Venezuela: Antonio M. ARAUJO

            R. GALLEGOS M.

For Viet-Nam: T.V. HUU

        T. VINH

        D. THANH

        BUU KINH

For Japan: Shigeru YOSHIDA

        Hayato IKEDA

        Gizo TOMABECHI

        Niro HOSHIJIMA

        Muneyoshi TOKUGAWA

        Hisato ICHIMADA

6. 연합국 최고사령부 훈령 제677호

(1946.01.29.)

GENERAL HEADQUARTERS

SUPREME COMMANDER FOR THE ALLIED POWERS

29 January 1946

AG 091 (29 Jan. 46)GS
(SCAPIN - 677)

MEMORANDUM FOR: IMPERIAL JAPANESE GOVERNMENT.
THROUGH   : Central Liaison office, Tokyo.
SUBJECT : Governmental and Administrative Separation of Certain Outlying Areas from Japan.

1. The Imperial Japanese Government is directed to cease exercising, or attempting to exercise, governmental or administrative authority over any area outside of Japan, or over any government officials and employees or any other persons within such areas.

2. Except as authorized by this Headquarters, the Imperial Japanese Government will not communicate with government officials and employees or with any other persons outside of Japan for any purpose other than the routine operation of authorized shipping, communications and weather services.

3. For the purpose of this directive, Japan is defined to include the four main islands of Japan (Hokkaido, Honshu, Kyushu and Shinkoku) and the approximately 1,000 smaller adjacent islands, including the Tsushima Islands and the Ryukyu (Nansei) Islands north of 30° North Latitude (excluding Kuchinoshima Island); and excluding (a) Utsuryo (Ullung) Island, Liancourt Rocks (Tako Island) and Quelpart (Saishu or Cheju) Island, (b) the Ryukyu (Nansei) Islands south of 30° North Latitude (including Kuchinoshima Island), the Izu, Nanpo, Bonin (Ogasawara) and Volcano (Kazan or Iwo) Island Groups, and all the other outlying Pacific Islands [including the Daito (Ohigashi or Oagari) Island Group, and Parece Vela (Okinotori), Marcus (Minami-tori) and Ganges (Nakano-tori) Islands], and (c) the Kurile (Chishima) Islands, the Habomai (Hapomaze) Island Group (including Suisho, Yuri, Akiyuri, Shibotsu and Taraku Islands) and Shikotan Island.

4. Further areas specifically excluded from the governmental and administrative jurisdiction of the Imperial Japanese Government are the following: (a) all Pacific Islands seized or occupied under mandate or otherwise by Japan since the beginning of the World War in 1914, (b) Manchuria, Formosa and the Pescadores, (c) Korea, and (d) Karafuto.

5. The definition of Japan contained in this directive shall also apply to all future directives, memoranda and orders from this Headquarters unless otherwise specified therein.

6. Nothing in this directive shall be construed as an indication of Allied policy relating to the ultimate determination of the minor islands referred to in Article 8 of the Potsdam Declaration.

7. The Imperial Japanese Government will prepare and submit to this Headquarters a report of all governmental agencies in Japan the functions of which pertain to areas outside a statement as defined in this directive. Such report will include a statement of the functions, organization and personnel of each of the agencies concerned.

8. All records of the agencies referred to in paragraph 7 above will be preserved and kept available for inspection by this Headquarters.

총사령부

연합국 최고 사령부

1946년 1월 29일

AG 091 (1월 29일 46) GS

(SCAPIN - 677)

일본 제국에 대한 각서

경유 : 도쿄 중앙 연락 사무실

제목 : 일본에서의 일부 외곽 지역의 정부 및 행정 분리.

1. 일본 국외의 모든 지역에 대해, 또 그 지역에 있는 정부 공무원, 고용원 및 기타 모든 사람에게, 정치적 또는 행정상의 권력을 행사하는 것 및 행사하려고 기획하는 것을 중지하도록 일본 제국 정부에 지령한다.

2. 일본 제국 정부는 이미 허용되고 있는 선박의 운항, 통신, 기상 관계의 상식 작업을 제외하고 당 사령부로부터 승인되지 않은 한 일본 제국 밖의 정부 관리, 고용인 및 그 모든 사람 사이에 목적의 여하를 불문하고 통신을 할 수 없다.

3. 이 지령의 목적에서 일본이라고 할 경우 다음의 정의에 의한다. 일본 범위에 포함되는 지역으로 일본 네 개의 주요 섬 (홋카이도, 혼슈, 시코쿠, 규슈)과 쓰시마 섬, 북위 30도 이북의 류큐 (남서) 제도 (쿠치노섬 제외)를 포함한 약 1 천개의 인접한 작은 도서. 일본 범위에서 제외되는 지역으로 (a) 울릉도, 리앙쿠르 록(다케시마), 제주도. (b) 북위 30도 이남의 류큐 (남서) 열도 (쿠치노섬 포함), 이즈, 남방, 오가사와라, 이오토리 섬 및 다이토 제도 오키노토리 섬, 미나미 토리 섬, 나카노 도리 섬 등 다른 외곽 태평양 모든 제도. (c) 치시마 열도, 하보마이 군도 (스이쇼, 유리토, 아키유리토, 다라쿠토 포함) 시코탄토.

4. 또한 일본제국 정부의 정치적 행정 관할권에서 특히 제외할 수 있는 지역은 다음과 같다. (a) 1914년 세계 대전 이후 일본이 위임 통치 및 기타 방법으로 탈취 또는 점령한 모든 태평양 섬. (b) 만주, 대만, 팽호 열도. (c) 조선 및 (d) 사할린.

5. 이 지령에 있는 일본의 정의는 특히 지정하는 경우를 제외하고, 앞으로 본 사령부에서 발생되는 모든 지령, 각서 또는 명령에 적용하게 된다.

6. 이 지령 중의 조항은 모두 포츠담 선언 제 8 조에 있는 작은 섬의 최종

> 적 결정에 관한 연합국 측의 정책을 나타내는 것으로 해석해서는 안 된
> 다.
> 7. 일본 제국 정부는 일본 국내 정부 기관에서, 이 지령의 정의에 의한 일
>   본 외의 지역에 관한 기능을 가진 모든 것의 보고를 조정해서 당 지령
>   부에 제출할 것을 요청한다. 이 보고는 관계 각 기관의 기능, 조직 및
>   직원들의 상태를 포함해야 한다.
> 8. 오른쪽 제 7 항에 언급된 기관에 대한 보고는 모두 유지하고 언제든지
>   본 사령부의 검열을 받을 수 있도록 하는 것을 요청하다.

찾아보기

판 례

저자 ▎ 김 명 기

배재고등학교 졸업

서울대학교 법과대학 졸업

육군보병학교 졸업(갑종간부 제149기)

단국대학교 대학원 졸업(법학박사)

영국 옥스퍼드대학교 연구교수

미국 캘리포니아대학교 객원교수

중국 길림대학교 객원교수

대한국제법학회 회장

세계국제법협회 한국본부 회장

화랑교수회 회장(제8대)

행정고시 · 외무고시 · 사법시험 위원

외무부 · 국방부 · 통일원 정책자문위원

주월한국군사령부 대외정책관

명지대학교 법정대학장 · 대학원장

육군사관학교 교수(육군대령)

강원대학교 교수

천안대학교 석좌교수

대한적십자사 인도법 자문위원장

현) 독도조사연구학회 명예회장

　　명지대학교 명예교수

　　상사중재위원

　　영남대학교 독도연구소 공동연구원